交通行为分析与建模

［日］北村隆一　森川高行　编著
［日］佐佐木邦明　藤井聪　山本俊行　著

孙轶琳　刘锴　李昂　译
关宏志　邵春福　审定

中国建筑工业出版社

著作权合同登记图字：01-2019-3717 号
图书在版编目（CIP）数据

交通行为分析与建模／（日）北村隆一，（日）森川高行编著；（日）佐佐木邦明，（日）藤井聪，（日）山本俊行著；孙轶琳，刘锴，李昂译．—北京：中国建筑工业出版社，2022.6
ISBN 978-7-112-27068-2

Ⅰ.①交… Ⅱ.①北… ②森… ③佐… ④藤… ⑤山… ⑥孙… ⑦刘… ⑧李… Ⅲ.①交通运输管理-研究 Ⅳ.①F502

中国版本图书馆 CIP 数据核字（2021）第 272118 号

原　著：交通行動の分析とモデリング：理論・モデル・調査・応用
著者名：北村隆一　森川高行
出版社：技報堂出版

本书由日本技报堂出版授权我社独家翻译、出版、发行

责任编辑：刘文昕　刘颖超
责任校对：王　烨

交通行为分析与建模

［日］北村隆一　森川高行　编著
［日］佐佐木邦明　藤井聪　山本俊行　著
孙轶琳　刘锴　李昂　译
关宏志　邵春福　审定

*

中国建筑工业出版社出版、发行（北京海淀三里河路 9 号）
各地新华书店、建筑书店经销
北京科地亚盟排版公司制版
北京中科印刷有限公司印刷

*

开本：880 毫米×1230 毫米　1/32　印张：10⅝　字数：302 千字
2022 年 6 月第一版　　2022 年 6 月第一次印刷
定价：60.00 元
ISBN 978-7-112-27068-2
（38875）

版权所有　翻印必究
如有印装质量问题，可寄本社图书出版中心退换
（邮政编码 100037）

中译本序

近年来，中国在交通运输系统领域的发展世所罕见。从汽车的快速普及和高速公路、高铁、地铁的全面建设开始，到近年来在拼车出行、共享单车、电动汽车和自动驾驶等方面的创新应用，中国都扮演着引领世界潮流的重要角色之一。另外，城市的交通拥堵和空气污染问题却日益严峻，而解决这些问题则需要全新的交通管理体制和技术，以及改变新交通体系下个人的出行行为。

本书介绍的交通行为"理论""模型""调查"和"应用"等内容，非常适合中国全方位正视当前面临的环境，并预测和评估新管理体制和新技术的影响。其中，非集计行为模型作为一种基础模型，是由美国经济学家丹尼尔·麦克法登（Daniel McFadden）博士在20世纪70年代中期研发的，该模型应用于当年旧金山新建城市铁路的需求预测，并以其理论的清晰性和预测的准确性引起了人们的关注。麦克法登博士也因为这些研究的成就获得了2000年诺贝尔经济学奖。在20世纪80年代，麻省理工学院土木工程系的摩西·本·阿基瓦（Moshe BenAkiva）博士和史蒂文·勒曼（Steven Lerman）博士在非集计模型的基础上开发了新模型，同时也得到了社会心理学者和市场营销学者的改进和推广，大幅扩展了该模型的理论和应用范围。那段时期正是我在麻省理工学院本·阿基瓦博士和麦克法登博士指导下攻读博士学位的时候。自20世纪90年代以来，由于数值计算方法的进步，在复杂模型的参数估计方法上取得了长足的进步，因此，无论多么复杂的假定，建模所需的参数估计都不再是问题。

但是，这些复杂模型都起源于非集计二项式Logit模型，因此必须深入理解该模型以及由它发展而来的多项式Logit模型、嵌套Logit模型和离散连续选择模型的理论，这不仅对交通理论研究未来的发展，而且对实际交通规划业务中制定正确的决策非常重要。近年来，应用深度学习等人工智能方法进行预测引起了人们的高度关注，相对于该方法存在无法清楚解释判断过程的黑匣子问题，可以说与本书所介绍的理论模型方法相反。

■ 中译本序

本书的日文版于2002年5月发行，由于当时购买的人数众多，发行不久后即售罄。2018年本书在部分修订后进行了再版印刷销售。日文版的五位作者都是科研工作者，他们一直活跃在日本及世界的交通研究前沿，致力于交通行为分析和交通政策评价的研究。遗憾的是，其中一位作者，北村隆一教授于2009年2月去世，我们感谢他为本书所做出的毕生努力，并为他祈祷。

本书中文版的翻译工作主要由中国的几位青年学者共同完成，他们都曾在日本留学并分别在本书五位作者的指导下进行过交通行为领域的研究，目前在中国致力于交通领域的科研工作。他们是孙轶琳博士（导师是京都大学北村隆一教授和藤井聪教授），刘锴博士（导师是名古屋大学森川高行教授和山本俊行教授），李昂博士（导师是山梨大学佐佐木邦明教授）。因此，从这一点上说，中文版的翻译质量是可以信赖的。此外，我们由衷地感谢北京工业大学关宏志教授和北京交通大学邵春福教授在百忙之中抽出时间指导了本书中文版的翻译，进一步提高了本书的翻译质量。

最后，我希望本书中文版的出版能给母语是中文的交通领域青年优秀学者带来帮助。

森川高行
2018年5月于日本名古屋大学

译　者　序

经年累月，本译著终于付梓，不日可与读者见面。交通运输乃兴国之重器，强国之根基。当代科技日益精进，如何以新发展理念为引领，科学地把握交通运输高质量发展要求，是当务之急。需要一部理论与实践新突破的教材面世。本书翻译自日语教材「交通行動の分析とモデリング」，该教材是由北村隆一和森川高行两位教授编著，佐佐木邦明、藤井聪、山本俊行三位教授著。本书的第1、2、6、10、13、15章由刘锴博士翻译，第5、8、14章由李昂博士翻译，第3、4、7、9、11、12、16章由孙铁琳博士翻译。前8章由关宏志博士审校，后8章由邵春福博士审校。

翻译的前期工作繁多与复杂。刘锴博士负责和原书编著名古屋大学的森川高行教授联系，并征得了森川教授以及所有原著作者的同意；李昂博士负责联系出版社，最终由中国建筑工业出版社负责出版；出版社刘文昕编辑负责联系日文原版书出版社技报堂出版社。本书在实际翻译工作中也遇到了很多问题，首先是日语在语法结构、语尾表现、时态、接续法方面等与汉语有很大的不同，正如我国现代翻译家傅雷先生所强调的："理想的译文仿佛是原作者的中文写作"，要做到译文语言通顺自然并且没有翻译腔是需要付出努力的；另外是一些专业术语的翻译，原著的专业术语不仅含有交通运输专业术语，还涵盖了经济学、社会学、心理学、计量经济学和概率统计等相关专业术语，给翻译工作增加了一定的难度。译者只有反复琢磨、订正和查阅，力求做到翻译准确易懂。

在此由衷地感谢关宏志教授和邵春福教授对本书的审校，二位教授在百忙之中对翻译初稿进行了修改和指正，没有他们一丝不苟、严谨的科学态度，就没有本书翻译工作的顺利完成；感谢出版社的刘文昕和刘颖超编辑，从前期到出版完成了很多烦琐而复杂的工作；感谢浙江大学日语专业傅慧青、周誉峰、周灿晴、余秋霞，她（他）们解答了译者翻译过程中遇到的日语语言问题，给了译者很大帮助；感谢浙江工业大学陈梦微博士和浙江大学硕

译者序

士研究生汤心怡、黄佩、董轶男、朱斯杰,对本书进行了反复校对;感谢浙江大学工程师学院"专业学位研究生实践教学品牌课程"和浙江大学"校级研究生教材建设"立项资助;感谢国家重点研发计划(2018YFB1600900)的资助支持;感谢浙江省自然科学基金(LY21E080027)的资助支持;感谢宁夏优秀人才支持计划的资助支持。

本书适用于交通运输、交通运输工程专业。本书的原著在日本京都大学等高校用作研究生教材,希望本书能给国内的广大交通运输专业的学者、老师和学生带来帮助。由于译者水平有限,本书的翻译工作还有许多不足之处,欢迎广大读者朋友们批评指正。

谨以本书献给已故的北村隆一教授。先生曾说过:"*Do not give up, and make effort toward the objective.*"同时献给读者朋友们!

孙轶琳
2021 年 3 月于浙江大学启真湖畔

前　言

随着第二次世界大战后（下文简称"二战后"）城市化的迅速发展与汽车的迅速普及，我们需要多少消费品、在何处建设多大规模的公共设施等问题的决策或许已不再是什么难题。如今想来，在以往雪佛兰大型车如同"卖煎饼一样被贩卖"的时代，并没有为开拓新型车市场而绞尽脑汁，精致的数学模型也没有用武之地。将来，如果能规划出未来的城市规模和土地利用模式，那么像决定在哪里应当建设多少道路这样的决策，或许就不会那么困难了。在这样的大环境下，为了预测都市圈内旅客们对交通的需求，四阶段预测法应运而生，并被广泛地应用。

如今的城市交通规划的目的，与第二次世界大战后经济发展期的目的有着相当大的不同。大多数都市圈的人口增长已经基本停止，居民人口的老龄化不断发展，加上少子化的加剧，导致社会劳动力出现减少的倾向。增加交通容量以满足高峰时期的交通需求，这样的交通规划时代已经终结。一方面，人们渐渐看到，提供充足的道路容量会进一步刺激汽车交通需求量的增加；另一方面，道路建设在物力、财力、政策上遇到的困难也逐渐增加。因此，在这样的现实背景下，增加道路容量的意义本身遭到了质疑。人们认识到道路建设并不一定就是解决道路拥堵问题的有效对策，并开始提倡"交通需求管理"（Travel Demand Management；TDM）这一理论的必要性。与此同时，如何满足老年人和残疾人等弱势群体的交通需求；如何保证人口过疏地区居民的交通流动性；在活化衰退的市中心发展过程中，交通扮演着怎样的角色……诸如此类的新课题层出不穷。再者，伴随着不断发展的信息革命，城市居民的交通行为会发生怎样的变化；因物流引起的交通负荷究竟是会减少还是增加；都市圈自身将来会变成怎样的形态……交通规划需要回答的问题还有很多很多。

在这样的背景下，20世纪70年代初期，在美国加利福尼亚州旧金山都市圈高速铁路BART的建设中所使用的需求预测工程

(Travel Demand Forecasting Project；TDFP)，即 Logit 模型的适用具有十分重要的意义。相对于以前的四阶段预测法在处理区域间的交通需求时极其宏观和机械的方式，TDFP 则认为交通需求是个人决策结果的集合，因此，它将焦点放在了分析个人的交通方式的选择上。如此看来，TDFP 引用了非集计分析，即使是在测定交通方式的服务水平（LOS）变量时，也依然坚持非集计分析的立场不变。这是从集计型四阶段预测法的机械性统计模型，向行为理论模型转化的极其重要的第一步。以微观经济学的效用概念为基础而建立的离散选择模型，不仅理论性地记录人们的行为，还能够准确地掌握个人属性带来的影响；能够更容易地处理和研究政策变量；能够实现小样本进行推导评估等诸多优点与便利性。因此，从结果上来看，大大削减了模型开发时的费用、提升了预测的精度、扩大了应用范围等。

随着 Logit 模型的逐渐定型，交通行为分析领域在过去的 25 年里取得了惊人的进展。为了不遵循刻板的假设，我们应该建立更具一般性的模型，因此就有学者提出了以 Probit 模型为首的各种各样的离散选择模型，以及援用了数值计算法的模型推算法。其次，也正在尝试将离散选择和连续变量的决策相结合的模型体系，以及由多个离散选择模型组合而成的模型体系。在行为理论方面，随着心理因素的引入和取代效用理论的原理运用，基于活动的分析（activity-based analysis）这一理论被提出。该理论认为：为了能够理解人们的交通行为，对于派生出该交通行为的活动本身的理解是不可或缺的。基于活动的分析就是以此为出发点进行分析的，尤其是我们可以看到从过去的出行（trip）单位的分析到一天或者是更长时间段的行为分析的演变，从新的视角出发，出行链（trip chain）再度受人瞩目。分析对象的范围进一步扩大，包括时间利用、行为的动态侧面、规定行为的各种制约条件、决策者之间的相互依存性、决策过程本身的观察和分析等，人们正探求对交通行为更本源的理解。

20 世纪最后的 25 年是计算机、通信技术飞速发展的时期。以级数增长的计算速度，使得需要庞大计算量的模型推导成为可能，使得那些在行为论上简洁但在计算上复杂的模型实用化。不仅是计算速度，由于数据管理技术的发展，如今已经能够极其简单地处理大量且高精度的数据，这是个人出行调查刚开始时根本无法想象的。随着统计方法的发展和 GIS 等软件的普及，以家庭或者个人为单位对都市圈的未来数据进行分析也变得可能。因此，离散选择模型之类的非集计模型将适用于非集计数据，能够对未来进行预测，或是对政策进行分析。计算机技术的进步，让以四阶段预测法为前提的区域层面上的数据集计成为历史。如今，我们已经能够使用由非集计模型组成的模型体系进行交通需求预测、政策分析、影响评估等，这有效解决了交通规划的难题。

本书的目的在于，立足于过去 25 年的发展轨迹，广泛介绍在交通行为的分析和预测过程中行之有效的方法。关于离散选择模型，目前有两本日语教材：《非集计行为模型的理论与实际》（土木学会土木计划学研究委员会，1995）、《简单易懂的非集计分析》（交通工学研究会，1993）。然而这些教材的编写时间较为久远，另外，就像上面提到的那样，交通行为分析领域在近年来的发展十分显著。因此，本书旨在收录这两本书出版之后的关于离散选择模型的主要研究成果。

随着交通行为分析领域的扩张与深化，援用的分析方法也变得更为广泛，但是实际上除了离散选择模型以外，其他的分析方法都分散在各个统计学的教科书中。本书的特征就在于，除了离散选择模型，对基于风险的持续时间模型、结构方程模型等在交通行为分析中频繁运用到的方法进行了统一的讲解。本书重视交通行为分析的基础理论和交通行为的调查方法，分别利用两篇进行介绍（第 2、3 章和第 4、5 章）。本书的另一大特征是，以交通行为分析的实例为主题，分别进行概述的内容包含四个章节（第 11~14 章）。最后，由离散选择模型、基于风险的持续时间模型等非集计模型构成的仿真模型系列在需求预测、政策分析方面的运用也有相关记述（第 16 章）。此外，还涉及预测时的说明变量的非集计数据的生成方法（第 15 章）。本书介绍的模型系列包括动态网络仿真系统，与四阶段预测法相对应，它

■ 前言

有着独特的综合性。非集计模型能够重现每个人一天的交通行为，它在都市圈层面上进行的未来预测、政策分析中的应用，在世界范围内都是罕见的。在这一意义上，这一关于仿真预测的章节，可以称得上是本书最具特色的章节了。

综上所述，本书从交通行为定量分析方法的基础理论到应用研究进行了广泛的介绍和讲解，在世界范围内都堪称稀有。虽然希望读者本身就掌握了一定的统计学基础知识，一部分章节中有十分烦琐的数学公式，初读会感觉难以理解，但是并不妨碍对后面章节的理解。因此，建议读者完全可以根据需求选择跳读。

本书由五个部分构成。第一篇是交通行为定量分析的基础理论。在这一篇讲解了基于微观经济学的消费者行为论和基于社会心理学的态度理论。第二篇介绍了交通行为的调查方法，主要是讲解了定量模型推导中所必需的调查方法和调查项目。第三篇是本书的核心内容，即是对交通行为模型的方法论的讲解，从离散选择模型开始，完整地涵盖了离散・连续选择模型、结构方程模型、动态模型和基于风险的持续时间模型。第四篇主要列举了关于交通行为的典型的专题分析方法和实例。涵盖了从出行（trip）单位的分析方法到基于活动的分析方法（activity-based approach）、机动车保有量、非工作日交通分析的内容。第五篇论述了关于运用交通行为模型进行的预测和政策分析。其中最后一章，基于微观仿真的交通行为模型，介绍了运用TDM等方法对都市综合交通政策进行评价的实例。

北村隆一

目　　录

中译本序
译者序
前言

第一篇　交通行为的理论 …………………………………… 1
 第1章　交通行为的分析纲要 ……………………………… 1
  1.1　活动与交通 ………………………………………… 1
  1.2　交通行为的分析框架 ……………………………… 4
 第2章　行为研究的经济学方法 …………………………… 8
  2.1　人的理性及效用最大化 …………………………… 8
  2.2　不确定条件下的行为分析 ………………………… 12
  2.3　市场相互作用及均衡分析 ………………………… 16
  2.4　理性及有限理性 …………………………………… 22
  2.5　市场营销研究的启示 ……………………………… 35
 第3章　交通行为分析的社会心理学方法 ………………… 38
  3.1　行为的社会心理学 ………………………………… 38
  3.2　态度理论 …………………………………………… 39
  3.3　考虑习惯的态度理论 ……………………………… 48

第二篇　调查方法论 ………………………………………… 55
 第4章　交通行为调查的沿革 ……………………………… 55
  4.1　美国个人出行调查方法的沿革 …………………… 55
  4.2　调查方法的变迁 …………………………………… 58
  4.3　现行家庭出行调查的问题设计 …………………… 62
  4.4　家庭出行调查的研究 ……………………………… 65
  4.5　出行时间调查方法 ………………………………… 67
  4.6　通信技术的应用 …………………………………… 70
 第5章　基于交通行为模型标定的调查方法 ……………… 73
  5.1　基于离散选择模型标定的调查 …………………… 73
  5.2　抽样和权重 ………………………………………… 79

目录

5.3 偏好陈述调查 ……………………………… 87
5.4 跟踪调查 ……………………………………… 94
5.5 交通行为数据收集 …………………………… 101

第三篇 建模 ………………………………… 107

第6章 离散选择模型 ………………………… 107
6.1 离散选择模型建模 …………………………… 107
6.2 离散选择模型的参数标定 …………………… 112
6.3 基于离散选择模型的预测 …………………… 123
6.4 不具有 IIA 特性的离散选择模型 …………… 126
6.5 基于多元数据的模型标定 …………………… 136
6.6 离散选择模型的应用 ………………………… 143

第7章 离散、连续选择模型和联立方程模型 … 150
7.1 离散、连续选择模型和线性回归模型组合 … 150
7.2 受限因变量的联立方程模型 ………………… 157

第8章 结构方程模型 ………………………… 164
8.1 结构方程模型的特征 ………………………… 164
8.2 结构方程模型的公式 ………………………… 165
8.3 结构方程模型总参数的标定 ………………… 166
8.4 典型的分析模型 ……………………………… 168
8.5 离散变量、删失变量和结构方程模型 ……… 170
8.6 模型的评价 …………………………………… 173
8.7 模型的检验 …………………………………… 175
8.8 结构方程模型的应用案例 …………………… 176
8.9 结构方程模型的应用 ………………………… 179

第9章 动态模型 ……………………………… 181
9.1 交通行为的动态特性 ………………………… 181
9.2 基于随机过程的交通行为 …………………… 182
9.3 离散时间面板数据分析——i ……………… 185
9.4 离散时间面板数据分析——ii ……………… 188
9.5 面板数据的实用性 …………………………… 191

第10章 持续时间模型 ………………………… 195

10.1	基本概念	195
10.2	持续时间的分析方法	197
10.3	基本模型的拓展	204
10.4	应用案例	206

第四篇 专题分析 210

第11章 出行次数、目的地、交通方式与路径选择 210

11.1	交通行为的描述方法及其建模	210
11.2	交通方式选择建模	211
11.3	出行频率选择	216
11.4	目的地选择建模	220
11.5	出行发生频率、交通方式、目的地选择的综合模型	222
11.6	路径选择建模	224

第12章 基于活动的方法 229

12.1	基于出行方法的局限	229
12.2	基于结构方程模型的生活行为模型	230
12.3	基于风险持续时间模型的生活行为模型	231
12.4	基于效用理论的生活行为模型	232
12.5	基于决策过程的生活行为模型	235

第13章 机动车保有分析 239

13.1	机动车保有的分析框架	239
13.2	静态模型	241
13.3	动态模型	247
13.4	更新行为模型	249

第14章 非工作日（节假日）的交通分析 253

14.1	非工作日（节假日）的交通特性	253
14.2	购物活动	256
14.3	观光行为分析	262
14.4	非工作日交通行为分析的课题	271

第五篇 预测与政策分析 273

第15章 交通行为模型预测法 273

15.1	运用模型预测的前提	273

目录

15.2 预测所需的输入值 ·· 274
15.3 短期预测和长期预测 ·· 276
15.4 预测误差 ··· 277
15.5 基于横截面数据的模型预测界限 ································· 283

第 16 章 城市综合交通政策应用案例 ································ 285
16.1 微观仿真模型系统的简介 ··· 286
16.2 大阪市的应用案例 ·· 289
16.3 总结 ··· 298

参考文献 ·· 300

第一篇 交通行为的理论

第1章 交通行为的分析纲要

1.1 活动与交通

人类交通行为分析的目的有很多,通常包括:①解决道路(译者注:包括公路和城市道路)、铁路等交通线路的相关课题;②解决住宅或商业设施等与交通的出发地以及目的地的相关课题;③理解和解决城市结构、生活方式、环境和能源等包含交通的综合系统的相关课题。上述①所提到的交通线路相关课题,占据了所谓的"交通问题"的大部分,其中具有代表性的内容有:交通移动性、交通拥堵、交通舒适性、沿途交通环境负荷、交通事故、交通障碍、交通费用负担等。第②类课题的目的包括:确定与给定的道路容量相适应的开发规模以及制定商业设施、主题公园、办公室等设施规划。第③类课题则包含了:从土地利用和交通之间关系的角度讨论城市空间结构及能耗问题,从个人生活中的移动和交通的视角来理解交通社会学问题以及时间地理学中的交通问题。机动车的购置保有预测及市场营销等也属于③的研究范畴。

为改善①涉及的交通问题,编制作为交通基础设施建设维护和交通管理的基础的交通规划时,通常很自然地认为可以从仔细观察交通路线上发生的交通现象开始,这样做未必是错误的。观察交通现象,可以先观测交通路线上的交通量和速度,或者调查火车站和机场的进出港乘客人数。但是基于这种"观测"基础上的需求分析,即使可以得出"该道路雨天的交通量大约增加2成""该车站赏枫时节乘客人数可能增加1倍"这样大致的推论,也很难知道由于大规模开发导致的交通需求变化、各交通方式的分担比例关系,以及由于交通费用变化引起的需求弹性等交通需求结构情况。因此,为了掌握家庭出行的出发地和目的地,了解包括换乘在内所利用的所有交通方式以及经由路线,掌握其用时及费用,必须开展针对"移动"的"结构分析"。

为了解上述人的移动的实际情况,美国从20世纪50年代前期开始实施了称为"家庭出行法"的调查。通常以1天为单位,对生活在都市圈内人的某一天的移动行为进行问卷调查(详见第4章)。此项调查的特点是,不仅了解交通路线上的交通问题和所列举的基础设施、土地利用和交通的关系,而且生活方式和移动的关系等都是可以被掌握的。但是,由于当前面临的最大课题就是如何解决交通问题,所以作为定量地掌握交通行为的手段,将出发地到目的地一次移动定义为1次出行(trip),并将此作为分析的基本单位(英语中也被称为journey)。

更加严谨的"出行"的定义是:具有同一个移动目的、从某出发地或起点(origin)到目的地或终点(destination)的移动,即使途中使用了多种交通手段,也视为一次出行。该定义着眼于移动目的,因此又被称作"目的出行",出行的起点或终点称为行程端点(trip end)。与此相对应,有些定义将某一次目的出行中每变换一次交通方式,就算作一次不同出行,这被称为"方式出行"或"分段出行"(unlinked trip)。从这个意义上说,"目的出行"就是"全程出行"(linked trip)。希望引起注意的是,通常,单纯讨论"出行"时,一般都指目的出行(全程出行)。图1.1.1为目的出行和方式出行的示意图。

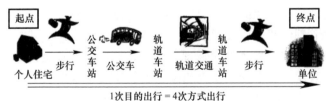

图 1.1.1　目的出行和方式出行示意图

在此,需要对(目的)出行中"主要交通方式"这个词加以说明,如图1.1.1所示,一次出行中利用了多种交通方式时,最正确的表达方式是将使用过的交通方式全部列举出来,但多数情况下为了方便则选取其中最具有"代表性"的一种交通方式来表述,如写明"此次出行使用的是铁路"。选择代表性交通方式时应遵循以下规则,对于都市圈内的交通行为,则按照①铁道,②公共电汽车,③小汽车,④摩托车,⑤徒步的优先顺序,所使用的多种交通方式中排序最靠前的交通方式就是代表性交通方式,即代表交通方式(main mode, dominant mode, line-haul mode 等)。但如果使用了飞机或渡轮,则将其视为最主要的交通方式。除代表交通方式之外所使用的交通方式叫作"末端交通方式"(terminal mode),特别是从出行的起点到代表交通方式的连接部分称为"上游段"(access),从代表交通方式到终点的连接部分叫作"下游段"(egress)(译者注:在中文里,上游段和下游段被不加区分地统称为集散)。

由此,我们知道了交通行为分析中必须明确的"出行"这一概念是由目的地进行怎样的活动而规定的。逆向思考一下,出行行为是为了在两个分离的空间进行某些活动而产生的,单纯以交通本身为目的的驾车兜风或骑车的交通量非常少,所以通常不作为交通行为分析的对象。这就意味着,将"出行"理解为"移动"比理解为"交通"更简单明了,由于交通是从两个不同的空间的活动中派生出来的,所以认识到交通是活动的"派生需求"(derived demand),这一基本的认知是很重要的。

一个人每天在多个场所进行多次活动,这个人的"活动模式"(activity pattern)及将其成为可能的一系列移动,也就是多个出行像被锁链一样连接起来,便会产生"出行链"。图 1.1.2 表示从业者某一天的活动模式和出行链示例。

观察这个出行链,作为一天内所有出行的连接和每个出行的中间概念,从起点出发再回到同一个起点的最小闭合出行链浮现出来,这就是"出行循环"(cycle)(佐佐木, 1983)或者叫作"旅行"(tour)(Kawakami and Su, 1991)的出行链基本单元。从图中可看到,从家出发到百货商店再回家完成第 1 个出行循环,从公司出发经由客户方又回到公司的第 2 个出行循环,从家出发经由餐饮店再回家是第 3 个出行循环(第 1 个出行循环和第 2 个出行循环形成了嵌套模式)。

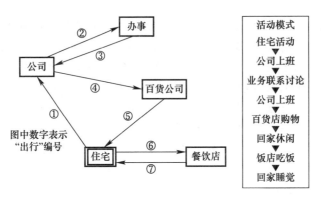

图1.1.2 活动模式和出行链示例

出行循环的起始地点（以及终点）叫作基点（base）。上述例子中的基点就是家和公司。1天内的交通行为中大部分都是以家作为基点。因此，在欧美多将出行是否以家为起点或终点作为分析的基准。此时，以家为起点或终点的出行叫作"家庭出行"[home-based（HB）trip]，除此之外的出行区分为"非家庭出行"[non-home-based（NHB）trip]。

1.2 交通行为的分析框架

上面说到，交通行为定量分析时的最小单位是分段出行，随后是出行、出行循环，然后是一天的出行链。诚然，购物之类的行为应该以一周为决策单位，而度假行为则需要以一年甚至几年为决策单位，这里我们暂且假定以一天为交通行为的决策单位。交通行为分析计划的课题是，如何将这种交通产生的本源性需求的活动导入分析框架中。

将一天的出行链和所有的活动导入分析框架中的模型，理论上来说最具优越性，但汽车保有量、居住地或工作地、生活方式等需要相对长期选择的结果必须作为外生变量给出。也就是说，首先必须基于交通行为分析应输出的变量和作为数据给出的输入变量，判断多少要素可以作为内生变量放入分析框架中。

从这点来说，虽然最为保守但是应用较多的方法是，将活动作为外生变量，分解出行链并以出行为单位进行分析的"基于出行的方法"(trip-based approach)。活动作为外生变量来分析，如只抽取分析通勤出行，比较常见的方法是根据不同出行目的建立不同的模型。

其中在实际应用中最常用的方法就是"四阶段法"。该方法将从出行链中分解出来的家庭出行以交通小区（traffic zone）为单位集计到各出行目的及代表出行方式，进而构建表示交通小区之间的交通流量的 OD 表或 OD 矩阵［origin-destination table (or matrix)］，最后构建以集计交通量为基础的模型。"四阶段"是指以下四个阶段：①各交通小区的产生及吸引的交通量（trip generation and attraction）；②交通小区之间的分布交通量（trip distribution）；③分布交通量的各代表交通方式分担率（modal share）；④向交通网络的路径分配交通量。按照这样的顺序以交通小区为单位，用集计的交通量进行建模的过程就是集计分析（aggregate analysis）。关于四阶段法，由于现有的教科书［如（社）土木学会，1981；佐佐木・饭田，1992；Ortuzar and Willumsen，1994］中有详细阐述，本书不再赘述。

这里所说的交通行为（或者交通需求）建模就是将观测到的交通行为或者基于交通小区的集计出行和与其存在因果关系的其他主要影响因素的关联性以简单的形式表现出来（多数情况为函数式），理解影响因素和选择行为间的关系，并且给出不同输入影响因素（变量）对应的预测值。比较有代表性的例子是，为表现分布交通量，采用万有引力法则类推得到的"重力模型"，以及第 6 章中详细阐述的交通方式选择的 Logit 模型。

基于出行的方法不仅用在集计的四阶段法中，在第 6 章将要介绍的利用离散选择模型（discrete choice model）开展的"非集计分析"（disaggregate analysis）中也有广泛应用。非集计分析不是将出行以交通小区为单位进行集计，其特征是将每一次出行的属性特征直接建模。应用离散选择模型表现出行众多属性之一的代表交通方式的"交通方式选择分析"（mode choice analysis），无论是实际应用还是学术研究中都是最热门的课题。历史上，美国研究者从 20 世纪 60 年代末开始，通过反思以重力模型为代表的集计模型被肆意使用和预测精确度低下等缺陷，对家庭出行行为、选择行为直接建模的非集计行为模型的研究不断推进，并将其应用于交通方式选择模型，结出了累累硕果。其中麦克法登（McFadden）将可操作性强的 Logit 模型和个人随机效用最大化（random utility maximization；RUM）理论结合，极大地发展了该理论（McFadden，1974），并凭借该成果获得了 2000 年诺贝尔经济学奖。他将非集计出行方式选择模型应用于旧金山湾沿岸地域的高速铁路 BART 开工前的需求预测中，其预测数据与铁路运营后的数据相比显示，最大误差也只有百分之几（McFadden，1978a）。

除交通方式选择以外，目的地选择（destination choice）、路径选择（route choice）、出发时刻选择（departure time choice）等都非常适合基于出行的非集计分析。在对目的地、出行方式、路径、时刻等进行选择情形中，将目的地选择和交通方式选择情形同时表达的模型还可以采用巢式 Logit（Nested Logit）模型（参见第 6 章）。

但是，发达国家的交通政策的主要着眼点已经从干线交通网的规划建设逐渐转移到有效利用已有的交通系统和交通需求管理（travel demand management；TDM）上。20 世纪 80 年代以后，逐渐认清了完全依赖基于出行的方法进行交通政策评价是不够的。比如，鼓励私家车拼车会对整个出行链带来影响，导入弹性工作制则会改变活动的时间段，有可能改变一天中交通行为的组合。总之，人们已经认识到，这种把一天内的出行链分解为相互独立的多次出行，而不考虑原生需求的活动变化的基于出行的研究方法，与真正的"交通行为分析"相差甚远。

特别是在欧洲，这样的想法很早以前就开始萌生。瑞典地理学家哈格斯特朗（Hagerstrand）在 1970 年提出了时空路径（time-space path）方法，将人类活动和移动轨迹绘制在时空坐标中，此后以牛津大学的交通研究小组为中心，结合与时空活动的关系来把握交通，这种基于活动的方法的研究盛行起来，图 1.2.1 显示的是以时空路径的形式表示的活动与交通，时空路径上连接不同地点的活动的斜线表示交通，其倾斜度表示移动速度的倒数。

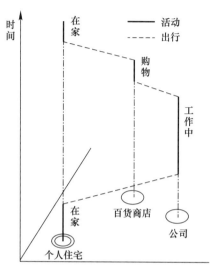

图 1.2.1　基于时空路径的活动和出行

在 1981 年和 1988 年的两次牛津会议（Oxford Conference）上，报告了基于活动的研究方法的最新研究成果（Carpenter & Jones, 1983；Jones, 1990），迎来了该项研究的鼎盛时期。强调了时间制约下的活动与速度制约下移动所产生的时空制约的重要性，对于人类活动的理解起着重要的作用。

另外，部分学者从出行链角度分析交通行为，早在 20 世纪 60 年代末到 70 年代初出现了应用马尔可夫模型的目的地和出行目的连锁分析（Horton & Wagner, 1969；Sasaki, 1979）。此后，非马尔可夫模型的开发和非集计模型（Adler & Ben-Akiva, 1979）应用研究也都有所进展，然而，由于受到基于活动的研究方法的影响，两者渐渐合二为一。

基于活动的研究方法以及出行链的分析在本书的第 12 章有所涉及，更全面的内容详见近藤文献综述（1987）。另外，关于交通行为分析的发展经过，请参考保什（Pas, 1990），原田等（1993），北村（1996）的相关文献。

第2章 行为研究的经济学方法

2.1 人的理性及效用最大化

2.1.1 理性的选择

本书的目的是客观地解释并且让多数人都能理解"交通"这种行为，同时介绍应用数学模型来定量分析交通行为的方法论。另外，这种客观和定量地表现人类的行为尝试，已经有大量研究围绕近代经济学的核心——消费者行为理论展开。本章将论述交通行为定量化模型的必要性，并阐述消费者行为理论的适用性及其拓展方向。

经济学中消费者行为理论的大前提（或者基本前提）是人的理性假设（rationality）。所谓理性就是人类为了实现一个目标而选择他认为能够最好地达成该目标的行为。这是众多关于理性的定义之中最常用的一个，有时候也被称为工具理性（instrumental rationality）(Heap et al., 1992)。

但是，理性并不是像这个定义表面上那样简单。因为人类往往拥有多个目标。比如说，我们来思考一下这个问题，同样价格的面包和美术馆入场券，两者之间你会选择哪一个？马斯洛（Maslow, 1970）把人类的欲望共分成了以下四个阶段，即生存、安全和安心、认可和爱情、自我价值实现。虽然一般情况下人类会按照这个顺序去满足更高层次的欲望，但是除了首位的"生存"之外，其实并不一定会严格遵守这个顺序。无论怎样，一个人即使再难以取舍，他最终也必须在"面包"以及"入场券"中做出选择，其选择结果可以说是最好地达到了他的综合性目标。这个目标的达成程度被称作"效用"（utility）。

回顾理性（工具理性）的历史可以发现，边沁（Bentham, 1789）提出的功利主义（utilitarianism）发挥了重要的作用。边沁认为人类行为的动机存在三种类型：善意、交往、名誉等社会性动机；反感、憎恶等反社会性动机；享受欲望、金钱欲望、权力欲望及自我保护等自私性动机。而所有的行为动机在于对自己有"利益"。然而，功利主义的原理在于实现最多人数的最大幸福（the greatest happiness of the greatest number）。个人的幸福是社会全体幸福的一部分，相对于利他性社会，追求个人幸福的社会更容易实现功利主义的原理。虽然上述后半部分的讨论与目前的福利经济学原理非常接近，但是持该观点的人认为所有的行为动机都伴随着自身利益的观点，都使用了效用的概念。但是，当时的这个效用概念，具有绝对值的意义（基数效用，cardinal utility），跟下面的新古典派经济学中效用的意义不同。

近代新古典经济学中理性的定义是：（1）个人拥有若干目标；（2）能够参照多个目标对行为候选方案（消费商品的组合）进行综合评价；（3）能够按照自己的偏好对候选方案进行排序。若用数学公理来系统描述的话，包含下面四种特性：

① 递归性

对于所有的候选方案 X 都存在 $X(\geqslant)Y$。

$X(\geqslant)Y$ 表示 X 比 Y 更好或者 X 和 Y 是无差别的。

② 完全性

对于所有的候选方案 X、Y，都存在 $X(\geqslant)Y$ 或者 $Y(\geqslant)X$。

③ 传递性

对于所有的候选方案 X、Y、Z，若 $X(\geqslant)Y$ 且 $Y(\geqslant)Z$，那么就存在 $X(\geqslant)Z$。

④ 连续性

对于所有的候选方案 Y，$\{X：X\geqslant Y\}$ 和 $\{X：X\leqslant Y\}$ 是闭区间集合（包含边界线在内的集合）

如果上述特性中①②③成立的话，就能够得到具备理性的偏好顺序，更进一步，如果④也成立的话，就可以定义出无差别曲线（indifference curve，偏好程度相同的点的集合），这样就能够用效用函数（utility function）来描述其偏好。所谓的效用函数是指一种映射：对于替代方案 X，$U(X)$ 这个函数会给予一个标量数，当相比于 Y，X 更被偏爱（$X>Y$）时，就会存在 $U(X)>U$

(Y)，而当 X 和 Y 无差别（X＝Y）时，就会存在 $U(X)=U(Y)$。当 $U(X)=U(Y)$ 时的点的集合，就是无差别曲线。

运用效用函数的理性个人，因为偏爱效用值更大的选择方案，所以会表现为，从多个候选方案中挑选能够带给自己最大效用的候选方案，这样的个人就是"效用最大化主义者"（utility maximizer）。

另外，本书所定义的效用，并没有古典学派的绝对值意义，它只是表现了偏好的顺序而已（顺序效用，ordinal utility），所以即使效用函数单纯变换，其意义也不会有任何变化。

2.1.2 限制条件下的最优行为

假设候选方案 X 是商品消费量的一个组合，它由两种商品的消费量（x_1，x_2）构成。从现实生活中考虑的话，两种商品似乎太少，但是经济学上通常采用这种假设，分成研究所关注商品以及其余全部商品（组合商品，composite goods）。

想要实现效用最大化的消费者，并不能无限制地消费这两种商品，因为它的消费量受到了某种限制条件的约束。微观经济学认为，与消费相关的总费用是由预算限制决定了其上限。假设两种商品的价格（单位消费量所花费的费用）分别为 p_1、p_2，在研究关注期间所能够使用的最大预算额度为 Y，那么预算约束条件下理性的个体选择行为可以用式（2.1.1）表示。

$$\max_{x_1,x_2} U(x_1,x_2)$$
$$\text{s.t. } p_1 x_1 + p_2 x_2 \leqslant Y \tag{2.1.1}$$

运用约瑟夫·拉格朗日的未定乘数法求解式（2.1.1）的最大化问题，可以得到带来最大效用的 x_1、x_2 的消费量如式（2.1.2）所示。

$$\begin{aligned} x_1^* &= x_1(p_1, p_2, Y) \\ x_2^* &= x_2(p_1, p_2, Y) \end{aligned} \tag{2.1.2}$$

这种能够在已知价格（p_1、p_2）以及预算 Y 时，求出最优配置 x_1 和 x_2 的消费量的函数就叫作需求函数。

另外，把得到的最优需求量代入到效用函数中去，就能够求得最大效用值。

2.1 人的理性及效用最大化

$$U(x_1^*, x_2^*) = U\{x_1(p_1, p_2, Y), x_2(p_1, p_2, Y)\} \\ = V(p_1, p_2, Y) \quad (2.1.3)$$

因为式（2.1.3）是间接地由价格组合（p_1、p_2）以及预算 Y 所决定的，所以也叫作间接效用函数（indirect utility function）。这样我们就可以知道，需求函数式（2.1.2）虽然是通过最大化直接效用函数所求得的，但是实际上它能够简单地从间接效用函数式中推导出来。通过罗伊恒等式［Roy's identity，如式（2.1.4a）可求得需求函数，证明过程请参考ヴァリアン，1986］。

$$x_1^* = -\frac{\partial V(p_1, p_2, Y)}{\partial p_1} \Big/ \frac{\partial V(p_1, p_2, Y)}{\partial Y} \\ x_2^* = -\frac{\partial V(p_1, p_2, Y)}{\partial p_2} \Big/ \frac{\partial V(p_1, p_2, Y)}{\partial Y} \quad (2.1.4a)$$

关于需求函数，虽然将会在 2.3 节里继续讨论，但是关于需求函数的更广义更严谨的解释说明，请参考常用的微观经济学教材（例如，Nicholson，1958；ヴァリアン，1986，1992）。

如果在上述约束条件下，应用到最优化行为的交通现象中，以可以去市中心及郊外购物时的家庭支出问题来思考一下下面这个最优化问题。

$$\max_{x_1, x_2} U(x_1, x_2) \\ \text{s. t. } p_1 x_1 + p_2 x_2 \leqslant Y \quad (2.1.4b) \\ t_1 x_1 + t_2 x_2 \leqslant T$$

假定 x_1 和 x_2 分别表示在一定时期内去市中心和郊外购物的次数，p_1 和 p_2 分别表示市中心或者郊外平均每次购物的支出额，t_1 和 t_2 分别表示每次购物所花费的时间，Y 是在该段时期内可以分配到每次购物出行的费用，T 则是同一时期内可以分配到每次购物出行的时间，那么，从这个最优化问题中得到的间接效用函数，就可以表示为式（2.1.5）的变量函数。

$$U(x_1^*, x_2^*) = V(p_1, p_2, t_1, t_2, Y, T) \quad (2.1.5)$$

本书第 6 章以及第 7 章讨论的交通行为模型，都是基于该方法求得间接效用函数的基础上得到最优行为结果，也可以称为求解交通服务的需求函数的方法。

2.2 不确定条件下的行为分析

2.2.1 期望效用理论

前一节中解释了不同商品组合候选方案的选择问题,选择某一个候选方案,就会确定一个唯一的效用值,不会存在不确定性问题。但是,实际上我们在做出选择决策时,真的能够确定每个选项对应的效用值吗?答案是否定的。通常情况下,在做出选择决策之后,再过一段时间,选择结果才会有助于达成目标,或者发挥出其效用。在此之前,可能会发生各种各样不可预测的变化,也就可能会产生不同的目标达成度。也就是说,在大多数的情况下,目标的达成度在做出选择决策的时候是不确定的。

假设当看起来快要下雨的时候,有一个在出行途中的人只带着非常有限的零钱,他必须做出选择:是购买杂志,还是购买雨伞。选择雨伞的效用很明显将因为是否真的下雨而发生很大的变化,也就是说,结果会因选择行为(购买雨伞还是购买杂志)以及自然状况(下雨或是不下雨)而发生变化,对于决策者来说自然状况是一个不确定的因素。把上述情形表示成表 2.2.1 的形式。表中 x_1、x_2、x_3、x_4 是由选择行为和自然状况所决定的收益,那么就会存在 $x_1 < x_2 < x_3 < x_4$。

选择行为在不同自然状况下的收益 表 2.2.1

		自然状况	
		$\theta=1$(下雨)	$\theta=2$(不下雨)
A:选择行为	$a=1$(买伞)	x_3	x_2
	$a=2$(买杂志)	x_1	x_4

像这样,当存在不确定性的选择决策时,人类就会考虑自然状况发生的可能性,也就是考虑发生概率的基础上做出选择。关于自然状况的发生概率,奈特(Knight,1921,1958)列举了三种概率:像色子点数的出现方式一样演绎性地决定的先验概率,从很多的观测结果中归纳性地推导出的统计概率,以及决策者持有主观态度而非基于理论或统计的主观性概率。他把前两种不确

定性称为风险（risk），而把第三种称为真正的不确定性（uncertainty）。但是，即使是真正的不确定性，也可以通过导入主观概率计算出概率，所以干脆不去区别风险和不确定性。

在上述例子中，用 p 来表示下雨的概率，任何选择行为可以用两种自然状况的发生概率以及当时所得到的利益来表示，也就是 $a_k=\{x_i,\ x_j;\ p,\ 1-p\}$（例如表 2.2.1 中，$a_1=\{x_3,\ x_2;\ p,\ 1-p\}$，$a_2=\{x_1,\ x_4;\ p,\ 1-p\}$）。这样的行为跟一定概率下抽选两种不同奖励的彩票是一样的，所以有时称为"抽签"效用理论。

在这样的不确定性条件下，理性的行为准则可以表示如下：

① 对于任意的行为，之前所定义的递归性、完全性、传递性是成立的。

② 若 $x_i(>)x_j$，$a_1=\{x_i,\ x_j;\ p_1,\ 1-p_1\}$，$a_2=\{x_i,\ x_j;\ p_2,\ 1-p_2\}$，那么当且仅当 $p_1>p_2$ 时，存在 $a_1(>)a_2$。

③ 连续性

当 $x_i(\geqslant)x_j(\geqslant)x_k$ 时，存在一个概率 p 满足 $x_j(=)\{x_i,\ x_k;\ p,\ 1-p\}$。

根据该性质，若假定最优收益为 x^B，最劣收益为 x^W，那对于任意的收益 x 来说，都会存在一个概率 p 满足 $x(=)\{x^B,\ x^W;\ p,\ 1-p\}$。特别是，在定义 $x_j(=)\{x^B,\ x^W;\ u_j,\ 1-u_j\}$ 的时候，把 u_j 称为诺依曼-摩根斯坦的效用指标（Neumann-Morgenstern，1953）。另外，可以把上述效用指标值定义成一个收益的函数 $U(x_j)$，把它称之为诺依曼-摩根斯坦型的效用函数。

④ 独立性

当 $a_1=\{x_i,\ x_j;\ p_1,\ 1-p_1\}$ 且 $x_i(=)y_i$ 时，存在 $a_1(=)\{y_i,\ x_j;\ p_1,\ 1-p_1\}$。

由性质③和性质④，$a_1(=)\{(x^B,\ x^W;\ u_i,\ 1-u_i),\ (x^B,\ x^W;\ u_j,\ 1-u_j);\ p_1,\ 1-p_1\}$ 是成立的，将之展开，就变成了如下形式。

$a_1(=)\{[x^B,\ x^W;\ p_1u_i+(1-p_1)u_j],\ p_1(1-u_i)+(1-p_1)(1-u_j)\}$

同样地，把 $a_2=\{x_k,\ x_j;\ p_2,\ 1-p_2\}$ 展开之后，就会有，

$a_2(=)\{[x^B, x^W; p_2u_k+(1-p_2)u_1], p_2(1-u_k)+(1-p_2)(1-u_1)\}$

所以，从性质②可知，当且仅当 $p_1u_i+(1-p_1)u_j > p_2u_k+(1-p_2)u_1$ 时，才会存在 $a_1 > a_2$。

换句话说，如果不确定性下的理性成立，那么当行为 a_1 的期望效用比行为 a_2 的大时，则相对于行为 a_2 来说，行为 a_1 更被偏爱。这种考虑了效用期望值的理论称之为"期望效用理论"。

2.2.2 期望效用以及不确定性的态度

通过前面已经定义过的诺依曼-摩根斯坦效用指标，可以获得一个人对不确定性（本节中不确定性和"风险"意思相同）态度的理解。

首先，假定利益具有单调性特征，即当 $x_i > x_j$ 的时候，$U(x_i) > U(x_j)$ 成立。也就是假定希望利益更大化。现在假定：有利益分别是 $x-h$ 及 $x+h(h>0)$，概率分别是 $1/2$ 的两种行为选择（也可以说是一种"彩票"）。那么此时，利益的期望值就变成了 $(x-h)\cdot 1/2+(x+h)\cdot 1/2=x$。

如果一个人放弃具有不确定性期望收益 x 的行为（彩票），而选择了确定带来期望收益 x 的行为的话，那么就说这个人是风险规避型（risk-aversive）。相反，如果这个人倾向于选择不确定性期望收益的行为，那么他就是风险偏好型（risk-prone）。如果两种行为的倾向无差别，就是风险中立型（risk-neutral）。也就是说，如果运用诺依曼-摩根斯坦型的效用函数来表示的话，就可以表示为下面这种形式：

风险规避型 $\Leftrightarrow U(x) > 1/2\cdot U(x-h)+1/2\cdot U(x+h)$
风险中立型 $\Leftrightarrow U(x) = 1/2\cdot U(x-h)+1/2\cdot U(x+h)$
风险偏好型 $\Leftrightarrow U(x) < 1/2\cdot U(x-h)+1/2\cdot U(x+h)$

如图 2.2.1 所示，可以把效用函数用图形表示出来，上述三种类型分别是向上凸的曲线，直线以及向下凸的曲线。

人类对于不确定性（风险）的态度会根据具体情况而有所不同，一般会采取风险规避型行为。分散投资以及购买保险都是典型的风险规避型行为。但是，也有很多人选择参加赌博或是购买彩票这样的风险偏好型行为。通常期望收益较小时，往往选择风险偏好型，而期望收益较大时就采取风险规避型行为，这样一来，效用函数通常表现为 S 形曲线。

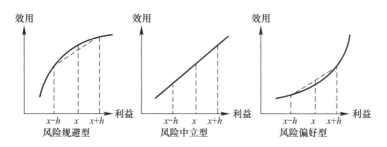

图 2.2.1　对待不确定性的态度和效用函数示意

2.2.3　交通行为分析中的不确定性选择决策

交通行为中的选择常常会伴随着不确定性，其中最重要的就是当拥堵导致服务水平变动时所做出的选择。和道路拥堵相关的典型的例子有：道路拥堵相关路径、出发时刻、交通方式的选择，由于需求超过容量限制而产生等待时间的停车场选择等。例如，考虑到达时间不确定时的出发时间选择分析，霍尔（Hall，1983）定义了通勤者损失函数 L。

$$L(t_d \mid t_s) = \beta(t_s - t_d) + \gamma \int_{t_s}^{\infty} f(t_a \mid t_d) \mathrm{d}t_a \qquad (2.1.6)$$

式中，t_d 是出发时间；t_s 是上班的开始时间；t_a 是遵循概率密度函数 f 的到达时间；β 是平均时间价值；γ 表示单位迟到时间的损失金额的迟到惩罚。式（2.1.6）考虑了具有不确定性的自然状态的道路拥堵，由此到达时间产生变化而造成的损失（＝负效用）的期望值。

但是，交通需求随着个人交通行为改变而发生变化，导致产生拥堵和服务水平变化，拥堵问题根源于交通需求中内生的（endogenous）不确定性。因此，为了更加严谨地分析这种现象，有必要考虑与其他出行者行为之间相互作用的影响。下一节将进行解释说明。

还需要考虑外生的（exogenous）不确定性的因素，例如受天气影响的休闲活动的选择,以及为避免受道路拥堵影响而选择利用公共交通等情况。

此外,在分析长期的选择决策时,很多时候都需要明确考虑不确定性。例如私家车购置选择问题或者居住地类型的选择问题,都会对个人产生长期性的影响,所以在做出选择决策的时候,应该同时考虑决策时的状况以及未来不确定的生活环境和社会环境后,再做出选择决策。

2.3 市场相互作用及均衡分析

2.3.1 需求函数和消费者剩余

在 2.1.1 节中,关于理性消费者选择行为,提到了效用最大化原理。这里再次列出式(2.1.1),本节将利用该公式来解释说明效用最大化原理。

$$\max_{x_1,x_2} U(x_1,x_2)$$

$$\text{s. t. } p_1 x_1 + p_2 x_2 \leqslant Y$$

2.1 节已经从最优化角度推导出了解析性的需求函数,本节我们将讨论更为直观的需求函数的形态。首先,我们把上面的最优化问题用图形表示出来,如图 2.3.1(a) 所示。在该图形中,朝向原点的凸曲线被称为等效用曲线或者无差别曲线,即在这条曲线上的商品组合拥有相同数值的效用。预算约束线的倾斜角度为 $-p_1/p_2$,而效用最大化的商品的消费量(需求量)的组合就可以通过预算约束线同无差别曲线的交点(x_1^*,x_2^*)获得。现在,我们来思考一下 x_1 的价格从 p_1 下降到 p_1' 的情况。如图 2.3.1(b) 中所示,此时预算约束线的斜率变缓,价格变低之后的最优商品组合就会向点($x_1'^*$,$x_2'^*$)移动,而所获得的总效用也提高。

首先,在图 2.3.1(a) 中关注一下无差别曲线朝着原点方向凸出的那个点。从该点引出一条无差别曲线的切线,其斜率表明在保持相同效用水平的前提下,为了多消费 1 个单位的 x_1 而必须放弃 x_2 的量,该斜率被称为边际替代率(marginal rate of substitution)。假定边际替代率随着 x_1 消费量的增加而减小。这是消费者行为理论中的基本假定，被称为边际替代率递减定律（diminishing marginal rate of substitution）。

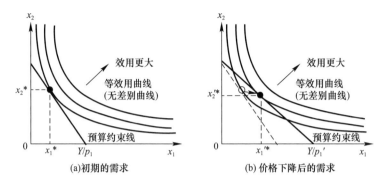

图 2.3.1　价格变动时总成本的变化

边际量这个词汇，在现代经济学中被用来表示"追加的一个单位"的意思。而把经济学推向现代化就是这个边际的概念，19世纪后半期在经济学领域称为"边际革命"的时期。在此之前，正是亚当·斯密（Adam Smith，1723—1790）及大卫·李嘉图（David Ricardo，1772—1823）这两位伟大的经济学家提出了商品的交换价值（也就是价格）是由生产该品所必要的劳动力决定的观点，但是他们无法解释清楚价格随着需求量以及供给量的变动而发生变化的现象。因此，19世纪后半时期的边际理论家们便认为，商品的价格并不是由它们的总量可用性决定的，而是由最终一个单位（边际量）的可用性决定的，直到1890年阿尔弗雷德·马歇尔（Alfred Marshall）发表了《经济学原理》（*Principle of Economics*），才使得边际分析方法以及需求—供给曲线确定下来。

关于边际效用递减的概念，简单地说，是指假设某种商品的消费量一直增加下去，那么追加一个单位消费量的价值，也就是边际效用就会逐渐减少，这是一种极为常识性的观点。举一个日常生活中常见的例子，当我们口渴的时候，最开始喝的那一杯啤酒具有非常大的价值，但是在连续畅饮数杯啤酒的过程中，追加那一杯啤酒的价值就会逐渐降低，说的就是这个道理。比如说，如果把第一杯啤酒的价值定价为800日元，那么第二杯的价值就是 500 日元，第三杯是 300 日元，第四杯是 200 日元……逐渐递减。每次追加的一杯啤酒的价值仅反映其边际效用，如果用货币来衡量的话，追加消费一杯啤酒的效用和获得对应金额的收益之间是无差别的。

如果一杯啤酒的市场价格是 350 日元，那么这个人到底该喝多少杯啤酒合理呢？答案是两杯。因为这个人在喝第一杯和第二杯的时候，他所感受到的价值此时是比其市场价格要高的，所以"喝这杯是赚的"，但是到了喝第三杯的时候，情况发生反转，此时变成"喝这杯就赔了"。顺便说一下，喝第一杯啤酒的时候，其"赚"的是 800－350＝450 日元，喝第二杯"赚"了 500－350＝150 日元，喝两杯啤酒一共能"赚" 600 日元，能够计算出效用是上升的。像这样，通过消费商品就会产生一个效用上的增加，从效用的增加部分中减去购入该商品花费的费用就得到一个效用净增的货币价值，通常称其为"消费者剩余（consumer surplus）"。当喝第三杯啤酒的时候，就会产生一个（负的）消费者剩余 300－350＝－50 日元，三杯啤酒总的消费者剩余合计就变为了 550 日元，比只喝两杯的时候减少了。也就是说，市场的理性行为就是要让消费者剩余最大化。

接下来，如果一杯啤酒的市场价格下降到 250 日元的时候，情况又是怎样呢？这时，即使喝了第三杯啤酒，也会产生正的消费者剩余，但是到了第四杯的时候就会逆转为负的消费者剩余，所以，市场价格下降导致这个人的理性选择是啤酒需求量增加到三杯。

如此假定边际效用的递减，就必定会导致某商品需求量随着该商品价格的下降而增加。如图 2.3.1 中所示，即使是在假定了边际替代率递减的情况下，当降低某种商品的价格时，该商品的需求量也会随之增加。边际效用递减和边际替代率递减都是一种近似直观的概念，至于它们之间严谨的逻辑关系，需要应用一些数学工具进行推导，本书将不涉及更多的内容。

假定可以无限地细分某种商品，递减的边际效用（货币换算金额）就变成了一条向右下方下滑的曲线，正如图 2.3.2 所示。

这条边际效用曲线就是这个人（马歇尔型的）的需求曲线。也就是说，商品的市场价格一旦确定下来，能够产生同其价格相等的边际效用的市场需求，那么与纵轴的价格相对应的横轴的消费量其实就变成了需求量。如果在横轴方向统计一下所有个人的需求曲线的话，就能够得到市场全体的需求曲线。此时，一旦商品价格确定，那么市场全体的消费量也就随之确定了，商品价格是市场需求量变动的一个参数。另外，如图2.3.2所示，根据上述消费者剩余的定义可知，消费者剩余就是在需求曲线所覆盖的市场价格以上的阴影部分的积分。

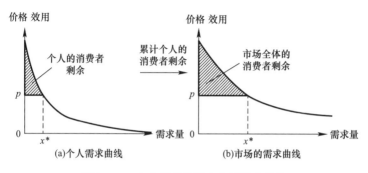

图 2.3.2 个人需求曲线和市场需求曲线

从图 2.3.1 中我们可以看出另外一点，那就是商品 1 的价格发生变化时，商品 2 的需求量也会跟着变动。在图 2.3.1 中，x_2 的需求量随着 p_1 下降而减少。这种情况，说明商品 2 是商品 1 的替代商品（substitute）。根据等效用线（无差别曲线）的形状来看，p_1 下降也会带来 x_2 的需求量增加，这时商品 2 是商品 1 的补充商品（complement）。如果是相互替代的关系，商品 1（比如咖啡）的价格下降导致商品 2（比如红茶）的需求量减少，而具备相同功效（比如润喉）的商品 1 的需求量就将会增加。反之对于补足关系商品，如果商品 1（咖啡）的需求量增加了，那么商品 2（比如砂糖）的需求量也会随之增加。

2.3.2 供给函数和市场的供需平衡

前一节定义了需求函数，但是在分析市场中实际商品交易的时候，必须要知道这种商品是如何供给到市场上去的。与需求函数一样，供给函数也以市场价格为参数决定供给量。供给曲线和需求曲线是相反的，通常是向右上升的。这是因为通常假设，商品供给的生产者在生产过程中，生产追加一个单位的商品时的费用，也就是边际费用（marginal cost）会在短期内向右上升。在这种情况下，生产者的最佳选择就是增加生产规模到商品边际费用与其市场价格相一致。也就是说，每个生产者的边际费用曲线其实就是供给曲线，而把每个生产者的供给曲线合计起来，就变成了市场全体的供给曲线。

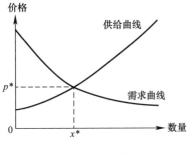

图 2.3.3 市场的供需均衡

如图 2.3.3 所示同时绘制了市场需求曲线及供给曲线。两条曲线相交的一点 p^* 就是均衡价格（equilibrium price）。在这个点上，需求量和供给量是相同的。当处于供给量和需求量不相等的点时，价格是不稳定的。当价格比 p^* 更高的时候，就会出现供给过剩，这时为了增加销售量，就会出现降低价格的压力。而当价格比 p^* 低的时候，则变成需求过剩，这时就会有一些没有购买到商品的消费者，一些生产者会提高商品销售价格，出现提高价格的压力。最终，(x^*, p^*) 就成了市场中的一个平衡点。

图 2.3.3 中所表示的平衡，是相对于一种商品而言的，被称为局部平衡（partial equilibrium）。但是，就像替代商品以及补足商品一样，多个商品的需求是相互关联的。另外，生产一种商品是需要资金、劳动力以及原材料等，也是与市场相关联的。因此，为了表示真正的市场平衡，必须考虑包括生产要素在内的所有商品的市场平衡。里昂·瓦尔拉斯（Leon Walras，1831—1910）提出的这种平衡的概念叫作一般均衡（general equilibrium）。一旦一般均衡成立，只要不存在外部的扰动因素，这个平衡就会维持。但是，在现实社会中，因为技术革新以及人的喜好变化等大量外部

因素常常会产生扰动作用，而且严格来讲，完全竞争市场并不存在，因此，很难想象一般均衡总是成立，现实中应把它视为在外部条件变化下向一般均衡不断收敛的动态变化过程。

2.3.3 拥堵现象和网络均衡分析

在交通现象解析中的均衡分析中，我们所熟知的就是道路网络均衡分析。首先，道路交通这种服务存在一个特点，就是拥堵现象明显。众所周知，某道路区间（路段）上的车辆数量增多，车辆之间的相互影响就会加剧，行驶速度也会下降。车辆密度太大的话，车辆就完全无法移动，道路也就完全丧失了交通功能（饱和密度）。这种拥堵现象会伴随着交通量（某道路断面上单位时间内所通过的车辆数量）的增加，所需时间这一费用也会增加，如图 2.3.4 中所示向右上升的曲线（准确地说，拥堵变得太过剧烈，速度就会急剧地降低，交通量也迅速减少，所以对于某一交通量来说，费用函数可能对应两个值。详情请参考交通工程相关教材，佐佐木・飯田 1992。)

另外，因为道路的使用者在拥堵情况变得严峻而出行费用增加的时候，可能会取消出行，或者更换其他交通工具等，所以道路使用的需求曲线也像其他商品一样向右下方下滑。该需求曲线与向右上升的成本曲线相交的点就是道路均衡交通量条件下的道路均衡费用（道路均衡出行所需时间）。

图 2.3.4 表示在一对出发点及目的地之间（OD 间）有一条道路的情况下的均衡交通量示意图。

但是，一般城市的道路都是网络状的，即使是一对 OD 间也可以选择各种不同的路径。另外，道路网络被大量 OD 对的交通出行所共有。为了分析

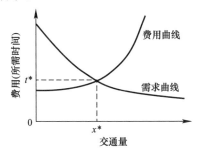

图 2.3.4 道路的均衡交通量

道路网上流动的机动车交通状况，提出了交通量分配方法，其核心观点就是用户均衡（user equilibrium）。沃德罗普（Wardrop,

1952）提出用户均衡的概念，"任何出行者都无法通过改变线路来缩短自己花费时间的道路使用状态"，当达到用户均衡时，"道路网络上被使用的路径所需时间都是相同的，而且比那些没有被使用的路径上所需时间更少或者相等"（Wardrop 交通量分配的第一原则）。

通常根据道路网络用户均衡原理进行交通分配，其 OD 间的交通需求是固定的，即根本没有考虑图 2.3.4 中的需求曲线，只需考虑向右上升的费用曲线，然后遵循 Wardrop 第一原则就可以进行交通分配。正如上文所述，因为大量 OD 对的交通出行共享道路网络，所以寻求一个平衡交通量相当复杂。运用求近似解的启发式方法，把各个 OD 间的交通量分割成为 5～10 份，然后把各个被分割的 OD 交通量分配到每个 OD 对间的最短路径上，之后按照各路段的成本曲线（路段成本函数）更新路段的所需时间，将下一个分割量分配到最短路径上，直到把所有交通量分配完毕，这种分割分配法在实际业务上被经常使用。

经济学家贝克曼等（Beckmann et al.，1956）清楚地给出了图 2.3.4 所示的 OD 交通需求函数，而且他还给出了符合 Wardrop 第一原则的需求变动型网络均衡的数学优化问题模型。乔根森（Jorgensen，1963）给出了不考虑 OD 交通需求函数的需求固定型网络均衡优化问题的数学公式。关于这种道路网络的均衡分析，请参考相关专业教材（例如，Sheffi，1984；土木学会，1998）。

2.4 理性及有限理性

2.4.1 关于理性选择的评论

在 2.2 节及 2.3 节中，我们已经论述了包括行为结果确实已知的情况下以及行为结果不确定的情况下，如何筹划理性选择行为的问题。西蒙（Simon，1987）认为更加普遍的不确定情况下，一个人完全理性（工具理性）的选择行为通常基于以下的假定。

① 可能选择的所有候选项及其属性值都是已知的；
② 结果不确定性的概率分布已知；
③ 运用期望效用最大化原理。

虽然直观上来说这些假定都不太现实,但是在这儿我们探讨一下完全的工具理性存在哪些更为具体的问题。

首先,最直观的一个问题就是,凭经验可知,在经济分析中所讨论的大多数重要的选择行为并不是基于理性做出的(Simon,1957)。极为重要的选择决策行为,比如升学、就职、结婚、居住地等选择,我们在考虑这些选择的时候,应该会很惊讶地发现做出选择的大多数理由竟然是"因为周围的人都是这样选择的""我想这是缘分""偶然的一个机会""再找其他的,太麻烦了""算卦算出来的",甚至,日常细小的选择行为都会受到习惯、习俗、规则等极其强烈的影响。

接下来,即使是同一个人,他的偏好也会随着时间的变化而发生变动,偏好顺序发生矛盾的情况时有发生。即使是在物理构成上相同的同一种商品,不同时刻的选择被认为是不同的商品,并没有矛盾,但是一旦完全认可了这一观点的话,则用来预测和成本效益评价的模型全都无法使用。因此,一般认为,选择偏好在一定程度的时间段内是相对稳定的。

另外,社会心理学家们通过他们擅长的心理试验,提出了一个又一个理性假定存在矛盾的事例。下面举出几个有代表性的例子。

a. 阿莱斯(Allais)悖论(1953)

让我们来思考一下下面两个二选一的问题。

问题1　A_1:获得一万日元奖金的概率为0.33,获得九千日元奖金的概率为0.66,无任何奖金的概率为0.01。

B_1:获得九千日元奖金的概率为1.0。

问题2　A_2:获得一万日元奖金的概率为0.33,无任何奖金的概率为0.67。

B_2:获得九千日元奖金的概率为0.34,无任何奖金的概率为0.66。

卡内曼和特韦尔斯基(Kahneman & Tversky,1979)报告说,大多数参加试验的人员都选择了B_1以及A_2(在他们的试验中,奖金金额与本例不同),而大多数读者也会做出这样的选择。

但是，这个选择结果与理性选择的假定相矛盾，一旦换成如下问题的话，就会明白。

问题 1'　A_1'：获得九千日元奖金的概率为 0.66，无任何奖金的概率为 0.01，获得一万日元奖金的概率为 0.33。

　　　　B_1'：获得九千日元奖金的概率为 0.66，获得九千日元奖金的概率为 0.34。

问题 2'　A_2'：无任何奖金的概率为 0.66，无任何奖金的概率为 0.01，获得一万日元奖金的概率为 0.33。

　　　　B_2'：无任何奖金的概率为 0.66，获得九千日元奖金的概率为 0.34。

像这样一旦换一种写法之后，就可以知道问题 1'中的"获得九千日元奖金的概率为 0.66"的要素，以及问题 2'中的"无任何奖金的概率为 0.66"的要素，它们都同时被包含在两个选择项里。在 2.2 节中介绍的不确定性下的理性选择，假定存在"独立性"，其选择偏好一定不会受到这种共同要素的影响。如果按照这种假定删除掉共同要素的话，就可以知道问题 1 和问题 2 实际上就是完全相同的问题。但是，大多数人对于那些"相同的选择问题"会表现出不同的选择偏好。

b. 埃尔斯伯格（Ellsberg）悖论（1961）

在瓶子中放入 90 个圆球，已经知道其中的 30 个圆球是红色的，但是并不知道其余的 60 个圆球中黑色和黄色的比例。玩这样一个游戏，从瓶子中取出一个圆球，然后根据圆球的颜色给予一定的奖金。让我们来思考一下下面所示的规则。

规则 1：如果是红球，就获得一百日元奖金，其他颜色没有奖金。

规则 2：如果是黑球，就获得一百日元奖金，其他颜色没有奖金。

这两种规则中你会偏爱哪一种呢？那么思考一下下面的两个规则。这种情况下又偏爱哪种规则呢？

规则 3：如果是红球或者是黄球，就获得一百日元奖金，若是黑球，就没有奖金。

规则 4：如果是黑球或者是黄球，就获得一百日元奖金，若是红球，就没有奖金。

在这个试验中，大多数的人都会偏爱选择规则 1 和规则 4。之所以规则 1 比规则 2 更被偏爱，就是因为取出黑球的主观概率应该小于 1/3（取出黄球的主观概率要大于 1/3）。同样地，规则 4 也应该要比规则 3 更被偏爱。也就是说，概率的加法性公理被打破了。埃尔斯伯格（1961）把这个选择问题交给了很多著名的经济学家以及行为决策论研究者，得到了上述选择结果。回答者之中，也包括了主观性期望效用理论的倡导者萨维奇（Savage），据说他也偏爱选择规则 1 及规则 4。

c. 构造（Framing）效果

即使是在完全相同的选择项之间进行选择时，选择结果也会因为意识构成的构造不同而产生不同的选择结果，被称为构造效果（竹村，1994）。特韦尔斯基和卡内曼（Tversky & kahneman，1981）举出了一个典型的例子，有一种可能导致 600 人死亡的特殊传染病，比较两种应对该传染病的对策。

对策 A：采用该对策，就能救助 200 人。

对策 B：采用该对策能救助 600 人的概率为 1/3，谁也救不了的概率为 2/3。

此时大部分的人都会偏好选择对策 A。

对策 C：采用该对策将会有 400 人死亡。

对策 D：采用该对策谁都不死的概率为 1/3，600 人全部死亡的概率为 2/3。

但是在比较对策 C 和对策 D 的时候，几乎所有人都会偏爱选择对策 D。当然，对策 A 和对策 C，对策 B 和对策 D 分别是完全相同的，四种对策（实际上是两种对策）的死亡人数期望值均为 400 人。这个回答结果意味着，在对强调"获救"这个有利的一面的对策 A 和对策 B 进行比较的时候，人们会做出风险规避型的选择（对策 A），而在对强调"死亡"这个不利的一面的对策 C 和对策 D 进行比较时，会做出风险偏好型的选择（对策 D）。

2.4.2 关于悖论的几个心理学方法

在前面小节中，我们已经介绍了三个典型的关于理性选择的悖论，它们任何一个都不仅仅会出现在特殊的心理试验中，即使在实际的选择行为中也经常会被观察到。例如，阿莱斯悖论那样的现象就会出现在下面的这种情况中：在赌博中为人们所熟知的一种倾向，通常会超出期望效用地偏好非常小概率得到好的结果，相反的，会低于期望效用地厌恶非常小概率下出现的不好的结果(Heap et al.，1992)。

"前景理论"（prospect theory）(Kahneman & Tversky, 1979) 就是说明阿莱斯悖论和构造效果的代表性理论。在这个理论中，行为决策被分成了编辑（editing）和评价（evaluating）这两个阶段（依田，1997）。在编辑过程中，行为决策者会基于启发式方法（heuristic，发现性的方法）进行信息认知，而在评价的过程中，会基于结果的主观价值及以主观出现概率为权重去进行判断。结果的主观价值如图 2.4.1 中所示，①参考点的两侧分别表示获益和损失，②获益的范围内是风险规避型取向，而损失的范围内是风险偏好型取向，③相比获益来说，损失一侧曲线的斜率更大。另外，结果的出现概率以及它的权重如图 2.4.2 所示，总体上看，虽然整体上的评价概率偏低，但是还是会过大地评价极低的概率，而且，在概率 0 和 1 附近不连续。

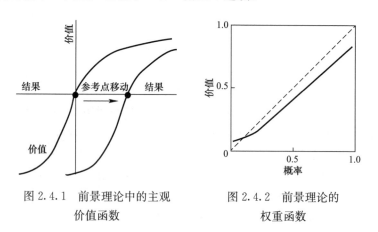

图 2.4.1 前景理论中的主观价值函数

图 2.4.2 前景理论的权重函数

如果应用前景理论的话就可以解释，为什么客观上即使是同一个行为决策问题，参考点也会由于构造的不同而发生移动，而且会由风险规避型变成风险偏好型。另外，正如在阿莱斯悖论中所看到的那样，应用前景理论可以解释概率 0.99 和概率 1.0 的差以及概率 0.33 和概率 0.34 的差所导致的行为决策结果的差异。

竹村（1994）认为构造效果经常出现在我们社会生活的决策行为中，但是无法应用前景理论来完全说明这个问题。因此，他认为不是参考点的移动，提出了关注不确定性聚焦方法变化的"状态依存的焦点模型"（contingent focus model）。

阿莱斯和埃尔斯伯格所提出的悖论引起了对于期望效用理论的批判性讨论（Schoemaker，1982；Machina，1983；Anand，1987），由此产生了以前景理论为代表的几个可以缓和期望效用部分条件的理论，特别是独立性假设（Machina，1982；Chew，1983；Quiggin，1992）。

有一个极其简单的行为决策理论，运用了传递性不成立却非常有趣的"后悔"概念（Bell，1982；Loomes & Sugden，1982）。举一个最简单的例子，在瓶子中分别放入一颗红色、黑色、黄色的圆球，然后从瓶子中取出一颗球的游戏，根据球的颜色来给予一定的奖金。我们来思考一下下面三种规则。

	红色	黑色	黄色
规则 A	0 日元	100 日元	200 日元
规则 B	200 日元	0 日元	100 日元
规则 C	100 日元	200 日元	0 日元

在规则 A 和规则 B 的选择中，获益金额的概率分布其实是相同的，但是"后悔"的可能性不同。选择了规则 A 时，则会有 1/3 的概率（取出红球的概率）"非常后悔"，因为"要是选择了规则 B 的话就能够获得 200 日元的奖金了，但是就因为选择了规则 A，一点奖金都没有得到"。如果选择了规则 B 的话，将会以 2/3 的概率（取出了黑球或者黄球的概率）"有点后悔"，因为"没有选择规则 A 而选了规则 B，导致损失了 100 日元"，但是这种情况下，"非常后悔"的可能性比较小。因此，如果一个人遵循了"避免非常后悔"的行为决策规则的话，就应该会比较偏爱选择规则 B。同样地遵循该规则，那么在规则 B 和规则 C 中，规则 C 就会被偏爱；而在规则 A 和规则 C 中，规则 A 就会被偏爱。结果明确地推翻了

候选方案之间的传递性。

埃尔斯伯格悖论其实连主观概率的加法公理都是没有满足的。埃尔斯伯格（Ellsberg，1961）认为，不仅仅存在主观概率，还存在对该概率值的确信度问题，反过来说就是存在含糊性，所以不仅仅有回避风险（概率值）的倾向，还有回避含糊性的倾向，正因为这样才会引起这种悖论。

2.4.3 工具理性、程序理性和表现理性

本章已经阐述了理性的人类会以某个目标最大化进行行为选择，较好地表述了这种决策方法的（期望）效用最大化原理，确立了近代经济学的基础，但是在2.4.1节里也指出了那种完全的工具理性是基于非现实假定的问题（Simon，1987）。社会心理学家们认为，在大多数的实际选择中，期望效用理论都是不成立的，所以构建了能松弛这个假定的行为理论。同时指出了如下风险，即过高地评价人类的两种能力，能够收集所有的信息并进行适当的处理，寻求最大化效用时计算机般的信息处理能力。

不仅是信息处理能力的过高评价，其实就连合理地解释信息这种特殊的商品的获得过程都很难。也就是说，在不确定性下的行为决策中，到底应该如何定义合理的确信。如果假定信息的边际效用是递减的，那么在边际费用和边际效用相同的点上，就停止获得信息，虽然可以说在这一时刻做出将来的推测是合理的确信，但是，实际上是很难去假定性质极其不同的信息的边际效用递减。即使获得了少量信息，也非常有可能做出格外有利的选择。

我们来考虑一下人类行为决策的"理性"中，不再追求工具的目标最大化，而导入其他的概念。其中一个代表性的概念就是"程序理性"（procedural rationality）（Heap et al.，1992）。

即使所选择的代替方案与目标相比，未必是最优的方案，但是思考一下其选择过程，有时就会认为这个选择十分合理。接下来要详细地阐述的"有限理性"（bounded rationality）（Simon，1987）就是具有代表性的一个，因为人类的信息收集和处理能力是有限的，所以有时会基于非常简便的规则做出行为决策。在我们的日常行为中经常看到如下选择行为，评价极其有限的属性即

做出选择,只是单纯地遵从习惯性行为的选择,或者虽然没有达到"最优"目标,但基本"满意"的妥协选择。考虑到在评价候选方案而处理信息的过程中,大脑的思考能力是稀有资源,包含了选择过程的上述选择行为都是合理的。

不仅仅包含"有限理性","遵守社会规范"也是一种有代表性的过程理性。只要不是"鲁滨孙漂流记"那种生活,人类要在复杂的社会中生活,就要遵守在历史长河中孕育的大量明文规定或是潜在规则;如果大多数人都不去遵守,就无法生活下去。比如说,如果大家都不去遵守交通规则的话,那么在每一个十字路口都不得不去考虑旁边开来的车辆行为,还要计算各种通行方案的期望效用,然后再决定自己车辆的行为。对方一旦也开始进行相同的计算的话,大家就会进入一个循环,这样的话大家就有可能永远都无法通过这个交叉路口了。从其他角度来看,每一个人的行为构成了社会的文化,然后从中享受着福利,具备工具理性的个人的集合体就是一个社会的观点是极其片面的。

除了工具理性和程序理性之外,还有一个心理学上的理性的定义。工具理性表示的是为了达成某个目标而采取的工具(instrument)的选择,与其不同,"表现理性"(expressive rationality)适用于那种选择本身就是目标的场合。比如说,为了实现更快更廉价地到达某一个地方的目标,在轨道交通和自驾车之间选择轨道交通,这就是工具理性。但是,因为想证实一下自己能够自驾车而选择了自驾车,这就是表现上的理性。这类行为可以看作是动态过程的一个环节:通过选择本身来理解自我,由此而形成了态度以及信念。

一个比较容易理解的例子是,心理学上有名的"认知失调"(Festinger,1957)的行为动机。人类会因为心中那些相互矛盾的认知而感到不快,而想排解这种不协调的动机就会运作起来。排解的方法可分为内在的方法和外在的方法。内在的方法就是不去听那些会让自己对过去的选择结果感到后悔的信息;另外,也可以通过改变外在的因素来排解不协调,相当于自己行为的合法化。比如说,平时自驾车的人为了排解认知失调,在意识调查中会针对开车阐述一些宽容的观点,之后还会继续开车。这种情况下选择自驾车就不符合工具理性,选择自驾车本身就是一个目标。这样的理性是一种心理因素,很难建立模型,但是它却是政策实施中极其重要的一个概念。很多十分喜爱美式社会文明(包括机动车的大众化在内)的消费者虽然对其可持续性抱有怀疑态度,但因为便利这种外在的"奖励",就把现在的生活合理化了。为了改变这种生活方式,就要提高对于可持续性危机的认知,要提示另外一种选择,个人便利性虽然下降,但是不容易引起与环境问题认知之间的不协调,还要让社会全体成员降低便利性以确保可持续性的同时,要让每一位成员都能够感受到他们自己都得到了"奖励"。

2.4.4 有限理性及行为决策策略

西蒙(1987)所倡导的有限理性认为:因为人类的信息处理能力有限,所以就采用如下的假定去取代2.4.1节中所列举的完全工具理性的三个假定(依田,1997)。

① 考虑选择项的生成过程,取代已给的选择项的集合;

② 考察为了应对不确定性而运用的启发式方法,取代已给的概率分布;

③ 运用满足化原理,取代期望效用最大化原理。

也就是说,有限理性理论并不仅仅包含了从选择的结果中所得到的期望效用,因为应该把行为决策相关的信息收集以及效用评价所需要的(广义上的)费用也考虑进去,再进行行为决策,所以它并不是完全(工具上的)理性那样,需要花费巨大的信息处理费用去实现期望效用的最大化,而是会运用更为简便的方法去选择出那个可能达到满意的候选项。

自西蒙(1957)指出人类一般不会采用效用最大化的行为决策策略后,人们发现了多个考虑到人类信息处理能力有限的决定策略,后来,被定义为有限理性。先介绍一下从若干候选项(或者说替代方案,alternatives)中做出选择时的代表性策略。

在候选方案中,结果出来之后(大多数的情况下都有不确定性),对其结果的主观期望就会被分摊。各个替代方案(以及结果）都有多个属性，但是会根据情况的不同，或分解到其属性中去评价该候选方案，或作为一个整体去评价。也就是通过其属性表现候选方案的特征，比如说某交通方式的候选方案，就可以表现为"所需时间 25 分钟，换乘 1 次，确保有座，开设空调，花费 300 日元"。

a. 加法型多属性效用理论

基尼和雷法（Keeney & Raiffa, 1976）认为，在通常的选择决策中，若一个人拥有多个相互不兼容的目标的话，他就会权衡考虑这几个目标后再做出行为决策，即多属性效用理论（multi-attribute utility theory）。在上述的交通手段的选择的例子中，它的目标是"选择尽可能快的交通工具，而且最好费用低廉"。在可能选择的替代方案的集合中，如果有一个最快也最便宜的交通工具的话，当然会毫不犹豫地选择这个交通工具，但是一般情况下是找不到这样占绝对优势（dominate，即所有的目标都最优）的候选方案的。在这种情况下，就需要表达权衡多个目标的效用函数（参考 2.3.1 节中的"无差别曲线"以及"边际替代率"）。根据加法型多属性效用理论，规定构成候选方案的多个属性分别拥有各自的效用值，而候选方案的效用是把它的每个属性的效用赋予适当的权重相加在一起后得到的。

b. 连接型（conjunctive）

这种选择策略是指设定每一个属性的最低接受标准，只能选择构成候选方案的所有属性都满足其最低标准的方案。当满足这个条件的候选方案有多个时，进一步运用其他选择策略寻找最优方案（参考 6.6.2 节的"二阶段模型"），有的时候也会依次检查候选方案，然后选择出第一个满足这个条件的方案。这种方法类似于选拔试验中的"第二次考试"。

c. 分离型（disjunctive）

对各个属性设置了足以充分选择的标准，只要有一个属性超过了该标准，那么就把该方案作为可选择的对象。当有多个候选方案成了候选对象时，那么就采用同连接型相同的处理方法。这种方法就被比作选拔试验中的"一枝独秀"。

d. 辞典编撰型（lexicographic）

对选择决策者来说会存在一个最重要的属性，通过比较所有候选方案的该属性选择最优方案。如果有多个该属性达到最优的候选方案时，就从这些方案中比较第二重要的属性，选出最优的候选方案。如果还留下多个候选方案的话，就按第三重要属性、第四重要属性这样一个重要性递减的顺序依次进行比较下去。但是，特别是属性为连续变量的时候，如果几个候选方案的某一属性的差值相当小，那么比较合适的做法是把这几个候选方案当作是同顺位来对待（比如，出行费用是最重要的一个属性，两个方案分别需要250日元和251日元，这点差距根本无法用来区分孰优孰劣）。像这样当上层重要属性的差值相当小而被看作是同一层次，然后比较下一个属性的策略，被称为"修正辞典编撰型"或"半顺序性辞典编撰型"策略（Coombs，1964）。

e. 特征属性排除法（EBA，Elimination By Aspects）

特韦尔斯基（1972）发表了EBA模型，该模型把属性赋予0-1特性（比如费用200日元以下，可能有座等），关于各个特性，通过判断每个候选方案是否具有某一特性来排除一些方案，就这样依次地排查每种特性，直到只剩下一个候选方案为止。排查的顺序就像辞典编撰型一样是不固定的，它是按照属性特征的重要性概率决定的。EBA模型的特点就在于，能够通过特性的重要性指标来比较简单地表示基于该选择策略情况下的各候选方案被选中的概率值。

f. 胜算最大化

该规则以一个二项选择的例子会比较容易理解，两个候选方案中每一个属性比较胜负，选择胜数比较多的那个方案。当有多个选项的时候，则从所有的候选方案中选择出一个期望的优势属性数量最多的方案。

上述一共列举了六个具有代表性的有限理性选择策略，可以把它们大致地分为"补偿型规则"以及"非补偿型规则"两种类型。所谓补偿型规则，是指即使某候选方案某一个属性的评价比较低，如果其他互补属性的评价比较高的话，方案的综合评价能被保存下来的选择策略。在上述六种策略中，a 和 f 就属于这种类型。另一方面，对于非补偿型规则，比如连接型，如果某候选方案中的某一个属性没有达到最低容许标准，其他的属性无论如何也无法弥补缺陷，然后该方案就不会被考虑了，b 到 e 四种策略都属于这个类型。

那么，一个人该对什么样的选择情形采取哪种策略呢？首先，如果遵循程序理性的原理的话，那么就应该先考察在选择上花费的信息处理的负荷和选择的结果所带来的重要性，然后再做出选择决策。因此，接下来可以预测到，对于那些并不重要的选择决策，就尽可能地应用没有认知负荷的简便的选择策略。那么，说到认知负荷会受哪些因素影响，主要是候选方案的数量以及构成每一个方案的属性的数量。如果是二选一这样候选方案数量较少的情况，就会偏向运用补偿型的策略，候选方案的数量一旦增加，最好运用非补偿型这样更简便的信息处理，凝练候选方案数量的策略（Payne，1976；Abelson & Levi，1985；竹村，1996）。另外，佩恩等（Payne et al.，1993）提到，随着候选方案数量以及属性数量的增加，在加法型多属性效用型中认知负荷也会急剧地增加，但是在其他的非补偿型规则中，负荷的增加却表现得较为平缓。根据比奇和米切尔（Beach & Mitchell，1978）的观点，运用什么样的决定策略，其实就是决策者想做出一个正确选择的欲望同其所需要的时间和劳动力之间（通过成本效益分析）相互妥协的产物，会因处理对象问题、环境以及决策者的性格等千差万别。

本节提到的有限理性，它并不是要检查和权衡所有的候选方案的所有属性后，再选择一个能够带来最大效用的方案，而是运用如非补偿型那样认知负荷小的、简便的策略凝练候选方案之后再进行选择，使得满意的方案浮出水面。从另一个角度来看，期望效用理论是无法解释说明为什么会有这么多的人做出了并非理智的选择，而有限理性以及其决定策略成为能够说明这些现象的强有力的工具。

2.4.5 理性以及模型的讨论

丹尼尔·麦克法登针对从离散的候选项中做出选择这种行

为，构建了一个整合了合理的选择行为和效用最大化理论的理论体系，并推导出 Logit 模型那样操作性高的离散选择模型（参考第 6 章），正是凭借这些成果，他荣获了 2000 年的诺贝尔经济学奖。最近，丹尼尔·麦克法登又发表了一篇非常有趣的论文，题目是"*Rationality for Economists*"（McFadden，1999）。在论文中他说到，在 20 世纪 70 年代当特韦斯基和卡内曼开始运用精彩的事例来分析理性假设出现各种矛盾的时候，经济学家们毫不掩饰他们的称赞和困惑："这两位熟练的匠人正在他们为自己搭建的绞刑架上眺望远方"。在这篇论文中，他对于那些基于完全理性的模型提出了以下三种看法：

① 方便：能很容易地进行需求分析以及收益评价。

② 附加了不必要的硬性假设：关于理性相关的假定更弱化一些，也能够用来分析几乎所有的问题。

③ 存在错误：尽管人类的行为拥有相当合理的一面，但是还是有绝大多数的行为是不适用于这样的模型。

迄今为止，以近代经济学为基础的分析几乎都是基于完全理性假设，可以说我们虽然委婉地承认存在③的问题，但因为无法抗拒①的魅力，所以仍会继续运用这些便利的模型。今后我们所走的道路，就应该如②所示的那样，去开发出具备更加现实的假设和操作性高的模型（森川ら，1998）。

虽然在原理上假定了完全理性，但是在实证分析中，本质上是可以放宽这种假定的，这个理论就是"随机效用最大化"（Thurstone，1972；Marschak，1960；Domencich & McFadden，1965）。人们会根据期望效用最大化进行选择，但是，对于其他模型化的分析者来说，因为该效用的总体情况是不确定的，所以他们就用概率变量来表示效用。瑟斯通（Thurstone，1927）认为个人 n 的候选方案 i 的效用 U_{in}，是由确定部分 V_{in} 以及随机部分 ε_{in} 的和来表示，对于分析者来说，之所以会选择候选方案 i，就是因为其随机效用能够表达概率最大的现象（详情参考第 6 章）。

效用的随机部分被认为是分析者之所以不能观测的一个重要

原因，因为其中还包含了那些非完全合理地进行选择的人的影响，所以 RUM 可以说在一定程度上缓和了完全理性假设。但是，那些不遵循完全理性的人的影响是系统性的，如果其大小在实践中无法忽视的话，还是应该考虑去构建非完全理性假设的模型。

2.5　市场营销研究的启示

2.5.1　消费的显示效果

有这样一个例子，一条带有三千日元价签的领带根本就卖不出去，把它的价签上的价格改为一万日元之后，第二天顺利地卖出去了。片平（1987）说到这个例子经常被放到与市场营销相关的讲义中去。这个例子与 2.3.1 节中所解释的"价格上升，需求下降"的经济学原则相矛盾，市场营销研究领域进一步地细致分析市场和消费者的购买行为，着眼于价格的显示效果的"凡勃伦效应"来说明这个问题。

至此所讨论的消费者的选择行为，除了市场中的供需平衡之外，基本上消费者之间的选择都是相互独立的。但是，在实际的选择行为中，都会在意其他人的评价，或者是在其他人的行为的"诱导"下做出选择，这种个人之间相互影响的情况是比较多的。莱本斯坦（Leibenstein，1952）关于消费者行为中的这种相互作用，介绍了如下有代表性的三个类型。

"凡勃伦效应"是消费者通过消费某一种商品所获得的效用，并不仅仅是那种商品本身所拥有的效用，还要取决于该商品在其他人眼中的价值（或显示价格）（片平，1987）。当然，都希望显示价格越高越好，该影响要比间接效用函数中市场价格的负的影响还要大，市场价格和显示价格如果一致，才能够得到一条如先前的例子中那样向右上升的需求曲线。

莱本斯坦（1952）提出的其他消费者之间的相互影响是指"从众效应"（bandwagon effect）以及"虚荣效应"（snob effect）。其他人越是购买某一种商品，该商品的效用也越提高（"流行"的一种表现），这是从众效应。相反地，如果稀有价值消失了，该商品的效用就会下降，这就是虚荣效应。

2.5.2 普及过程分析

在市场营销中一个重要的课题是，分析一种全新的商品进入市场后销售额的变化过程。虽说是全新的商品，但是对于消费者来说，是全新的商品，还是已有的商品贴上了一个新的品牌标签而已；另外，是可以反复购买的商品呢，还是像耐用商品那样一般不会多次购入的商品呢，根据研究对象不同应采取不同的分析方法（片平，1987）。本节更关注的是商品普及的过程，是每个消费者都独立地做出购买决定的"革新式普及"，还是在观察了商品的普及情况和周围其他消费者的行为之后再做出购买决定的"模仿式普及"，这反映了消费者之间的相互作用问题。在表述这样的普及过程的时候，一般都会运用到扩散模型（diffusion model）。在这里对该模型做一个简单的介绍。

扩散模型的基本形式可以用下面的微分方程来表示。

$$\frac{\mathrm{d}N(t)}{\mathrm{d}t} = P(t)[M - N(t)] \tag{2.5.1}$$

式中，$N(t)$ 是指在时间点 t 的时候，商品购买者的累计数量（显示市场）；M 是指商品最终达到饱和状态时的市场（饱和市场）规模。实际的数据是由"t 年度的购买人数"等以离散的时间给出，所以，

$$\frac{\mathrm{d}N(t)}{\mathrm{d}t} = N(t+1) - N(t) \equiv n(t) \tag{2.5.2}$$

其中，$n(t)$ 就是 t 时期内购买商品的消费者总数；$P(t)$ 称为普及系数，就是未购买的人群 $M-N(t)$（潜在市场）在 t 时期内购买该商品的概率。

根据普及系数的不同表现形式，考虑各种各样的扩散模型，下面就列举三个有代表性的模型。

$$P(t) = p \tag{2.5.3}$$

$$P(t) = q\frac{N(t)}{M} \tag{2.5.4}$$

$$P(t) = p + q\frac{N(t)}{M} \tag{2.5.5}$$

式（2.5.3）所代表的模型中，按照潜在市场的一定比例来推

进购买,所以称之为"外部影响模型"。也就是说它适用于购买者是由于自发的意愿而去购入的(革新者),或因为受到了广告等外部因素而购买的情况。式(2.5.4)的模型称为"内部影响模型",购入概率与市场的饱和度成一定比例地增加。它表示的就是所谓的"流行现象",反映了"周围的人都购买了,所以我也要购买"之类的"模仿行为",根据已购买者的口碑而促进了购买商品的情况。而式(2.5.5)所表示的模型则综合地考虑到了以上两个方面的因素。式(2.5.5)这种类型的模型被巴斯(Bass,1969)运用到各种耐用消费品的普遍现象中,因此它也被称为 Bass 扩散模型。

这些模型中未知的参数有 M、p、q。有时也把 p 称为革新系数,把 q 叫作模仿系数。比如说在 Bass 扩散模型中,把它代入到式(2.5.1)中,然后展开,就成为式(2.5.6)的形式。

$$n(t) = pM + (q-p)N(t) - \frac{q}{M}N(t)^2 \qquad (2.5.6)$$

在给定数据 $n(t)$,也就是 $N(t)$ 之后,就可以运用似然函数或者是非线性最小二乘法来推导出 M、p、q。更为简便地,就是运用最小二乘法求解式(2.5.5)中与 $N(t)$ 相关的 2 次式的三个系数,然后从这些估计值中求解 M、p、q。

上述扩散模型是一个极其简单的模型,但是它却能够表达出"模仿"以及"流行"这种类型的人之间的相互作用,这一点很有意思。但是,正如式(2.5.6)所表现的那样,因为基本的扩散模型假定了一个完全封闭的市场,它没有考虑到跟随者的问题,而且没有考虑政策变量的影响,显然它只能适用于一些极其有限的情况。此后,研究者又分别缓解了限定假定,提出了几个扩展模型(Mahajan & Muller,1979)。另外,在应用到交通需求分析领域时,学者提出了一个考虑了流行现象的海外观光游客数量的预测模型(森川・村山,1992)。

第3章　交通行为分析的社会心理学方法

3.1　行为的社会心理学

对交通行为进行分析的主要目的之一是预测行为。如果能够预测每个人的行为,将他们的行为进行叠加(集计化),就可以对交通需求进行定量预测。此外,回顾我们的日常生活就会发现,在进行某项行为之前,会"想到""考虑到""感觉到"各种各样的事情。也就是说,我们的行为直接依存于与我们的行为相关的心理(以下统称"行为心理"),同时集计的交通需求也通过每个人的交通行为的形式依存于每个人的行为心理。

但遗憾的是,行为心理至今还未在交通行为分析中担任过主角。当然,在一些交通行为的研究(Recker & Golob,1976;Koppelman & Lyon,1981;河上・広畠,1985;Morikawa et al.,1990;森川・佐々木,1993;具ら,1999)中也曾经涉及行为心理,但是这些研究大多只是把它作为行为理解的框架,援引经济学的行为模型(效用理论),行为心理的作用终究只不过是次要的东西(参考第11章)[1]。

经济学的行为理论一直担任交通行为分析主角,是因为交通行为分析的目的偏重于"行为预测"。20世纪70年代以后,虽然说"交通需求的理论在经济学消费者行为理论中占据了明确的位置,出现了巨大的发展"(土木学会,1995),但其兴趣对象终究不过是"行为"本身罢了。这个构图和经济学者的那些研究可以说是完全一样。原因在于,就像在交通规划中的行为分析是为了理解在特定地区的交通需求的工具那样,在经济学中的行为分析是为了理解在特定市场的经济动向的工具。

在这个构图下,经济学者采用的学术策略是彻底简化个人行为因果的背景(Roth,1996)。这里所说的行为因果的背景是"为什么要采取这样的行动"的原因和理由。在某个人的某项行为的过程中,我们能够思考出无数种因果的关系。如果仅仅是对从结果来看的行为感兴趣的话,像这样把因果关系一个一个列举出来的方法并非上策。因此，出现了可以方便使用的概念产物"效用"。

在效用理论中，假定了"人们以效用最大化为原则行动"。但是，这只是基于"实际上效用作为心理的潜在量存在，每个人的行为是使其最大化"这一科学依据，而并没有主张这个假设的正当性。这个假设主张"基于效用最大化来记述个体行为"。即效用理论可以说是对行为的一种解释方法（Kahneman et al., 1991），无论个体的行为和效用最大化之间有多么悬殊的差距，只要在这个范围内把握效用（Simon, 1990；Payne et al., 1993；竹村, 1996；Dawes, 1997；Garling, 1998），效用最大化的假设都是可以被容许的。

但是，回顾上文的议论可以知道，确保效用理论的正当性的议论只不过是把"只以行为为兴趣的对象"这一立场作为前提罢了。尽管无可争议的是，效用理论是分析特别是预测行为的一个极其有效的框架，但要理解人的行为，理解其背后的行为心理也是必不可少的。这样的理解不仅会成为交通规划立案的基础信息，同时还会对更加明确的行为预测发挥作用。

本章持着和经济学不同的视点，对社会心理学思维范式下的行为分析进行论述。顾名思义，社会心理学是将着眼点放在生活在社会环境下人们的心理的理论体系，这一点和经济学有着巨大的不同。此外，它的一个非常明显的特征是，社会心理学在假说理论的构筑和真实数据的基础上进行检验和反证，然后再据此对假说理论进行再构筑的一门尊重传统研究方法的科学。

3.2 态度理论

3.2.1 什么是"态度"

社会心理学中最具有代表性的行为理论，当首举"态度理论"。态度理论是记述在行为的背景下各种心理因素和行为的关系的理论体系。心理因素包括：意味着他人影响的个人规范（personal norm），意味着伦理性心理的道德意识（moral obligation），意味着行为实行主观难易度的感知行为控制（perceived behavioral control），意味着行为自动性的习惯（habit）等，可以列举出很多。通过大量的试验和调查研究，这些心理因素对行为的影响和它们之间的关系逐渐清晰。其中最早被列为研究对象的、被认为是核心的心理因素是"态度"（Dawes & Smith，1985；Eagly & Chaiken，1993）。

在过去的研究中，态度有着各种各样的定义，其中最广为大家所接受的定义是"能够以喜好程度的形式，表现对特定对象的心理倾向"（Eagly & Chaiken，1993）[2]。简单地说，即对某种对象的好恶的主观倾向就是态度。比如，喜好蛋糕的人是对蛋糕持有肯定态度的人，喜好开车的人是对开车持有肯定态度的人。

但是，在好恶的感情之中，可能有各种各样的表现形态。比如说，一个人可能是在感情上对汽车是厌恶（喜好）的，也可能觉得开车是一件坏事（好事）而厌恶（喜好）开车。此外，就算当事人自身并没有"喜好"这种自我意识，也有可能"喜欢"上了某个对象。例如这种情况：某人在食堂里一直只选择某样食材，经人提醒后，他才发现自己喜欢该食材（当然，被他人提醒以后，自己也具有了了该喜好的自我意识）。

像这样，即使是单纯的"好恶"，也融入了多样的特性和要素。据此，克雷希等（Krech et al.，1962）定义态度有以下三种成分：

(1) 情感（affect）的成分（情绪的感情上的喜欢/讨厌）；

(2) 认知（cognition）的成分（认知的评价上的善/恶以及合适/不合适）；

(3) 行为（behavior）的成分（具体的行为）。

比如，讨厌"消费税"这样的心情对应着对消费税态度上的情感成分；"消费税是苛税"这样的评价对应着对消费税态度的认知成分；"拒绝支付消费税"这样的行动包含着态度的行为意向的成分。

这种广义的态度的定义适用于人们对上述例子所说的税金和政府政策的反应，以及对其他人种和其他民族的评价分析等之上。但是，把焦点放在人的行为的研究上，就显露出了包含"行为成分"的广义态度定义中也不能进行充分分析的问题。

原因在于，如果使用了该现象本身（也就是行为的成分）说明某个现象（也就是行为），会导致同义反复的问题。因此，以行为分析为目的时，通常只狭义地把态度的感情成分定义为态度。然后，态度的认知成分和行为成分作为其他的要素被再次定义。通过再整理这些与态度相关的心理因素，以各种各样的形式对人的行为进行了分析（Ajzen & Fishbein，1977，1980；Ajzen，1985，1991）。

本章接下来提到的"态度"，只意味着上述 3 要素里面的感情要素。据此，基于伊格利和柴肯（Eagly & Chaiken，1993）的定义，对以行为分析的目的的态度进行再定义，就成了"能够以感情上喜好程度的形式表现，对特定对象所持有的心理倾向"。

3.2.2 基于态度理论的普遍行为理论

很多早期基于态度理论的行为研究把焦点放在行为和态度之间的关系上。但是，反复研究的结果显示，态度的行为说明力并没有那么高。艾森和菲什拜因（Ajzen & Fishbein，1977）根据 142 篇报告态度和行为关系的研究论文，对态度和行为之间的关联性进行一般性的分析。结果显示，态度和行为的相关系数并非显著的研究结果有 46 篇（33%），是显著的但是相关系数不足 0.4 的研究结果有 57 篇（40%），相关系数超过 0.4 的研究成果只有 39 篇（27%）。

在明确了态度只具有有限的行为说明力以后，态度研究朝着（1）假定态度和行为间有着中间的心理因素，（2）考虑态度以外的规定行为的心理因素这两个方向发展。这些发展起来的代表性的行为模式有理性行为理论（Theory of Reasoned Action；TRA）（Ajzen & Fishbein，1980）以及在此基础上发展起来的计划行为理论（Theory of Planned Behavior；TPB）（Ajzen，1985，1991）（图 3.2.1）。在这些理论中，取代态度作为重要的心理因素的是"行为意图"（behavioral intention）。也就是说，在行为实行之前，假定"要做什么""打算做什么"之类的意图已经形成。例如，在开车之前，"今天要开车"这样的想法就已经有了[3]。

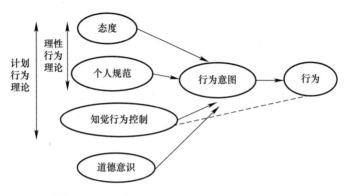

图 3.2.1　在态度理论中的规定行为的心理因素
（据 Ajzen，1985，Schwar and Tessler，1972 绘制）

进而，形成意图的心理因素，在理性行为理论中假定有"态度"和"个人规范"，在预定行为理论中还加上了"感知行为控制"。在这些心理因素中，个人规范的意思是"对对象实施的行为所得的结果的重要的他人评价"。如果以开车为例，就意味着对于一个人开车这件事，他的家人和朋友会对他做出怎样的评价。态度是反映着利己和私人动机的心理因素，而个人规范是具有社会性的动机，或者直截了当地说是反映社会压力的心理因素。此外，感知行为控制是"对其行为实行容易程度的预测"，如果它越高（也就是觉得容易），越容易形成行为的意图。反过来，如果它越低（也就是觉得困难），意图的强度就会变弱。此外，一般来说感知行为控制性在某种程度上反映实际行为控制（actual behavioral control），并且，因为实际行为控制越高，实行的成功率也会变高，感知行为控制性即使是行为本身的影子，也对行为产生正面的影响[4]。除此之外，人们还发现了道德意识的活性化也能形成行为的意图（Schwarz & Tessler，1972；Gärling et al.，2001）。

像这样，我们知道了各种各样的诱发行为形成意图的心理因素。站在交通规划者的立场上，为促进交通行为的诱导和变化，可以把从反映个人爱好的态度到社会的相互作用甚至是包含道德意识的各种心理要素一个个作为政策目标来掌握。具体考虑哪些政策的时候，在这里所说的态度理论框架应该会是非常有效的探索途径。另外，基于态度理论的交通措施的事例将在本章的最后进行陈述。

3.2.3 态度和效用

态度就像以前所定义的那样是"喜好的程度"，在效用理论中效用则是"偏好的程度"，因此，两者有可能会被认为是非常相似的概念。实际上，也可以看到将态度替换成效用，将态度理论应用在经济分析的经济学研究，它们之间的类似性并不小（Wolfgang & Frey，1992）。但是，两者之间存在着直接反映社会心理学和经济学基本差异的明确的差异点也是事实。那就是，效用是"规定行为的概念"，而态度则是"可能影响行为的心理量"。也就是说，行为是第一意义的存在，效用是从行为那里演绎出来的，而态度则是可以和行为没有关系而存在且内部的、主观的心理量（假定其对行为有影响）。从这个初始的差异点，可以演绎出几个理论适用上非常重要的差异点。

第一，在原理上效用的个体间的比较被认为是不可能的，而态度并没有被这么认为不能比较（Eagly & Chaiken，1993）。这是因为，只要效用是由行为演绎而来，某效用 i 和某效用 j 之间的大小关系，只能通过选择与它们的效用所对应的选项 i 和 j 中的某一个的行为结果才有可能做出判断（佐伯，1980）。但是，由于态度是心理上假想的实在[5]的概念，和身高、体温等一样，如果有合适的测定器的话，就可以进行个人之间的比较。在日常生活中，"我喜欢蛋糕，但是她好像比我更喜欢的样子""他表现的喜欢开车，但是我觉得我更喜欢"这样的对话会频繁出现，因此，效用不能做到个人间比较，是背离我们的日常感觉的概念，而态度可以说是反映日常感觉的更加丰富的概念[6]。

第二，效用是行为演绎的概念，反过来说，意味着效用是规定行为的唯一的潜在要素。而态度只不过是规定行为的其中一个因素。因此，在态度理论的框架中，可以将上述的道德意识、个人规范和社会的压力等对行为的影响和意味着个人喜好的态度分开来进行考虑。但是在效用理论的框架中，它们既然已经对行为产生了影响，就假定这些要素的效果已经包含在效用之中了。因此，在效用理论的框架中，即使根据计量经济学的方法论（例如Logit 模型）来计量效用水平，也会弄不清规定效用的实际因素。在这一点上，根据心理量的个别计量来说明行为的态度理论，在理论和实证上把重点放在特定行为背后的心理要素上。因此，在应用到交通行为分析的时候，可以更加明确地理解规定行为的因果背景。

第三，态度既然是假定为心理上的实在，就和效用不同，可以认为和体温、身高一样会随着时间的变化而变化。态度理论的一个中心课题就是有关态度变化的内容，诸如"如何让态度发生变化？"（Petty et al.，1997；Petty & Wegner，1997），即态度随着时间发生系统的变化。例如，过去的研究指出，议论他人的态度、媒体的宣传和社会的认知变化等会改变态度，进而成为改变行为的重要契机。

3.2.4 态度的观测方法

将潜在心理量的态度进行指标化，可以通过调查问卷的方法，来观测他们的反应，这种问卷法被广泛使用。和计算物理学上的长度时需要用到尺子那样，态度可通过几个问题项目所定义的计量心理学"尺度"（scale）来测量。在计量心理学中，人们提出了各种各样的像这样构成尺度的方法，即尺度构造法。在社会心理学研究中为了测量态度而构成尺度的方法，使用的最为频繁是 SD 尺度构造法（semantic differential scaling）。此外，通过 SD 尺度构造法的尺度测量心理量的方法称为 SD 法（semantic differential）。

在此，可以试着考虑用 SD 尺度构造法来测量对自驾的态度。比如，从态度理论的观点来分析自驾车的事例（Gärling et al.，2001），为了观测态度，将"是否好恶自驾不好说"设为 0，使用 $-5 \sim +5$ 的 11 段数值轴，求算出

- 快乐—无聊
- 喜好—厌恶
- 感觉良好—感觉不好

这三种反应，通过因子分析将抽出的因子作为对自驾车态度的得分来分析。下面叙述构成如此尺度群的方法。

首先，要求被试者回答把自驾分成"喜好—厌恶""快乐—无聊"等两端的 7 个阶段（或者 9 个阶段，11 个阶段）的平衡尺度（包含着"是否好恶不好说"作为中央值的尺度）。在这里准备的尺度通常有 10 个以上。

然后，将得到的结果进行因子分析，并抽出这些尺度因子。通过解释因子分析的结果，对抽出的因子能否视为对待汽车的态度，也就是对抽出的因子作为对待汽车的态度的有效性（validity）进行探讨。对于确认妥当性的方法，人们提出了逻辑妥当性验证法和经验妥当性验证法。前者的逻辑妥当性验证法是通过是否与可信的过去的实证研究和心理理论相适合来判断的方法。而经验妥当性验证法，是把以该尺度为对象的心理要素和在理论上存在相关的已知变量作为基准进行预先设定，通过确认抽出的因子和基准变量是否具有相关性来检验妥当性的方法。如果没有得到足够的妥当性，在得到足够的妥当性之前，持续删除不必要的尺度，追加新的尺度等，来严格选择适当的尺度群。

一方面，合适的尺度需要保证上述的妥当性，此外，即使在时间和地点不同的情况下，能否给出安定的测量值的鲁棒性（指系统稳健性）也是重要的条件。这种性质，一般称为可靠性（reliability）。在可靠性的测试中，有要求同一个人在不同的日子里对同一尺度的再测试法，变换提示顺序和微小地改变编码得到同一个人在不同的日子的回答的代替形式法等。用多个尺度群计量一个心理量时（比如对开汽车的态度），还可以使用以下定义的克朗巴哈（Kronbach）的 α 值来测试可靠性。

$$\alpha = \frac{k}{k-1}\left\{1 - \frac{\sum_i \sigma_i^2}{\sigma_x^2}\right\} \quad (3.2.1)$$

式中，k 是尺度数量；σ_i^2 是尺度 i 的方差（$i=1, 2, \cdots, k$）；σ_x^2 是总尺度的方差。作为一般的标准，α 值在 0.7 以上的话，可认为尺度群可靠性较高（Nunnally, 1978）。在这里，与妥当性的测试相同，在没有得到充分的可靠性的情况下，持续追加新的尺度，删除不合适的尺度等，来严格选择合适的尺度群。

像这样，根据最初准备的尺度群，进行妥当性和可靠性的测试结果，严选出合适的尺度群。最后，根据最初进行因子分析的结果得到的各尺度的因子负荷量来计算回答者个人的因子分数。以这里所说的例子来说，就是对开车态度的得分。另外，在可靠性足够高的情况下，也可以将各尺度的合计值和平均值近似地视作态度的得分来分析。此外，这并不等于说，基于态度理论的所有研究，在一旦某研究中有合适的尺度化的指标群，在之后的研究中可以被各类研究者普遍应用。

上述所说的 SD 法是态度分析的标准方法，此外人们还提出很多心理量的测量方法。关于妥当性测试和可靠性测试，人们也提出许多其他方法，关于这些方法可以参照武藤（1982）的文章。

3.2.5 行为变化和交通政策

交通速度改善和拥堵收费等一般的交通措施，带来人们的行为变化也就是行为修正（behavioral modification）的过程，用如下态度理论的框架来说明，包括以下步骤：

（1）交通措施让人们的交通服务水平发生变化；
（2）人们认知到变化；
（3）人们对交通服务水平的认知（或者说是信念）发生变化；
（4）根据这个变化进行态度修正；
（5）形成行为修正的行为意图；
（6）最终发生行为变化。

同样，根据态度理论，即使以个人规范和道德意识为目标的交通措施，也可以形成行为变化的行为意图，并通过态度理论预测出行为修正带来的结果。这种措施，可以促进或者抑制某种交通方式的使用，或者实施教育宣传活动（藤井，2001a）。特别是为了激发道德意识，教育承担了重要的角色（Klandermas，1992；Rose & Ampt，2001）。此外，要谋求提高感知行为控制性，提供具体的信息是一种有效的办法。例如，在轨道交通使用的感知行为控制性低下的情况下，通过提供乘坐轨道交通的具体信息，营造更容易乘坐轨道交通的条件（Fujii et al.，2001）。

像这样即使没有直接地操作客观的服务水平，也能带来人们的行为矫正。例如，在环境心理学中就着眼于这一点，为了诱发对空调过度使用的抑制，购买考虑了环保的商品的行为（关爱环境行为），讨论了许多的方案（広瀬，1995），与此相比，交通规划领域很难说做了充分的研究。在这里，作为交通规划应用研究的一个例子，我们介绍一下藤井等人（2001b）着眼于这一点的研究。

在这个研究中，为了阻止违法停放自行车行为，进行了劝说试验，并确认它的有效性。这个试验以日常生活中有违法停放自行车行为的试验者为对象，给他们分发了两种4张包含彩色照片的B5用纸的小册子，要求其默读。册子第一页的导引部分刊登了一篇文章，名为《一不小心我们就容易乱停自行车》，内容包含了无自行车停车场时只停几分钟或已有大量自行车乱停的场合下，不同人的表现。开头设置这篇文章，是因为劝说他人时，如果只是单方面提供信息，会招致反感，反而达不到劝说的效果。这种信息提示的方法一般被称作"二面提示"。接下来的3页简洁地记述了"乱停放自行车会妨碍步行和暂扣自行车需要花更多的税金"等事情，和一个口号"让我们拥有不乱停自行车的意识吧"。分发这个小册子时，首先要求试验者默读5分钟，之后分发了以"自行车路边乱停的减少方法"为标题的第二本小册子，同样要求默读5分钟。第二本小册子开头的主旨，考虑到完全制止违法停放自行车行为有些困难，但只要我们保持有意识有计划的行动，减少这种行为是有可能的。这也是根据上面所说的"二面提示"的思考方式插入的内容。在第2页之后，简要地记述了"即使停车场有不方便的地方，也要利用它，先考虑目的地是否有停车场，再决定是否要骑自行车"等事项。册子的最后写了一个口号"为了尽量减少违法停放自行车，请大家留个心吧"。

接下去，在进行以上的"劝说"（在社会心理学中这样的劝说行为一般称为劝说性沟通）之前和"劝说"之后，各经过2周的时间，对过去一周内乱停放自行车行为的频度进行了观测。此外，试验对一部分被试者没有进行过这样的劝说，在同样的时间点上观测了他们乱停放自行车的行为频度。结果显示，没有被劝说过的试验者自行车乱停放的行为频度在两个时间点之间基本看不出变化（减少了 0.8%）。而被劝说过的被试者大约减少了 3 成乱停放自行车行为（减少了 30.9%）。该结果表明，仅仅是默读 10 分钟册子就可以产生人们的行为修正。

以上就是以减少乱停放自行车为目标的"劝说"研究，但是在现阶段，对交通方式选择、路径选择或者是拥有汽车等交通行为的劝说的研究还很不充分。非常期待今后着眼于这方面的研究继续发展。

3.3 考虑习惯的态度理论

3.3.1 习惯行为和计划行为

相较于态度，意图是对行为的说明力更高的心理要素。但是，仅靠意图是不能预测所有的行为的。实际上，谢泼德（Sheppard，1988）根据过去的 87 篇态度理论的研究论文，计算了论文中报告的意图和行为相关系数的平均值，结果显示只有 0.53。为什么意图只有这种程度的预测能力呢？

的确，休闲行为和旅游等是平时不太经常重复的行为，或者是应对初次碰到的环境等情况下，在实行前我们会事先形成"意图"。但是，在开车走平常习惯的路线和每天重复上班的情况下，不会有明确的"意图"。像这种情况，与其说是形成意图，然后行动，不如说是仅限于"只是因为每天都这样做"这样的想法。也就是说，和伴随着意图的"计划行为"（planned behavior）不同，也存在"习惯行为"（habitual behavior）（Gärling et al., 1998）。此外，也还有不伴随意图的"冲动行为"（impulsive behavior）。和文字表面意思一样，是"冲动地做了"的行为。

在这些行为中，"习惯行为"在交通规划中可能成为非常重要的研究对象。原因是在我们日常生活中到处都潜藏着某种习惯，构成交通需求的多种交通行为实际上也是习惯行为（Ronis et al., 1989；Verplanken & Aarts, 1999）。上班上学行为就是典型的例子。

3.3.2 习惯行为的各种特性

习惯的形成对我们的日常生活产生了各种各样的影响。目前

3.3 考虑习惯的态度理论

为止,众多的试验调查研究逐渐弄清了习惯的各个侧面。接下来对以往的研究表明的习惯的侧面进行阐述。

首先,习惯最重要的侧面如下所示(Gärling et al., 2001; Verplanken & Aarts, 1999)。

(a) *习惯行为是自动实行的。*

因为这一点,由于习惯的形成,让只具有有限信息处理能力的意识决定者(simon, 1990)的认知负荷被大幅度削减。因此,我们可以身处日常的复杂生活环境中。

但是,习惯不仅仅只是通过自动化这种性质给我们带来在意识决定中的效率性这样的便利,也会像接下来这样带来某种不利(Ronis et al., 1989; Oullette & Wood, 1999)。

(b) *在进行习惯行为的时候,包括态度和意图等各种心理量对行为的影响强度下降。*

比如,习惯吸烟者对吸烟持否定态度,然而即使他有想要戒掉的想法,却怎么也戒不掉。这个例子就反映了(b)所说的状况(Verplanken & Faes, 1999)。此外,由于环境问题即使形成了控制汽车使用的意图,实际上还是会自动地去使用汽车,也是一个例子。这是因为形成了习惯的时候,在不存在明确的意识决定过程的情况下自动地实行了行为,态度和意图等心理要素没有在心理和认知上得到处理,导致它们对行为的影响也因此下降。特里安迪斯(Triandis, 1977)提出了以下行为模型。

$$P_a = (w_h H + w_i I) \times P \times F \quad (3.3.1)$$

$$1 = w_h + w_i \quad (3.3.2)$$

式中,P_a 是实行对象行为可能性的强度;H 是习惯的强度;I 是意向的强度;w_h,w_i 是对应 H,I 的权重系数;P,F 分别是各自与活动实行有关的内在的(主观的、心理的)和外在的(客观的、环境的)因素。在这里权重系数 w_h,w_i 的和是1,意味着如果习惯对行为的影响增强,意向的影响就会下降,反过来如果意向的影响增强,习惯的影响就会降低,这种关系在实证上也得到了确认(例如,Bagozzi, 1981)。

另外,(a) 也意味着如下性质(Verplanken et al., 1997)。

(c) *一旦形成习惯，不再收集信息。*

习惯的基本性质是仅仅无意识地重复过去的行为，因此，为了实行行为不需要收集新的信息。这意味着，(1) 在交通规划中交通信息提供方法仅对习惯强度较弱的个人有效；(2) 即使改善一些交通环境，习惯强度较强的人也不会注意，而是重复习惯行为（藤井ら，2001a）。由此，有效开展交通政策有必要对习惯性强的人采取一些办法，对其传达交通信息或者是交通政策实施本身的信息，让他们对这些信息"注意"。如果没有充分讨论就这么实施交通政策的话，这个政策可能就在没有太大成功的情况下以失败告终。

3.3.3　习惯解除和意志形成

习惯的形成和解除问题在交通规划上是非常重要的。原因在于，如果以大多数行为都是习惯行为作为前提的话，讨论交通政策对行为的影响都避不开如何解除现存的习惯以及如何促进形成新的习惯这样的问题。

首先，如前所述，关于习惯形成，我们知道如下的事情（Ronis et al., 1989; Gärling et al., 2001）。

(d) *习惯根据同样的情况下不断重复进行同样的行为，慢慢地意识决定开始自动化并逐渐形成。*

例如，根据加尔林等（Gärling et al., 2001）提出的习惯形成过程模型，汽车使用的习惯会像下面这样形成（图 3.3.1）。在这个模型中，首先假定有个人对汽车使用在某种程度上持有肯定态度。这个人就像上述在理性行为理论和计划行为理论等通常态度理论中所证实的那样，由于对汽车持有肯定的态度，会有某种意图去使用汽车。比方说因为交通堵塞和事故等对开车无法获得满足感的

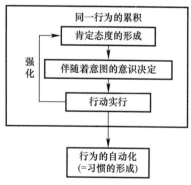

图 3.3.1　习惯的形成过程模型
（Gärling et al., 2001）

情况下，那个人可能不会再使用汽车，或者说至少会降低重复使用汽车的动机。但是，其中也会出现使用汽车后觉得得到了一定满足的人。在这种情况下，那种满足感会使他对开车的态度增强。即开车强化了态度。这样的话，这个人再次使用汽车的可能性提高。通过利用汽车，态度再次被强化，强化了的态度又会接着诱发去使用汽车这样的循环。通过这种正反馈的过程，使用汽车的经验在不断积蓄。与此同时，意识决定的过程也在慢慢地自动化，最终形成习惯。

如此这般，习惯并非短时间内简单形成的，它的形成需要花上一定的时间和劳动力（也就是说，重复进行行为的劳动力）。

(e) *另一方面，习惯的解除也需要一定程度的时间和劳动力*（Ronis et al.，1989）。*也就是，想要解除习惯需要在习惯形成的过程中反方向进行，而完全解除习惯则需要把自动化了的各种意识决定一个个进行意图上的解除。*

例如，使用汽车的习惯是反复使用汽车形成的，可以说是不断进行行为的结果。想要解除这个习惯也就同样需要持久的意图上的努力。正因如此，一旦形成了习惯，想要解除就不是那么容易了。

为了打破习惯行为，某种能够持续支撑心理纠葛的"压力"是不可或缺的。这种压力一般区分为内在压力和外在压力[7]。所谓外在压力，就是某种惩罚或者是因为罚款带来的压力。现在，如果要解除某种交通行为习惯，例如拥堵收费等这样的交通法规符合这种压力。正如过去的经济理论的各种探讨中所提到的，这些外在压力对交通需求的诱导是有效的策略。但是，我们也知道规范人们行为的不仅仅是这些。不需要特意去使用外在压力，人们如果自主地拥有"不去做这个的意志"的话，才能实现习惯的解除。该意志才是可能解除习惯的另一个压力，即内在压力。为了制定明确意识到内在压力的交通政策，计划行为理论和理性行为理论等态度理论的框架应该能发挥很大作用。不用反复强调我们也能知道，在只依靠"效用"概念的经济学的框架中，要理解内在压力是不容易的。

现在，请思考下这一个例子，通过外在压力解除使用汽车等习惯时所需经费。要持续给予外在压力，就需要监视每个人的行为。而且，为了检查习惯行为的实行，需要使其缴纳一些罚款（具体来说有收费和罚金等）。这种监视和罚款的收费经费肯定不会少，而且，还需要考虑到有些情况下，由于经费和技术原因，无法持续强烈地施行外在压力（Dawes，1980）。但是，通过内在压力来解除习惯的情况，只要是由个人的自主意识来解决习惯解除的话，基本上就不需要经费。

那么，怎样做才能够促进习惯解除的内在压力"意志"的形成呢？

本章已经叙述了意图或者意志是通过态度、个人规范和道德意识等各种心理因素形成的东西。但是规定这些心理因素的是与作为对象行为结果有关的信念，也就是行为会产生怎样的结果这样的事先预期（Ajzen & Fishbein，1980）。因此，促进形成解除习惯的意志，需要将以下信息提供给个人：（1）这个习惯给个人带来的利益在短期或者中长期中并没有那么大；或者（2）这个习惯行为会对社会造成短期或者中长期的损失。这样才会成为有效的方法（Dawes，1980）。这些知识会形成对习惯行为的否定态度，同时也通过活跃个人规范和道德意识，来强化代替习惯行为的意图。实际上，达尔斯特兰德和比尔（Dahlstrand & Biel，1997）在考虑到环境行为的研究中，通过丰富对环境问题的知识，提高环境意识，确认了个人不考虑环境的行为习惯得到了解除。此外，在以习惯开车上班者作为对象的实证分析中，确认了以下事实：（1）为了减少认知上的不和谐[8]，习惯开车的上班者相信作为代替交通手段的公共交通的服务水平比实际的水平要低；（2）通过使其强制使用公共交通，可以让其意识到之前的想法是错误的；（3）从结果上看习惯开车上班者开始朝着解除习惯的方向转化（Fujii et al.，2001）。

除了这些方法以外，关于解除习惯活跃意识还有许多具体的方法。但是无论是什么方法，无论是在什么情况下，关于人们对交通行为的态度、个人规范、刺激和活跃道德意识，促进意识的

3.3 考虑习惯的态度理论

形成这些东西，在现阶段都还很难说已经明了。关于这一点，需要研究的课题还有很多，等待今后更进一步的研究。

· 脚注

[1] 经济学上的行为理论和心理学上的行为理论本质上是不同的，即使有可能互相补充，在原理上没有矛盾的融合是做不到的。原因在于行为理解的模式在本质上是不一样的。虽然它们都将"行为和行为心理"的双方包含在自己的范畴的理论体系内，但经济学上的行为理论是为了记述作为心理过程的结果表现出来的行为的理论体系，而另一方的心理上的行为理论则是为了记述产生行为过程的行为心理的理论体系。在记述一个现象的情况下，要将两个模式进行没有矛盾的融合是不可能的。此外，在瑞波斯坦等（Reibstein et al., 1980），加尔林等（Gärling et al., 1997，1998，2001），韦普朗等（Verplan et al., 1997）这些研究中在态度理论的框架下对交通行为进行了分析。其中一些研究也将在本章概述态度理论时进行简单的介绍。

[2] 一种通过以某种程度的喜欢或不喜欢来评价特定实体来表达的心理倾向（Eagly and Chaiken, 1993: 1-2）.

[3] 在假定行为意图和行为之间有实施意向（implementation intention）的情况下，行为意图一般被称为目标意图（goal intention）。目标意图（或者是行为意图）和实行意图的区别在于，前者是只与"去做X"这样的行为目标相关的意图，而后者的实行意图是以"在Y的状态下进行X的行为"的形式包含着具体行为计划的意图。一般来说，行为控制的时候，也就是难以实行行为的时候，即使形成行为意图，只要在实行意图没有形成的情况下，实际上并不会实行行为。可以参考藤井等（2001b）的研究。

[4] 此外，根据加尔林和藤井（Gärling & Fujji, 2001）的研究，在态度坚定的情况下（也就是认识为喜好该行为的情况），会存在感知行为控制估算起来比实际值高一些这样的乐观偏差。由于这种乐观偏差的存在，人们会出现在还没有充分准备的时候就开始进行行为的倾向。其结果就是，行为成功（实际上可以按照意图行事）的概率并没有那么高。

[5] 和注[2]是相同的问题。通过假定认知旅行时间和认知地图等概念在心理上是存在的，在可以一致地说明多个可能观测现象的时候，可以认为这些概念是"实际存在"的东西（アンダーソン, 1980）。但是，这并不意味着认知旅行时间和认知地图是作为物质存在的，"作为物质存在"和心理学上的实际存在一样，也可以说是通过"因为假定实际存在，就

可能整合说明多个现象"这样的动机,可以方便地假定的东西。也就是说,心理学上的实际存在的问题和物质上的实际存在的问题有着一样的构图。

[6] 如果站在怀疑论的立场的话,就不清楚作为潜在要素的态度能否进行比较。比如,即使假设"她好像比我更喜欢吃蛋糕",并不能否认这只是场误会的可能。这样考虑的话,站在极端怀疑论的立场,追究逻辑的整合性,由于客观上测量太困难,只能得出不能进行潜在要素之间的比较的结论。但是,站在更加极端的怀疑论的立场,关于比较可能性的讨论会呈现出更加悲剧的样子。原因在于,比如即使是某样东西的长度也无法避免测量上的误差,此外,即使假设一万个人证明说 B 比 A 长,也无法否认这一万个人存在误差的可能性。也就是说,最终追究逻辑下任何变数都会无法进行比较。因此,在本书中和他人之间的态度比较是可能的主张,并不是站在这种怀疑论的立场上的命题。因此,态度观测可能性里存留着不明确性也是事实。虽然承认存在模糊不清,但也正是承认了和他人之间的比较是可能的,才能使"我也喜欢蛋糕,但是她好像比我更喜欢的样子""他喜欢开车,但是我觉得我比他更喜欢"这些说法,可以在态度理论的框架中进行讨论。比如,在态度理论的分析中,常将态度良好的被试者和态度不好的被试者分开来进行分析。

[7] 这里定义的内在压力、外在压力和在社会两难推理的理论框架中被称作心理学方略(psychological strategy)及结构方略(structural strategy)的概念(藤井,2001b)差不多一样。

[8] 习惯汽车通勤的人如果有了汽车通勤和其他手段上班相比并不是合理的选择的认知后,会产生"认知"和"行为"不一样的不协调的情况。一般存在这种不协调的情况下,个人会存在改变行为或认知中的一个来消除这个不协调的倾向(Festinger,1957)。因此,相信自己习惯的正当性,过低评价替代交通方式服务水平的汽车通勤者也开始大量出现。

第二篇 调查方法论

第4章 交通行为调查的沿革

4.1 美国个人出行调查方法的沿革

在第二次世界大战后个人出行调查（PT）法在美国开发，之后被各国家所采纳。日本从20世纪60年代后半期在主要的都市圈内进行了这类调查。本章在议论调查手法之前，我们先沿着韦纳（Weiner，1997）的研究概述一下在美国实施家庭出行调查和需求预测手法的进展[1]。

一般认为在美国萌发的需求预测方法的应用是第二次世界大战以前。1927年，在克利夫兰地区交通研究（Cleveland Regional Area Traffic Study）中运用了线性外推法来预测，1926年，在波士顿交通研究（Boston Transportation Study）中使用了简单的重力模型。但是，真正开始应用交通调查和需求预测是在第二次世界大战以后。当时的美国由于郊区化机动化快速发展[2]，人们强烈意识到建设交通设施的必要性。当初，通过路旁调查获得的OD数据是交通规划的主要信息来源。但随后人们逐渐意识到对影响交通行为因素调查的必要性，PT法的开发才受到重视。

1944年联邦道路局（Bureau of Public Roads，BPR）发行了《家庭访问交通调查方法手册》，通过家庭访问在7个城市开展了以家庭为单位的OD调查[3]。另外，在20世纪40年代，人们认识到了通过计量和预测交通、土地利用等要素之间的关系，来编制交通规划的流程，并在波多黎各的圣胡安和底特律进行了尝试。1948年开始的在圣胡安的调查研究中运用了以土地利用为基础的交通发生模型，有人认为这是最早的大规模城市交通调查（Dickey，1983）。

可以称为真正的PT法，是20世纪50年代的底特律和芝加哥都市圈的调查。在 1953 年开展的底特律都市区域交通研究（Detroit Metropolitan Area Traffic Study，DMATS）中，首次综合运用了基于土地利用的交通发生模型，采用了直线距离的重力模型和基于速度与距离比的路径分配等模型。另外，1955 年开始的芝加哥地区交通研究（Chicago Area Transportation Study，CATS）中，采用了四阶段法和单纯的土地利用模型的综合模型系，以谋求实现应用于计算机的交通需求预测。底特律都市区域交通研究和芝加哥地区交通研究分别在 1955 年和 1956 年实施了大规模的家庭访问出行调查。

在开发交通调查方法的同时，人们还开发了预测方法，20 世纪 50 年代，从弗雷特法（Cleveland Transportation Study）开始，许多方法相继登场。1952 年坎贝尔（Campbell）提出了运用时间比的转换率曲线。在这之后，1956 年沃里斯（Voorhees）使用 OD 数据建立了重力模型。此外，1957 年芝加哥地区交通研究根据摩尔（Moore）和丹齐克（Danzig）的论文开发了最短路径分配法。

决定交通规划法的发展和普及是 1956 年的《联邦补助道路法》（*Federal-Aid Highway Act*）。该法律破天荒地面向所谓的公共事业——国家洲际和国防高速公路系统（National System of Interstate and Defense Highways）的建设，增加了汽油税、大型车辆登记费等条款，还设立了联邦道路信托基金（Highway Trust Fund）。接着，1962 年的联邦补助道路法中，作为联邦对人口 5 万人以上的城市区域道路项目的补助条件，要求在各州和地方政府的配合下持续推行 3C（continuing, comprehensive, cooperative）交通规划进程。其结果，到 1965 年 7 月以前，224 个符合条件的城市地区都进行了规划，20 世纪 60 年代后半期到 70 年代，小规模的城市地区也实施了家庭出行调查。面向 3C 规划进程的实施，联邦道路局发布了多个说明指南[4]，向实务人员举办了为期两周的研讨会。就这样在联邦政府的主导下，标准的交通需求预测程序得到了确立和普及。

1964 年发布的《城市公共交通法》（*Urban Mass Transporta-*

tion Act）提出的地域经济和城市发展的广域公共交通系统的计划，确立了城市居民没有人可以从以汽车为中心的交通系统得到好处的认识，提倡由城市公共交通局（UMTA）以人的移动为对象的"新系统研究（New Systems Studies）"的同时，还导入了停车换乘等新的服务理念。此后，1970年的《城市公共交通法》增加了预算，12年间分发了100亿美元。在这时期，联邦补助的交通规划的决定权从个别地方政府转移到了城市圈和地区。

进入20世纪70年代，由于1973~1974年的能源危机等原因，交通规划的焦点转向国家级别的问题和制定目标导向。与此同时，20世纪60年代常见的那种大规模的数据收集、模型开发也渐渐降温。此外，还出现了燃料消耗减少造成的税收减少，伴随着建设费用的急速上升，导致基础设施建设财源枯竭。在这个背景下，非集计行为模型被提出，开始转向重视政策分析的交通规划。这个时期还有一个被提倡的概念，那就是强调有效利用现有设施的交通系统管理（Transportation System Management，TSM）。

1972年，交通工程师学会（Institute of Transportation Engineers，ITE）成立了面向专门编制出行生成率报告的委员会，并在1976年发行了"出行生成，一份信息报告（Trip Generation, An Information Report）"，之后又出版了修订版。它把城市设施生成的交通量以各种设施类型、建筑面积等比较容易计测的变量来表示，在影响估计中被广泛利用。

进入20世纪80年代，在里根政权下，交通规划进入了所谓的冰河时期。地方分权、规制缓和和民间机构的参与是象征这个时期的主题。交通规划方法上的重要进展，是以民间咨询公司为主体，开发了基于PC（个人电脑）的四阶段预测法的软件包。都市圈规划机构（Metropolitan Planning Organization，MPO）具备了用它独立进行需求预测和政策解析的能力。这套软件包具备网络编辑和分配结果图像显示功能，使网络上大规模的均衡分配和概率分配成为可能。经过这个时期，交通规划转向20世纪90年代的战略性计划。

交通规划在20世纪90年代迎来了转机，被要求提出新的规划方法。在这个背景下诞生了1990年制定的《清洁空气修正案》(Clean Air Act Amendments，CAAA) 和1991年的《综合陆上交通效率化法》(Intermodal Surface Transportation Efficiency Act，ISTEA)。此外，以ITS为象征的交通系统的先进化，交通需求管理重要性的增加，计算机价格的下降和GIS等软件的普及等变化，都导向对新规划方法的需求，并且使其开发成为可能。关于这一点可以参考北村（1996）的文章。

4.2 调查方法的变迁

在交通规划的理念和方法变迁过程中，数据收集的方法也让人们看到了变化。联邦道路局于1944年发行的手册表明，美国最初的调查是以家庭为单位的当面调查。被调查的家庭是以居民为基础抽选出来的，调查请求一般都没有事先告知。入户调查是指回忆前一天行为的形态，收集5岁以上家庭成员的出行信息。抽样法一般是指随机抽选或者整群抽选。最初家庭出行调查采用了高抽样率（大约5%），到了20世纪70年代开始尝试小规模样本。美国最近几年的样本容量是2000～10000户家庭，90年代初为平均2500户（Cambridge Systematics，1996）。自1967年日本初次的家庭出行调查在广岛城市圈实施以来已经过30多年，现在日本主要城市范围内依次进行着第4次家庭出行调查（石田ら，1998），但是还是使用着最初的抽样率（大约3%）。

美国当初的交通规划调查是以路网建设为主要目的，所以到最近几年为止都把步行和自行车出行列为对象以外。例如，底特律的1955年和1965年的调查中都去掉了步行和自行车出行，1980年的调查才开始把这两项出行方式列为调查对象。最近，许多都市圈规划机构都修订了方式分担模型，在出行方式中加入步行和自行车出行就是其中的一部分。

入户调查可以使调查员和回答者进行直接对话，是最期望的调查方式，但从成本上来说是不现实的。现在，在美国以电话调查为主。初期没有事先告知，以那种回忆调查前一天行动的形式，现在则代之以电话邀请、邮寄意向书、指定调查日期等调查体系。下面简要说明美国最近的调查流程：

（1）用电话或者信件邀请参与调查的劝导（recruiting）；

（2）邮寄意向书，交通（活动）日志，备忘录（memory jogger）等调查用具，指定调查日期；

（3）用计算机辅助电话调查（computer-aided telephone interview，CATI）收集数据。

伴随着调查方法的变迁，调查问卷的形态和代码方式也改变了。初期的调查中，经过训练的调查员会在调查用纸上记录回答，之后将编码保存。到了后来，采用了自我回答型的调查卷，最近逐渐转变为"受访者友好型（respondent friendly）"的日记形式的调查卷，以及通过计算机辅助电话调查进行信息收集和数据输入的形式。

但是，即使有各种改良的努力，欧美现行的调查方法还是有许多问题。例如，几乎是没有关于让回答者如何使用交通日志和备忘录这个问题的见解，其有效性也没有得到确认。还有，随着家庭规模的扩大，不通过代理（proxy），进行全部家庭成员采访会变得越来越困难，也有可能会产生系统性的偏差。更有甚者，在电话调查时，没有回复调查邀请就直接切断电话，按照美国的惯例，会以这个号码不算在调查对象号码的基准来计算回答率，实际的回答率会比报告的回答率要低很多，恐怕会造成无回答偏差[5]。

日本的家庭出行调查采用了入户分配调查问卷和入户回收的形式。家庭是从居民登记册里面抽出来的。和美国一样，以5岁以上的家庭成员作为对象，调查的日子是"典型的"平日[6]。调查收集的信息项目相对均匀，和欧美的调查项目没有太大区别。表4.2.1整理了包含第1次到第3次回京阪神都市圈的家庭出行调查项目。也许是由于日本的调查至今还沿袭联邦道路局调查问卷的框架，没有报告的出行较多的原因，日本的家庭出行调查得到的生成原单位一般相较欧美所得到的要小。

京阪神都市圈家庭出行调查的调查项目　　表 4.2.1

调查项目	1970	1980	1990
【个人/家庭属性】			
家庭住址			
工作地点/上学地点			
性别，年龄			
职业			
行业			
雇佣上的地位			
事务所的规模			
驾驶证的拥有			
家庭拥有汽车的数量			
1天的生活时间			
到最近车站通常的交通方式和所需时间			
住宅的所有形态，建筑方式，使用形态，房间数			
来客的人数和住所			
【出行属性】			
出发地的所在地			
出发地的设施			
出发时刻			
抵达地的所在地			
抵达地的设施			
抵达时刻			
目的			
使用的交通方式，各交通方式的所需时间，换乘地点			
是否开车			
汽车所属			
乘车人员			
是否使用高速公路			
途中停留地点数			
停车场所			

注：京阪神都市圈交通规划协议会（2000）第4次京阪神都市圈家庭出行调查。第4次交通调查委员会资料，平成十二年3月24日。

调查的回答率和回答精度受到调查主题、调查方法、调查问卷的长度、调查问卷的"来看我"、一个个问题的说法、谢礼（incentives）、家庭和个人属性等各种因素的影响。电话的采访调查使回答者和调查员之间可以接触，其优点是能提高回答的质量。在计算机辅助电话调查情况下的 SP 调查，具有可以使有效化的设问个别化（customization）和可以设置含有复杂分歧的设问等优点。此外，作为电话调查普遍的优点，是在家里没人的情况下也可以回拨（callback）。但是反过来，其缺点有：有些家庭没有电话，由于电话推销的增加导致调查难以实施，利用录音电话的"来电过滤"拒绝回答，无回答情况下无法决定该号码是否应该作为调查对象号码等。

还有一个问题是许多希望参加调查人的电话号码在电话簿上查不到。考虑到电话簿抽样会产生偏差，有人提出了通过随机抽出电话号码（random digit dialing，RDD）的方法（Groves et al.，1988），但是这必定会增加样本抽取的费用。此外，根据电话号码随机抽取样本时，某个家庭被抽取的概率会根据那个家庭开通的电话线数量变化。因此需要了解样本家庭各自开通的电话线数量，加上合适的权重。

另外，近些年的问题是手机的普及。只有手机而没有固定电话人群的出现，意味着只从固定电话抽样时，即使运用随机抽出电话号码的方法也会产生样本偏差。此外和固定电话无人接听的情况一样，手机也有关机的状态。进而在手机调查的情况下，考虑到需要频繁确认呼叫人的电话号码之后再回答，可以推测调查的实施会更加困难。在手机快速普及的当下，需要重新考虑运用电话进行抽样的方法论。

当然，入户调查是最好的方法，但如前所述，在费用方面是不现实的，还有随着女性雇佣的增多，白天家里没人的家庭也在增加，在有"自动锁门"的集合住宅等地方，调查员无法入户等一系列问题。此外，邮递寄送和邮递回收等方法虽然很经济，但在回答率和回答精度两方面都存在严重问题。在日本的家庭出行调查中还使用了"放置、回收"的方法，在后面举例中会在精度和费用方面，将其和当面调查、邮递配送和邮递回收法等进行比较分析。

到这里为止的讨论，是假定了由于人不在、拒答，返还空白调查问卷等原因导致从调查对象的家庭和个人那里没有得到任何回答的情况。这被称为个体无应答（unit non-response），和下一节要叙述的缺位的偏差密切相关。对此，也可以考虑尽管得到了回答、但是并没有得到所有问题的回答的情况。这被称为回答缺项（item non-response）。对于个体无应答，有必要进行频繁的实施再次呼叫和用二阶段抽出法等方法来处理（Groves，1989）。对于回答缺项，首先有必要在调查问卷和调查顺序的设计阶段就极力避免回答缺项的发生。在发生了回答缺项的情况下，通过内插（imputation）法补充欠缺的回答被认作是一个有效的方法（Rubin，1987，藤原ら，1999）。

第 4 次京阪神 PT 预调查的结果：在京阪神的家庭出行调查中，在 2000 年秋天实施正式调查之前，使用了 4 种调查问卷，采用邮递发放-访问回收和访问发放-访问回收两种方法实施了预调查[7]。调查问卷在日本堺市和日本海南市共发放了 1025 户家庭，回收了 768 个家庭的调查表。全体回收率达到 74.9%，其中邮递发放-访问回收率是 64.9%，访问发放-访问回收率是 88.3%。由表 4.2.2 可知，回收率不仅仅和发放方法有关，还会因调查表的设计而变化，使用了更大的文字以方便填写的 B 表比 C 表具有更高的回答率。项目回答率因问题而异，从表 4.2.3 难以看出调查表的优劣，但可以看出，对于同行者的人数、停车场所、付费道路的使用等，更加次要的出行属性项目回答率，在调查问卷间的分散很大。

4.3 现行家庭出行调查的问题设计

在以一天所有的交通行为作为对象的家庭出行调查中，以取得关于家庭人员生成的全部出行的正确信息为目标。但是，现行的家庭出行调查在出行报告精度中存在着一些重要的问题。

- 短距离出行
- 步行和自行车出行
- 非家庭出行
- 业务出行
- 回家出行

4.3 现行家庭出行调查的问题设计

在调查的时候没有被报告的情况有很多。此外，也存在频繁发生由其他家庭成员代理回答导致的精确度下降的问题。不过从检验结果来看，似乎不存在漏掉使用多种交通方式出行的报告。

分发方法，调查问卷回收率　　　　　　　表 4.2.2

发放方法	A表	B表	C表	D表
邮递发放	65.6%	66.9%	62.2%	59.4%
访问发放	65.0%	71.5%	74.2%	66.4%
合计	65.4%	68.9%	67.3%	62.5%

调查问卷项目回答率　　　　　　　　　　表 4.2.3

调查项目	A表	B表	C表	D表
住址	100%	100%	100%	100%
汽车保有量	96.8%	98.5%	94.9%	94.9%
性别	100%	99.4%	98.8%	97.2%
年龄	99.8%	99.8%	99.8%	100%
驾驶证的保有	94.5%	98.1%	96.5%	97.2%
工作地地址	88.1%	89.8%	96.4%	91.7%
出行出发时刻	98.9%	94.9%	97.0%	98.8%
出行到达时刻	97.9%	94.4%	97.3%	98.7%
出行目的	96.4%	95.3%	94.3%	98.2%
同行人数（家人）	72.2%	85.3%	84.4%	91.3%
停车地点	71.3%	87.9%	89.1%	85.5%
是否使用付费道路	65.4%	49.5%	73.1%	71.1%

注：京阪神都市圈交通规划协议会（2000）预调查的实施和分析。第 4 次交通调查委员会参考资料，平成十二年 3 月 24 日。

所有的出行都没有报告的原因是，调查表没有充分说明出行的定义，回答者不能很好地理解哪些出行需要报告等。伴随着交通规划的文脉和政策重点的变迁，过去将汽车和火车出行视为出行的定义逐渐变得不恰当，简洁地定义出行和让回答人汇报什么内容成了困难的工作。例如，

·上班的路上在站前买了一份报纸时，前往站前的移动算购物出行吗？

·同一设施或者复合设施的区域（比如说是商业街）内的移动该如何报告？

- 遛狗散步、慢跑以及开车兜风等以移动本身为目的的出行该如何报告?
- 可以成为出行的移动的最小单位是什么?向邻居借酱油是出行吗?
- 多个活动在同一个目的地进行的情况下,该如何报告出行目的?

关于这些,很难给回答者以充分的提示。从结果来看,很难想象让回答者正确地理解调查中的出行定义。名取等人(1999)根据同一个回答者得到的活动日志和PT型调查问卷的记录结果的比较指出,之所以出行没有被报告,是因为短时间的移动和再次外出没有被视为出行。

即使出行被报告,它也并非一定得到了正确的报告。特别是在出行的开始和结束时刻,四舍五入到00,15,30,45分报告的倾向,成为降低精度的原因之一。例如在美国1990年实施的全国家庭出行调查(NPTS)数据中,从00分开始的出行有36.2%,报告为30分开始的有27.8%,45分开始的有9.2%,15分开始的有8.7%,其余的仅有18.1%(Kitamura,1995)。出行的长度也有四舍五入的倾向。还有的缺乏表示上午、下午,回答者不习惯24小时制导致发生开始和结束时刻的误差等。根据后面的叙述我们可知,调查结果的精确度可以通过基于活动的调查或者出行时间调查来提高。此外,伴随着因新技术的使用而交通行为高度化,人们对调查回答者报告的出行开始和结束时刻以及出行长度的精度也有了新的认识(参考4.6节)。

在交通行为调查中,如何处理入户和电话联系时对方不在的家庭是一个极其重要的点。家庭成员不在家也就意味着正在生成出行,没有抽到联系时不在家的家庭,就会产生系统性的偏差。即由于在家概率和交通行为相关,被称为不在偏差的修正会产生困难的系统性的无回答偏差。因此,反复联系不在家的家庭调查是非常重要的。在日本的家庭出行调查中,通过一定次数再访之后的"预备样本"来替换那些不在家的家庭,但是不清楚这样做会带来多大程度的偏差。

最后是日本家庭出行调查的问题。在抽取样本家庭时要使用居民登记册，还有预测方法尽管以个人作为解析单位，但是以家庭作为抽样的单位。首先关于前者，可以想到离开父母的学生和单身赴任者在居住地进行居民登记的概率很小，使用居民登记册时，这些单身家庭就会系统性地被过少抽取。我们完全可以认为，这些单身家庭的个人和那些大家庭的同一年龄性别的人会有不同的交通行为，现行的只根据年龄和性别的样本扩大法会导致系统性的偏差。

日本的家庭出行调查沿袭着随机抽取家庭，收集5岁以上家庭成员的信息，将个人作为单位进行解析的过程。在家庭出行调查中一般会根据地区随机抽取家庭，各地区的所有家庭拥有同样的抽取概率。在回答率不会因家庭人员数变化而变化的情况下，这样做是没有问题的，但是小家庭、特别是单身家庭的回答率比较低，这种倾向在近年来开始逐渐显著。因此家庭出行调查得到的样本会含有更多的大家庭中的个人样本。其结果就是和使用了居民登记册产生的问题一样，当没有采取合适的扩样方法时，就会带来系统性误差。

4.4　家庭出行调查的研究

设施扩充的时代结束，对交通规划和需求分析所追求的东西也和开始家庭出行调查的时候相距甚远。很多都市圈的都市化和郊区化的倾向达到了顶点，伴随着目前日本高龄少子化和上班人口减少，工作日通勤出行的重要性相对降低。同时，尽管汽车普及的速度开始减缓但是汽车的使用仍在持续增加，都市圈周边的交通拥堵问题也日益突出。此外，随着女性雇佣的增加，周末购物出行等频度也在增加。从如何满足都市中心的通勤交通需求为要务的时代，向如何处理高龄、少子化、假日和都市圈周边的交通问题，进而由于机动化和城市郊区化引起的市中心街道衰退等新的问题的时代转移。

另外，20世纪60年代兴起的机动化的浪潮所孕育的机动车交通问题也已经明晰，通过扩大设施来谋求解决问题的限度也逐渐清晰。另外，全球范围内对环境的关注度提高，大家认识到抑制机动车交通需求是当前的紧急任务，交通需求管理等谋求从机动车向其他交通方式的需求转换政策得到了重视。这些变化要求得有比通勤出行的 OD 预测之类的工作精细得多的需求分析。例如，我们来考虑下交通需求管理政策中在城市中心收取汽车停车税的情况。在这种情况下，汽车使用者可能把汽车停在离开市中心的地方再步行进入城市中心，或者通过使用公共交通来避免支付停车税。为了分析停车税这一交通需求管理政策的效果，需要依靠停车场、P&R 选择行为的模型。进而，从中心街道活性化的视角来看，则有必要看透这个政策对城市中心来访人数会产生怎样的影响。此外，要评价其对环境的影响，则需要把握一整天的机动车交通量和行驶速度的变化，还有，为了预测因冷启动而产生的污染物排放量[8]，必须预测机动车出行的开始和结束时刻。至今为止的需求预测和政策分析所引用的方法，并不具备这些能力。

为了满足这些交通规划和交通需求分析，需要开发新的模型，为此，就需要那些至今为止家庭出行调查没有收集到的数据。现行的家庭出行调查，重视通过扩大调查结果而构建 OD 表，这就需要抽取庞大的样本。但是 1990 年的京阪神家庭出行调查数据集计结果显示，在小区域 OD 表的情况下，以 ±10% 的精度预测 OD 交通量中有充分的观测出行数的 OD 对仅占全体的 0.60%，精确度 ±50% 推算的 OD 对的比例是 9.58%，精确度 ±100% 的情况下也只不过占了全体的 21.04%。即使抽取了庞大的样本，推算出来的 OD 表也只有极低的可靠度。当然使用更粗的小区分区，会提高精确度，但是这就意味着降低了需求预测的精确度和有用性。

在有限的调查费用之下抽取庞大的样本时，当然从各样本得到的信息的量和质也是有限的。其结果产生的现行家庭出行调查数据的问题点如下：

- 区域体系太粗糙，地理编号不恰当。
- 从结果来看，不可能得到高精确度的服务水平数据，并妨碍非集计模型的适用。
- 缺乏使用汽车、停车场所、公共交通费用的承担者、月票的拥有等信息。

- 从结果来看，包含徒步和自行车出行的交通方式选择，停车场选择，公共交通路线选择等的分析非常困难或者是不可能。
- 没有推测交通需求的季节变化的信息。
- 很多调查没有收集节假日的数据，等等。

基于对这些问题的讨论，需要日本的家庭出行调查在形态和实施方法上加以改进。

在考虑像家庭出行调查这样的有组织的大规模的交通行为调查的未来时，其中的一个课题就是如何高效地使用有限的预算。值得注意的是样本量和数据的质量之间的关系。通过增加每户家庭的调查费用可以更加频繁地再次访问，也可以期待回答率和回答精确度的提升。此外，还可以增加对每个样本的提问数，导入有关汽车拥有量等问题，能够挤出更加精细的地理编号化的费用[9]。但是在有限的预算下样本量当然会减少，需要对照数据的数量和质量之间的关系来决定最合适的样本量。关于调查的频度，与现在这样每10年进行一次大规模的调查相对应，通过实施使用更小的样本、更频繁的调查或者实施第5章所说的跟踪调查，可以更加持续地监视都市圈内交通需求的变化。另外，通过分散调查时期，可以掌握交通需求的季节性变化。

4.5 出行时间调查方法

出行时间调查是在21世纪初开始的，以得到人们活动详细信息为目的的调查（Kitamura et al., 1997）。在此之前，人们开发的有标准的活动分类体系，在20世纪60年代末出现了大规模的时间利用的国际比较研究（Szalai, 1972）。在交通规划领域最早的出行时间调查可以追溯到20世纪40年代中期（Pas & Harvey, 1997），美国在20世纪90年代起受基于活动的分析的影响，开始对活动提问，展开了为了获得活动场所变化时与出行有关的信息的调查[10]。成立以活动而并不是以出行为主轴的调查的好处有：

- 通过收集以活动为基准的数据能够提高出行报告的精确程度（杉惠，1988）；

- 能够对交通行为进行更加根源性的解析；
- 能够把握设施内出行等的作用，导入预测方法；
- 能够对交通政策和项目进行更加综合性的评价（Kitamura et al.，1997），等等。在日本运用活动日志的例子有原田和太田（1988）以及中村等人（1997）。

交通领域的活动调查，对家庭内的活动的处理有着很大的差异。比如在旧金山的调查中要求回答者只需汇报30分钟以上的家庭内活动，但在罗利达拉姆的调查中只要求汇报和家庭外活动有替代关系的家庭内活动。对此，出行时间调查不论是家庭内的活动，还是所需时间和家庭外活动的关系，将所有东西都作为对象。

时间利用信息的收集法有注重活动执行的，有注重每个时间区间的代表性活动的，以及进行随机抽取的方法。最初的方法是，收集每当新活动开始以后的开始时刻和活动类型等信息。如果活动的报告没有遗漏，该方法可以提供最正确的时间利用数据。使用时间区间的办法是，在每15分左右的相对较短的时间区间，听取该区间内代表的活动种类。在把区间内占时间最长的活动定义为代表性活动的情况下，这种方法会存在所需时间少的活动的频率和总时间被过低评价的问题。随机抽取法是让回答者拿着传呼机一样的装置，每当给那个装置发送信号时，要求回答者在那个时间点记录下正在进行的活动种类。这种方法可以根据不同活动类型没有偏差地预测总完成时间，但是不能得到有关活动的频率和各活动持续时间的信息。交通规划领域迄今为止解析出来的时间利用数据是根据最初的两种方法得到的。通过调查，活动类型、开始/结束时刻、活动场所（家里、住宅区内、住宅区外等）以及和谁进行了活动得以记录下来。

罗宾逊和戈德比（Robinson & Godbey，1997）推算出劳动时间的事例可以作为对使用出行时间调查方法的一个很有意思的例子。美国的社会学者肖尔（Schor，1992）在他最畅销的著书《过劳的美国人》中指出，美国体力劳动者的平均劳动时间在不断增加。但是罗宾逊和戈德比却认为肖尔的结果是根据对一星期的总劳动时间的设问所做出的回答得到的，回答者在回答时脑子里想的是什么不得而知,因此其可靠性很低,通过出行时间调查来测定实际用于劳动的时间发现,并没有看到劳动时间的增加倾向。罗宾逊和戈德比,与肖尔之间谁是对的?对这个问题没有"术"的答案,但是通过收集各个活动持续时间信息,可以更精确地预测时间利用的罗宾逊等人的主张更有说服力。

正如上述所说,在交通规划领域也能通过出行时间调查来收集更加精确的交通行为信息。例如,根据荷兰和加利福尼亚州的时间利用数据得到的出行生成量的预测案例,如表4.5.1所示。荷兰的时间利用数据是通过时间区间法,而加利福尼亚州的数据是通过活动持续法得到的,关于睡眠和餐饮等基础活动上这些数据间的整合性非常高(Robinson et al.,1992)。表格显示了根据不同出行目的和基准回答者报告的出行数和从数据里预测出来的没有得到报告的出行数。两个数据都记录了活动场所的分类(家里、邻居等),当活动场所在活动间发生了变化,就可以视为有出行存在。因此,根据这个方法并不能捕捉到所有未报告的出行。

和使用时间区间法的荷兰的调查相比,使用活动持续法的加利福尼亚州的调查报告的出行数更多。这主要是由家里-家外出行数的差别造成的。这些报告的平均出行次数荷兰为2.484,加利福尼亚州为3.046,达到了日本家庭出行调查普遍得到的数值范围。平均未报告的出行数荷兰是2.455,加利福尼亚州是2.130。

基于时间利用数据推定的出行生成量　　　表4.5.1

行程	地点	H-NH	NH-NH	NH-H	合计
报告/上班	NL	1.059（0.985）	0.364（1.173）	0.968（0.950）	2.391（2.028）
	CA	1.014（0.776）	0.787（1.338）	1.040（0.760）	2.840（1.927）
报告/自由	NL	0.020（0.155）	0.055（0.519）	0.018（0.144）	0.093（0.492）
	CA	0.010（0.103）	0.120（0.528）	0.008（0.097）	0.137（0.570）
报告/其他	CA	0.032（0.179）	0.009（0.273）	0.028（0.168）	0.068（0.309）
报告/合计	NL	1.080（1.028）	0.419（1.067）	0.985（0.980）	2.484（2.192）
	CA	1.055（0.787）	0.915（1.509）	1.076（.773）	3.046（2.045）
未报告	NL	0.786（1.007）	0.815（2.288）	0.854（1.023）	2.455（3.012）
	CA	0.425（0.669）	1.297（1.923）	0.408（0.668）	2.130（2.248）

续表

行程	地点	H-NH	NH-NH	NH-H	合计
合计	NL	1.866 (1.235)	1.234 (2.842)	1.839 (1.226)	4.939 (3.626)
	CA	1.480 (.886)	2.212 (2.667)	1.484 (.892)	5.176 (3.173)

H=家里，NH=家外，NL=荷兰，CA=加利福尼亚州。
$N_{NL}=20784$，$N_{CA}=1579$，（ ）：样本标准偏差
注：引自 Robinson，kitamura & Golob，1992。

荷兰未报告的出行数和报告的出行数相匹敌，而加利福尼亚州则高出了报告出行数的70%。推算的总出行数荷兰是4.939，加利福尼亚州是5.176，这是两个非常接近的数字。值得注意的是这些值是日本家庭出行调查得到的典型出行数的近2倍。

荷兰的调查是推算对各种媒体的暴露时间，加利福尼亚州则是推算不抽烟的人和抽烟者一起在屋内的时间，两者都和交通行为没有关系。可以认为两者没有报告的出行次数会多的一个原因就在于此。尽管如此，这些调查得到了和日本家庭出行调查报告的出行数相匹敌的出行数。还有，通过推算总计5次出行前后的生成量的结果，让我们看到了在以交通行为为目的的出行时间调查中出行报告精确度可以得到飞跃性地提高，并侧面印证了杉惠等（1988）的主张。

4.6　通信技术的应用

近些年通信技术的进步，使得精确追踪个人和车辆的时空内的轨迹这些前几年无法想象的事成为可能。交通行为调查高度化最初的尝试是美国联邦公路局在肯塔基州的列克星敦对 GPS 的应用（Battel Transportation Division，1997）。这是个以在该地域内通过电话采访劝导参加的100户家庭的216名司机为对象的实验，实验者在这些家庭的车上装上 GPS，在手持计算机上记录 GPS 得到的数据和被试者输入的出行相关的附带信息（驾驶人、同乘人、移动目的）。实验虽然尝试记录 GPS 的位置和每1秒抽取的速度信息，但是由于通信错误的问题成了非常不规则的信息。

这个实验的结果值得注意的地方在于出行开始时刻的分布。相对于4.3节所叙述的那样家庭出行调查中出行开始时刻有圆整为00，15，30，45分的倾向，GPS 得到的测量结果显示实际

上从 0 分开始到 59 分之间几乎有着同样的分布。同样在出行距离上，相对于 5 英里以下的出行都是报告成整数，5 英里以上的出行圆整成以 5 英里为单位里程的倾向，实际的分布是平滑的数字。还有从每次出行的 GPS 测定值和实验者回顾报告得到的数值的比较中可以看出，在出行距离和出行时间上回顾报告有相比于实际测量值更大的倾向。

此外在日本也在探讨便携型 GPS 之上，使用个人手持电话系统的可能性。这个问题将在 5.5 节有所涉及。

- 脚注

[1] 第二次世界大战后日本的交通规划史可以参考新谷（1993）。关于美国可以参考韦纳（Weiner 1997），西村（1998），榊原等（1994）。

[2] 汽车生产台数从 1945 年的 7 万辆到 1946 年的 210 万辆，然后 1947 年急增到 350 万辆。

[3] 塔尔萨（Tulsa, OK），小石城（Little Rock, AR），新奥尔良（New Orleans, LA），堪萨斯城（Kansas City, KS），孟菲斯市（Memphis, TA），萨凡纳（Savannah, GA）以及林肯（Lincoln, NE）。

[4] 主要有校准和测试任何规模城市地区的重力模型（1963），用小型计算机校准和测试重力模型（1963），交通作业手册（1964），城市交通规划中的人口预测（1964），标准土地使用编码手册（1965），经济研究在城市交通规划中的作用（1965），小型城市地区的交通分配和分配(1965)，方式划分——九种估算交通使用量方法的文档（1966），出行生成分析指南（1967）。

[5] 整理关于交通调查的偏差的以往的研究结果有原田（1989）。

[6] 除去节假日的星期二、星期三和星期四。

[7] A 问卷是沿袭过去的调查问卷，在 A3 纸上写着个人属性和与出行有关的问题。B 问卷将出发到达地的记入和出行属性的记录流程区分开来的同时，使用了更大的字号，试图使回答和记入变得更方便。C 问卷将个人属性的记入栏移到其他纸上面，将出行有关的问题登在 A3 用纸，字体和回答栏也变大了。D 问卷将家庭问卷分开，删除个人问卷有关个人属性的问题，此外按照 B 问卷的标准。

[8] 指发动机在寒冷状态下发动的情况。现在装载催化转化器的汽车在停止发动机 1 个小时以上再发动的时候，这种情况被认为是冷启动。伴随着冷启动会产生大量的污染物质。

[9] 在俄勒冈州的波特兰市使用需求预测的微模拟器 TRANSIMS 的时候,废除了区域,以在 125000 个链接里保存信息的形式进行了地理编号化。

[10] 达拉斯/沃思堡（Dallas/Fort Worth, TX），罗利-达勒姆（Raleigh-Durham, NC），旧金山（San Francisco, CA）等在 20 世纪 90 年代中期开始使用活动日志进行家庭出行调查。样本数各自有 5000、2000、3800 户家庭左右。

第5章 基于交通行为模型标定的调查方法

5.1 基于离散选择模型标定的调查

5.1.1 基础调查项目

如第2章所述，离散选择模型是基于概率效用最大化这一选择原理的模型。简单来说，就是用概率效用函数（random utility function）来表现决定者对选项（alternatives）的偏好（preference），并将被选择赋予最大效用（maximum utility）的行为模型化后所得到的模型。为了构建这样的离散选择模型，需要列举出作为被解释变量的偏好的观测值和作为解释变量的各选项的属性、时间和费用等约束因素以及经验等状况因素和个人属性。在本节中将对这些因素进行列举并详细说明。

1. 偏好的观测值

离散选择模型中普遍使用的效用是顺序效用（ordinal utility），其大小关系是问题的焦点。因此，将效用的大小关系作为被说明变量的观测数据是有必要的。一般，遵循与没被选择的东西相比，消费者更喜欢被选择的东西这一显示性偏好的弱公理（Samuelson，1947），将实际的选择结果作为效用的观测值。当使用偏好表示在5.3节将详细叙述的假想状况中时，选项的排序和评分等可以用作效用顺序关系的观测数据。

2. 选项的属性

离散选择模型的构建，需要明确选项问题和选项集合，给各个选项赋予有特征的选项属性。对于特定的选项问题，则需要将对选项产生影响的属性放入至效用函数中使用。例如，在选择交通方式时，要用到各种交通方式的所需时间和费用等服务水平变量（level of service；LOS）；在选择目的地时，要用到各目的地的魅力度和表示至目的地的交通阻抗变量。表5.1.1以交通行为分析为主要对象，举出了交通方式选择、目的地选择和路径选择，也在此列出了一些代表的变量。

想要正确地再现选择行为，需要正确表现其根源的效用函数，但是想要正确知道怎样认知各个属性、怎样导入意思决定是很困难的。意思决定者认知的值和分析者设定的客观值之差是效用函数产生误差的主要原因，但这在随机分布的情况下维持了离散选择模型误差项的假定。因此，在这样的条件下，可以将客观数据测定的选项属性数据作为认知属性值的代理变量使用。可以认为轨道交通所需的时间和费用，小区内的设施数量和就业人数等，在时间上稳定的变量满足该条件。但是，对于私家车的出行时间和费用之类不稳定的属性而言，很难保证认知值和客观值的随机性。作为不稳定值的例子，考虑道路交通的所需时间，最简单的方法是在出行起讫点的小区中心之间使用物理测量值（网络数据）。但是当小区划分较粗糙时，测量值与真正起讫点之间所需时间的偏差会变大。这种情况在短距离出行中尤为明显。

设定不稳定变量的客观值时，多采用大样本的家庭出行（person trip；PT）调查数据，根据不同时间段和不同OD的汽车所需时间等推算出代表值。但是，一般认为，家庭出行调查得到的是实际选择的交通方式数据，偏向于所需耗时较短的样本。为了回避这个问题，也可以把家庭出行调查得到的汽车OD交通量，分配到对象地区的道路网络的结果作为汽车OD所需时间来使用。这时，所需时间值会受到分配方法等的影响，因此，从家庭出行调查计算出的数值，其再现性并不一定最好。通过问卷调查等向意思决定者询问直接属性值，可以得到属性认知所需的时间和费用等，有报告称根据这些构建模型可以提高其现状再现性（铃木，1986）。但是这种情况在进行行为预测时，需求出认知属性的将来值，因此，需要设法使用能够观测的变量使属性的认知函数化。其他还有通过不同的数据源，来确定未选择的选项属性和已选择的选项属性值，并希望其可以具有整合性。

在目的地选择中，表示小区的吸引力（attractiveness）的变量非常重要，表5.1.1所呈现的小区内的从业人员数量、经营场所面积、各种设施数量等就经常作为表示小区内魅力度的变量使用。这个魅力度对应着上班、上学、购物和观光等行为目的，因为这些目的的性质不同，因此，需要使用与之相适应的表示魅力度的变量。

不同分析对象的效用函数中所使用变量的示例　表 5.1.1

选择行为	交通方式选择	目的地选择	路径选择
变量	支付的费用； 主线路旅行时间； 末端旅行时间； 换乘次数； 运行频率	出发地和目的地间的交通阻抗； 小区经济活动指标； 小区观光魅力指标	路径所需时间； 出行费用； 出行时间可靠性指标

3. 约束变量（constraint variable）

在离散选择模型中使用到的效用函数，是在以收入为首的各种约束下使效用最大化的间接效用（indirect utility）函数，在许多情况下，都需要加入对分析对象的行为的限制要素。一般来说，对交通行为发挥作用的约束条件有收入、时间和是否拥有私家车等。在可以提前知道对象行为会受到怎样的约束的情况下，能够收集与之相关的数据。具体来说，对上班/上学和业务系交通产生很大影响的是时间约束（time constraint），对自由目的交通产生影响的是费用约束（budget constraint）和交通方式的利用可能性约束（availability constraint）。关于费用和时间约束，经常使用的是收入、能利用的时间段和所需时间等说明变量。选项的属性中所提到的作为选项属性的所需时间等，也能够作为约束变量。其他还有在交通方式的选择上存在约束，如能使用的私家车不能超过家庭拥有车辆数和驾照保有人数。在这种情况下，就要引入表示家庭保有车辆数和拥有驾驶证的人数等表示利用可能性的约束变量。

4. 状况因素（contextual factor）

想要更加综合性地分析交通行为，需要时刻依存特性、前后的行为和活动经历等，这样的变量被定义为状况因素。如今后要控制酒后驾驶，则在选择交通方式时私家车的效用就会大幅降低。另如，在选择观光目的地的时候，在过去曾选择过的对象目的地的经历会使该目的地的魅力度降低或上升。在交通行为中，这些因素会成为非常重要的意思决定因素，这时，有必要通过日记调查、回顾性质的问题和断面调查来取得这些数据。

5. 个人属性（individual attributes）

在模型中用到的说明变量以外的因素（omitted variables），例如个人偏好的异质性（taste variation）等都含有误差项。这些因素会对误差项的分布造成很大的影响，在各选项间存在不确定因素的情况下，离散选择模型的误差项所假定的"选项间误差分散的同一性"就会不成立，同时误差项的方差会变大，并降低模型整体的意义。对于这些问题，经常通过在效用函数中导入性别和年龄等个人属性的方法来缓和。也就是把个人属性导入效用函数，从误差项中分离可观测的个人属性成分。在比较容易的可观测个人属性中，对交通行为产生影响的因素有性别、年龄、生命周期阶段、职业、家庭的就业人数及学历等。

5.1.2 为构建可发展的模型所需的附加调查项目

1. 心理数据（psychological data）

从20世纪70年代起，人们就指出心理因素对交通行为很重要，并持续进行了将这些潜在的意识因素导入离散选择模型的研究。要将潜在的、主观的心理因素导入模型，就需要明确怎样的意识因素和意思决定有关。麦克法登（McFadden，1986）用路径图来表示选择行为的意思决定过程，明确地显示了受到影响的潜在因素和显在因素的因果关系和测定关系。之后在1998年巴黎举行的关于选择行为分析的会议上，重新构建了选择行为分析的框架，展示了新的意思决定过程路径图（Ben-Akiva et al.，1999）。这个路径图如图5.1.1所示，图中的实线表示标准消费者行为分析中所采用的关系，虚线表示更加偏向心理学的分析中所采用的关系。在本文中，以感知、态度和偏好作为主要的潜在意识因素，概要地介绍关于其调查和导入到模型的方法。

1) 感知（perception）

所谓感知，是意思决定者所认知选项的属性，一般认为，它会受到此人的记忆以及此人得到的有关选项属性的信息的影响。在5.1.1节里叙述过，所需时间和费用之类的客观可测的因素，以及乘坐舒适性和安全性等主观属性都属于感知。对这些认知值进行直接测量很困难，很多时候是通过问卷调查等来间接测量。便利性和安

5.1 基于离散选择模型标定的调查

全性之类的主观认知,在现实中并不存在具体的尺度,为了增强被试者回答的稳定性,希望在问询中采用5级或者10级的评价等级的形式(图5.1.2)。作为使用主观评价值的例子,森川(Morikawa et al.,1990,1993)沿着麦克法登(McFadden,1986)提出的路径图,通过统一框架分析了主观评价和选择。在这个研究中将结构方程模型(参考第8章)运用到了主观评价分析中。

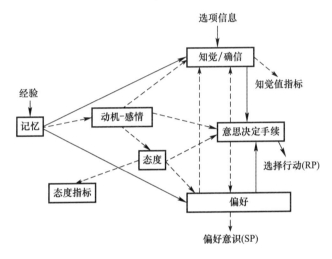

图5.1.1 意思决定的过程

请选择对该交通方式的便利性评价
5　便利性非常高
4　便利性较高
3　一般
2　便利性较低
1　便利性非常低

图5.1.2 潜在的知觉测定的示例(便利性评价)

请选择属性A的重要性
5　非常重要
4　比较重要
3　一般
2　没关系
1　完全没关系

图5.1.3 态度测定的示例

2) 态度(attitude)[1]

态度是在心理学领域很早就使用的概念。在市场学领域中它的定义有100种以上,在测量方法上人们提出了比这还多的方案,但是现阶段并没有明确定义和测量方法(Peter & Olson,1999)。

多数态度定义共通的概念有"个人对某种概念的整体评价",可以说这是扩大了费什拜因(Fishbein,1980)定义的"对对象问题喜好的感觉"的表现。麦克法登展示的路径图中的态度,是受到意思决定者的动机、感情和市场信息等影响的潜在意思决定因素,具体来说表示对选项属性和选项本身抱有感情。根据态度会对意思决定产生很大的影响这一认识,在至今为止的调查中,除了5.1.1 节中展示的项目以外还以"该重视什么属性来进行选择"等形式进行了调查。态度的测量方法有:调查实施方提供的 5 级和 7 级等尺度基准的选择形式(图 5.1.3),对一些有提示的项目按重要性进行排序的形式,以及选择特别重要的上位项目等形式。图 5.1.3 展示的形式容易对变量连续化,且便于分析,但是在回答者将所有项目都填"重要"的情况下,重要度的识别会变得困难。重要度的排序和上位重要度项目的选择这些非尺度的回答形式虽然会减轻被试者的负担,但是在定量分析的时候,需要介入和离散选择分析同样的潜在变量(参考第 8 章)。佐佐木(Sasaki et al.,2000)提出了离散的态度变量和离散选择模型的融合方法。

3)偏好(preference)

虽然不能进行直接观测,根据显示偏好的弱公理(WARP;weak axiom of revealed preference),通过观测在市场的选择可以规定偏好的顺序关系。此外,20 世纪 80 年代以后的交通行为分析领域,开始逐渐使用作为选择结果的代替信息源,开始使用在假想条件下的偏好的意思表示 SP 数据(stated preference)。关于 SP 数据的性质和利用方法将在 5.3 节进行详细的说明。

2. 潜在的约束

除了 5.1.1 节所说的约束条件以外,还存在选项的认知约束和信息利用可能性的约束等。行为约束主要可以分为经验的约束和市场的约束。市场的约束主要是 5.1.1 节所说的预算和时间等约束,存在着表面的和潜在的两个方面。另外,因经验产生的约束,是目前为止的经验对意思决定产生的约束。以选择购物目的地为例,存在着几乎是数不清的可以成为目的地的商店,但是很难想象会在考虑所有选项的属性之后进行选择,而是根据目前的经验等对目的地进行排除（elimination），将一些目的地作为选项集合进行考虑。而在意思决定的时候如果完全没有商店的信息，那家商店就会在不被认知的情况下从挑选的对象中排除。即经验和收集的信息对选择产生了约束。

要直接观测这些潜在的约束因素非常困难，为了达到目的会采取追加设计的问卷调查项目方法（Ben-Akiva et al., 1997），使用选项在市场的信息等方法，或者通过其他行为调查结果来推断潜在约束。斯威特、本-阿基瓦（Swait & Ben-Akiva, 1987）和森川等（1992）构建了考虑这些潜在约束的行为模型，有关这些模型的详情请参考 6.6.2 节。

3. 活动和横截面数据

其他追加的调查项目，有关于交通行为的动态信息的收集和活动数据的收集。面板数据和活动日志数据都各自作为代表被提及，关于面板数据收集和关于活动日志数据的收集，请分别参考 5.4 节和 4.2 节。

5.2 抽样和权重

调查得到的样本并不一定会成为母集无偏的缩影。即使是在通过随机抽取个人的情况下，回答率也会因为年龄和入学年份等不一样，因此一般得到的样本不能代表母集。为标定非集计模型的调查中，经常会进行被称为内生抽样（后述）的基于交通行为的抽样，但是从结果来看，得到的样本还是有可能和母集极为不同。在这种情况下，用这些偏离的样本标定母集的时刻和模型时就需要给样本加权重。

本节着眼于内生抽样，介绍目前为止开发的加权理论，然后将加权方法论进行一般化，并尝试运用于使用了复杂的内生抽样法的样本。此外，还将指出过去在多个地方（或者多个时间点）进行的情况下，在路侧调查和乘客调查等内生抽样中，根据各调查地点的抽取率来单纯计算权重的方法的问题点，并用本节得出的权重法来示范运用。然后，介绍离散选择模型在使用内生样本进行标定的情况下，推导模型系数的协方差矩阵的适当方法。此外，本节含有繁杂的数学公式，对样本的加权理论没有兴趣的读者也可以直接跳到下一节。

5.2.1 内生抽样

正如4.2节所说的那样，在家庭出行调查中一般会采用随机抽取的方法。但是想要通过调查得到旅游交通行为和低密度地区的公共交通出行那样的低频度状况的数据时，一般的随机抽样调查的效率会非常低。这种情况下，通过在观光地和铁路车站这样可以直接观测的场所进行抽样，会使得调查效率更高（森地·屋井，1984）。像这样基于作为研究对象的事物（或者由它决定的事物）进行抽样的情况称为内生抽样（endogenous sampling）。典型的例子有基于选择的抽样（choice-based sampling），通过将路侧抽取的汽车使用者和车站、车内的抽取的公共交使用者组合，来尝试解析交通方式选择的样本等情况，就会使用到这个方法。还有在交通行为调查中经常用到的加权层别样本（enriched sample）是通过在分选项抽取的样本中随机抽取，对样本进行补充，它也是根据内生抽样得到的。

和随机抽取以及使用了外生定义层的分层抽样不同，在解析内生抽取法得到的样本时，不仅仅需要通过使用样本平均和样本分布等单纯合计来进行参数的推导，在模型标定时还需要通过权重继续偏差修正（森地·屋井，1984；土木学会，1995）。到目前为止，在分选项进行抽取的情况下，权重以及离散选择模型的推定方法论得到了广泛的开发和运用（森地·屋井，1984；Cosslett，1981；Manski & McFadden，1981）。特别在第6章的叙述中，效用函数说明变量的未知系数被估计为其保持有一致性，并且只有定量项必须要进行偏差修正（Manski & Lerman，1977；Manski & McFadden，1981）。在本节将以进行更加复杂的内生抽取的情况为讨论的对象。

5.2.2 基于复杂的分选项抽取法的样本加权[2]

这里基于至今为止的研究（Cosslett，1981；Manski & McFadden，1981；Lancaster & Imbens，1990；Thill & Horowitz，1991；Kitamura et al.，1993），展示分选项抽取得到样本的加权

5.2 抽样和权重

理论的框架,并将它扩大为多维度选项进行抽取的情况。设互相排斥的 J($<\infty$)个离散选项组成的选项集合为 C,说明变量的样本空间表示为 X,对象总体就包含在空间 $C\times X$ 中。设选项为 j($\in C$),说明变量为 x($\in X$),从该总体得到的样本为 (j,x)。这个样本得到的同时概率密度就表示为:

$$g(j,x\mid\boldsymbol{\theta})=q(x)Pr[j\mid x,\boldsymbol{\theta}] \quad (5.2.1)$$

在这里,$g(j,x\mid\boldsymbol{\theta})$ 是样本 (j,x) 的同时概率密度函数,$q(x)$ 是说明变量 x 的周边密度函数,$\boldsymbol{\theta}$ 是规定选择 j 和说明变量 x 关系的总体参数的向量。说明变量 x 的周边概率密度函数可以通过 (j,x) 的同时概率密度函数对 j 进行加和得到,即 $q(x)=\sum_{j\in C}g(j,x\mid\boldsymbol{\theta})$。在使用纯粹的随机抽取的情况下,样本 ($j$,$x$) 被抽到的概率和它的概率密度成正比。因此,随机抽取的样本 (j,x) 的概率密度 $L_r(j,x)$ 为:

$$L_r(j,x)=g(j,x\mid\boldsymbol{\theta}) \quad (5.2.2)$$

接下来考虑分选项进行抽取情况下样本的选择概率密度。选项集合 C 被 B 个未必排斥的部分集合 C_b($b=1$,2,…,B)分割,各个部分集合被视作为层级进行抽样。各层的总体包含在 $A_b=C_b\times X$ 中。且,$C_1\cup C_2\cup\cdots\cup C_b=C$。例如,假设定义选项集合为 {一人开车,拼车,公交车,电车},部分集合为 (C_1,C_2)=({汽车},{公共交通})。这种情况下 $B=2$,j 是一人开车或者是拼车的时候,样本包含在 C_1 中,j 是公交车或者是电车的时候样本就包含在 C_2 中。

接下来考虑某个样本选项包含在 C_b 里面的概率。这个概率通过将 (j,x) 的同时概率密度对 x 进行积分,接着把得到的周边概率对属于 C_b 的 j 进行加和得到。设该概率表示为 $Q(b\mid\boldsymbol{\theta})$。

$$\begin{aligned}Q(b\mid\boldsymbol{\theta})&=\sum_{j\in C_b}\int_{x\in X}g(j,x\mid\boldsymbol{\theta})\mathrm{d}x\\&=\sum_{j\in C_b}\int_{x\in X}q(x)Pr\{j\mid x,\boldsymbol{\theta}\}\mathrm{d}x\\&=\sum_{j\in C_b}Q(j\mid\boldsymbol{\theta})\end{aligned} \quad (5.2.3)$$

这里的 $Q(j|\boldsymbol{\theta})$ 是选项 j 被选择的周边概率。希望注意 $Q(b|\boldsymbol{\theta})$ 对应的是属于 C_b 的选项的市场里的份额。

分选项进行抽取的情况下选 b 层抽取样本 (j,x) 的同时概率密度 $L_c(j,x,b)$ 可以通过将抽到 b 层的概率和以抽出 b 层为条件样本 (j,x) 被抽到的概率密度相乘得到，抽到 b 层的概率可以通过式（5.2.3）定义的 $Q(b|\boldsymbol{\theta})$ 得到：

$$L_c(j,x,b) = H(b)Pr[(j,x)\in A_b|b,\boldsymbol{\theta}] \\ = \frac{H(b)g(j,x|\boldsymbol{\theta})}{Q(b|\boldsymbol{\theta})} \quad (5.2.4)$$

这里的 $H(b)$ 是在分选项抽取中抽到 b 层的概率。以抽到 b 层为条件抽到样本 (j,x) 的概率密度，是抽取样本 (j,x) 的无条件概率密度除以抽到 b 层的概率得到的。抽到 b 层的概率可以在调查设计的阶段决定。

接下来，对比式（5.2.2）和式（5.2.4）可以得到：

$$L_r(j,x) = L_c(j,x,b)\frac{Q(b|\boldsymbol{\theta})}{H(b)} \quad (5.2.5)$$

因此，通过把 $\left[\frac{H(b)}{Q(b|\boldsymbol{\theta})}\right]^{-1}$ 用于分选项抽出得到的样本抽出概率密度 $L_c(j,x,b)$，该抽出概率密度和随机抽取的情况下一样。这意味着 $\left[\frac{H(b)}{Q(b|\boldsymbol{\theta})}\right]^{-1}$ 可以用作分选项抽取法得到的样本的权重。注意这个权重是抽样时 b 层抽出的概率和属于 b 层选项市场内的份额比的倒数。在 $H(b)>Q(b|\boldsymbol{\theta})$ 的情况下，也就是 b 层被抽取过多的情况下，抽取样本的权重小于 1，反过来当 b 层过少地被抽取的情况下，权重则会超过 1。

接下来把 j 包含在多个层的情况一般化。在特定的抽样的时候，不可能抽取多个层，抽到 (j,x) 的概率密度用 j 所属的层的各个 (j,x) 被抽到的概率密度之和来表示。

$$L_c(j,x) = \sum_{b,j\in C_b} L_c(j,x,b) = \sum_{b,j\in C_b} \frac{H(b)g(j,x|\boldsymbol{\theta})}{Q(b|\boldsymbol{\theta})} \\ = g(j,x|\boldsymbol{\theta})\sum_{b,j\in C_b}\frac{H(b)}{Q(b|\boldsymbol{\theta})} \quad (5.2.6)$$

5.2 抽样和权重

从式（5.2.6）和式（5.2.2）的比较中得到包含选项 j 的标本的权为：

$$\omega(j) = \left[\sum_{b,j\in C_b} \frac{H(b)}{Q(b\mid \boldsymbol{\theta})}\right]^{-1} \quad (5.2.7)$$

接下来扩展加权理论，考虑用多维分选项抽取法时样本的权重。设观测行为为 D 维的选择行为，样本用 $(j_1, j_2, \cdots, j_D; x) = (j, x)$ 来表示。这里的 $j_d \in C_d$，$(d=1, 2, \cdots, D)$ 是 d 维度数目的选项集合，x 是说明变量的向量。各个选项集合被 B_d 分割，得到 $C_d = C_1^d \cup C_2^d \cup \cdots \cup C_{B_d}^d$。然后根据 b_{j_d} 表示 j_d 所属的层，设 $b=(b_{j_1}, b_{j_2}, \cdots, b_{j_D})$。各个维度的各层内分选项进行抽样。例如，在住宿地、寺庙神社等观光目的地，火车站和高速公路路况等交通据点的各处抽取游客。注意，包含在 j 内的选项未必和使用调查结果得到的样本推定的离散选择模型的选项一致。

一般在现实的抽样中，总体和样本数相比会非常大，抽中率会非常小。因此作为样本的特定个体，认为在多维抽样被抽中实际上是不可能的。即使假设某个个体在多维进行重复抽取，它被抽中的概率也非常低，可以忽略它。也就是说，如果假设认为持有 j 的个体被抽到的概率 $p(j)$ 在该个体在 b_{j_d} 层被抽到的事件为 B_{jd} 的话，便近似得到式（5.2.8）。

$$\begin{aligned} p(j) &= Pr[B_{j_1} \cup B_{j_2} \cup \cdots \cup B_{j_D}] \\ &= Pr\left[\sum_{d=1}^{D} B_{j_d} + \sum_{i=1}^{D-1} (-1)^i \sum_{k=1}^{D-i} \left(\bigcap_{d=k}^{k+i} B_{j_d}\right)\right] \\ &\cong Pr[B_{j_1}] + Pr[B_{j_2}] + \cdots + Pr[B_{j_D}] \end{aligned} \quad (5.2.8)$$

于是和式（5.2.6）一样，可以得到：

$$\begin{aligned} L_c(j,x) &= \sum_d \sum_{b,j_d\in C_b^d} L_c(j,x,b) \\ &= g(j,x\mid \boldsymbol{\theta}) \sum_d \sum_{b,j_d\in C_b^d} \frac{H^d(b)}{Q^d(b\mid \boldsymbol{\theta})} \end{aligned} \quad (5.2.9)$$

包含选项向量 j 的样本的权重可以表示为：

$$\omega(j) = \left[\sum_d \sum_{b,j_d\in C_b^d} \frac{H^d(b)}{Q^d(b\mid \boldsymbol{\theta})}\right]^{-1} \quad (5.2.10)$$

运用式（5.2.10）时，需要 $H^d(b)$ 和 $Q^d(b\mid\boldsymbol{\theta})$ 的数值。前者根据样本内的层的构成比，后者是通过市场层的构成比表示，分别表示为：

$$\hat{H}^d(b) = \frac{\sum\limits_{j_d \in C_b^d} n_{j_d}}{n}, \hat{Q}^d(b\mid\boldsymbol{\theta}) = \frac{\sum\limits_{j_d \in C_b^d} \hat{N}_{j_d}}{\hat{N}} \quad (5.2.11)$$

这里的 n_{j_d} 是样本内第 d 维的分选项抽取得到的样本中具有 j_d 的样本的频度，$\hat{N}_{j_d}$ 是总体内拥有 d 维的选项 j_d 个体的频度的估计值，n 是样本总数，$\hat{N}$ 是总体内总个体数的估计值。因此，拥有选项向量 j 样本的权重可以表示为：

$$\begin{aligned}\hat{\omega}(j) &= \left[\frac{\hat{N}}{n} \sum_d \sum_{b, j_d \in C_b^d} \frac{\sum\limits_{j_d \in C_b^d} n_{j_d}}{\sum\limits_{j_d \in C_b^d} \hat{N}_{j_d}}\right]^{-1} \\ &= K \left[\sum_d \sum_{b, j_d \in C_b^d} \frac{\sum\limits_{j_d \in C_b^d} n_{j_d}}{\sum\limits_{j_d \in C_b^d} \hat{N}_{j_d}}\right]^{-1}\end{aligned} \quad (5.2.12)$$

这里的 K 是一个常数，可以通过调整其值来决定样本的扩大率。

5.2.3 对路边调查和家庭访问调查的样本的应用

作为权重方法的应用例子，让我们来考虑以把握新建高速公路对都市圈居民一天内的交通模式产生影响为目的，把区域内一天的总出行作为总体的调查。这个调查的抽取单位是个人，样本由在和新高速公路产生竞争的路线上所做的路边调查中，按车种抽取的人（司机）和根据居民名册按地区层化抽出的人组成。调查的目的是估计 1 天的交通模式，道路网上的各出行通过点由个人的交通模式决定，因此认为路边调查的抽样是内生的且妥当的。结果得到的样本是路边调查的内生样本和根据居民名册的层别随机抽取组合而成，可以作为加权层别样本。还有根据居民名册抽到的个人在路边调查也有可能被再次抽到，或者同一个人在路边调查中被多次抽到的可能性也是存在的。

5.2 抽样和权重

假设路边调查在 M 个地方进行，和某个人样本经过第 i 个调查地点的次数相等的数值定义为变量 $m_i(=0, 1, 2, \cdots)$，该人 1 天经过路边调查地点的集合的频度用 $(m_1, m_2, \cdots, m_M)$ 表示。需要注意，变量 m_i 的值是只根据个人通过调查地点 i 的频度来定义的，它与是否在地点 i 被抽到无关。另外，假设车种总计有 V 种，个人样本利用车辆的车种为 v，居住地区有 L 个，个人样本的居住地区表示为 l。把对个人样本路过路边调查地点的频度和居住地区进行离散选择的结果视作 j，$j=(m_1, m_2, \cdots, m_M, v, l)$，某向量 j 的权 $\omega(j)$ 就可以根据式（5.2.13）得到。

$$\omega(j) = K\left[\sum_{i=1}^{M} m_i \frac{n_i^v}{N_i^v} + \frac{w_l}{W_l}\right]^{-1} \tag{5.2.13}$$

这里的 n_i^v 是样本内在地点 i 的路边调查抽到的车种 v 的车辆数，N_i^v 是一天内通过地点 i 的车种 v 的观测车辆数，w_l 是样本内根据居民名册抽出的地区 l 内居住的总人数，W_l 是 l 地区记录在居民名册上的总人数。这里定义的权重，尽管在路边调查抽出或是在居民名册抽出过，但还是适用于个人样本。

以上的解析以在居民名册中抽出的个人不妨碍路边调查抽取为前提。在不使居民名册抽到的个人在路边调查时被抽到的情况下，拥有特定 j 的个人被抽到的概率是该人从居民名册抽出的概率和没在居民名册抽到而在路边调查抽到的概率之和。在给出 j 的前提下，后者的积和路边调查的抽中率近似。因此关于居民名册抽到的样本，可以通过运用设所有的 m_i 都为 0 的式（5.2.13），对于路边调查抽出的样本则可以直接运用式（5.2.13）加权。

分选项抽样法和加权分层抽样法在很多时候应用于像交通方式选择那样以单独出行为对象的情况。即使在这样的情况下，在多个地点（或者是多种交通方式）进行分选项的路边调查和乘客调查时，一般来说为了进行合适的加权有必要知道全部调查地点的通过信息（或者是关于全部调查对象交通方式利用的信息）。因此在调查问卷设计的时候，设置关于这些权重所必要的信息的设问非常重要。

现存的在调查结果的加权上所遇到的问题，是如上所述的信息未必存在。比如，一般从路边调查的回答者处无法得知关于经过其他调查地点的信息。因此，要估计关于这些样本的 (m_1, m_2, $\cdots$, m_M) 是不可能的。作为解决对策之一，如果能从居民名册等抽取的样本中估计 j 的分布的话，据此把在路边调查地点 i 抽取的样本的属性和经过地点 i 作为前提条件，内插 j 的未知因素来算出 $\dot{\omega}(j)$。这种方法在决定权重的时候虽然需要复杂的估计计算，但是要在不改变调查方法的情况下给出合适的权重，加权过程的复杂化是不可避免的。

5.2.4 使用了内生权的离散选择模型和参数协方差矩阵的估计

根据内生抽样法得到的样本推导离散选择模型的时候用到的是 WESML（Weighted Exogenous Sample Maximum Likelihood）法（土木学会，1995；Manski & Lerman，1977）。这个估计法定义了如下似然函数：

$$\ln L = \sum_{i=1}^{N} \dot{\omega}(j_i) \ln Pr[J_i \mid x_i, \boldsymbol{\theta}] \qquad (5.2.14)$$

通过该对数似然函数最大化来标定模型。这里的 J_i 是在样本 i 内意思决定者选择的选项，$Pr[J_i \mid x_i, \theta]$ 是给出 x_i 时选项 J_i 被选中的概率。该函数最大化下的 θ 作为样本总体参数的最大似然估计值，用 $\hat{\theta}$ 表示。

用内生抽样样本的 WESML 法建立离散选择模型时，协方差矩阵为（Manshi and McFadden，1981）：

$$\sum = \frac{1}{N}\Omega^{-1}\Lambda\Omega^{-1} \qquad (5.2.15)$$

式中，

$$\Omega = E\left\{\left[\frac{\partial \ln Pr(J_i \mid x_i, \boldsymbol{\theta})}{\partial \boldsymbol{\theta}}\right]\left[\frac{\partial \ln Pr(J_i \mid x_i, \boldsymbol{\theta})}{\partial \boldsymbol{\theta}'}\right]\right\} \qquad (5.2.16)$$

$$\Lambda = E\left\{\dot{\omega}(j_i)\left[\frac{\partial \ln Pr(J_i \mid x_i, \boldsymbol{\theta})}{\partial \boldsymbol{\theta}}\right]\left[\frac{\partial \ln Pr(J_i \mid x_i, \boldsymbol{\theta})}{\partial \boldsymbol{\theta}'}\right]\right\} \qquad (5.2.17)$$

可以推出，

$$\hat{\Omega} = \frac{1}{N}\sum_{i=1}^{N}\left\{\left[\frac{\partial \ln Pr(J_i \mid x_i, \boldsymbol{\theta})}{\partial \boldsymbol{\theta}}\right]\left[\frac{\partial \ln Pr(J_i \mid x_i, \boldsymbol{\theta})}{\partial \boldsymbol{\theta}'}\right]\right\} \qquad (5.2.16^*)$$

$$\hat{\Lambda} = \frac{1}{N} \sum_{j=1}^{N} \left\{ \hat{\omega}(j_i) \left[\frac{\partial \ln Pr(J_i \mid x_i, \boldsymbol{\theta})}{\partial \theta} \right] \left[\frac{\partial \ln Pr(J_i \mid x_i, \boldsymbol{\theta})}{\partial \theta'} \right] \right\} \quad (5.2.17^*)$$

这个估计量的应用例子参考山本等（1997）的研究成果。关于在使用 WESML 法推导协方差矩阵时，用式（5.2.15）的情况和使用通常估计值的情况做的比较研究，可以参考北村等人（2001a）的研究成果。包含 WESML 法在内，对目前为止提出来的模型系数估计法的比较研究可以参考森地等人（1983）的研究成果。

5.3 偏好陈述调查

5.3.1 偏好陈述的特征和性质

在假想的状况下观测偏好意思表示的数据称为偏好陈述（stated preference，SP）数据。与此相对，在实际状况下观测到的选择行为数据称为偏好揭示（revealed preference，RP）数据。通过使用 SP 数据，对于在 RP 数据下很难进行分析的、未出现的新交通服务的需求分析以及新政策的效果等，可以不需要依赖大规模社会试验即可进行测量。近年来，出版了使用 SP 数据进行交通行为分析的书籍（Ortuzar，1999；Louviere & Hensher，2001），在交通行为分析中，很多使用 SP 数据进行分析的研究正在增多和发展。

由于 SP 数据是一种实验数据，通过控制约束条件等外部因素，也能相对提高属性之间权衡的影响。此外它还拥有从个人身上更容易地得到多种信息，个人偏好的异质性更加明确等特性。森川（1990）总结了 SP 数据和 RP 数据的特性，如表 5.3.1 所示。从表 5.3.1 中可以看出，SP 数据和 RP 数据存在互相补充的关系。

拥有这样特征的 SP 调查，在国外于 20 世纪 90 年代初开始应用于实际业务，在日本则于 20 世纪 90 年代后半期此类应用案例开始增多。

RP 数据和 SP 数据的比较［森川（1990）修订］ 表 5.3.1

	RP 数据	SP 数据
偏好信息	根据实际的行为结果 与市场中的行为一致 得到的信息为"选择结果"	在假想状况下的意思表示 存在和市场的行为不一致的可能性 排序、评分、选择等
选项	不能处理现存没有的选项	可以处理现存没有的选项

续表

	RP 数据	SP 数据
选项的属性	只有定量的属性 存在很多测量误差 限制了属性值的范围 属性间的共线性大	定量的和定性的属性 没有观测误差，但可能存在感知误差 可以扩大属性值的范围 可以控制属性间的相关性
选项集合	不明确	明确

5.3.2 SP 调查的偏好表明形式

如表 5.3.1 所示，在 SP 调查中回答者表现偏好的形式有排序（ranking）、选择（choice）、评分（rating）、匹配（matching）。另外，作为它们的特殊形式，还有从 3 项以上的选项中挑出两个选项进行成对比较（pair-wise），以及用价格进行匹配的转让定价（transfer price）数据。此外，根据下面所示的各种回答形式得到的 SP 数据来推定离散选择模式的方法请参考 6.2.6 节。

1. 排序

给回答者展示多个选项，让他们按照希望的顺序对选项排序。排序没必要将所有的选项进行排列，比如说从 5 个选项内选出前 3 位进行排序即可。使用在 6.2.6 节说明的有序 Logit（rank logit），分析排序数据的可靠性研究（Ben-Akiva et al., 1989）结果表明，上位的排序可靠性比较高，而下位的排序缺乏可靠性，在选项数量多的情况下也不一定能提高全体排序的分析精确度。布拉德雷和戴利（Bradrey & Daly, 1994）认为，在使用排序数据的情况下，应该使用最开始的 3~4 位，而且为了考虑到误差方差的不同，需要导入比例因子（scale factor）（参考 6.2.2 节）。

2. 选择

在排序中只回答第一位可以认为其相当于选择。展示一个作为特殊形式的假想选项，询问是否选择该选项，这种被称为选择意向（stated intention）的形式也经常使用。选择意向调查有时也不明示选项集合，但是被试者被认为会进行实际的选择和选择的选项的比较，进行现状和假想的二项选择。与此相同，从多个选项中反复进行二项选择形式的成对比较法，通过让回答者更方便地进行选择和根据被试者选择结果改变显示选项等，可以得到可靠性更高、更有效的偏好信息。

3. 评分

是以将对选项的评价在一维空间的尺度上进行定位为形式的调查。虽然经常使用赋予各个选项 10 分为满分来进行评价，但是得到的分数的可靠性并不高，需要利用排序数据对其排序进行加工（森川，1990；Louviere et al.，2000）。为了提高评分的可靠性，作为一维空间的代替，也可以采取从附有一点意义的种类中进行选择的方法。例如，把选项设为"非常希望""希望""一般""不怎么希望""不希望"的方法。但是在种类数太少的情况下，存在多个选项选入同一个种类、偏好顺序变得不明确的可能性。

4. 匹配形式

展示有固定属性的选项 A 和有 1 个属性可以自由变动的选项 B，被试者设置（回答）变动可能的属性值，致使 2 个选项偏好无差异（或者 B 有偏好优势）的调查形式。尤其在可以变动的属性是价格的情况下，称为转让定价数据（Bonsall，1985）。匹配数据和排序、选择不同，虽然能够观测选项的无差别偏好这种明确的偏好信息，但很多时候被试者很难明确表明偏好无差别的条件，在确定的无差别偏好这一假定下的偏好分析，会产生和联合测定法（conjoint measurement）的解的不确定性（大泽ら，1980）。另外，有报告指出（藤原，1993），在使用 TP 数据的情况下，与同时进行选择形式的 SP 数据和 RP 数据算出来的结果相比，无差别偏好的价格更小。可以认为在 5.3.5 节叙述的 CVM 的研究中，对于同样的对象，支付意愿额（willingness to pay；WTP）比接受赔偿意愿额（willingness to accept compensation；WTA[3]）更小（Bishop & Heberlein，1979），与此结果具有相同的偏差。

5.3.3 选项的设置

SP 调查的目的是根据假想或者现实存在选项的属性的变动测定偏好，使用拥有偏好信息的属性，来推定效用函数（需求函数）。但是根据选项的设置，有可能不能很明确地得到偏好信息和属性的关系。属性的设定上要考虑的要素主要有：①如何提示选项,②该变动哪个属性,③属性的水准值该在什么范围,④属性值的提示方法该如何。

1. 选项的提示方法

作为选项的提示方法,有不特定选项而只是提示属性,以及特定选项同时也提示属性的方法,如表5.3.2所示。

没有明示选项的方法,由于只用费用等共通项目定义选项,因此该方法只用在可提示属性的效用参数的情况。不仅是可提示属性的效用参数,在考虑到观测上困难的要素,构筑导入选项固有变数的需求预测模型时,也需要明示选项,根据SP调查的目的不同,提出方法也是不一样的。

选项的提示方法(以交通方式选择为例) 表5.3.2

选项的提示方法	不特定选项的方法			特定选项的方法		
选项的属性	选项A	选项B	选项C	地铁	公交车	LRT
费用(日元)	500	300	350	500	300	350
准时性	高	低	中等	高	低	中等
所需总时间(min)	30	50	35	30	50	35
请给最希望的交通方式打√						

2. 提示属性的选择

SP调查中提示的属性可以从两个角度来选择。一个是根据分析者的所需信息来选择,另一个是根据意思决定者的偏好来选择。具体来说,分析者如果想知道需求对于价格变动的影响,如果不加入提示价格的属性,就不能进行此类分析。另外,即使提示那些对被试者来说不影响意思决定的属性,也不会对分析结果产生影响,但会导致分析效率降低。在事先无法预测哪些属性会对被试者的选择产生影响的情况下,可以对目标群体进行预调查来确定哪些属性以提高调查效率。

关于提示属性的数量,在数量较少的情况下,分析者的意图会变得明确,也容易受到5.3.4节所说的那样的政策控制偏差的影响(藤原·杉惠,1993)。比如考虑一下对私家车驶入市中心收费的SP调查,且只提示征收金额的情形。这时,对于被试者来说,分析者想测定收费对私家车驶入规则的效果的意图是明确的,被试者感觉到之后可能要进行收费，为了使导入收费的效果预期更低，就有可能显示出更高的私家车利用偏好。因此，在设计SP调查的时候，需要增加属性的数量等，使分析的意图不被察觉到。但是在属性过多的情况下，被试者不能明确认识到属性间的权衡，结果变成了只考虑一部分的属性等代替的思考方法来表现偏好，对属性的偏好的影响就会变得不明确，因此，通常希望提出3~7个（Miller，1956；藤原，1993）属性。

3. 属性的水准设置

格林和斯利尼瓦桑（Green & Srinivasan，1978）希望选项的属性范围散布在现实的范围内，属性间的相关性要尽可能小。此外，明示选项时的属性值设定，希望提示的选项有一些离差。原因在于，在只有特定的选项被选择时，不能明确得到关于属性间的代替信息，估计所得效用函数的可靠性会下降。采用计算机辅助电话调查（CATI；参考5.6节）时，可以很容易地变换个人之间的设定值，在调查中可以估计被试者的选择变化的属性值，因此，是更有效的调查方法。

在SP调查中，通过巧妙地组合属性的水准，可以减少属性间的共线性（colinearity）。特别是基于全要素设计（full factorial design），通过让各属性正交设计，可以完全去除共线性。但是在此情况下，随着提示属性的增加，组合的数字也会不断增大，在需要评价的选项数过度增加时，会由于疲劳（参考5.3.4节）等影响，使回答的可靠性下降（Widlert，1998；Ortuzar & Rodriguez，2000）。因此，人们提出了除去优势选项的方法、部分要素设计（fractional factorial design）以及通过选项间的属性差定义选项的方法等，来减少需要评价的选项的数量（Kuhfeld et al.，1994；藤原，1996）。

4. 属性值的提示方法

属性值的提示方法中对于能用数字表示的方法，除了用具体的绝对量表示的方法之外，在像选择意向调查那样存在特定的基准的情况下，还有用比率来表示变化的方法。也就是在提示费用的时候，有用500日元这样的绝对量表示的，也有以现状为基准上升了10%这样以比率表示的方式。当然，在选择意向调查中也可以用绝对量来表示选项的属性。在被试者的现状水准存在离差的情况下，像3中所说的那样，为了确保选择的离差，有必要结合被试者的现状，设计属性水准不同的调查问卷。

数字无法表示的属性，比如"可无预约停车""座位的舒适性"等属性因为需要让被试者得到正确的认知，希望尽量有效地利用具体的视觉表现来提示。这里也可以采用计算机支援调查，可以多方使用具体的照片，以更有效地进行调查。

5.3.4 SP调查和数据偏差

SP调查是在假想的状况下的意向调查。这一调查本身的性质，导致它很难避免可靠性的低下。森川（1990）指出SP数据的可靠性有两个重要的方面：一个是SP数据的可信性，另一个是它的稳定性。SP数据的可信性指的是因为在SP调查中选择结果对被试者的现实效用不会产生影响，因此，被试者会根据与实际行为的情况不同的意思决定过程回答。SP数据的稳定性指的是在SP调查中，回答会根据属性和选项的设置方法而变动。森川针对可靠性特别指出了四个问题[4]：

(1) 被试者顺着分析者的意图的"正偏差"；

(2) 没怎么考虑利用时的约束导致的"无约束偏差"；

(3) 把自己行为的矛盾正当化的"合法化偏差（justification bias）"；

(4) 让政策决定导向自己有利的方向的"政策控制偏差（policy-response bias）"。

关于稳定性，一般指的是SP回答的时间上的稳定性，分为对选项属性偏好的稳定性和非观测要素在时间上的稳定性两种。在SP调查中出于提高统计的有效性和得到更多偏好信息的目的，很多时候要求被试者回答多个问题。在像这样的同一个调查中，多次SP回答中的首尾一致性也被视为稳定性的问题。此外，多次回答所采集到的SP数据的稳定性会受到下面这些因素的影响：

(1) 因被试者的疲劳导致数据精确度的低下（fatigue effect）；

(2) 多次回答对意思决定产生影响，导致各自选择失去独立性（inertia effect）；

（3）被试者习惯了回答最初的问题即得到了练习，会降低可靠性（warming up effect）。

藤原等（1992）根据含有 SP 数据的跟踪（panel）调查，从分析个人偏好意识的稳定性的结果中，得到了 SP 调查中对设置属性的偏好在 4 年的调查期内是稳定的，各波（wave[5]）的重复问题数在 5 次以内是可以容忍的范围的结论。布拉德利和戴利（Bradly & Daly，1994）根据成对比较法进行重复探求事例研究的结果认为，在 10 以内的选择可以避免疲劳产生的偏差，回答的文脉性导致的推移率的不稳定性也可以通过将提示的假想选项的顺序随机化来避免。在非成对比较的情况下，由于同时思考的选项增加，会导致在更少的次数内产生疲劳。此外根据森川（Morikawa，1989）提出的将 RP 数据和 SP 数据同时使用的建模方法也能在提高 SP 数据的稳定性和可靠性上起到作用。关于该模型将在 6.5.3 节进行详细解说，这个模型在修补由 SP 可靠性的低下和 RP 的各种约束导致的偏差上是一种非常有效的方法。此外，人们也提出了使用多个数据源来提高 SP 数据的有效性的方法，比如同时利用态度数据和 SP 数据的，还有使用集计量和 TP 数据修正 SP 模型的等。

5.3.5　SP 的可靠性和 CVM 争论

关于 SP 数据最大的问题可靠性，介绍一下和 CVM（contingent valuation method；栗山，1997；吉田，1999）关联的讨论。所谓 CVM，被翻译为假想市场评价法，是关于某个非市场商品，在假想状况下直接或间接地询问意愿支付（接受）额，通过求出受到该商品影响的个人全员的意愿支付额（接受意思额）的总和来测量它的价值的方法。CVM 是测量不存在"环境"和"景观"等明确的市场，不存在市场价格的商品的价值的一种方法，作为在假想状况下的意向分析，具有和 SP 调查相似的性质。

CVM 发展起源于 1980 年美国制定的通称为《超级基金法》的法律，规定对破坏环境的人，可以请求损害赔偿，对此美国内政部（US department of the interior；USDI）根据这部法律定下了补偿额评价准则。针对该评价准则，一些团体提出了异议，在对这场争斗的俄亥俄州法院的判决中，承认了采用 CVM 用于环境的价值测定。而且在同年发生的瓦迪兹号阿拉斯加海滩原油泄漏事件中，为计算海洋污染损害额，正式应用了 CVM。对此，CVM 受到了来自产业界的批判，美国国家海洋大气管理局（NOAA）召集了阿罗（Arrow）和索洛（Solow）等著名经济学者，召开小组会议，在 1993 年发表了总结实施 CVM 时，需要注意的事项的总结报告。这份报告指出，CVM 得到的环境评价在适当地遵循准则的情况下，没有恰当的理由证明该值是不可靠的。这个准则为了提高 CVM 的可靠性，对调查设计给出了详细的指南（栗山，1997），其中关键点有以下 3 点（Hanemann，1996）：

（1）居民投票形式：不是通过拍卖形式直接询问意愿支付额，而是采取对提出政策（金额）是否赞同的投票形式；

（2）支付意愿额（WTP）：在税金等提示形式上，和接受额相比意愿支付额的回答会有更高的可靠性；

（3）现实的支出考虑：提示税金等的数额和现实可能发生的税金的支付没有有意义的差别。

如上所述，和 SP 分析一样，使用了在假想状况下的意向的 CVM，只要是基于合适的调查得出的结果，它的可靠性就可以保证。但是，卡内曼和克内奇（Kahneman & Knetsch，1992）提到了根据 CVM 计算的环境价值，即使改变评价对象的范围也几乎不会产生变化的例子，主张 CVM 计算的不是环境的价值，而是为了保全环境根据支付意志表示的行为所产生的购买"道德满足"的意愿支付额。实际上，还有遵循这一主张的事例被报告出来，藤井等（Fujii et al.，2000）也得出了同样的结论，可以说 CVM 的可靠性还有进一步探讨的余地。

5.4 跟踪调查

迄今为止，许多学者强调了分析交通行为的时变动态分析的重要性和为此采集时变数据的跟踪调查的必要性（Hensher，

1985；Kitamura，1990；Goodwin et al.，1990；杉惠ら，1992；内田・饭田，1993；Lidasan et al.，1993；Raimond & Hensher，1993）。在日本，许多学者也在研究关于消耗偏差的特性和修正（内田・饭田，1993；铃木ら，1990；杉惠ら，1993；西井ら，1995；藤原ら，1996；佐マ木ら，1996；杉惠ら，1997；西井ら，1997），状态依存和系列相关（杉惠ら，1992；杉惠ら，1997；西井ら，1997；河上・三岛，1993；西井ら，1995），时间的同质性和时变行为变化的特性（西井ら，1992；饭田ら，1993；毛利ら，1995；仓内ら，1996；藤井ら，1997；西井ら，1998；西井ら，1999），跟踪调查设计（张ら，1997），连续时间轴的导入和停留时间（山本ら，1997；藤井ら，1998；山本ら，1998），还有交通行为动态分析特性总体（Lidasan，1993；小林ら，1995）等方面展开了广泛的研究。在本节首先展示什么是跟踪调查，然后介绍什么是运用通过跟踪调查得到的面板数据的动态分析。接下去将涉及跟踪调查的优点和课题，面板问题点的消耗问题（后述）的应对方法。最后，要提到跟踪调查的设计和面板数据分析时需要注意的地方以及离散的时刻进行的跟踪调查的极限。

5.4.1 面板数据和动态分析

跟踪调查以对同样的个人或者家庭进行反复调查，以记录行为等方面的变化为目的，像这样被反复调查的标本的集合叫作"面板"。在本节，假想对个人或者家庭使用包含同样以及类似问题的调查问卷，原则上以等间隔离散调查时间点进行调查。

采用面板数据来解析交通行为的优点有如下几个方面，在统计方面，能够更有效地测定行为的变化，能够进行更整合的正确预测，能够解析交通行为的动态侧面，能够考虑非观测异质性的影响，能够监视都市圈的交通需要的动向等。此外，在交通规划和交通政策分析方面，能够考虑到交通行为的动态特性以及自身的把握是非常重要的。例如，先假定从某一时点的调查得出15%的通勤者利用高速公路的结果。但是，这可以意味着某一特定的15%的通勤者总是利用高速公路，也可以意味着全部的通勤者有15%的概率利用高速公路。因此，不可能从这样的横截面数据来区分出高速公路利用者的总体。于是，不可能通过横截面数据来推算改善高速公路能够使多大范围内的人员享受到益处。

交通规划所用的模型基本上是基于横截面数据的。这些模型集约了在某一断面上被观测到的变量间的统计相关关系。但是，因为这些统计相关关系与个体间的差异有关，所以未必对应着各个个体的行为变化。例如，假定在高收入家庭和低收入家庭之间出行数量生成存在差异。但是，这种差异未必与伴随着收入变化的出行数量生成的增减相对应。比较从时变数据所得到的基于行为变化来估计的动态弹性，和从横截面数据所得到的基于个体间差异来估计的静态弹性，古德温（Goodwin，1998）得出了"时变的行为变化并不对应某一断面上的观测关系"的结论。也就是说，不可能找到由"断面的差异按时变外推"来预测行为变化的正当性（Kitamura，1990）。相反，通过将面板数据等时变的数据适用于动态模型，就能期待更加整合且正确的预测。

支持面板数据及其解析的另一个理由是非观测异质性。将对交通产生影响的变量全部包含到数据里这件事非常罕见，出于调查设计上的理由，或者是因为无法观测，存在没有被观测的影响变量。假定这样的非观测影响变量与被观测的变量密切相关。于是，即使是在后者对交通行为没有产生影响时，也是与行为存在着伪相关，因此，作为说明变量被导入到模型。但是，观测变量和非观测变量之间的相关并不确定，两者间的相关性也可能会随着时间消失。于是，观测变量失去对行为的解释能力，模型的预测能力也降低。如果作为交通行为真正的影响因素的非观测变量，如同已经确立的价值观和态度那样，不随着时间变化的话，就可以利用面板数据，以该变量的存在为前提，对模型进行无偏估计[6]。相反，存在与被观测变量相关的非观测影响变量时，不可能利用横截面数据对模型的系数进行无偏估计（Davies & Pickles，1985）。一般地讲，因为由误差项所表示的非观测影响因素的获取更加统一，面板数据也好统计方面也罢，可以更有效率地预测行为的变化。像这样，从利用横截面数据的"差异"分析，到由面板数据的行为"变化"分析转移可获得的结论更多。对于动态分析，在第9章会有更深层次的探讨。

5.4.2 跟踪调查的优势和课题研究

除前一节叙述的利用面板数据的动态解析的优点之外，跟踪调查本身也有若干优点。邓肯等（Duncan et al.，1987）认为，从调查设计的视角来看，表示态度的变量等的时变测定只能通过跟踪调查才有可能进行，另外，因为是在相比较短的时间间隔内进行调查，能够提高过去的事件回顾（episodic recall）的精确度等，这也是跟踪调查的一个优势。跟踪调查的另一个优势是，因为是对同一回答者的反复调查，减少了样本抽取的费用。跟踪调查的设计和实施过程中的课题如下（Kitamura，1987；Hensher，1987）：

(1) 对回答者的负担增加以及相伴而来的个体无回答的增加；
(2) 跟踪调查减员（panel attrition）；
(3) 跟踪调查疲劳（panel fatigue）；
(4) 跟踪调查的制约作用（panel conditioning）；
(5) 初期条件的调查；
(6) 在离散观测点的信息的界限和需要连续数据等。

在这里，跟踪调查减员是指，随着调查反复进行，个体无回答增加，面板逐渐缩小的现象。跟踪调查疲劳是指，回答者反复回答相似的调查问卷，回答的精确度下降，无回答项目逐渐增加的现象。另外，跟踪调查的制约作用是指，对于调查的回答或者行为本身，受到在过去调查时回答过的问题的影响。例如，关于新的行政服务，通过被问及"您知道××吗"这样的问题，回答者对服务的认识在变化，之后的信息收集也会受到影响，因此，通过跟踪调查来重复这个问题，不能对这个行政服务的认知度的变化进行无偏测定。

为了维持面板的质量，还需要如下努力：

(1) 追踪迁移后的家庭，从家庭迁移出来的个人或者由于离婚等原因分散的家庭成员；
(2) 为了补充由跟踪调查减员带来的样本数量的减少，重新抽取更新样本（refreshment sample）；

(3) 为了保持总体的代表性，抽出迁入调查区域内的家庭等。

此外，下列原因，使得面板调查的实施困难：

(1) 长跨度的调查期间；

(2) 需要获得多年度的经费预算。

这些问题的存在绝不是意味着跟踪调查是不可能的。先不说最后的调查期间和调查财源的问题，对于大多数问题，现在为止的研究中都已经提出了对应方案。特别是关于跟踪调查减员，正如下节所叙述的那样，大量的研究在积累，人们也提出了减少偏差的方法。过去关于跟踪调查疲劳及跟踪调查的制约作用所带来的偏见的研究显示，改善调查设计可以应对这些问题。另外，人们还提出了利用了复杂的抽样法的面板样本加权方法（Kitamura et al.，1993）。由支付充足的谢礼和施行频繁的回叫（callbacks）而保持高回答率的跟踪调查，相较于反复的断面调查，是样本抽样费更少、能得到正确行为变化信息的有效的调查方法。

5.4.3　跟踪调查减员及其应对

正如之前所说，已经积累了很多以跟踪调查减员问题为对象的研究。大概原因是消耗是跟踪调查固有的问题。此外，因为从面板脱离的回答者也参加了初期的调查，所以存在能充分分析脱离行为的个人和家庭信息。因此，跟踪调查减员的分析及其应对，远远要比断面调查的个体无回答的应对容易得多。

我们已经明白从面板脱离的回答者具有保持某种特定属性的倾向。例如，北村及博维（Kitamura&Bovy，1987）表示，受教育年数越长，越具有继续参加跟踪调查的倾向，低年龄层存在脱离倾向。显然，由于跟踪调查减员，降低了面板的总体代表性。为了防止这种现象的发生，提高调查问卷的质量，应首先考虑频繁地与面板参加者取得联络等方法来极力降低脱离率。跟踪调查减员已经产生时，有两个对策：①给继续参加的回答者恰当的权重；②以追加新样本来达成总体代表性。

如果把面板脱离—继续参加，将这一过程视为样本抽样的特殊形式，学习5.2节的思考方法，对于继续参加的回答者，以继续参加的概率（对应样本抽样概率）的倒数为权重，可以考虑以这样的方法来维持总体代表性。继续参加概率，是基于被观测的面板脱离—继续参加行为，通过构建继续参加模型估计的。例如，假定在进行二次跟踪调查阶段，第一次调查的回答者有 1000 名，第二次调查的回答者有 750 名。也就是说第一次调查参加者之中有 750 名继续参加，250 名脱离了。这种情况下，把这全部 1000 人作为对象，把脱离—继续参加作为从属变量的离散选择模型，可以从第一次调查得到的信息为说明变量组合构建。采用估计的模型计算第二次调查参加者的继续参加概率，将它的倒数作为权重，可以估计采用第二次调查结果的总体参数。

在由于消耗导致样本数过少的情况下，因为由权重来估计的可靠度下降，有必要直接增加样本数本身。一般来说，预见到消耗带来的样本数的减少，第二次以后的每次调查都要追加新规样本（refreshment sample）。导入更新样本的同时，故意将参加了一定次数调查的回答者从面板去除，在面板维持一定数量样本的调查称为旋转面板调查（rotational panel surveys）。这种调查法，与每次反复横断面调查（repeated cross-sectional surveys）相比，抽样的费用要少，被频繁应用于市场学营销领域。

想要通过新规样本来纠正伴随着跟踪调查减员样本偏斜的情况，需要从已经脱离的回答者的总体中抽出新规样本。为此，需要各个潜在样本的细微信息，样本抽样的费用巨大。因此，仅仅靠新规样本来纠正样本的偏斜是不现实的。实际上，为了确保一定的样本数，在通常情况下每次调查时会随机抽样或者分层随机抽样来加入新规样本，将继续参加回答者赋予恰当的权重，来推定总体参数。

面板脱离—继续参加模型的权重，仅在继续参加概率由模型说明变量特定的情况下是妥当的。但是，需要充分考虑脱离—继续参加行为在态度方面的调查中无法测量的因素。北村和博维的研究成果证明，第一次调查的出行生成模型的误差项和脱离—继续参加模型的误差项相关。也就是，可以推断，第一次调查时的交通行为有关的非观测因素和脱离—继续参加行为相关的非观测因素之间存在某种共通项。在这种非观测因素不能同时确定时,无法保证由脱离—继续参加模型可以达成恰当的赋权。非观测因素对面板脱离造成很大影响时,必须留意应对跟踪调查减员和应对断面调查个体无回答会产生同样的问题。

5.4.4 离散面板的界限

假设将某个时刻的交通行为,记述为离散状态(例如某日通勤所利用的交通方式),或者记述为连续状态(例如通勤所花费的时间)。此外,假设交通行为的变化,能够作为状态的概率变化而被捕捉。这时,交通行为被记述为随机过程。能够引起的全部状态的集合被称作状态空间,设状态变化在该状态空间里是瞬间完成。以下称状态的变化为"事件"。

这样的随机过程可以用以下三种方法记述:第一种方法是记录各个事件的发生时刻和它的特性(关注变量的变化量,或者迁移后的离散状态)。根据这种方法所得到的数据叫作连续数据(continuous data),它可以最正确地记述随机过程。第二种方法是在一定期间内记录发生事件的频度和特性。如果事件纯粹是随机的话,第一种方法可以得到服从负指数分布的事件间的时变分布,而第二种方法可以得到服从泊松分布事件间的频度分布。第三种方法是记述一定间隔内观测到的随机过程的状态。前两种方法是基于状态变化的观测,与此相比,第三种方法是仅基于状态的观测,关于它的限度会在 9.4 节讨论到。

在这三种记述法中,从行为解析的观点来看,很明显带来连续数据的第一种方法是最理想的。但是,要测定作为对象的行为及其影响因素,我们的能力还是有限的。正如在 4.6 节里谈论到的一样,计算机和通信技术的进步使得连续测定车辆和人的时间、空间、位置逐渐成为可能。但即使技术再进步,测定个人的时间利用与有无同行者等,也不是那么容易的事。更不用说按时间轴,长时间地观测行为的影响因素,即使可能,也是不现实的。

为了通过离散时间跟踪调查得到行为及其影响因素的连续数据,除了离散时间点的观测值之外,还要向回答者询问它们是何时发生的变化,来同步确定事件发生的时间点。例如,以得到电动汽车需求预测数据为目的，在加利福尼亚州进行的跟踪调查（Bunch et al.，1996）中，为了构筑汽车保有及其影响因素的连续数据，除了在上一次调查以后汽车的购入、置换、变卖、报废等情况以外，还以月为单位询问了家庭构成人员的迁入和迁出等事件发生的时间点。但是，关于态度等变量的问题非常典型，在影响因素中其变化的时刻很难在人的记忆中留存。另外，随着调查之间所经过的时间加长，不可否认记忆的可靠度也会下降。正如邓肯等（Duncan et al.，1987）所主张的那样，跟踪调查的优点之一，在于对可靠度存疑的回忆数据（Kalton et al.，1989）的依赖最小，但基于跟踪调查所得到的回忆数据来构筑连续数据的方法也否定了面板的好处。但是，在连续数据不可缺少的情况下，紧密地实施跟踪调查，增加回忆数据的可靠性是最实用的调查法。目前尚无关于为了得到连续数据的跟踪调查的设计的研究，今后的课题可展开相关研究。

最后，我们需要考虑对象行为是概率性的，即使着眼于特定的个人或者家庭行为，也具有很大的时变方差。例如，一天内的出行产生数，总旅行时间和室外自由活动时间等。这种情况下，在面板调查时刻的观测值是拥有大方差的分布中的一个实现值，从结果上看在调查时刻间的观测值的差也会拥有大的方差，导致时变的行为变化估计精确度下降。这个问题也是为了评价大规模设施建设和TDM措施等对交通行为产生的影响，进行事前和事后的跟踪调查时产生的典型问题。一般来说，在行为本身非常具有概率性的情况下，为了估计伴随着影响因素变化的行为的系统性变化，需要大量的样本。跟踪调查的典型样本量（从几百到2000左右）是否足够，也存在疑问。从这个观点来看，如何确定跟踪调查的最佳样本规模，或者交通行为的最适调查天数也是今后应当研究的课题。

5.5 交通行为数据收集

调查形态

在5.1节、5.3节介绍的收集信息所用的调查形态，大致分为如下几种形态。

1. 在家庭或者职场的访问问询调查

该方法，以派调查员到家庭或职场，直接当场采访回答者，调查员填写调查问卷的形式来进行。漏记和填写错误少，调查结果的可靠性高。但是，其缺点是调查员需要时间练习，花费在每个被调查者身上的费用，相较于以邮送调查等不需要派遣调查员形式的调查来说更高。

另外，现场带入便携式计算机代替使用调查问卷的调查也在增加。4.2节提到的计算机辅助电话调查（CATI），通过预装程序具有如下优点：可以设定对应每个被调查者的提问事项，还可以自动进行逻辑矛盾的检查，从而减少调查回答的矛盾，可以直观地显示提问和选择项等明确显示以外的属性，省去了调查后数据录入的过程等。这样的计算机辅助调查，对多属性变动的SP调查特别有效（McMillan et al., 1997；Bradly, 1997），在海外可以买到通用软件包（例如 Hague Consulting Group：WinMINT2.1, Sawtooth Software, Ci3 with ACA 等），其在工程应用领域也被使用。在日本对交通调查的例子有铃木·原田（1988）、杉惠等（1992）进行的调查。作为调查辅助软件的例子，黑格咨询集团（Hague Consulting Group）的 WinMINT 的界面如图 5.5.1 所示。

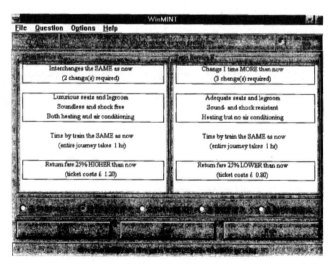

图 5.5.1　WinMINT 界面示例（Hague consulting Group[7]）

5.5 交通行为数据收集

2. 搭乘公共交通以及路边问询调查

该方法是在公共交通设施的入口、出口及路侧对驾驶人进行直接问询调查的形式。这种形式容易锁定调查对象,但是由于时间约束等,很难进行包含复杂设定和耗费时间的问询调查。这种方式也可以结合 1 中所叙述的使用个人计算机辅助调查的方式,以进行更为有效的调查。

3. 电话问询调查

在日本几乎没有用该方法进行交通调查的事例,但是,在 4.2 节里涉及的美国近年的交通调查几乎全是由计算机辅助的电话调查。调查员向被试者提出预先准备好的问题,并记录回答。因为平均每个样本的费用相较于访问问询调查来说要少,而且可以快速调查,在舆论调查和市场调查等方面经常被使用。但是,在复杂的条件设定和提问时,因为没有视觉上的辅助,被调查者没有正确听清条件和问题以及没有很好理解的状况时有发生,回答的可靠性较低。迪尔曼(Dillman,1978)通过如下措施,得到了高回收率和高可靠度的数据,对抽取的样本预先寄送了调查委托的信件,以从预先准备好的回答项目里选择的形式来设问。此外,为了减轻回答者的负担,凝练选择项的数量,调查员也进行了充分的训练,预先准备好了对被调查者的提问。正如 4.2 节所述,近年美国常采用这种调查方法。关于在电话调查方面样本抽样时应该留意的点请参考 4.2 节。

4. 回答者自己填写的问卷调查(分配调查)

该方法是通过邮送或者直接分配调查问卷,由回答者自己填写后邮送或者入户访问时回收的调查形式。根据曼焦内(Mangione,1995)所述,邮送分发、邮送回收的形式的优点有以下 8 点:

(1) 费用没有那么高;
(2) 能够在比较短的期间内从很多样本中收集数据;
(3) 被调查者能花时间回答,并参考必要的信息;
(4) 更容易保护被调查者的隐私;
(5) 能够提供视觉上的信息;
(6) 被调查者能在方便的时候回答;

(7) 容易理解一连串提问的前后关系；

(8) 可以较少地受到调查员的引导。

拥有这些优点的分发调查，因为是完全放任被调查者的回答，回答率和可靠性一般来说也是比较低的。但是，进行入户回收的情况下，比如日本的家庭出行调查，通过在回收时进行问询调查，能够做到不花费太大成本的同时提高精确度。此外，迪尔曼（Dillman，1978，2000）提出了提高调查有效性和效率性的方法——TDM（total design method），为此回收率有了显著的提高。迪尔曼提出的 TDM，就是覆盖了调查问卷、调查意向书、跟踪的方法和回信用的信封的设计等所有调查设计的方针。4.2 节谈到的最近在美国进行的交通行为调查的方法正反映了这种思想。

5. 其他方法

其他还有像近年发展起来的数据收集方法，仿真实验，使用 GPS 装置和携带终端的移动轨迹调查等方法，这里也简单介绍一下相关情况。

(1) 仿真实验

仿真实验进行数据收集的目的有，忠实地再现现实的交通现象和对某种特定因素的分析来排除其他因素。研究的例子有，以获取上班的出发时间和路径选择的逐日变动中的学习效果为目的 (Mahmassani，1989)，以模拟上班交通方式、出发时刻选择行为为目的（内田ら，1991），利用驾驶模拟器，对根据信息获得的路径选择行为进行分析（Adler et al.，1994；Bonsall，1995）等。进行仿真实验具有费用少、容易控制因素等优点，但是因为不是再现现实的行为，因而有人认为它持有和 SP 数据相似的缺点，会发生同样的偏差。因此，它主要是用来抽取产生影响的要素和行为原理。

(2) 利用 GPS 装置和携带终端的移动轨迹调查

GPS（global positioning system）是美国国防部所利用运行的卫星电波，测定维度、经度、高度及时间等的技术。通过兼用 DGPS（differential global positioning system），能够提供全国范围内误差在几米范围的正确移动信息。此外，PHS（personal handyphone system）和手机等携带通信终端，能够确定到最近的基站，每隔几秒，终端与基站间会进行信息的交换，来连接通信网络。利用这个原理，能够几乎实时确定终端所处的位置。PHS的基站比手机配置得更加密集，在城市里基站周边的范围半径小到100～500m，算出多个基站的电信号强度，通过推测到基站位置的距离，可以在半径100m以内确定终端的位置。即使是在地下街和建筑物内，只要是在PHS的服务区域内，就能确定其所在的位置。与此相对，手机的一个基站覆盖的范围更广，即使能够确定基站，也因为在基站的覆盖范围半径有1～5km，位置信息的精确度并没有那么高，但重新利用和几个基站之间的电信号强度来提高精确度，或是开发利用GPS的位置测定技术，做到在宽敞的场所中几米内，在城市中也能在20～50m的范围内确定位置。利用这些特性，可以为通信公司、安保公司、地理信息公司、电器制造商等提供实用的位置信息服务。与这些技术相关的研究事例有村上和瓦格纳（Murakami & Wagner，1999）、大森等（1999）、寺部（1999）、牧村等（2000）、高桥等（1999）、朝仓和哈托（Asakura and Hato，2000）等。PHS应用的事例有物流调查，持续一星期的高龄者交通行为的调查，大型活动参加者的交通行为调查等。

通过应用GPS和PHS/手机，可以防止出行报告的遗漏，正确获取时刻、位置及路径数据的情况，这些通过研究逐渐得到了证实。加上这些信息，再复合使用活动日志，就能够正确地把握一日内活动的情况。但是，依然存在着位置的精确度因为移动速度和地理条件而变化等技术问题，如何区分堵车和等红灯的停车时间和在出行目的地的短时间活动（例如在超市购物），如何降低调查参加者的自我选择性等问题。毫无疑问，随着这些新技术的应用，可以获得既丰富又高精确度的交通行为信息。近年的交通行为模型的进展，要求即使样本很小，调查也能在更大范围提供高精度的信息。通过新技术的应用，从过去的虽然有大量的样本却只能提供低精度数据的家庭出行调查，转向虽然每一个样本的费用上升，但即使是小样本也能得到精确数据的调查。

·脚注

[1] 关于在社会心理学方面对态度的处理在第 3 章有详细的说明。
[2] 内容出自北村（2001a）。
[3] 在笔者所知的范围里，WTA 有补偿受容额、受入意志额、受入补偿额、受入容忍意志额、补偿受取意志额、受取意志额等多种翻译，在本节使用接受赔偿意愿额这个说法。
[4] 关于①，②，④不仅是 SP 调查，也可以说是意识调查的全部。
[5] 在跟踪调查的各个调查时间点。
[6] 请参考 9.3 节的误差要素模型。
[7] http://www.hcg.nl/software/vmintscl.htm.

第三篇　建模

第 6 章　离散选择模型

6.1　离散选择模型建模

6.1.1　离散选择和概率效用

社会科学中，针对个体、家庭、企业、政府等决策主体的行为进行科学和定量的分析需求非常多。在此，把这些决策主体通常统称为"个体"。科学地分析个体行为的框架，如第 2 章所述，在微观经济学领域进展最快。本章中所涉及的离散选择模型也是基于新古典经济学派的个体选择行为原理，即符合人类工具理性。也就是说，假定个体从满足某些限制条件下的各选项中选择最期望的，也就是带来最大效用的选项。

这种个体选择行为会考虑"要选择什么"。此时，候选项有连续变量、近似连续变量的离散变量，或者为不能被近似于连续变量的离散变量几种情况。前者的例子有，1 个月的电话通话时间、1 年的工作天数等，后者例子包括，品牌选择、交通方式选择、要不要生孩子、公司总部选址在哪个城市等。个体行为分析，就是用模型来解释"选择"这个应当被解析的变量，也就是因变量，在后者示例中的因变量为离散型。

因变量是离散型还是连续型，其模型结构也有很大不同。连续型时，如式（6.1.1）所示的线性模型，通常采用最小二乘法进行模型标定。这里的"模型标定"指的是用观测到的数据对模型中包含的未知参数值进行统计估计。

$$Y_n = \beta_1 x_{1n} + \beta_2 x_{2n} + \cdots + \beta_k x_{kn} + \varepsilon_n \quad (6.1.1)$$

式中，Y_n 为个体 n 的连续型因变量；x_{kn} 为个体 n 的第 k 个自变量；β_k 为第 k 个未知参数；ε_n 为概率项。

因变量为离散变量时（比如，在交通方式的选择中，从公共汽车、轨道交通及私人汽车组成的选项集中选一项），用上述公式无法估计未知参数。这里，假定存在表示离散的各个选项（alternative，替代方案）的期望程度的潜在变量，理性的个体应该选择最期望的选项，即其潜在变量最大的选项。如第2章所述经济学把这种表示期待程度的潜在变量称为"效用"。若把这种无法直接观测的"效用"设为连续变量，如式（6.1.1）那样假设自变量为线性的累加，就能够得到式（6.1.2）的线性效用函数。

$$V_{in} = \beta_1 x_{1n} + \beta_2 x_{2n} + \cdots + \beta_k x_{kin} \quad (6.1.2)$$

式中，V_{in} 为个体 n 选择选项 i 的效用（$i=1, \cdots, j$）；x_{kin} 为个体 n 选择选项 i 的第 k 个自变量（$i=1, \cdots, j$）；β_k 为第 k 项自变量的未知参数。

比如，选择交通方式时，自变量包括旅行时间、费用、换乘次数等交通服务特性，以及性别、收入等个体属性（参考5.1节），而个体选择行为还受到其他很多因素的影响。另外，由于每个个体对各影响因素的权重（β_k）存在差异，各自变量属性值（x_{kin}）的观测有误差等，导致式（6.1.2）的效用函数仅是真正的效用函数的近似。假设真正的效用函数包含式（6.1.2）中所示可观测部分以及其他不可观测部分之和，将不可观测的部分代入随机变量则可获得式（6.1.3）所示效用函数公式。

$$U_{in} = \beta_1 x_{1n} + \beta_2 x_{2n} + \cdots + \beta_k x_{kin} + \varepsilon_{in} = V_{in} + \varepsilon_{in} \quad (6.1.3)$$

式中，V_{in} 为效用的可观测确定项；ε_{in} 为效用的不可观测随机项。

上述函数称为随机效用（random utility）。这里需要注意，因为分析者无法得知行为者的真正效用，不得不取效用为随机变量，而不是行为者具有随机性的效用，试图表现随机性的行为。也就是说，即使分析者能知道行为者效用中的可观测确定项，因为效用有未知部分（随机项），被观测的行为仍可以看成是概率性的事件。

效用的随机项部分包含以下因素：

(1) 确定项中包含的变量以外的影响因素（遗漏变量，omitted variables）；

(2) 把确定项设为线性和函数形式的误差；
(3) 个体间属性权重 β_k 均一化带来的误差；
(4) 自变量的观测误差。

6.1.2 随机效用模型的选择概率

个体选择某个选项，就意味着对个体而言这个选项的效用值要比其他选项的效用值更大。此时，如上所述分析者将行为者的效用作为随机变量处理，选择行为也可表现为概率性事件。即，个体 n 选择选项 i 的概率 $P_n(i)$ 可以表示为如下形式：

$$P_n(i) = \boldsymbol{Pr}[U_{in} \geqslant U_{jn}, \forall j, i \neq j] \quad (6.1.4)$$

如果给出了效用随机项的概率分布，则可以确定该选项的被选概率。由此，以个体随机效用最大化所导出的模型，称为随机效用最大化模型（random utility maximization），简称 RUM 模型。

下面，以选项为两个的二项选择模型和把它扩展到 3 个候选项以上的多项选择模型的顺序，导出代表性的 RUM 模型的选择概率。

1. 二项选择模型（binary choice model）

可以选择的候选项只有两个的二项选择问题，是考虑选择概率的基础。将两个选项设定为 i, j，则式（6.1.4）可进行如下变形：

$$\begin{aligned} P_n(i) &= \boldsymbol{Pr}[U_{in} \geqslant U_{jn}] \\ &= \boldsymbol{Pr}[V_{in} + \varepsilon_{in} \geqslant V_{jn} + \varepsilon_{jn}] \\ &= \boldsymbol{Pr}[\varepsilon_{jn} - \varepsilon_{in} \leqslant V_{in} - V_{jn}] \end{aligned} \quad (6.1.5)$$

这里，若定义 $\varepsilon_n \equiv \varepsilon_{jn} - \varepsilon_{in}$，则

$$P_n(i) = \boldsymbol{Pr}[\varepsilon_n \leqslant V_{in} - V_{jn}] = F_\varepsilon(V_{in} - V_{jn}) \quad (6.1.6)$$

此时，F_ε 是 ε_n 的累积分布函数（CDF）。

依据中心极限定理（central limit theorem），把受到多方面因素综合影响的效用随机项 ε_n 的分布形式假设为正态分布最为恰当。如果假设随机项服从正态分布，则可导出选择概率如式（6.1.7）所示的二项 Probit 模型（binary probit model）。

$$P_n(i) = \Phi_\varepsilon(V_{in} - V_{jn}) = \int_{-\infty}^{V_{in}-V_{jn}} \frac{1}{\sqrt{2\pi\sigma^2}} \exp\left[-\frac{1}{2}\left(\frac{\varepsilon}{\sigma}\right)^2\right] d\varepsilon$$

$$= \int_{-\infty}^{(V_{in}-V_{jn})/\sigma} \frac{1}{\sqrt{2\pi}} \exp\left[-\frac{1}{2}z^2\right] dz$$
$$= \Phi\left(\frac{V_{in}-V_{jn}}{\sigma}\right) \quad (6.1.7)$$

这里，σ 是 ε_n 的标准差；Φ 为标准正态分布的累积分布函数。这种 Probit 模型因为选项概率公式中包含积分项，所以计算较为烦琐。

因计算简便而频繁使用的 Logit 模型，是通过假设两个候选项的随机项的差 ε_n 服从 logistic 分布推导而来。二项 Logit 模型的选择概率如式（6.1.8）所示。

$$P_n(i) = \frac{1}{1+\exp\{-\mu(V_{in}-V_{jn})\}}$$
$$= \frac{\exp(\mu V_{in})}{\exp(\mu V_{in})+\exp(\mu V_{jn})} \quad (6.1.8)$$

式中，μ 是表现 ε_n 分散程度的尺度参数，取值与标准偏差成反比。

二项 Probit 模型和二项 Logit 模型的选择概率如图 6.1.1 所示呈 S 形。

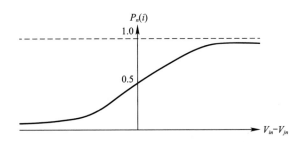

图 6.1.1　二项 Probit 模型和二项 Logit 模型的选择概率

2. 多项选择模型（multinomial choice model）

将二项选择模型推广，可选的候选项包含 3 个以上的模型是多项选择模型。多项选择模型的选择概率有若干种推导方法，但最直观且易懂的如式（6.1.9）所示。

$$P_n(i) = Pr[U_{in} \geqslant U_{jn}, \forall_j, i \neq j]$$
$$= Pr[U_{in} \geqslant \max_{\forall_j, i \neq j} U_{jn}] \quad (6.1.9)$$

也就是说，只有当选项 i 的效用比其他选项最大效用更大时，则选项 i 被选择。

假设随机效用项服从正态分布的 Probit 模型，如同其二项 Probit 模型一样，其最大效用函数包含了多重积分。因为选项数量的增加，积分计算将变得非常烦琐，所以，目前实际应用中几乎见不到多项 Probit 模型（multinational probit model；MNP，参考 6.4.4 节）。

多项 Logit 模型（multinational logit model；MNL）即使是多项选择模型，其选择概率函数也没有积分项，且具有可解析计算的特征。多项 Logit 模型假设各选项的随机效用项服从独立且统一的耿贝尔（Gumbel）分布。耿贝尔分布是一种双重指数型极值分布，分布如式（6.1.10）和式（6.1.11）所示。

＜累积分布函数＞
$$F(\varepsilon) = \exp[-\exp\{-\mu(\varepsilon-\eta)\}] \quad (6.1.10)$$
＜概率密度函数＞
$$f(\varepsilon) = \mu\exp\{-\mu(\varepsilon-\eta)\} \\ \exp\{-\exp[-\mu(\varepsilon-\eta)]\} \quad (6.1.11)$$

式中，μ 是表示耿贝尔分布分散程度的尺度参数（Scale parameter），η 是表示分布位置的位置参数。

耿贝尔分布拥有如下性质：

(1) 最频值为 η，平均值为 $\eta+\gamma/\mu$（γ 为欧拉常数 ≈ 0.577）。

(2) 方差为 $\pi^2/6\mu^2$。

(3) ε_1 和 ε_2 服从分别具有参数 (η_1, μ)，(η_2, μ) 且相互独立的耿贝尔分布时，$\varepsilon=\varepsilon_1-\varepsilon_2$ 则服从如下 Logit 分布。

$$F(\varepsilon) = \frac{1}{1+\exp\{\mu(\eta_2-\eta_1-\varepsilon)\}} \quad (6.1.12)$$

(4) $\varepsilon_1, \varepsilon_2, \cdots, \varepsilon_j$ 服从分别具有参数 (η_1, μ)，(η_2, μ)，$\cdots$，(η_j, μ)，且两两相互独立的耿贝尔分布时，$\varepsilon_1, \varepsilon_2, \cdots, \varepsilon_j$ 的最大值 $\max(\varepsilon_1, \varepsilon_2, \cdots, \varepsilon_j)$ 也服从耿贝尔分布，其参数如下所示：

$$\left(\frac{1}{\mu}\ln\sum_{j=1}^{J}\exp(\mu\eta_j), \mu\right)$$

如果各候选项的效用随机项 $\varepsilon_1, \varepsilon_2, \cdots, \varepsilon_j$ 服从各自参数为 $(0, \mu)$、两两相互独立的耿贝尔分布时，由上述性质可以推导出多项 Logit 模型的选择概率如下。个体 n 选择选项 1 的概率为：

$$P_n(1) = Pr[V_{1n} + \varepsilon_{1n} \geqslant \max_{j=2,3,\cdots,J}(V_{jn} + \varepsilon_{jn})] \quad (6.1.13)$$

若定义 $U_n^* \equiv \max\limits_{j=2,3,\cdots,J}(V_{jn} + \varepsilon_{jn})$，则 U_n^* 服从参数为 $\left(\dfrac{1}{\mu}\ln\sum\limits_{j=2}^{J}\exp(\mu V_{jn}), \mu\right)$ 的耿贝尔分布。即，设 $U_n^* = V_n^* + \varepsilon_n^*$，则

$$V_n^* = \frac{1}{\mu}\ln\sum\nolimits_{j=2}^{J}\exp(\mu V_{jn}) \quad (6.1.14)$$

即 ε_n^* 服从参数为 $(0, \mu)$ 的耿贝尔分布。

由此，使用性质（4）的式（6.1.13）做如下变形：

$$\begin{aligned}
P_n(1) &= Pr[V_{1n} + \varepsilon_{1n} \geqslant V_n^* + \varepsilon_n^*] \\
&= Pr[\varepsilon_n^* - \varepsilon_{1n} \leqslant V_{1n} - V_n^*] \\
&= \frac{1}{1 + \exp\{\mu(V_n^* - V_{1n})\}} \\
&= \frac{\exp(\mu V_{1n})}{\exp(\mu V_{1n}) + \exp(\mu V_n^*)} \\
&= \frac{\exp(\mu V_{1n})}{\exp(\mu V_{1n}) + \exp\left\{\ln\sum_{j=2}^{J}\exp(\mu V_{jn})\right\}} \\
&= \frac{\exp(\mu V_{1n})}{\ln\sum_{j=1}^{J}\exp(\mu V_{jn})}
\end{aligned} \quad (6.1.15)$$

这就是多项 Logit 模型的选择概率公式。更一般的表示，个体 n 选择选项 i 的概率，可以用式（6.1.16）表示。

$$P_n(i) = \frac{\exp(\mu V_{1n})}{\sum_{j=1}^{J}\exp(\mu V_{jn})}, i = 1, \cdots, J \quad (6.1.16)$$

这是式（6.1.8）所示二项 Logit 模型的一般形式，由此可知，二项 Logit 模型是多项 Logit 模型的特殊形式。

6.2 离散选择模型的参数标定

6.2.1 模型建立

在模型分析中，确定自变量的函数形式，将误差项采用的随

机变量假定为某种特定的分布,称为模型的特定化。实用的最为重要的特定化,是指以何种函数形式(2次方,对数变换等)采取哪些影响因素,对离散选择模型,则需要确定各候选项的效用函数包含哪些影响因素。通常,模型特定化需要从两个方面进行,既需要从理论层面事先确定应该选用某变量,也需要从经验层面一边标定、检验模型参数,一边决定需要使用的变量。

本节以包含3种出行方式的选项问题为例进行说明。假设某地区居民上下班通勤所用的代表性交通方式有:私人汽车(A)、轨道交通(R)、公交车(B)三个选项。从该地区的上班族中随机选出N人,获取他们通常的交通方式(因变量)和所有候选交通方式的属性以及个体属性(自变量)的数据。

假设决定通勤交通方式的主要因素有所需时间(t)、费用(c)、性别(f)、此人是否有驾照(l)四个因素。前两项自变量是可以用"分钟""日元"进行测算的连续变量,后两项是表示特定属性的变量。为了表现此类定性的属性,通常使用若有属性则取值为1,否则取值为0的"哑变量(dummy variable)"。本示例中,设f为"女性哑变量",l为"持有驾照哑变量"。此时,上述案例可以给出如下特定化的效用函数(确定部分)。

$$V_{An} = \beta_1 + \beta_3 t_{An} + \beta_4 c_{An} + \beta_5 l_n \tag{6.2.1}$$

$$V_{Rn} = \beta_2 + \beta_3 t_{Rn} + \beta_4 c_{Rn} \tag{6.2.2}$$

$$V_{Bn} = \beta_3 t_{Bn} + \beta_4 c_{Bn} + \beta_6 f_n \tag{6.2.3}$$

这些特定化效用函数中,β_1是私人汽车的常数项,β_2是轨道交通的常数项。所谓常数项,就是指本示例中所需时间、费用、性别及持有驾照等因素不能体现的选项效用中,全部个体共同存在的效用值(值得一提的是,无法用自变量体现的效用中,非全员共通的个体差异效用误差项来表现)。例如,私人汽车的常数项中,包含着门对门便利性的效用、隐私的效用、舒适性效用等。β_3为全部选项中共通的所需时间边界效用(单位时间的效用,通常为负值),β_4为全部选项中共通的成本边界效用(单位成本的效用,通常为负值),β_5为持有驾照因素对于私人汽车出行的效用,β_6为女性因素对于公交车出行的效用。为使这种特定化简便易懂,对其进行列表，如表 6.2.1 所示。在该表中，最上一行为参数名称，展示着各选项行中各个参数对应的变量。

特定化例子　　　　　　　　　表 6.2.1

	β_1	β_2	β_3	β_4	β_5	β_6
Auto	1	0	t_A	c_A	l	0
Rail	0	1	t_R	c_R	0	0
Bus	0	0	t_B	c_B	0	f

由此可知，离散选择模型的自变量大致可以分为以下三个类型：

（1）**常数项**。全体样本共有的、自变量无法体现的效用。从表 6.2.1 可知，是识别各选项的虚拟变量（0－1 变量）的对应系数。

（2）**服务水平变量**。英文全称是 Level of Service，也称为 LOS 变量。上述例子中，所需时间和费用属于该类变量，即表示候选项各自的服务水平参数。

（3）**社会经济变量**。根据英文名称 Socio-economic，也称为 SE 变量。上述例子中，持有驾照和性别属于该类变量，体现了决策者的属性或者出行方案的属性。该类变量的特征是其数值对各个选项不发生变化。

离散选择模型特定化中需要注意的是："效用"这一数值只在各候选项之间的相对值上有意义，而绝对值没有意义（参考 2.2.1 节中"序数效用"）。比如，在本 3 个候选项的例子中，式（6.2.1）～式（6.2.3）的效用函数中分别加上 10，或者分别减去 100，结果仍然是完全相同的模型。因此，当效用函数包含常数项时，至少有一个候选项的常数值需要给定为特定数值（通常考虑到计算方便取值 0，上例中公交车的常数项即为 0）。另外，对于数值随各个选项不发生变化的社会经济变量，也无法进行所有选项具有相同参数的特定化。因为取各选项间的效用差，这些社会经济变量也会相互抵消，完全失去意义。

所需时间以及费用的参数，虽然在上述实例中的各候选项之间共通，但也有可能在各候选项中具有不同的参数（表 6.2.2）。

例如，乘坐私人汽车1分钟，乘坐地铁1分钟，乘坐公交车1分钟，可以认为分别给予效用不同的影响。后者是更具"一般化"的模型特定化，原本的考虑方法是，模型估计结果中各选项所需时间的参数估计值（在统计意义上）有意不同时，作为共通参数特定化模型并再次估计参数。此外，如表6.2.1所需时间系数那样的各选项具有共通值时，称其为"共通系数（generic coefficients）"，而表6.2.2各候选项持有不同数值的出行时间系数时，则称为"选项固有系数"。

有关效用函数的形式，为了保证其参数估计更加容易，如本例所示的线性效用函数最为常见。这里所谓的"线性"是指关于参数的线性特征，而不管自变量是否非线性。例如，将出行时间进行对数转换，或者将出行费用除以个体收入等自变量的非线性转换，极为常见。

表 6.2.2　所需时间参数按照候选项分发的特定表

	β_1	β_2	β_3	β_4	β_5	β_6	β_7	β_8
Auto	1	0	t_A	0	0	c_A	l	0
Rail	0	1	0	t_R	0	c_R	0	0
Bus	0	0	0	0	t_B	c_B	0	f

6.2.2　误差项的方差和效用函数的尺度

根据上文所述，各选项效用的绝对值没有意义，而是各选项的效用之差才有意义。进而，随机效用理论中，效用函数中的可观测固定效用和误差项之间的相对大小是至关重要的。例如，二项选择问题中，候选项之间可观测固定效用的差为10，如果误差项的影响更显著，比如说误差项的标准偏差为100，则该离散选择模型基本没有意义，两个选项的预测概率基本都是0.5。但是如果误差项的影响较小时，例如当标准偏差为1时，该模型只要掌握可观测固定效用的值，就基本能够确切地预测选择，因而是非常好的模型。

换言之，不能用分离效用的确定部分和随机部分的相对大小来考虑问题，需要确定绝对效用的某个尺度。随机效用模型中，时常通过把误差项标准偏差定为一个适当的值，来确定效用整体的尺度。

通过式（6.1.16）的 Logit 模型的选项概率公式就可以一目了然。公式中，耿贝尔分布的（标准偏差的反比例函数）尺度参数 μ 和效用的确定部分 V 为乘积的形式，这时不能同时确定两者的尺度。所以通常的 Logit 模型中，耿贝尔分布的尺度参数 μ 的数值定为 1，则选项概率公式如下：

$$P_n(i) = \frac{\exp(V_{in})}{\sum_{j=1}^{J}\exp(V_{jn})}, i = 1,\cdots,J \qquad (6.2.4)$$

所以，效用函数中仅有未知系数 β，因而可以从数据中估计出。

Probit 模型中，通常都把服从正态分布的误差项的标准误差定为 1，可参考二项 Probit 模型的选项概率式（6.1.7）。

这种误差项尺度的标准化，在 Logit 模型和 Probit 模型的解析软件中都已经提供了相应的功能，通常应用时也可以不必担心误差项和确定效用尺度问题。但是，解析考虑了各选项之间误差项相关性的巢式（Nested）Logit 模型，或者使用多个数据源来估计模型参数时，尺度问题是十分重要的。

6.2.3　基于极大似然估计的模型标定

模型标定是指将理论模型中包含的未知参数能最好地再现实验及观测数据的同定工作。通常离散选择模型中的未知参数，指的是与效用函数的自变量相关的未知系数（β）和误差项的尺度参数（μ）。

离散选择模型也称为非集计模型，正如其名称所示，通过使用每个个体的选择数据进行模型标定。更具体地说，以数百人规模为调查对象进行问卷调查或者面谈调查，询问在怎样的情况下选择哪一项选项，整理出标定模型的数据。

当个体的选择概率用包含未知参数的理论模型表示时，最适合且最常用的求解模型参数值的方法是极大似然估计法（maximum likelihood estimation；MLE）。MLE 的求解思路是，基于假设表示选择行为的理论模型（其中包括未知参数）正确，确定观测数据得到的极大似然值下的参数值。

基于离散选择模型，数据的似然值和选择概率的关系如下：

$$L = \prod_{n=1}^{N} \prod_{i=1}^{J} P_n(i) \, d_{in} \quad (6.2.5)$$

式中，d_{in} 表示当个体 n 选择选项 i 时为 1，其他情况下为 0。

首先，每个样本的似然值由该样本（个体）实际选择选项的理论选择概率表示，假设包含在样本中个体的选择在统计上是独立的，全部样本的似然值表示为每个样本的似然值的乘积。理论模型为多项 Logit 模型时，$P_n(i)$ 可以应用式（6.2.4）表示，该式中包括了未知参数 β。

为了计算简便，实际标定模型时，对式（6.2.4）的两边取对数，对得到的对数似然函数式（6.2.6）关于未知参数求最大值点。

$$\ln L = \sum_{n=1}^{N} \sum_{i=1}^{J} d_{in} \ln P_n(i) \quad (6.2.6)$$

麦克法登（McFadden，1974）证明了多项 Logit 模型中对数似然函数整体上是凹函数，最大化的 1 阶条件，即，设关于式（6.2.4）中未知参数相关的 1 次微分为 0，求解联立方程后即可得到最大值。但是，由于未知参数具有非线性，最大化时需要使用牛顿迭代（Newton-Raphson）法等数值计算方法。

6.2.4 参数估计值的统计性质与检验

应用统计方法估计得到的参数值依赖于数据和样本，用不同的样本，即使标定同样的模型，也理所当然地得到不同的参数估计值。即，因为参数估计值为随机变量，所以会存在偏差。根据极大似然法估计得到的参数估计值，具有统计学中期望的一致性（consistency）、渐进有效性（asymptotic efficiency）、渐进正态分布（asymptotic normality）等性质。即样本数量足够大时，参数值的分布的方差接近于无偏估计量的正态分布，其期望值概率性地接近真值（Theil，1971）。

而且，参数值方差的估计值，能够通过式（6.2.6）对数似然函数求解。在式（6.2.6）最大化时的黑塞矩阵（Hessian Matrix）[通过对式（6.2.6）各参数求两次导数的矩阵]的逆矩阵上，添加负号后就是参数方差-协方差矩阵的估计值。

运用以上方法即可对参数值可靠性进行统计检验。既然得到的参数估计值是随机变量的一个实际值，那么检验该值到底在多大程度上有意义就十分重要。进行最常用的检验是：各系数是否在统计意义上非0，即检验各个自变量能否对效用值产生影响。检验值是用参数估计值的标准差估计值除以参数估计值得到的值，从极大似然估计量的渐进正态性到 t 检验。通常，在得到各系数的估计值的同时，也会得到"t 值"，该值的绝对值在1.96以上的话，就可以有把握（在5%统计水平上有意义）该参数肯定不是0。

需要注意的是，离散选择模型的参数估计量具有一致性，这就需要通过完全随机抽样得到外生抽样（exogenous sampling）的数据，或者进行内生抽样（endogenous sampling）时，必须按照5.2节所述进行适当的加权来估计参数。但是，对于基于选择的抽样产生的数据，估计包含各选项常数项的多项 Logit 模型时，能得到除常数项外具有一致性的估计量（Manski & Ler man, 1977）。而且，当选项 i 在研究样本总体中占比（W_i）确定时，从带有误差的常数项估计值中减掉 $\ln(H_i/W_i)$ 值（但是 H_i 是选项 i 在样本内的比例），可以得到具有一致性的估计值。

6.2.5 模型的拟合度

根据上述方法可以进行各个参数的统计检验，但是从模型整体来看，抽样是否适合的指标如何选取呢？

极为直观的合适度指标是"命中率"。应用参数估计值和自变量值计算出确定效用部分的估算值为最大的选项预测为选择，比较该选项预测结果与实际的选择，相同则为"命中"，"命中率"表示在所有观测样本中的命中比例。

若将确定效用部分的估计值代入选择概率式，可计算每个决策个体其各选项的预测选择概率，预测选择概率最大的选项如确实被选择，则与预测相同。以两项选择问题为例，设某个体实际选择选项1时，某个模型计算出选项1的预测选择概率为0.99，选项2的预测选择概率为0.01；另一个模型的预测结果分别为0.51和0.49，在命中率指标上，无论是哪个模型都能够正确预测个体行为，没有产生差异，但在现实中，前者的模型提供了价值

6.2 离散选择模型的参数标定

高得多的信息。这就产生了命中率的想法与概率选择模型本来的初衷相背离，将概率信息换为 0－1 离散信息的问题。因此，概率选择模型的拟合度评价指标，应为利用了基于以下似然比的指标。如果似然比采用对数似然时，需要注意指标变成了对数似然差。

关于基础似然值，考虑各选项的选择概率是具有相同概率的"无信息模型"（令所有选项的效用值相同，例如设为 0 的模型）。极大似然估计也可以理解为从无信息状态向着提高似然值的方向使参数值变化的过程，并确定当似然估计值达到最大的参数值。根据式（6.2.5）可知，实际上被选择选项的预测概率均为 1（也就是"完全信息模型"）的似然估计值等于 1（对数似然估计值为 0）。即若设无信息模型的似然值为 $L(0)$ 时，确定参数估计值的极大似然估计值 $L(\beta^*)$ 存在于 $L(0)$ 到 1 之间。

这里，似然比（对数似然值之差）$-2[\ln L(0) - \ln L(\beta^*)]$ 的值，可以与无信息模型进行对比，用来检验标定的模型，在统计学上是否有意义。所有效用函数的系数值为 0，也就是真正的模型是无信息模型这一归无假设下，上述似然比的值遵循渐进的 χ^2 分布（自由度是待估计系数的数量）。若将似然比值落入了设定的显著水准所确定的拒绝域中，可得到构建的离散选项模型相对完全"迷"一样的无信息模型来说在统计上更优的结论。

另一个基础似然值，是只考虑各候选项常数项模型的极大似然估计 $L(c)$。这种方法用于检验对于需求模型各选项除常数以外的变量是否有意义，这些变量包括可以随政策变化的所需时间和费用等变量，或者是性别、持有驾照等未来框架的变量。在这种场合，$-2[\ln L(c) - \ln L(\beta^*)]$ 的值服从选项常数项以外的系数均为 0 这一归无假设下的卡方分布（自由度是选项除常数项以外的系数的数量）。尤其是可以用来检验下述模型，只由选项常数项组成的多项 Logit 模型中，由模型中算出的预测选择概率与样本中的比例相等，而加入了其他自变量的模型，是否比仅仅通过样本比例进行预测在统计学上更优。

人们提出了用上述基础似然值和极大似然值之间的比值作为模型拟合度的指标值。该似然比指标也被称为麦克法登决定系数。

利用对数似然值之差建立的拟合度指标用式（6.2.7）表示（Domencich & McFadden，1975）。

$$\rho^2 = \frac{\ln L(\beta^*) - \ln L(0)}{\ln 1 - \ln L(0)} = \frac{\ln L(0) - \ln L(\beta^*)}{\ln L(0)} \quad (6.2.7)$$

该拟合度指标，具有无须将命中率那样的概率预测信息变成0-1的离散信息来运用的优点。该指标虽然类似于线性回归分析中的决定系数 R^2，可将数据整体的变动在多大程度上可用模型反映出来，但并没有像 R^2 一样有明确解释。因此，并没有式（6.2.7）的数值超过多少才能说模型足够好的直观目标值，但是根据以往的经验，如果样本量有数百个，选项数量为 5 个左右时，多数情况下达到 0.2 以上，就可认为模型拟合度没有问题了。

式（6.2.7）的另一缺点是，与回归分析的 R^2 相同，若自变量（的个数）增加，那么指标值也必然增加。回归分析中，为了克服这一缺点使用了自由度调整后的决定系数 $\bar{R}^2$。麦克法登决定系数也采用了相同的思路，提出了如下自由度调整后的决定系数（Ben-Akiva and Swait，1986）。

$$\bar{\rho}^2 = \frac{\ln L(0) - [\ln L(\beta^*) - K]}{\ln L(0)} \quad (6.2.8)$$

式中，K 为模型包含的未知参数的数量。

此外，包含在式（6.2.8）内的 $-\ln L(\beta^*) + K$ 值被称作"AIC 准则（Akaike's information criterion；AIC）"（Akaike，1973），适用于采用极大似然估计的任何模型的拟合度指标。需要注意的是：AIC 值越小，拟合度越高。

6.2.6 应用于各种 SP 回答形式的离散选择模型

在以往的讨论中，假设默认了"观测的因变量"是根据 RP 数据得到的"选择结果"。但是在作为实验数据的 SP 数据则有多种回答形式，例如，给出提示的若干个选项的期望程度顺序的"排序形式"，对所提示的各个选项的期望程度打分的"评分形式"，在提示的成对选项中的哪一个、怎样的程度期望的"成对比较形式"等（参考 5.3 节），需要考虑因变量的形式。其中，回答结果的可信性较高。下面就非现存的交通服务需求预测中经常使用的

"排序"和"成对比较"这两种回答形式的建模方法进行讲解。

1. 基于排序数据的建模

试着思考一下提供 J 个选项,要求被调查者对此给出期望选择顺序的 SP 问题。回答最希望(排在第 1 位)的选项,和通常的选择数据那样可以用于式(6.2.4)建模。第 2 位的选项是除了第 1 位选项的 $J-1$ 选项集合中最期待的,可将其看作从这个被缩小的选项集合中的最佳选择结果,也可应用于式(6.2.4)。第 3 位的选项可看作从除掉第 1 位和第 2 位的 $J-2$ 选项集合中的选择结果,以下,第 $J-1$ 位的选项,直到从最后剩下的两个选项组成的选项集合中的选择结果为止,均可用于式(6.2.4)。正如多项 Logit 模型的假设那样,如果随机效用项服从各选项间相互独立的话,便有式(6.2.9)成立。

$$P_n(1,2,\cdots,J) = P_n(1 \mid \{1,2,\cdots,J\})P_n(2 \mid \{2,\cdots,J\}) \\ \cdots P_n(J-1 \mid \{J-1,J\}) \quad (6.2.9)$$

其中,$P_n(1, 2, \cdots, J)$ 是选项 1 在第 1 位,选项 2 在第 2 位的偏好排序的概率,$P_n(j \mid \{j, \cdots, J\})$ 是从选项集合 $\{j, \cdots, J\}$ 中选项 j 被选择的概率,可用式(6.2.4)表示。由此,式(6.2.9)的排序概率如式(6.2.10)所示。

$$P_n(1,2,\cdots,J) = \prod_{J=1}^{J-1} \frac{\exp(V_{jn})}{\sum_{i=j}^{J} \exp(V_{in})} \quad (6.2.10)$$

因此,根据在随机效用项中的独立性假设,可将排序数据分解为独立的选择数据,应用多项 Logit 模型来计算极大似然估计函数。也就是说,将一个排序数据分解为 $J-1$ 个的选择数据,就像分别的独立的数据那样对待,可运用通常的多项 Logit 模型的估计软件进行参数估计。这种方法叫作有序(Rank)Logit 或者叫作爆炸(Exploded)Logit 模型。

2. 基于成对比较数据的建模

与排序数据比肩,常被应用的回答形式还有成对比较。成对比较是询问对提供的两个选项的相对偏好程度得到的数据,如果回答形式是简单地询问更期望哪一个的话,可应用常用的二项 Logit 模型和二项 Probit 模型。但是,成对比较不单是要求回答更期望哪一个选项,很多情况是询问对哪个选项、怎样的期望程度。例如经常使用的有:(1)非常想选1,(2)如果一定要选一个的话,那么选1,(3)对两方的期望值相同,(4)如果一定要选一个的话,那么选2,(5)非常希望选2,这样五个分类;或者(1)选择选项1,(2)哪个都不好说,(3)选择选项2,这样三个分类。被调查者从若干个回答分类中选择一个。

在这样的情况下,可以认为不仅给出了两个选项的效用值的大小关系,还给出效用差的大小信息,下面构建模型。例如,考虑成对比较的回答带有上述的五个分类的情况。此时,选项1和选项2的效用差超出某个阈值 θ_1 时,属于分类1(十分想选选项1,下同);在阈值 θ_1 和阈值 θ_2 之间时属于分类2;在阈值 θ_2 和阈值 θ_3 之间时属于分类3;在阈值 θ_3 和阈值 θ_4 之间时属于分类4;低于阈值 θ_4 时属于分类5,如此这般可以通过阈值这个参数,确定分类的自然顺序和效用差大小的关系。图6.2.1表示效用值的分布和阈值。

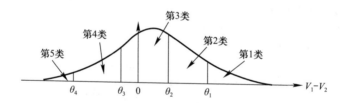

图 6.2.1 效用值的分布和阈值

以上的关系用式子表示的话,回答分类 k($k=1,\cdots,5$)的概率 $P(k)$ 如式(6.2.11)所示。

$$\begin{aligned} P(k) &= P(\theta_k \leqslant U_1 - U_2 < \theta_{k-1}) \\ &= P(\theta_k \leqslant V_1 - V_2 + \varepsilon_1 - \varepsilon_2 < \theta_{k-1}) \\ &= P(\theta_k - V_1 + V_2 \leqslant \varepsilon_1 - \varepsilon_2 < \theta_{k-1} - V_1 + V_2) \\ &= \int_{\theta_k - V_1 + V_2}^{\theta_{k-1} - V_1 + V_2} f(\varepsilon) \mathrm{d}\varepsilon \end{aligned} \quad (6.2.11)$$

式中,$\varepsilon = \varepsilon_1 - \varepsilon_2$,$f(\varepsilon)$ 是 ε 的概率密度函数。此外,设 $\theta_0 = +\infty$,$\theta_5 = -\infty$。ε 的概率分布与普通的两项选择模型相同,通常多用正态分布或是 Logistic 分布,假设服从正态分布时被称作有序

响应（Ordered-response）Probit 模型，假设服从 Logistic 分布的时候被称作有序响应 Logit 模型（希望不要将有序响应 Logit 模型与之前介绍的 Rank Logit 模型相混淆）。此外需注意，假设 ε 服从 Logistic 分布，相当于假设 ε_1 和 ε_2 服从独立且相同的耿贝尔分布。

下面 Φ 作为标准正态分布的累积分布函数，有序响应 Probit 模型中各分类的选择概率是：

$$P(k) = \Phi(\theta_{k-1} - V_1 + V_2) - \Phi(\theta_k - V_1 + V_2) \quad (6.2.12)$$

而有序响应 Logit 模型各分类选择概率是：

$$P(k) = \frac{1}{1+\exp(V_1-V_2-\theta_{k-1})} - \frac{1}{1+\exp(V_1-V_2-\theta_k)} \quad (6.2.13)$$

个体的似然估计是回答分类的选择概率，与通常离散选择的情况相同，同样可计算似然估计函数。根据极大似然估计，可以同时估计效用函数的系数和阈值 θ。

6.3　基于离散选择模型的预测

6.3.1　预测与集计化的考虑方法

在交通行为中，应用离散选择模型的主要目的是，系统地理解个体行为，以及预测某种交通政策（包含什么都不做）引起的交通现象，评价政策效果支持决策。在前者的目的中，例如，根据费用和所需时间的权衡关系来计算人的时间价值，可以利用估计得到的效用函数的参数知道高龄者对交通方式选择产生何种影响。后者"预测"这一目的，基本不是预测个体行为，大部分情况下需要包含样本全体和子集（例如，乘公交的高龄者等）的集计后的预测值。因此，非集计水平构建和标定的模型，在预测阶段有必要"集计"。

当然，无法预测自变量中未包含的因素的影响。应用未包含关于年龄的影响因素的模型无法预测高龄化带来的影响，未加入费用变量的模型不能用来进行票价政策的评价。与此相对，进行时间序列预测时，因为需要将所有自变量的将来值代入模型，所以，如果把无法得到将来值的自变量加入模型也是无意义的。例如，即便将详细的汽车更换购买经历的自变量加入到交通方式选择模型中，如果很难得到自变量的将来值，那么加入这个变量基本是无意义的。

此外，将标定的模型用于遥远未来的预测，或者用于其他地区的预测时，要注意模型的"可移植性"。特别把前者称作"时间可移植性"，后者称作"空间可移植性"。这是因为：为了更好地再现观测数据估计得到的参数值，存在着预测的时间和地点是否有效的问题。严密地检查可移植性很困难，对于时间可移植性，如果存在过去2个时间断面以上的数据，可以分别用不同的数据构建模型，检验参数的同一性；对于空间可移植性，如果能够收集到预测地域的少量样本和集计数据（交通方式分担率等），通过比较模型的集计预测值，可以粗略判断其有效性，详见6.5.2节。

6.3.2 枚举法（循环法）

如果用极大似然法估计离散选择模型中的未知参数（效用函数的未知系数和有些场合下的误差项的尺度参数），将估计参数值和自变量值代入式（6.2.4），可以计算每个个体的各选项的预测选择概率。将每个个体的预测选择概率扩大到市场（样本总体或者该样本）份额的方法，最频繁使用的是以下所示的枚举法（sample enumeration），也称"循环法"。该方法假设模型估计使用的样本充分体现了市场全体，并根据式（6.3.1）计算样本的比例，并将其用于市场份额。

$$S(i) = \frac{1}{N}\sum_{n=1}^{N} P_n(i), \quad i=1,\cdots,J \quad (6.3.1)$$

式中，$S(i)$ 为选项 i 的市场份额；$P_n(i)$ 为个体 n 选择选项 i 的选择概率；N 为样本总量。

在此，重要的问题是，某个选项的市场比例是个体选项概率的加权总和，并不是用 $0-1$ 来预测每个个体选择哪个选项求得的结果。当不是需要比例，而是需要知道实际数量时（人数等），用比例乘以市场的大小即可。此外，模型为多项 Logit 模型、在所有选项中加入分选项常数项时（根据 6.2.1 的讨论，一个选项的常数项需要设成任意值),可保证用枚举法再现现状的市场份额。这是根据极大似然估计的常数项的估计值是因再现样本中的份额而定(Ben-Akiva & Lerman, 1985)。因此,用这样的模型时,自然带有"完美的现状再现性"。

此外,在进行分选项抽样时,根据模型产生的各选项的市场份额如式(6.3.2)所示。

$$S(i) = \sum_{J=1}^{J} W_j \frac{1}{N_1} \sum_{n=1}^{N_i} P_{nj}(i), \quad i = 1, \cdots, j \quad (6.3.2)$$

式中,$P_{nj}(i)$ 为现在选择了选项 j 的个体 n,对选择选项 i 的选择概率;N_{sj} 表示选项 j 的样本量;W_j 表示问卷调查时的实际市场份额。

6.3.3 代表个体法

"代表个体法"是另一个经常用的集计方法。这是计算样本总体"代表性的"假想个体的自变量值,将该个体选择概率作为该分类的份额的一种方法。作为"代表性的"变量值,多是运用模型估计的样本平均值。对于非线性的选择概率式(6.2.4),虽然人们知道该方法运用自变量的平均值近似求出选择概率平均值会产生偏差,但是,由于其运算简洁且将模型移植到其他地点使用时非常方便,实际中得到广泛应用。

样本总体中自变量的方差较大时,预测的准确度会下降,所以尽量在每个自变量的方差较小的同性质群体中建立"代表性个体"极为重要。该种同性质的群体叫作市场细分(market segment),通常情况下多用年龄层、性别、职业等分类较容易的群体。但是,因为该群体内仍然无法保证同质,所以应该慎重使用代表个体法。

6.3.4 Logit 模型的弹性系数

"弹性系数"是需求分析中的重要评价值。所谓 B 对于 A 的弹性,是指相对于 A 的单位变化的 B 的变化率。在经济学中,多数情况下"需求的价格弹性"备受关注。考虑有多种商品(离散选择中的多个选项)的情况,改变某商品(选项)的属性时,将对该商品的需求变化称作"直接弹性系数",对其他商品的需求变化称作"交叉弹性系数"。在此,尝试考虑一下由 Logit 模型表示的需求函数的弹性系数(把选择概率式视为一种需求函数)。

个体 n 的选项 i 的第 k 项属性值的直接弹性系数可用式(6.3.3)的形式表示,并可以通过式(6.2.4)进行简单确认。

$$E_{x_{ink}}^{P_n(i)} = \frac{\partial P_n(i)}{\partial x_{ink}} \frac{x_{ink}}{P_n(i)} = \{1 - P_n(i)\} x_{ink} \beta_k \quad (6.3.3)$$

同理,交叉弹性系数为

$$E_{x_{jnk}}^{P_n(i)} = \frac{\partial P_n(i)}{\partial x_{jnk}} \frac{x_{jnk}}{P_n(i)} = -P_n(j) x_{jnk} \beta_k, j \neq i \quad (6.3.4)$$

可知,选项 i 的选择概率不会受到影响。即,选项 j 的属性发生变化时,所有的选项的交叉弹性系数相同。该特征是下一节详细论述的 Logit 模型具有的 IIA 特性(independence from irrelevant alternatives)的一种表现方式。

式(6.3.3)和式(6.3.4)体现的是个体的弹性系数。集计的弹性系数,是当某个自变量值对全体个体发生单位比例变化时的集计份额的变化率。市场份额用枚举法导出的式(6.3.1)表示的话,集计弹性系数如式(6.3.5)所示,是通过选择概率对个体弹性系数加权的值。

$$E_{x_{jnk}}^{S_n(i)} = \frac{\sum_{n=1}^{N} P_n(i) E_{x_{jnk}}^{P_n(i)}}{\sum_{n=1}^{N} P_n(i)} \quad (6.3.5)$$

6.4 不具有 IIA 特性的离散选择模型

6.4.1 Logit 模型与 IIA 特性

根据 Logit 模型的选择概率式(6.2.4)可以得到两种候选项的选择概率之比如式(6.4.1)所示。

$$\frac{P_{in}}{P_{jn}} = \exp(V_{in} - V_{jn}) \quad (6.4.1)$$

由此式可知,两个选项的选择概率之比,仅受该选项的可观测固定效用的影响,而不受选项集合中所包含的其他选项的影响。该性质称为选择概率与无关选项的独立性或 IIA 特性。在上一节最

6.4 不具有 IIA 特性的离散选择模型

后提到的交叉弹性系数的均一性也是 IIA 特性的另一种表现。

IIA 特性既有其优点也有弊端。其优点在于即使不知道选项集合中包含的所有选项，只用其部分集合标定模型，参数估值也不会产生偏差。特别是在选项集合极其庞大或不确定的情况下，例如目的地选择问题上可以发挥优势。另外，可以通过设定新选项的效用函数，将其添加进入选项集合，预测非现存选项的需求。然而上述优点均需在实际选择状况服从 IIA 特性的前提下。

那么，在实际中 IIA 特性不成立的情况又是怎样的呢？让我们一起思考一下著名的"红蓝巴士问题"。

假定某出行者的选项集合中包含有确定效用部分大小完全相同的小汽车和巴士（假设涂成红色的巴士），根据式（6.4.1）选择概率之比为 1，所以小汽车和红色巴士的被选择概率分别为 1/2。假设在此新增加与红色巴士属性完全相同、涂成蓝色的蓝色巴士。假设出行者的选择与巴士颜色无关，小汽车、红色巴士和蓝色巴士的确定效用全部相同，所有选项对之间的选择概率之比均为 1。则被选择概率分别为 1/3、1/3、1/3，由于蓝色巴士的增加，巴士的选择概率由 1/2 增长到 2/3。然而，实际上，蓝色巴士的增加不改变该出行者的选择巴士的效用，直觉上被选择概率的正确结果是小汽车 1/2、红色巴士 1/4、蓝色巴士 1/4。

如红蓝巴士问题所示，极为类似的选项的选择概率用 Logit 模型过大评价，是因为选项间的随机效用项相互独立的假设是错误的。红巴士—蓝巴士问题是一个极端的例子，将离散选择模型用于交通行为分析时，并非所有的随机效用项间均相互独立，如下所示的那样，若干个选项间相关联的情况时有发生。

〈部分选项的误差项间容易产生相关的例子〉

• 交通方式选择-小汽车・轨道交通・巴士

轨道交通与巴士均具有公共交通方式的较难表现的共同效用。

• 路径选择

共用一部分路段的路径间容易产生相关。

• 目的地选择

位置相近的目的地间容易产生相关。

- 干线方式与终端方式的复合选择

共用干线出行方式的选项间容易产生相关。
- 整合模型（例如，目的地选择与方式选择）

拥有共同目的地或共同出行方式的选项间容易产生相关。

为准确表达此类选择问题，需要缓和随机效用项独立性假设、更一般适用的模型。从下一节开始，将会介绍缓和了 IIA 特性的 GEV 模型及其特例的巢式 Logit 模型（Nested Logit Model）、更加常用的多项 Probit 模型以及最新研究成果一般化嵌套 Logit 模型。

6.4.2 GEV 模型

假设对居住在名古屋城市圈的家庭短期旅行的调查结果是，典型的旅行目的地是伊势和高山（两处均为地名），使用的交通方式有小汽车和轨道交通。如果进行旅行目的地与交通方式组合的需求预测，那么可以考虑到典型的家庭会在 1｛伊势，小汽车｝，2｛伊势，轨道交通｝，3｛高山，小汽车｝，4｛高山，轨道交通｝这四种方案中进行选择。该例子是在上一节的例子中的目的地与方式选择整合模型分析，此例中很难认为四种出行方案的效用的误差项是相互独立的。即，可以认为此例是目的地与出行方式的二维选择问题，例如目的地选择行为中，假设伊势和高山分别有不能观测的因素，这些因素被包含在其效用的误差项中，包含伊势的两个方案间、包含高山的两个方案间都各自包含有这些因素，因此误差项产生相关。换言之，选项 1 和选项 2 共同包含伊势特有的误差项的子集，选项 3 和选项 4 共同包含高山特有的误差项的子集，此种情况如图 6.4.1 树状图所示。

图 6.4.1　旅行目的地和交通方式选择模型

6.4 不具有 IIA 特性的离散选择模型

Logit 模型假定效用的误差项服从独立且同一极值分布的一种：耿贝尔分布（Gumbel 分布），而广义极值分布 GEV（generalized extreme value）模型中，顾名思义假定了广义的极值分布。

个体 n 有 J_n 个选项，将这些方案分成 B_n^1，…，B_n^k 的 K 个子群（如上例中，将四个选项分成了伊势组和高山组两个子群）。将方案 i 的效用如通常那样记为 $U_{in}=V_{in}+\varepsilon_{in}$，那么 ε_{in} 服从广义极值分布的累积分布函数如下所示：

$$\exp\left\{-\sum_{k=1}^{k}\alpha_k\left[\sum_{i\in B_n^k}\exp(-\varepsilon_{in}/\lambda_k)\right]^{\lambda_k}\right\}$$

λ_k 是取值 0~1 表达子群内相关程度的参数（值为 1 时不相关）。

可以证明（McFadden，1978），此时的选择概率为：

$$P_n(i)=\frac{\exp(V_{in}/\lambda_k)\left[\sum_{j\in B_n^k}\exp(V_{jn}/\lambda_{jn})\right]^{\lambda_k-1}}{\sum_{k=1}^{K}\left[\sum_{j\in B_n^k}\exp(V_{jn}/\lambda_{jn})\right]^{\lambda_k}} \quad (6.4.2)$$

虽然此选择概率式不是很直观，但在选项的子群内当误差项无相关关系时，也就是当 $\lambda_k=1$ 时，式（6.4.2）等同于 Logit 公式（6.2.4），由此可知 Logit 模型是 GEV 模型的特殊形式。

GEV 模型的优点在于，选项的子群内部具有 IIA 特性，可以表现不同子群间 IIA 特性不成立的选择状况。让我们一起思考一下上一节中所提及的"红蓝巴士问题"。有｛小汽车，红巴士，蓝巴士｝三种选项，将其划分为第一组｛小汽车｝、第二组｛红巴士，蓝巴士｝两个子群。将巴士子群内加入表示相关程度的参数 λ，那么由式（6.4.2）可得，选项 1 即小汽车的被选概率如式（6.4.3）所示。

$$P_n(1)=\frac{\exp(V_{1n})}{\exp(V_{1n})+\left[\exp(V_{2n}/\lambda)+\exp(V_{3n}/\lambda)\right]^{\lambda}} \quad (6.4.3)$$

达甘索和库斯尼斯（Daganzo ＆ Kusnis，1990）提出，此时各选项的随机效用项的协方差矩阵如下所示：

$$\frac{\pi^2}{6}\begin{bmatrix}1 & 0 & 0\\0 & 1 & \rho\\0 & \rho & 1\end{bmatrix}$$

其中，$\rho=1-\lambda^2$。

在红蓝巴士问题中，设各种选项的确定效用值均相等，设 $V_{1n}=V_{2n}=V_{3n}=0$。则式（6.4.3）简化为：

$$P_n(1)=\frac{1}{1+2^\lambda} \tag{6.4.4}$$

如果红巴士和蓝巴士的随机效用项不相关，$\rho=0$，即 $\lambda=1$，那么小汽车的选择概率为 1/3，成为具有 IIA 特性的模型。反之，若为只有颜色不同的完全相关，即 $\lambda=0$ 时，小汽车的选择概率为 1/2，则成为与上节所示的直观结果相吻合的模型。

在下一节中，介绍一个适用于上述随机项之间具有相关状态的模型，即 GEV 模型的特殊形式巢式 Logit 模型。巢式 Logit 模型已被证明为 GEV 模型的特殊形式，关于该关系请参考 Train (1986) 的著作，本书中将对巢式 Logit 模型进行更为直观的推导。

6.4.3 巢式 Logit 模型

1. 巢式 Logit 模型的推导

再次使用图 6.4.1 所示的目的地·交通方式选择的例子，进而定义以下符号。

目的地选项 d，$d=\{\text{I：伊势}，\text{T：高山}\}$

交通方式选项 m，$m=\{\text{A：小汽车}，\text{R：轨道交通}\}$

此时，同时被选择的选项 dm 的效用函数可以分解为以下形式。为避免公式冗杂，省略了表达个体的字母 n。

$$U_{dm}=V_d+V_m+V_{dm}+\varepsilon_d+\varepsilon_{dm} \tag{6.4.5}$$

V_d：目的地选项 d 中特有的效用确定项；

V_m：交通方式选项 m 中特有的效用确定项；

V_{dm}：目的地选项 d 与方式选项 m 组合所决定的效用确定项；

ε_d：目的地选项 d 中特有效用随机项（假设 $\max_{m\in(A,R)}U_{dm}$ 服从具有尺度参数 μ^d 的耿贝尔分布）；

ε_{dm}：目的地选项 d 与交通方式选项 m 组合所决定的效用的随机项（假设其服从具有尺度参数 μ 的 IID 耿贝尔分布）。

这里，由于每个目的地都具有共同的误差项 ε_d，因此 $\{\text{I}，\text{A}\}$ 与 $\{\text{I}，\text{R}\}$ 之间及 $\{\text{T}，\text{A}\}$ 与 $\{\text{T}，\text{R}\}$ 之间的随机项间存在相

6.4 不具有 IIA 特性的离散选择模型

关关系,这就是适用通常的多项 Logit 模型的问题。

首先,需要关注的是,选项 dm 的选择概率可以表达为条件概率与边缘概率之积的形式,如下所示:

$$P(d,m) = P(m \mid d)P(d) \quad (6.4.6)$$

推导边缘概率为:

$$\begin{aligned}P(d) &= P_r\big[\max_{m\in\{A,R\}} U_{dm} \geqslant \max_{m\in\{A,R\}} U_{d'm}, d' \neq d\big]\\ &= P_r[V_d + \varepsilon_d + \max_{m\in\{A,R\}}(V_m+V_{dm}+\varepsilon_{dm})\\ &\geqslant V_{d'} + \varepsilon_{d'} + \max_{m\in\{A,R\}}(V_m+V_{d'm}\\ &+\varepsilon_{dm}), d' \neq d]\end{aligned} \quad (6.4.7)$$

由于假设了 ε_{dm} 服从具有尺度参数 μ 的 IID 耿贝尔分布,

$$\max_{m\in\{A,R\}}(V_m+V_{dm}+\varepsilon_{dm})$$

因此,上式也同样服从具有尺度参数 μ 的耿贝尔分布,将其位置参数值定义为如下 V'_d 形式(参考 6.1.2):

$$V'_d \equiv \frac{1}{\mu}\ln\sum_{m\in\{A,R\}}\exp\{\mu(V_m+V_{dm})\} \quad (6.4.8)$$

该数值被称作选择树底层水平的"合成效用(inclusive value)"或根据其形式称作"对数和(logsum)变量"。利用此数值,则式(6.4.7)进行变形可得:

$$\begin{aligned}P(d) = Pr\,[&V_d+V'_d+\varepsilon_d+\varepsilon'_d \geqslant V_{d'}\\ &+V'_{d'}+\varepsilon_{d'}+\varepsilon'_{d'}, d' \neq d]\end{aligned} \quad (6.4.9)$$

其中,新的误差项变成了

$$\varepsilon'_d \equiv \max_{m\in\{A,R\}}(V_m+V_{dm}+\varepsilon_{dm})-V'_d \quad (6.4.10)$$

由此给定边缘概率的目的地选择,就变成了以目的地 d 的效用确定项(目的地可测的吸引程度等)V_d 与兼顾考虑了小汽车、轨道交通的交通方式的合成效用 V'_d 之和为确定效用,以 $\varepsilon_d+\varepsilon'_d$ 为随机项的离散选择模型。这里,根据式(6.4.5)的假设,$\varepsilon_d+\varepsilon'_d$ 为服从尺度参数为 μ^d 的耿贝尔分布,因此边缘概率可记为式(6.4.11)的 Logit 公式。

$$P(d) = \frac{\exp\{\mu^d(V_d+V'_d)\}}{\sum_{d'\in\{I,T\}}\exp\{\mu^d(V_{d'}+V'_{d'})\}} \quad (6.4.11)$$

接下来,考虑在目的地确定情况下出行方式选择概率的条件概率。已确定目的地 **d** 的情况下的方式选择时，由于选项间的共通项 V_d 和 ε_d 对选择结果不产生影响，因此，

$$P(m \mid d) = Pr[U_{dm} \geqslant U_{dm'}, m \in \{A, R\}, m' \neq m \mid d]$$
$$= Pr[V_m + V_{dm} + \varepsilon_{dm} \geqslant V_{m'} + V_{dm'} + \varepsilon_{dm'}, m' \neq m \mid d] \quad (6.4.12)$$

由于式（6.4.5）中假设了 ε_{dm} 服从具有尺度参数 μ 的 IID 耿贝尔分布，因此，条件概率可以写作式（6.4.13）形式的一般 Logit 公式。

$$P(m \mid d) = \frac{\exp\{\mu(V_m + V_{dm})\}}{\sum_{m' \in \{A,R\}} \exp\{\mu(V_{m'} + V_{dm'})\}} \quad (6.4.13)$$

根据上式，各选项的被选概率的联合选择概率如下：

$$P(d, m) = P(m \mid d) P(d)$$
$$= \frac{\exp\{\mu(V_m + V_{dm})\}}{\sum_{m' \in \{A,R\}} \exp\{\mu(V_{m'} + V_{dm'})\}}$$
$$\cdot \frac{\exp\{\mu^d(V_d + V'_d)\}}{\sum_{d' \in \{I,T\}} \exp\{\mu^d(V_{d'} + V'_{d'})\}} \quad (6.4.14)$$

此处，关注一下第二项指数函数中的 $\mu^d V'_d$，由式（6.4.8）可得：

$$\mu_d V'_d = \frac{\mu_d}{\mu} \ln \sum_{m \in \{A,R\}} \exp\{\mu(V_m + V_{dm})\} \quad (6.4.15)$$

进一步注意此式中的 μ^d/μ，耿贝尔分布的尺度参数与标准偏差成反比，根据式（6.4.10），因 ε'_d 的尺度与 ε_{dm} 相同，由此式（6.4.16）成立。

$$\frac{\mu_d}{\mu} = \sqrt{\frac{Var(\varepsilon_{dm})}{Var(\varepsilon_d + \varepsilon'_d)}}$$
$$= \sqrt{\frac{Var(\varepsilon_{dm})}{Var(\varepsilon_d) + Var(\varepsilon'_d)}} \leqslant 1 \quad (6.4.16)$$

式（6.4.14）中两个尺度参数 μ^d 和 μ 不能同时确定。如果按照一般的 Logit 模型假设，将条件选择概率的尺度 μ 设定为 1 的话，那么由式（6.4.14）和式（6.4.15）可以推算出对数和变量的系数 μ^d，若式（6.4.5）的假设正确的话，那么其值一定介于 0 至 1 之间。

6.4 不具有 IIA 特性的离散选择模型

2. 巢式 Logit 模型的估计

巢式 Logit 模型的估计，有同时估计和分段估计两种方法。

同时估计法利用式 (6.4.14) 所示选择概率公式，可用与估计一般的 Logit 模型一样的极大似然函数。然而，如前文所述 μ^d 或 μ 必须设定为任意值（通常为 1）。问题在于，即使像前文中一样设定 $\mu=1$，由于 V_{dm} 和 V_m 中包含参数 β，式 (6.4.15) 中的 μ^d 和 β 均以非线性的形式存在。对于具有这样似然函数的模型，不能用一般的 Logit 模型解析软件估计。因此，进行同时估计时，必须写出似然函数，编写其最大化的程序。不过，由于同时估计利用全信息最大似然估计法（full information maximum likelihood, FIML），因此，得到的参数估计值具有一致性和渐进有效性。但是，由于同时估计的似然函数不是全局凹函数，根据程序得到的估计值也可能并非是真的最优估计值，所以需要尝试多次改变数值计算的初始值等方式进行检查。

分段估计法可以回避参数的非线性问题，并利用一般的软件包。具体通过以下步骤进行估计：

步骤 1：利用式 (6.4.13) 的选择概率公式，估计选择树下部的条件选择模型（如交通方式选择模型）。即，估计出包含于 V_{dm} 与 V_m 中的参数 β。此时，尺度参数 μ 标准化为 1。

步骤 2：利用推算出的参数，根据式 (6.4.8) 计算下部选择树的对数和变量值（合成效用值）。

步骤 3：将计算出的对数和变量视作自变量，用式 (6.4.11) 估计边缘选择模型（如目的地选择模型）。即，估计出包含于 V_d 中的参数 β。同时，作为选择树上部的尺度参数 μ^d，估计出对数和的系数值。

由于分段估计法为近似极大似然估计，得出的估计数值具有一致性，但非有效性。需要注意由软件包得出的参数的标准误差被过小估计（即 t 值被过大估计）的问题。另外，更重要的是分段估计的界限是，由于不能在多个阶段间设定共同参数值，所以应尽可能利用同时估计法。

标定巢式 Logit 模型时，需要特别注意的是 μ^d/μ 的值（$\mu=1$

时即为对数和变量的系数值)。由式(6.4.16)可知,当此值无限接近 1 时,ε_d 的影响近乎无,此时,不需要用巢式 Logit 模型而可以用多项 Logit 模型来表现。相反,当此值无限接近 0 时,ε_d 的影响比 ε_{dm} 更加显著,类似于前文中提到的红蓝巴士问题,表明下部选择树的变化对上部的选择几乎无任何影响。

另外,将 $\mu^d/\mu = 1$,超过了有意的估计时,选择树的上下关系逆转,应改变选择树的构造进行再次估计。

最后,讨论一下分段选择决策与巢式 Logit 模型的关系。由于用图 6.4.1 所示的选择树状图介绍了巢式 Logit 模型,所以会误解为其适用于分段选择决策。例如,假设以居住场所的选择、小汽车的购置、通勤交通方式各阶段依次进行决策建模,就会误解为应从这种顺序的上部开始设定选择树结构,进而用巢式 Logit 来表现。正如一直以来所陈述的内容,巢式 Logit 应该表现的选择,无非是同时选择且选项的子群内误差项间时有相关。此种选择情况,往往是多维度的选择(目的地与方式的二维选择等)。然而,多个时刻与多维是两个不同的概念,必须消除"分段决策＝巢式 Logit"这种误解。

6.4.4　一般化嵌套 Logit 模型

上节中阐释的嵌套 Logit 模型是一种可以兼顾选项的误差项相关,且处理容易、操作性高的模型。然而,误差项间的相关未必都是嵌套(从属)结构,此模型并不适用于交错相关的情况。例如,上面的目的地·交通方式选择的例子中,同一目的地伴随的误差相关与同一交通方式伴随的误差相关性大到不能忽略的情况即为如此。道路网的路径选择问题中,路径重叠部分导致代替路径间产生相关关系的情况下,在许多路径间会产生十分复杂交错的误差相关。

误差项的相关并不一定局限于选项间的嵌套构造,近年来在 GEV 的框架中开发出了允许更加自由相关关系的模型。如允许两个方案间存在自由相关关系的 PCL(Paired Combinatorial Logit)模型(Chu,1989;Koppelman & Wen,2000);根据各选项的权重,划分为几个子群进行子群内相关分析的 CNL(Cross-nested Logit）模型（Vovsha，1997）；进而提出了包含上述二者的、更加普遍的 GNL（Generalized Nested Logit）模型（Wen & Koppelman，2000）。

兵藤·室町（2000）的实验研究比较了这些方法，这些将选项间的相关结构一般化的模型，提升了灵活性和说明力，并且可以适用于可将先验的相关结构建模的事例。

6.4.5 多项 Probit 模型

本章考虑了选择概率的计算复杂度，至此从易到难介绍了多项 Logit 模型、巢式 Logit 模型及其一般形式的 GEV 模型。然而，随机效用模型中松弛假设条件最好的是多项 Probit 模型（multinomial probit；MNP）（Daganzo & Sheffi，1977；Daganzo，1979）。即，随机效用模型的基本式（6.1.3）。

$$U_{in} = V_{in} + \varepsilon_{in}, i = 1, \cdots, J$$

其中，随机效用项的向量为：

$$\varepsilon_n = (\varepsilon_{1n}, \varepsilon_{2n}, \cdots, \varepsilon_{Jn})'$$

该模型假设随机效用服从平均值为 0 向量、协方差矩阵为 $\boldsymbol{\Omega}$ 的多维正态分布。此时，只要 $\boldsymbol{\Omega}$ 的结构不设某种制约，就可以自由地表现选项间误差项的相关和异方差性。

但是选择概率公式中留有 J 维的多重积分，当选项数量超过 4 个时，实际的计算将极其困难，因此，阻碍了此模型的适用性。然而，20 世纪 90 年代后半期的两大进展促进了 MNP 的实用化。

一个是开发出了混淆（mixed）Logit 模型又称为 Logit 核（kernel）模型，是 MNL 与 MNP 的融合型模型（Ben-Akiva & Bolduc，1996；Bhat，1997；Revelt & Train，1998）。现在，将随机效用函数的随机项 ε_{in} 分解为两个随机变量，

$$U_{in} = V_{in} + (\eta_{in} + \xi_{in}), i = 1, \cdots, J \quad (6.4.17)$$

设定 η_n 为具有协方差矩阵为 $\boldsymbol{\Omega}$ 的服从多维正态分布的误差项，ξ_{in} 为服从 IID 耿贝尔分布的误差项。于是，给 η_n 赋值时的条件选择概率即可表现为以下形式：

$$P_n(i \mid \eta_n) = \frac{\exp(V_{in} + \eta_{in})}{\sum_{j=1}^{J} \exp(V_{jn} + \eta_{jn})} \quad (6.4.18)$$

将此式中取 η_n 相关的数学期望值，即成为以下形式的选择概率：

$$P_n(i) = \int P_n(i \mid \eta_n) f(\eta_n \mid \Omega) d\eta_n$$
$$= \int \frac{\exp(V_{in} + \eta_{in})}{\sum_{j=1}^{J} \exp(V_{jn} + \eta_{jn})} f(\eta_n \mid \Omega) d\eta_n \quad (6.4.19)$$

式中，$f(\eta_n \mid \Omega)$ 为协方差矩阵为 $\boldsymbol{\Omega}$ 的多维正态分布的密度函数。

那么，为计算该选择概率，就不得不进行 J 维的多重积分计算，虽然这一点没变，但该积分可利用蒙特卡洛模拟进行近似求解。曼斯基和列尔曼（Manski & Lerman，1998）介绍了用仿真模拟近似求解多重积分的残留选择概率的方法，近年来，人们开发出了更加高效的多变量概率分布仿真方法（McFadden，1989；Hajivassiliou et al.，1996）。马尔可夫链蒙特卡洛（Markov Chain Monte Carlo）法属于此，其代表性的有吉布斯采样（Gibbs sampling）法（McCulloch & Rossi，1994；Geweke et al.，1997）。这种仿真方法的开发是第二次进步。

假设随机数的出现次数为 R，由仿真法计算选择概率的近似表示为式（6.4.20）。

$$SP_n(i) = \frac{1}{R} \sum_{r=1}^{R} P_n(i \mid \eta_n^r) \quad (6.4.20)$$

式中，$SP_n(i)$ 为仿真得到的选择概率近似值；η_n^r 为第 r 次随机数对应的 η_n 值。

$SP_n(i)$ 为 $P_n(i)$ 的无偏差估计值，随机数的出现次数 R 值越大则方差越小。通过将 Logit 公式用于条件选择概率，式（6.4.20）对于未知参数可以进行平滑的二次微分，基于选择概率近似计算值的极大似然估计法能够被用于模型估计。

6.5 基于多元数据的模型标定

6.5.1 多种数据源的思路

至此，主要介绍了利用某一时间点的问卷调查数据等单一数据源得到的数据进行模型估计，并将其用于需求预测的方法。然而，不同的数据采集方法会有不同的利害得失，因而面向某个分析目的采用一种数据源未必就能得到最合适的模型。另外，现实中存在着各种既有数据，将其与新采集的数据相结合也可以构建出精度更高的模型。

利用多个数据源进行模型估计时，必须考虑到每一种数据有何种特征，将其用于同一个模型的框架中时，应该如何灵活运用等问题。首先，其特征如下：

• 如集计数据与非集计数据，虽然数据粗略，但能够高精度准确地体现因变量与自变量之间的关系，只是难以用于建模。

• 如集计数据与问卷调查数据，是数据的属性不清但无偏差地捕捉了物理量，虽然清楚数据的属性，但产生了回答偏差或取样误差。

• 如 RP 数据与 SP 数据，虽然观察了实际行动，但与属性值的关系不明确，虽然可以控制实验性的属性值，但与实际行动的关系不明确。

• 如不同地域采集的数据，如何反映地域的特征。

• 如不同时刻的数据，如何反映该时刻的特征，或如何能够捕捉到时刻间的联系。

作为模型化的框架，可考虑到如下两个方针：

(1) 用其他数据来改进更新由某个数据源估计所得的模型的方法；

(2) 考虑多个数据源的特征，在模型估计时同时使用的方法。

无论如何，一个重要的观点是数据为随机变量，用它估计出的模型参数也为随机变量。即，如果数据带有偏差，只通过该信息估计所得的参数就会产生偏差，数据的随机变动误差越大，参数估计值的误差也就越大。特别是非集计模型中，由于效用函数的误差项大小决定了效用的尺度，因此，不仅要留意数据的误差，也有必要留意误差项的尺度，再利用多种数据分析。

6.5.2 利用新数据进行模型参数更新

1. 模型移植时部分参数的再估计

在 6.3.1 节中已经介绍了离散选择模型的移植可能性，进行移植时,在被移植地哪怕只有少量可用于估计的数据,通过再次估计模型的部分参数,就可以将模型更新成更加适合移植目标的模型。例如,在交通方式选择问题中,经常有源模型与移植目标模型的属性间的权衡(例如,通过权衡时间与费用求得的时间价值)相同,但受地域特性影响大的交通方式的常数不同。阿瑟顿和本-阿基瓦(Atherton & Ben-Akiva,1976)提出了如下利用移植目标的小样本数据,再次估计常数项的方法。此外,这里包括了由于两个数据源的精度差异而导致的效用尺度变化的可能性,利用以下形式的Logit模型选择概率公式,对新的参数μ和α_i进行再次估计。

$$P_n(i) = \frac{\exp(\alpha_i + \mu \hat{V}_{in})}{\sum_{j=1}^{J} \exp(\alpha_j + \mu \hat{V}_{jn})}, i = 1, \cdots, J \quad (6.5.1)$$

但是,$\hat{V}_{in}$是用源模型推导出来的效用函数的参数与移植目标模型的自变量值计算出的效用确定项的估计值。

2. 基于贝叶斯法的参数更新法

贝叶斯法(Bayesian)是将随机变量的先验概率分布依据得到的数据更新为后验概率分布的方法。未知参数是服从先验概率分布的随机变量,利用追加所得的数据可以求出后验概率分布。通常,设参数向量为θ,设数据为X,则依据贝叶斯定理可以得到下式:

$$p(\theta \mid X) = \frac{f(X \mid \theta)\pi(\theta)}{\int f(X \mid \theta)\pi(\theta)\mathrm{d}\theta} \quad (6.5.2)$$

其中,$\pi(\theta)$为θ的先验概率分布;$f(X \mid \theta)$为θ被赋值时,X的出现概率,即似然函数;$p(\theta \mid X)$为X被赋值时,θ的后验概率分布。

令参数的后验概率分布乘以损失函数,将期待损失最小时的参数值作为贝叶斯估计值,当损失函数是一般的二次函数时,后验概率分布的期望值即为估计值。在此举例说明先验概率分布、似然函数均为方差已知的正态分布情况下的贝叶斯估计值(Theil,1971)。

$$\hat{\theta} = (\boldsymbol{\Sigma}_0^{-1} + \boldsymbol{\Sigma}_1^{-1})^{-1}(\boldsymbol{\Sigma}_0^{-1}\theta_0 + \boldsymbol{\Sigma}_1^{-1}\theta_1) \tag{6.5.3}$$

式中，θ_0 为 θ 的先验概率分布的期待值；θ_1 为由似然函数求得的 θ 估计值；$\boldsymbol{\Sigma}_0$ 为 θ 的先验概率分布的协方差矩阵；$\boldsymbol{\Sigma}_1$ 为由似然函数求得的 θ 的估计值的协方差矩阵。

此方法将依据某个数据源得到的参数估值作为先验信息，将依据其他数据源得到的估计值分布视作似然函数，可以考虑两个估计值的加权平均。另外，森地等（1987）提出，将非集计模型推导出的参数，利用选项的市场占有份额的集计数据更新为贝叶斯更新方法。

贝叶斯法则能够将先验信息、损失函数等非统计样本信息进行组合，在这一点上与古典的统计估计大为不同。例如，如果有了所需时间和费用的参数应当为负的预先信息，也可将其反映在先验概率分布当中。然而，其亦为双刃剑，因为任意性强、缺乏客观性，也饱受批判。

6.5.3 RP/SP 模型

1. 基本思路

如 5.3 节中所述，RP 与 SP 的利害得失是互为补充的，希望能够取长补短利用二者数据源的优点。关于同时利用 RP 数据与 SP 数据估计离散模型的方法（以下称为 RP/SP 模型），人们提出了在统计上融合两种数据，将只利用 RP 数据无法进行正确估计的参数通过加载 SP 数据的信息同步确定，同时还能够修正 SP 数据包含的偏差和随机误差的方法（Morikawa，1989；Ben-Akiva & Morikawa，1990a，1990b）。具体来讲，RP/SP 模型具有以下三种特征：

（1）偏差的修正：可以通过将两个数据的发生过程分别进行模型化，可以在需求预测中去除 SP 数据偏差的影响。

（2）统计有效性的增大：通过利用 RP 数据和 SP 数据同步估计表现属性间权衡的参数，从而增大统计有效性。

（3）参数的估计：能够估计出全新服务相关变量的系数等，只利用 RP 数据无法确定的参数。

2. 模型框架

如图 6.5.1 所示，RP 数据和 SP 数据是个体持有的共同的潜

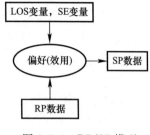

图 6.5.1 RP/SP 模型的框架

在"偏好"所引起的实现的东西,实现的方法不同,数据形成的过程不同。将各种各样数据的形成过程利用 RP 模型及 SP 模型来表现,由于基本的偏好是共通的,因此,可以认为各种模型的效用函数的大部分是相同的。具体来讲,可以认为同一个体的主要属性间的权衡关系,在 RP 和 SP 上是相同的。然而,随着偏好的实现方法的不同,效用的误差项所表现的"噪声"大小也不尽相同。另外,考虑到之前提及的 SP 中存在独特的偏差,可以认为效用函数的若干个项之间是不同的。

这种思考方法可以用下式表示。角标 RP、SP 标记表示分别从 RP、SP 数据中得到的变量。

<RP 模型>

$$U_{in}^{RP} = \boldsymbol{\beta}' \boldsymbol{X}_{in}^{RP} + \boldsymbol{\alpha}' \boldsymbol{W}_{in}^{RP} + \varepsilon_{in}^{RP} \equiv V_{in}^{RP} + \varepsilon_{in}^{RP}$$
$$(i = 1, \cdots, J_n^{RP}, n = 1, \cdots, N^{RP}) \quad (6.5.4)$$

<SP 模型>

$$U_{in}^{SP} = \boldsymbol{\beta}' \boldsymbol{X}_{in}^{SP} + \boldsymbol{\gamma}' \boldsymbol{Z}_{in}^{RP} + \varepsilon_{in}^{SP} \equiv V_{in}^{SP} + \varepsilon_{in}^{SP}$$
$$(i = 1, \cdots, J_n^{SP}, n = 1, \cdots, N^{SP}) \quad (6.5.5)$$

<随机效用项的方差关系>

$$\text{Var}(\varepsilon_{in}^{RP}) = \mu^2 \text{Var}(\varepsilon_{in}^{SP}), \forall i, n \quad (6.5.6)$$

式中,$\boldsymbol{X}_{in}$,$\boldsymbol{W}_{in}$,$\boldsymbol{Z}_{in}$ 为针对个体 n 的选项 i 的说明变量向量;$\boldsymbol{\alpha}'$,$\boldsymbol{\beta}'$,$\boldsymbol{\gamma}'$ 是未知系数向量;μ 表示随机项方差不同的尺度参数;J_n 是个体 n 的选项集合中的方案个数;N 是包含数据的观测数。

在式(6.5.4)和式(6.5.5)中,$\boldsymbol{X}$ 是具有 RP 模型与 SP 模型共有系数向量 $\boldsymbol{\beta}'$ 的自变量向量,$\boldsymbol{W}$,$\boldsymbol{Z}$ 分别是 RP 模型、SP 模型中具有不同系数的自变量向量。即,$\boldsymbol{\gamma}'\boldsymbol{Z}$ 表示只包含 SP 的偏差及 SP 数据才有的属性项(例如新型服务的影响)。

例如,假设 RP 模型的随机效用项服从尺度参数为 1 的 IID 耿贝尔分布,则可得以下 Logit 模型。

$$P_n^{\mathrm{RP}}(i) = \frac{\exp(V_{in}^{\mathrm{RP}})}{\sum_{j=1}^{J_n^{\mathrm{RP}}} \exp(V_{jn}^{\mathrm{RP}})}, i=1,\cdots,J_n^{\mathrm{RP}} \tag{6.5.7}$$

对 SP 模型也同样可以得到 Logit 模型，但要注意的是，需将式（6.5.6）中定义的尺度参数 μ 乘以确定效用。

$$P_n^{\mathrm{SP}}(i) = \frac{\exp(\mu V_{in}^{\mathrm{SP}})}{\sum_{j=1}^{J_n^{\mathrm{SP}}} \exp(\mu V_{jn}^{\mathrm{SP}})}, i=1,\cdots,J_n^{\mathrm{SP}} \tag{6.5.8}$$

3. 参数估计

利用 SP 数据及 RP 数据，可以同时或分阶段推导出未知参数向量 $\boldsymbol{\alpha}$、$\boldsymbol{\beta}$、$\boldsymbol{\gamma}$ 及尺度参数 μ。首先，思考如下所示的两个模型的对数似然函数。

$$\ln L^{\mathrm{RP}}(\boldsymbol{\alpha},\boldsymbol{\beta}) = \sum_{n=1}^{N^{\mathrm{RP}}} \sum_{i=1}^{J_n^{\mathrm{RP}}} d_{in}^{\mathrm{RP}} \ln P_n^{\mathrm{RP}}(i) \tag{6.5.9}$$

$$\ln L^{\mathrm{SP}}(\boldsymbol{\beta},\boldsymbol{\gamma},\mu) = \sum_{n=1}^{N^{\mathrm{SP}}} \sum_{i=1}^{J_n^{\mathrm{SP}}} d_{in}^{\mathrm{SP}} \ln P_n^{\mathrm{SP}}(i) \tag{6.5.10}$$

若将式（6.5.6）进行最大化，由通常的 RP 数据即可得到 Logit 模型的估值，同样地，由式（6.5.7）可以得到基于 SP 数据的模型。但是，只利用式（6.5.10），无法将 μ 与 $\boldsymbol{\beta}$、$\boldsymbol{\gamma}$ 分离再进行估计，所以通常需要令 $\mu=1$ 的标准化。在此提出的方法，是同时利用 RP 数据和 SP 数据，考虑式（6.5.11）所示的对数似然函数。

$$\ln L^{\mathrm{RP+SP}}(\boldsymbol{\alpha},\boldsymbol{\beta},\boldsymbol{\gamma},\mu) = \ln L^{\mathrm{RP}}(\boldsymbol{\alpha},\boldsymbol{\beta}) + \ln L^{\mathrm{SP}}(\boldsymbol{\beta},\boldsymbol{\gamma},\mu) \tag{6.5.11}$$

若 RP 模型和 SP 模型的效用随机项在统计上互相独立，式（6.5.11）即为正确的同时对数似然函数，通过将其最大化，可以得到具有一致性及渐近有效性的所有参数的极大似然估计值。即使效用随机项间独立性不成立的情况下，也可以得到具有一致性的估计值。由于 μ 的导入会导致关于参数的非线性，因此，对数似然函数无法利用通常的 Logit 模型估计软件包，而需似然函数的编程。

分段估计法可以通过对式（6.5.9）和式（6.5.10）所示的似然函数进行阶段最大化，避免参数的非线性，由此便能够利用普通的软件包。下面展示分段估计法的估计步骤。

Step1：将式（6.5.10）的对数似然函数最大化，得到 SP 模型的参数估值、$\hat{\mu}\boldsymbol{\beta}$ 及 $\hat{\mu}\boldsymbol{\gamma}$，计算下式的值。

$$y_{in}^{RP} = \hat{\mu}\boldsymbol{\beta}' \boldsymbol{X}_{in}^{RP} \tag{6.5.12}$$

Step2：设 RP 模型的效用确定项为：

$$V_{in}^{RP} = \lambda y_{in}^{RP} + \boldsymbol{\alpha}' \boldsymbol{W}_{in}^{RP} \tag{6.5.13}$$

基于此利用 RP 模型将式（6.5.9）最大化，得到极大似然估值 $\hat{\lambda}$ 及 $\hat{\alpha}$，如式（6.5.14）所示计算各参数的估计值。

$$\hat{\mu} = \frac{1}{\hat{\lambda}}, \hat{\boldsymbol{\beta}} = \frac{\hat{\mu}\boldsymbol{\beta}}{\hat{\mu}}, \hat{\boldsymbol{\gamma}} = \frac{\hat{\mu}\boldsymbol{\gamma}}{\hat{\mu}} \tag{6.5.14}$$

以上为正常的分段估计，$\boldsymbol{\alpha}$、$\boldsymbol{\beta}$、$\boldsymbol{\gamma}$ 估计值的精度可以通过下面 Step3 进行提升。

Step3：将 X^{SP} 和 Z^{SP} 放大 $\hat{\mu}$ 倍，生成变换了尺度的 SP 数据。将变换后的 SP 数据与 RP 数据混合进行 RP 模型和 SP 模型的同时估计。由于该同时推导的参数为线性，所以可以利用普通的估计解析软件包。

由于 RP/SP 模型一般情况下均在同一人身上获取 RP 数据与 SP 数据（有时可能为多种 SP 数据），因此，考虑 RP 模型与 SP 模型的误差项间会产生某种相关关系。例如，如果确定项中包含有无法表现的个体偏好的话，两个模型则均会在随机项中表现出其影响。有研究提出了考虑此类误差项相关的模型（森山·山田，1993；Morikawa，1994）。

4. 用模型进行预测

$$\hat{V}_{in} = \hat{\boldsymbol{\beta}}' \boldsymbol{X}_{in}^{RP} + \hat{\boldsymbol{\alpha}}' \boldsymbol{W}_{in}^{RP} \tag{6.5.15}$$

但是，在 SP 模型所特有的说明变量向量 $\boldsymbol{Z}$ 中，若具有将来预测所必需的属性（例如，在某一选项中添加全新的服务时其服务水平）时，则需将其属性的效用项添加进 RP 模型的效用函数进行预测。即，设该种属性向量为 $\tilde{\boldsymbol{Z}}_{in}^{SP}$（$\tilde{\boldsymbol{Z}}_{in}^{SP}$ 是 $\boldsymbol{Z}_{in}^{SP}$ 的部分向量），与此相对设系数向量估计为 $\hat{\tilde{\boldsymbol{\gamma}}}$（$\hat{\tilde{\boldsymbol{\gamma}}}$ 是 $\hat{\boldsymbol{\gamma}}$ 的部分向量），用于预测的期待效用值可记为式（6.5.16）。

$$\hat{V}_{in} = \hat{\boldsymbol{\beta}}' \boldsymbol{X}_{in}^{\mathrm{RP}} + \hat{\boldsymbol{\alpha}}' \boldsymbol{W}_{in}^{\mathrm{RP}} + \hat{\tilde{\boldsymbol{\gamma}}}' \tilde{\boldsymbol{Z}}_{in}^{\mathrm{SP}} \qquad (6.5.16)$$

其中，由于 $\hat{\tilde{\boldsymbol{\gamma}}}$ 由于导入尺度参数 μ 后被变换为 RP 模型的尺度，因此，这种效用函数可以融合。

6.6 离散选择模型的应用

6.6.1 偏好的异质性

至今为止的解说中，一直假设效用函数中自变量的系数参数在样本总体中是相同的。然而在实际中，每个个体的偏好都是不同的，因此认为每个个体的系数的真值均不同的想法也是很自然的。在此介绍几种可以在模型中体现出此类偏好异质性的方法。

1. 个体属性导入法

如 6.2.1 节中所述，效用函数中包含的变量大多是服务水平变量与社会经济变量。社会经济变量的代表变量即为性别、收入、职业、有无驾驶证等个体属性。将个体属性如式（6.6.1）所示采用加和的形式导入效用函数时，可以认为属性的不同直接引起选项的效用值的变动。换言之，每个选项常数项的值会根据个体属性而发生变化。

$$U_{in} = \alpha_i + \boldsymbol{\beta}' \boldsymbol{X}_{in} + \gamma_1 s_n + \gamma_2 l_n + \varepsilon_{in} \qquad (6.6.1)$$

式中，α_i 为选项 i 的常数项；$\boldsymbol{\beta}$ 为服务水平变量的系数向量；$\boldsymbol{X}_{in}$ 为选项 i 的服务水平变量向量；s_n 为表现个体 n 的性别的哑变量；l_n 为表现个体 n 有无驾驶执照的哑变量；γ_1、γ_2 为个体属性变量的系数。

与服务水平变量相关的系数可能会根据个体属性发生变化。例如，考虑到男性与女性单位所需时间的非效用值有所不同时，可以进行 $(\beta_1 + \beta_2 s_n) t_{in}$ 的特定化处理。此特定化处理中，尽管说明变量为非线性，但是参数为线性，因此参数的估计过程无任何难度。

通过导入个体属性而表现偏好的异质性是最为简单的方法，但是也有利用何种属性才能够表现异质性，必须依靠先验的或者进行多次试错来决定的缺点。

2. 市场分割法

认为偏好是大体均一的，将样本总体划分为几个子群，从而推算出每个子群的参数的事例也很多。这里的子群被称之为市场分割，此种方法称为市场分割法。市场分割多根据个体属性进行定义，换言之，可以说通过先对所有参数进行说明的方法，将个体属性的虚拟变量（也称哑变量）列入的方法被称之为市场分割法。因此，与个体属性导入的情形相同，该方法的缺点也是必须先验地决定用哪种属性来定义市场分割更好，如果用有限的样本数划分为多个市场分割，那么每个市场分割的样本数量将会变小，参数推导便会产生问题。

3. 潜在分类别模型法

在市场分割法中，分析者不清楚利用何种个体属性定义市场分割，必须先验地决定。潜在分类别模型是一种用概率模型表现个体从属于哪一市场分割的方法。此时某个体的选择概率可用式（6.6.2）表示。

$$P_n(i) = \sum_{s=1}^{S} P_n(i \mid s) Q_n(s), i = 1, \cdots, J \quad (6.6.2)$$

式中，$P_n(i/s)$ 为个体 n 从属于市场分割 s 时，选项 i 的选择概率；$Q_n(s)$ 为个体 n 从属于市场分割 s 的概率（归属概率）。

作为归属概率模型，人们提出了根据重要属性的权重值进行决定的方法（Gopinath，1994），或者依据归属度函数的 Logit 型（Sasaki et al.，1999）等方法。此种方法的特征为市场分割的总数 S 必须事先确定，但每个市场分割的系数参数和归属概率模型参数，可以利用式（6.6.2），通过似然函数进行同时估计。

另外，市场分割法是将式（6.6.2）中将归属概率先验地设为 0 和 1，可以将上述视作潜在分类别模型法的特殊形式。

4. 个体参数模型

极端的市场分割法，即为每一个体形成市场分割的个体参数模型。为使个体参数模型能够进行高精度的估计，需要每一个体的相当数量的观测值。作为能够实现这种观测的例子，可以想到能够得到跨越多个时刻的个体选择行为的时间系列数据的跟踪调查（panel survey，参考 5.4 节），或者在 SP 调查中对每一个体提出相当数量的问题的情形。

在非常重视个体偏好异质性的市场营销研究中,通过跟踪调查制度得到长期的购买行为记录,或者花费大量时间进行详细的 SP 调查,得到每个个体的大量观测值,并分别推导出每个个体的个体参数的方法得到了普遍的应用。

5. 随机系数模型

随机系数模型(random coefficient)是将效用函数的系数用以下形式的随机变量进行表示:

$$U_{in} = \boldsymbol{\beta}' \boldsymbol{X}_{in} + \varepsilon_{in}$$
$$\boldsymbol{\beta} \sim \text{MVN}(\bar{\boldsymbol{\beta}}, \boldsymbol{\Omega}) \quad (6.6.3)$$

式中,$\bar{\boldsymbol{\beta}}$ 为平均值向量;$\boldsymbol{\Omega}$ 为协方差矩阵。

将式(6.6.3)变形可得:

$$U_{in} = \bar{\boldsymbol{\beta}}' \boldsymbol{X}_{in} + (\boldsymbol{\eta}' \boldsymbol{X}_{in} + \varepsilon_{in})$$
$$\boldsymbol{\eta} \sim \text{MVN}(0, \boldsymbol{\Omega}) \quad (6.6.4)$$

如果 ε_{in} 的分布为多变量正态分布的话,式(6.6.4)即为一般的多项 Probit 模型;如果为 IID 耿贝尔分布的话,即为与式(6.4.15)相同的混淆(mixed)Logit 模型。总之,选择概率的计算均需要进行 6.4.4 节所介绍的数值计算。

6.6.2 选项集合的思路

1. 给定先验的选项集合的情况

一般的离散选择模型只能够适用于明确地了解每一个体的选项集合中包含哪些选项的情况。进入选项集合的选项,对于该个体来讲在物理上可选择,且从其中的选择可以用随机效用模型(RUM)来表示。例如,对于没有驾驶执照者物理上无法选择"驾驶小汽车"这个选项,所以应从选项集合中删除该选项。又如,选择利用"徒步"方式前往距离 4km 以外目的地的人,并没有按照效用函数中假设的权衡时间与费用的规则,而是仅仅由于健康方面的理由等特殊规则才选择步行,因此,也应该从选项集合中将此种方式去除。

如果假定了错误的选项集合进行模型估计,参数估计值将会产生偏差,在预测阶段就会带来错误的预测值,因此,选项集合的设定与函数的确定具有同等的重要性。例如,交通方式选择分析等，选项的数量开始就受到限制，而且是否纳入方案集合可用先验的规则判断时，就可以遵从先验判断。下文中首先讨论虽然了解选项集合，但由于候选方案数量庞大，需要进行一些近似处理的情形，然后介绍超越了随即效用模型的框架，采取选项集合形成过程的模型化的事例。

2. IIA 成立但候选方案数量庞大的情况

本节适用于如下情况，明确知道应纳入选项集合的方案范围，而且其中的各项选择 IIA 特性（参考 6.4.1 节）成立，但由于选项数量庞大，导致计算选择概率时考虑所有选项方案十分困难。

第一种方法是选项的集计化。将目的地选择的方案进行分区处理即为此种方法。即，真实的目的地（将此称为要素选项）是一个一个的设施，由于数量庞大，将设施所处的小区作为集计化的选项。要素选项的效用值具有全部相同的确定效用，如果能够假设尺度参数 μ 服从 IID 耿贝尔分布的情况下，（被集计化的）选项的选择概率如式（6.6.5）所示。

$$P_n(i) = \frac{\exp\left(V_{in} + \frac{1}{\mu}\ln M_i\right)}{\sum_{j=1}^{J}\exp\left(V_{jn} + \frac{1}{\mu}\ln M_j\right)} \quad (6.6.5)$$

式中，V_{in} 为（被集计化的）选项 i 中的要素选项的确定效用值；M_i 为（被集计化的）选项 i 中的要素选项数量。

由式（6.6.5）可知，在被集计化的选项的确定效用中，要素选项的确定效用值添加了被集计化的"规模"修正项的形式。并且，当要素选项的确定效用值不全部相同时，进而又变形为添加了表示要素选项多样性的修正项的形式（Lerman，1975；McFadden，1978；Kitamura et al.，1979）。

第二种方法被称作选项的抽样。这种方法如 6.4.1 节所述，利用 IIA 特性的优点，即使不考虑选项集合中所有的方案，只利用其中部分方案便能够推导出无偏差的效用函数参数的性质。从选项集合中包含的方案，随机抽出一定数量的方案，将其视作选项集合进行 Logit 模型的估计，参数估值也不会产生偏差（McFadden，1978）。但是，在进行随机取样时，实际被选择的方案必须使其包含其中。

如目的地选择或路径选择,当能够选择的方案数量庞大时,上述的两种方法都十分有效。但是,庞大的选项是否具有 IIA 特性(由于路径选择问题的路径重叠导致的相关等),是否全部考虑了庞大的选项集合,进而采取了效用最大化的行动之类的根本问题需要加以留意。从这点来说,下述候选方案集合形成过程的明确的模型化是一个饶有趣味的题目。

3. 选项集合形成过程的模型化

通常被当作给定的选项集合对分析者来说不确定时,对以下考虑了随机选项集合的分析方法很有效(Manski,1977)。

$$P_n(i) = \sum_{C \in G} P_n(i \mid C) Q_n(C) \quad (6.6.6)$$

式中,$P_n(i \mid C)$ 为个体 n 的选项集合为 C 时,方案 i 的选择概率;$Q_n(C)$ 为个体 n 的选项集合为 C 的概率;G 为选项的所有子集(空集除外)的集合。

该模型由两个阶段构成,一个阶段为 $Q_n(C)$ 表示的选项集合的形成,另一个阶段为 $P_n(i \mid C)$ 表示的选项集合给定时的选择行为。即使是在被认为与这两个阶段行为论基于不同的规范的事例当中,也具有如下特征,即基于各自的规范建模,最终用式(6.6.6)能够表现考虑了选项集合不确定性的离散选择模型。

从大量物理上可选择的方案中形成实际选项集合的过程,即凝练选项集,与考虑了所有属性之间的权衡进行综合评价的补偿型决策法相比,如 2.4 节中所论述的内容,更多情况下会考虑使用更为简单的非补偿型法则。其中,即使有某一属性不满足容许标准,就从选项集合中去除的"连接型法则"(参考 2.4.4 节)则会因"凝练"的性质而适用。如前文所述,在先验决定选项集合的过程中,很多情况下都会用到此法则。在先驱性研究(Swait & Ben-Akiva,1987)中,将各属性的淘汰条件用互相独立的随机模型表示,并将其纳入式(6.6.6)的二阶段模型中。

但是,该二阶段模型适用方面的问题是集合 G 的要素量过多。即使物理上可供选择的选项只有 $\{1, 2, 3\}$ 三个的情况下,G 仍包含了 $\{1\}$,$\{2\}$,$\{3\}$,$\{1, 2\}$,$\{1, 3\}$,$\{2, 3\}$,$\{1, 2,$

3} 这七个要素。一般地,当有 J 个选项时,G 的要素数量为 2^J-1 (-1 为去除空集),此数值极其庞大,就算只有 10 个选项,式 (6.6.6) 也不得不进行 1023 项的求和,无法进行实际应用。针对此问题,森川等 (1991) 在独立可用性假设下,提出了至多进行一次积分运算便可算出式 (6.6.6) 的值的方法,适用于观光旅游的目的地选择问题。

6.6.3 作为收益指标的对数和变量

在 6.4.3 节中提到,当选择树包含的全部选项的效用随机项服从 IID 耿贝尔分布时,全部选项的最大效用值也服从相同尺度参数 μ 的耿贝尔分布,其众数即成为所谓的对数和变量,表现了全部选项的合成效用。在耿贝尔分布中,众数与期望值只有 $0.577/\mu$ 的差异,如果一开始设定使各选项的随机概率项的期望为 0 的众数,那么对数和变量即为所有选项的最大效用的期望值。即,当个体 n 的选项集合为 C_n 时,最大效用期望值为:

$$E[\max_{i \in C_n} U_{in}] = \frac{1}{\mu} \ln \sum_{i \in C_n} \exp(\mu V_{in}) \quad (6.6.7)$$

式中对数和变量具有选项集合的合成效用所期望的两个性质。

(1) 一旦添加新的选项,对数和变量的值一定会增大,即

$$E[\max_{i \in C_n} U_{in}] \leqslant E[\max_{i \in C_n'} U_{in}] \quad (6.6.8)$$

C_n 是 C_n' 的子集

若将所有选项的效用平均值当作合成效用,当向选项集合中添加效用值低的方案时,通过比较合成效用在下降,则能够理解该期望性。

(2) 随着选项的确定效用值上升,对数和变量的值一定增大,即

$$\frac{\partial}{\partial V_{jn}} E[\max_{i \in C_n} U_{in}] = P_n(j) > 0, \forall j \in C_n \quad (6.6.9)$$

这也是合成效用所期望的性质。利用式 (6.6.9) 继续推导,可得下式:

$$\frac{\partial P_n(j)}{\partial V_{in}} = \frac{\partial^2 E[\max_{i \in C_n} U_{in}]}{\partial V_{in} \partial V_{jn}} = \frac{\partial P_n(i)}{\partial V_{jn}} \quad (6.6.10)$$

6.6 离散选择模型的应用

根据式（6.6.10），威廉斯（Williams，1977）提出政策实施前后对数和变量的变化与消费者剩余的变化相等。即将离散选择模型视作个体的需求函数，设 V_n^1、V_n^2 分别为政策实施前与实施后的各选项的确定效用值向量，则可以通过式（6.6.11）求得消费者剩余的变化。

$$\Delta \mathrm{CS}_n = \sum_{i \in C_n} \int_{V_n^1}^{V_n^2} P(i \mid V) \mathrm{d}V \\ = \frac{1}{\mu} \ln \sum_{i \in C_n^2} \exp(\mu V_{in}^2) - \frac{1}{\mu} \ln \sum_{i \in C_n^1} \exp(\mu V_{in}^1) \quad (6.6.11)$$

关于式（6.6.11）的单位，由于效用水平无维度，因此，将此换算为金额单位时，直接除以效用函数中的费用的系数值即可。

第7章 离散、连续选择模型和联立方程模型

前面几章中都是单一的方程式构成的行为模型。本章考虑将其扩展为离散选择模型和连续因变量模型相结合的联立方程模型组。对于未知系数的推导仍与之前相同，使用极大似然估计法。在第8章论述适用矩估计法的线性结构方程式的推导方法。

7.1 离散、连续选择模型和线性回归模型组合

离散选择模型和线性回归模型这样的有连续因变量的模型组合，可以进行更加广泛而且确切的行为分析和政策分析。例如，家庭购买汽车时，对购买的车型和购入之后汽车的利用率的估计。在这种情况下，需要长距离通勤的汽车利用率较高的家庭，会倾向于选择油耗更有优势的车型，因此，可以认为车型选择和汽车利用不互相独立，即车型选择被认为是设想的汽车利用率的函数，同时，汽车利用率被认为是选定车型的函数。车型和汽车利用率是各种各样模型的因变量，方程组内决定的内生变量。因此，两模型方程把内生变量作为说明变量。在本节中，先用简单的方程组来举例，将内生变量用作说明变量情况下的问题。然后，结合离散选择模型和线性回归模型，定义方程组的似然函数，根据全信息最大似然估计法（full information maximum likelihood estimation；FIML estimation）进行讨论。下面介绍使用选择性偏差（selectivity bias）修正项的简便方法。

7.1.1 以内生变量为自变量的模型估计

在本节里，内生变量用作模型的说明变量时，得到的偏差用以下简单的线性方程组表示：

$$\begin{cases} Y_n = abX_n + u_n \\ Z_n = a + \beta Y_n + v_n \end{cases} \quad (u_n, v_n) \sim MVN(0, \Sigma) \quad (7.1.1)$$

这里所有的变量是标量。X_n 是先决变量和外生变量，Y_n 和 Z_n 是内生变量。请注意，Z_n 是内生变量的函数。

7.1 离散、连续选择模型和线性回归模型组合

N 为样本量,未知系数的最小二乘估计值为,设 $\overline{X}=1/N\sum_n X_n$,$\overline{Y}=1/N\sum_n Y_n$,$x_n=X_n-\overline{X}$,$y_n=Y_n-\overline{Y}$,就有

$$\hat{b}=\frac{\sum x_n y_n}{\sum x_n^2}, \hat{\beta}=\frac{\sum y_n z_n}{\sum y_n^2} \quad (7.1.2)$$

这里,假设 $\bar{u}=1/N\sum_n u_n$,则 $\overline{Y}=a+b\overline{X}+\bar{u}$。进而如果假定 $\bar{u}=0$,则 $y_n=bx_n+u_n$ 成立,由 $E[u_n]=0$ 得,

$$\begin{aligned}E[\hat{b}]&=E\Big[\frac{\sum x_n y_n}{x_n^2}\Big]=\frac{1}{\sum x_n^2}E\Big[\sum x_n y_n\Big]\\&=\frac{1}{\sum x_n^2}E\Big[\sum x_n(bx_n+u_n)\Big]\\&=b+\frac{1}{\sum x_n^2}E[x_n u_n]=b\end{aligned} \quad (7.1.3)$$

即,OLS 估计量 $\hat{b}$ 是 b 的无偏估计量。

接下来,将 Z_n 与 X_n 等进行同样的定义,得到:

$$\begin{aligned}E[\hat{\beta}]&=E\Big[\frac{\sum y_n z_n}{y_n^2}\Big]=\frac{1}{\sum y_n^2}E\Big[\sum y_n(\beta y_n+v_n)\Big]\\&=\beta+\frac{1}{\sum y_n^2}E[y_n v_n]\\&=\beta+\frac{\sum(bx_n+u_n)v_i}{\sum(bx_n+u_n)^2}\\&=\beta+\frac{b\sum x_n v_n}{\sum(bx_n+u_n)^2}+\frac{\sum u_n v_n}{\sum(bx_n+u_n)^2}\end{aligned} \quad (7.1.4)$$

这里根据 $p\lim(\hat{\theta})=\theta^*$,设:

$$\lim_{N\to\infty}Pr[|\hat{\theta}-\theta^*|\leqslant\varepsilon]=1, \forall\varepsilon>0 \quad (7.1.5)$$

因为 X_n 和 V_n 互相独立,$p\lim(\sum x_n v_n)=0$。由此可得:

$$\begin{aligned}p\lim\Bigg(\frac{b\sum x_n v_n}{\sum(bx_n+u_n)^2}\Bigg)&=\frac{bp\lim(1/N\sum x_n v_n)}{p\lim(1/N\sum(bx_n+u_n)^2)}\\&=0\end{aligned} \quad (7.1.6)$$

并且，设变量 X 的方差为：$\mathrm{Var}(X) = 1/N\sum_n (X_n - \overline{X})^2 = 1/N\sum_n x_n^2$，

$$p\lim[1/N\sum(bx_n+u_n)^2] = b^2\mathrm{Var}(X) + \sigma_u^2 \quad (7.1.7a)$$

$$p\lim(1/N\sum u_n v_n) = \mathrm{Cov}(u_n v_n) = \sigma_{uv} \quad (7.1.7b)$$

由此可得，

$$p\lim\left(\frac{\sum u_n v_n}{\sum(bx_n+u_n)^2}\right) = \frac{p\lim(1/N\sum u_n v_n)}{p\lim[1/N\sum(bx_n+u_n)^2]}$$

$$= \frac{\sigma_{uv}}{b^2\mathrm{Var}(X) + \sigma_u^2}$$

$$(7.1.8)$$

一般表示为，

$$p\lim\hat{\beta} = \beta + \frac{\sigma_{uv}}{b^2\mathrm{Var}(X) + \sigma_u^2} \neq \beta \quad (7.1.9)$$

即，只要 u_n 和 v_n 不独立，OLS 估计量 $\hat{b}$ 就不是无偏估计量。

像这样内生变量用作说明变量利用的情况，OLS 估计量的使用并不适合。方程组仅由线性模型构成时，有学者提出了二阶段最小二乘（2SLS）估计法等方法（Theil，1971），但是非线性模型的场合下，人们还没有找到简便有效的一般的估计方法。下节简要介绍模型为非线性时，都有怎样的估计方法。

7.1.2 方程组的 FIML 估计

考察以下的二项离散选择 D_n 和由此规定的连续变量 $Y_n(-\infty < Y_n < \infty)$ 组成的两方程组。

$$\begin{cases} Y_n = \alpha + \beta D_n + \varepsilon_n \\ Z_n = \gamma \boldsymbol{X}_n + \zeta_n \end{cases}$$

$$D_n = \begin{cases} 1, & Z_n > 0 \\ 0, & Z_n \leqslant 0 \end{cases} \quad (7.1.10)$$

$$(\varepsilon_n, \zeta_n) \sim \mathrm{MVN}(0, \boldsymbol{\Sigma}), \boldsymbol{\Sigma} = \begin{pmatrix} \sigma_\varepsilon^2 & \sigma_{\varepsilon\zeta} \\ & 1 \end{pmatrix}$$

这里的 α 和 β 是标量系数，$\boldsymbol{\gamma}$ 是系数向量，$\boldsymbol{X}_n$ 是说明变量的向

量，ε_n、ζ_n 是误差项，$Z_n(-\infty < Z_n < \infty)$ 是 D_n 对应的潜变量。并且本节为了简便，Y_n 具有 D_n 以外的说明变量所不具有的形式，以下的方法适用于包含外生说明变量的情况。

设 ε_n 和 ζ_n 的相关系数为 $\rho = \sigma_{\varepsilon\zeta}/\sigma_\varepsilon$，误差项的概率密度函数可以表示为：

$$f_{\varepsilon\zeta}(s,t) = \frac{1}{2\pi\sigma_\varepsilon\sqrt{1-\rho^2}}\exp\left[-\frac{1}{2(1-\rho^2)}\left\{\left(\frac{s}{\sigma_\varepsilon}\right)^2 - 2\rho\left(\frac{s}{\sigma_\varepsilon}\right)t + t^2\right\}\right]$$
$$-\infty < s, t < \infty \quad (7.1.11)$$

因此，观测值 (Y_n, D_n, X_n)，$n = 1, 2, \cdots, N$ 被给定时，与此对应的对数似然函数可以表示为：

$$L(\alpha, \beta, \gamma, \boldsymbol{\Sigma}) = N\ln\frac{1}{2\pi\sigma_\varepsilon\sqrt{1-\rho^2}} + \boldsymbol{\Sigma}_n D_n \ln\int_{-\gamma X_n}^{\infty}\exp\left[-\frac{1}{2(1-\rho)^2}\right.$$
$$\left.\left\{\left(\frac{Y-(\alpha+\beta D_n)}{\sigma_\varepsilon}\right)^2 - 2\rho\left(\frac{Y-(\alpha+\beta D_n)}{\sigma_\varepsilon}\right)t + t^2\right\}\right]\mathrm{d}t$$
$$+ \boldsymbol{\Sigma}_i(1-D_n)\ln\int_{-\infty}^{-\gamma X_n}\exp\left[-\frac{1}{2(1-\rho^2)}\left\{\left(\frac{Y-(\alpha+\beta D_n)}{\sigma_\varepsilon}\right)^2\right.\right.$$
$$\left.\left. - 2\rho\left(\frac{Y-(\alpha+\beta D_n)}{\sigma_\varepsilon}\right)t + t^2\right\}\right]\mathrm{d}t \quad (7.1.12)$$

这个对数似然函数，用数值积分更容易估算，未知系数的估计没有任何问题。但是，这是式（7.1.10）所示的模型中极度简单的情形，关于一般多项选择模型，确定似然函数并且进行最大化，虽说并非不可能，但也需要花费很大气力。在这种情况下，估计的统计效率很低而且使用范围有限，而在下一节中讲的运用自我选择偏好修正项的推导方法更为有效。

7.1.3　自我选择偏好修正项的模型推导

在本节中，首先假定误差项服从多变量正态分布，在理论上导出自我选择偏好修正项。根据方程组（7.1.10），如果像前面那样定义 $d_n = D_n - \overline{D}$，则 β 的 OLS 估计量可以表示为：

$$\hat{\beta} = \frac{\boldsymbol{\Sigma} y_n d_n}{\boldsymbol{\Sigma} d_n^2} = \frac{\boldsymbol{\Sigma}(\beta d_n^2 + \varepsilon_n d_n)}{\boldsymbol{\Sigma} d_n^2} = \beta + \frac{\boldsymbol{\Sigma}\varepsilon_n d_n}{\boldsymbol{\Sigma} d_n^2} \quad (7.1.13)$$

且下式成立：

$$E[\hat{\beta}] = \beta + E\left[\frac{\Sigma \varepsilon_n d_n}{\Sigma d_n^2}\right],$$

$$p\lim(\hat{\beta}) = \beta + \frac{p\lim 1/N \Sigma \varepsilon_n d_n}{p\lim 1/N \Sigma d_n^2} \quad (7.1.14)$$

这里，当 $Z_n > 0$ 时 $d_n = 1 - \overline{D}$，当 $Z_n \leqslant 0$ 时 $d_n = -D_n$。所以，有下式：

$$\mathrm{E}[\varepsilon_n d_n] = Pr[Z_n > 0]\mathrm{E}[(1-\overline{D})\varepsilon_n \mid Z_n > 0]$$
$$+ Pr[Z_n \leqslant 0]\mathrm{E}[-\overline{D}\varepsilon_n \mid Z_n \leqslant 0] \quad (7.1.15)$$

再者，如果着眼于边际概率，则下列式成立：

$$P_r[Z_n > 0] = P_r[\zeta_n > -\gamma X_n]$$
$$= 1 - \Phi(-\gamma X_n) = \Phi(\gamma X_n) \quad (7.1.16a)$$

这里的 Φ 是标准累积正态分布函数。同理，有式（7.1.16b）成立。

$$P_r[Z_n \leqslant 0] = \Phi(-\gamma X_n) \quad (7.1.16b)$$

在这里，当 $N \to \infty$ 时，$\mathrm{Var}(\overline{D}) = \mathrm{Var}(D)/N \to 0$，因为 $\overline{D}$ 可以被视为常数，则有：

$$\mathrm{E}[\varepsilon_n d_n] = \Phi(\gamma X_n)(1-\overline{D})\mathrm{E}[\varepsilon_n \mid \zeta_n > -\gamma X_n]$$
$$+ \Phi(-\gamma X_n)(-\overline{D})\mathrm{E}[\varepsilon_n \mid \zeta_n \leqslant -\gamma X_n] \quad (7.1.17)$$

然后，

$$(u_1, u_2) \sim \mathrm{MVN}(0, \boldsymbol{\Sigma}), \boldsymbol{\Sigma} = \begin{pmatrix} 1 & \sigma_{12} \\ & 1 \end{pmatrix} \quad (7.1.18)$$

有下式成立（Johnson and Kotz，1972；Maddala，1983）。

$$\mathrm{E}[u_1 \mid u_2 > c] = \sigma_{12}\mathrm{E}[u_2 \mid u_2 > c]$$
$$= \sigma_{12}\frac{\phi(c)}{1-\Phi(c)} \quad (7.1.19a)$$

$$\mathrm{E}[u_1 \mid u_2 \leqslant c] = \sigma_{12}\mathrm{E}[u_2 \mid u_2 \leqslant c]$$
$$= -\sigma_{12}\frac{\phi(c)}{\Phi(c)} \quad (7.1.19b)$$

即，变量 u_2 是"中止"的时候的变量 u_1 的附带条件期望值和方差表，可表现为二变量间的协方差和正态概率密度函数和正态累计分布函数。应用该结果，可以得到：

7.1 离散、连续选择模型和线性回归模型组合

$$\mathrm{E}[\varepsilon_n|\zeta_n>-\gamma X_n]=\sigma_\varepsilon\sigma_{\varepsilon\zeta}\frac{\phi(-\gamma X_n)}{1-\Phi(-\gamma X_n)}$$

$$=\sigma_\varepsilon\sigma_{\varepsilon\zeta}\frac{\phi(-\gamma X_n)}{\Phi(\gamma X_n)} \quad (7.1.20\text{a})$$

$$\mathrm{E}[\varepsilon_n|\zeta_n\leqslant-\gamma X_n]=-\sigma_\varepsilon\sigma_{\varepsilon\zeta}\frac{\phi(-\gamma X_n)}{\Phi(-\gamma X_n)} \quad (7.1.20\text{b})$$

如果将式（7.1.15）代入此式，则得到：

$$\mathrm{E}[\varepsilon_n d_n]=\Phi(\gamma X_n)(1-\overline{D})\sigma_\varepsilon\sigma_{\varepsilon\zeta}\frac{\phi(-\gamma X_n)}{\Phi(\gamma X_n)}$$
$$+\Phi(-\gamma X_n)(-\overline{D})\sigma_\varepsilon\sigma_{\varepsilon\zeta}\left(-\frac{\phi(-\gamma X_n)}{\Phi(-\gamma X_n)}\right)$$
$$=\sigma_\varepsilon\sigma_{\varepsilon\zeta}\phi(-\gamma X_n)=\sigma_\varepsilon\sigma_{\varepsilon\zeta}\phi(\gamma X_n)\neq 0 \quad (7.1.21)$$

与式（7.1.14）对照，$\sigma_{\varepsilon\zeta}\neq 0$ 的时候，即 ε_n 和 ζ_n 相关时，可知 OLS 估计量 $\hat{b}$ 既非无偏估计量又非一致估计量。

两个标准正态随机变量的一方中止时，另一个变量的附加条件分布式是（7.1.19）所示的运用期望值性质的式子，赫克曼（Heckman，1979）提出以下的运用修正项的估计方法。这里也运用式（7.1.10）的方程组。与 D_n 对应的二项 Logit 模型，由于 Z_n 的方程式中不包含作为说明变量的内生变量，所以能够用通常的似然估计法进行估计。设由此得到的系数推导值向量为 $\hat{\gamma}$，其定义如下：

$$\hat{\lambda}_n=\hat{\gamma}X_n$$

$$\hat{W}_n=\begin{cases}\dfrac{\phi(-\hat{\lambda}_n)}{\Phi(\hat{\lambda}_n)}, & D_n=1\\[2mm] -\dfrac{\phi(-\hat{\lambda}_n)}{\Phi(-\hat{\lambda}_n)}, & D_n=0\end{cases} \quad (7.1.22)$$

这里的 Y_n 的误差项表示为 $\varepsilon_n=\sigma_\varepsilon\sigma_{\varepsilon\zeta}\hat{W}_n+w_n$，$w_n$ 可视为递进的、期望值为 0 的独立随机变量。因此，应用 OLS，能够得到 α,β,θ 一致估计量。

$$Y_n=\alpha+\beta D_n+\theta\hat{W}_n+w_n \quad (7.1.23)$$

这样得到的 $\hat{\theta}$ 是 $\sigma_\varepsilon\sigma_{\varepsilon\zeta}$ 的一致估计量。因为式（7.1.23）的误差

项 w_n 是异方差的（heteroskedastic），通过 GLS 的应用，可以提高统计效率。关于误差项的方差的测算，请参考相关文献（Johnson & Kotz，1972；Maddala，1983）和 7.2.2 节。

7.1.4 多项离散选择模型方程组的扩展

前面一节中用到的方程组（7.1.10）只是包含二项离散选择的简单模型。本节中迪班和麦克法登（Dubin & McFadden，1984）将它扩展到包含多项选择的方程组。为了记录简单，在这里省略表示个人的符号 n。请思考以下的有累积分布函数的多项 Logit 模型的误差项。

$$Pr[\varepsilon_i \leqslant x] = \exp[-\exp(-x\pi/\sqrt{3}\lambda - \gamma)]$$
$$-\infty < x < \infty \tag{7.1.24}$$

这里的 $\gamma = 0.577$ 是欧拉常数，耿贝尔（二重指数）分布的期望值为 0，方差为 $\lambda^2/2$。设与该离散选择关联的现象可用线性模型表示，其误差项为 η，无条件期望值为 0，方差为 σ^2。另外，如果有 m 个选项，根据 R_i，指 ε_i 和 η 之间的相关系数，假设 $\sum_{i=1}^{m} R_i = 0, \sum_{i=1}^{m} R_i^2 < 1$ 成立。并且，假定得到误差项（$\varepsilon_1, \varepsilon_2, \cdots, \varepsilon_m$）；给定时的 η 的条件期望值和方差分别如下所示：

$$\frac{\sqrt{2}\sigma}{\lambda} \sum_{i=1}^{m} R_i \varepsilon_i, \sigma^2 \left(1 - \sum_{i=1}^{m} R_i\right) \tag{7.1.25}$$

当满足这些条件时，选了选项 j 的条件下 ε_i 的期望值是：

$$E[\varepsilon_i \mid \sigma_j = 1] = \begin{cases} -\dfrac{\sqrt{3}\lambda}{\pi} \ln P_j, & i = j \\ \dfrac{\sqrt{3}\lambda}{\pi} \dfrac{P_i}{1 - P_i} \ln P_i, & i \neq j \end{cases} \tag{7.1.26}$$

这里的 σ_j 是只有选择了选项 j 时才取值为 1 的指标变量。根据式（7.1.25）和式（7.1.26），可以得到：

$$E[\eta \mid \delta_j = 1] = \frac{\sqrt{6}\sigma}{\pi} \Big[-R_j \ln P_j + \sum_{i \neq j} R_i \frac{P_i}{1 - P_i} \ln P_i \Big]$$
$$\tag{7.1.27}$$

7.2 受限因变量的联立方程模型

利用这些关系，迪班和麦克法登先推导了离散选择模型，测算了各选项的选择概率的估计值 $\hat{P}_i$，并且设选择了选项 j 时，根据导入式（7.1.28）所示的修正项，提出了线性模型 $Y_i = \beta X_i + \eta_i$ 的推导。

$$Y_i = \beta X_i + \sum_{i \neq j} \gamma_i \left[\frac{\hat{P}_i \ln \hat{P}_i}{1 - \hat{P}_i} + \ln \hat{P}_j \right] + \zeta \quad (7.1.28)$$

这里的 γ_i 与 $(\sqrt{6}\sigma/\pi)R_i$ 相对应。式（7.1.28）的右边第二项包含 $\ln \hat{P}_i$，由于计算和时排除选项 j，满足 $\sum_{i=1}^{m} R_i = 0$ 条件，满足式（7.1.25）的关系。

迪班和麦克法登本节所示的修正项方法运用于耐用电气产品和用电量的选择模型的推导。家庭的汽车车型选择和行驶距离的选择模型的运用，请参考曼纳林和威斯顿（Mannering & Wiston，1985）、特雷恩（Train，1986）、北村等（Kitamura et al.，2000）相关研究。在同样的框架下，沟上（1997），森川（1999）运用于不同的离散、连续选择问题。基于正态分布的解析可参考北村（Kitamura，1987）的相关文献。另外，这里大概了解的一般化的方法可见李（Lee，1983）的相关文献。

7.2 受限因变量的联立方程模型

在本节中，介绍包含限度因变量的联立方程组的事例。7.2.1 节介绍将二变量 Probit（bivariate probit）模型应用于二变量二项选择问题的实例，7.2.2 节介绍有线性模型-二项离散选择模型-线性模型的组合实例。在后者实例中，应用 7.1.3 节的修正项方法。最后，在 7.2.3 节中，介绍修正项的问题。

7.2.1 二变量二项选择模型

北村等（Kitamura et al.，1993）在进行面板数据分析时，可以适当地以加权样本为目的，把初次调查中观测到的交通方式选择，和之后从面板的脱离行为作为二变量二项选择问题进行解析。方程组可表示为：

$$C_n^* = \theta \boldsymbol{Z}_n + \psi_n$$

$$m_n = \begin{cases} 1, C_n^* > 0 \\ 0 \quad C_n^* \leqslant 0 \end{cases}$$

$$A_n^* = \beta \boldsymbol{X}_n + \gamma m_n + \varepsilon_n \tag{7.2.1}$$

$$w_n = \begin{cases} 1, A_n^* > 0 \\ 0 \quad A_n^* \leqslant 0 \end{cases}$$

这里的 C_n^* = 初次调查中的个人 n 选择的交通方式所对应的潜变量;

m_n = 被观测方式选择的指标(单独驾驶的情况为 1,其他为 0);

A_n^* = 面板脱离行为对应的潜变量;

w_n = 面板脱离行为的指标(参加面板的情况为 1,脱离时为 0);

$\boldsymbol{\theta}$、$\boldsymbol{\beta}$ 是系数向量,γ 是标量系数,$\boldsymbol{Z}_n$、$\boldsymbol{X}_n$ 是说明变量向量,ψ_n、ε_n 是误差项。着眼于面板脱离行为时,初期选择 m_n 满足以下任一条件时可以被视为外生变量。

i) X_n 和 ψ_n 独立,且 $\gamma=0$。

ii) 误差项间不相关,即 E$[\psi_n \varepsilon_n] = 0$。

两者中满足任一条件时,各个方程式作为单独的模型处理,通过分别的推导(单一方程式法),能够推导出方程组。当条件 i)成立时,由于 A_n^* 的说明变量与 ε_n 非相关,运用通常的极大似然法的单一方程式能够估计 β。条件 ii) 被满足时,m 和 ε_n 相互独立,可以用单一方程式法估计 β。另外,因为 C_n^* 的说明变量全部是外生变量,初期选择模型与这些条件不相关,总是可以根据单一方程式法进行估计。相反的,这些条件没有满足时,A_n^* 的模型的说明变量和误差项 ε_n 之间相关,会出现单一方程式的运用不能得到一致估计量的情况。运用 7.1 节所示的自我选择偏好的修正项的单一方程式法,根据 7.2.3 节所述理由,在这个例子中不能得到一致估计值。

不满足这些条件的情况下可能适用二变量 Probit 模型。二变量 Probit 模型是阿什福德和索登(Ashford & Sowden,1970),雨宫(Amemiya,1974)等人提出的。近年的计算机能力的进步和计量经济软件的开发，该模型的运用极其简便。为了让各个误差项具有单位方差而进行标准化，设误差项之间的相关系数为 ρ 时，(ψ_n, ε_n) 的同时概率密度函数可以表示为：

$$f_{vc}(s,t) = \frac{1}{2\pi\sqrt{1-\rho^2}}\exp\left[-\frac{s^2 - 2\rho st + t^2}{2(1-\rho^2)}\right],$$
$$-\infty < s, t < \infty \tag{7.2.2}$$

运用此式，能够得到概率[例如 $(m_n=1, w_n=1)$]为：

$$Pr[m_n = 1, w_n = 1] = Pr[m_n = 1]Pr[w_n = 1 \mid m_n = 1]$$
$$= Pr[C_n^* > 0]Pr[A_n^* > 0 \mid C_n^* > 0]$$
$$= Pr[\psi_n > -\theta Z_n]Pr[\varepsilon_n > -(\beta X_n + \gamma) \mid \psi_n > -\theta Z_n]$$
$$= Pr[\psi_n > -\theta Z_n, \varepsilon_n > -(\beta X_n + \gamma)]$$
$$= \int_{-\theta Z_n}^{\infty}\int_{-(\beta X_n + \gamma)}^{\infty} f_{\psi\varepsilon}(s,t)\,dt\,ds \tag{7.2.3}$$

从这个结果可以得到式（7.2.1）的模型相对应的对数似然函数为：

$$L = \sum_{\substack{n \\ m_n=1 \\ w_n=1}} \ln \int_{-\theta Z_n}^{\infty}\int_{-(\beta X_n+\gamma)}^{\infty} f_{\psi\varepsilon}(s,t)\,dt\,ds + \sum_{\substack{n \\ m_n=1 \\ w_n=0}} \ln \int_{-\theta Z_n}^{\infty}\int_{-\infty}^{-(\beta X_n+\gamma)} f_{\psi\varepsilon}(s,t)\,dt\,ds$$
$$+ \sum_{\substack{n \\ m_n=0 \\ w_n=1}} \ln \int_{-\infty}^{-\theta Z_n}\int_{-\beta X_n}^{\infty} f_{\psi\varepsilon}(s,t)\,dt\,ds + \sum_{\substack{n \\ m_n=0 \\ w_n=0}} \ln \int_{-\infty}^{-\theta Z_n}\int_{-\infty}^{-\beta X_n} f_{\psi\varepsilon}(s,t)\,dt\,ds$$

$$\tag{7.2.4}$$

如上所述，该对数似然函数值容易通过数值计算进行评估，计算量与 3 选项 Probit 模型相当。

7.2.2 线性—二项离散选择—线性模型

本节的模型也与跟踪调查有关，旨在解析初次调查的出行数、下次调查的出行数和面板脱离行为的关系。方程组可表示为（Kitamura & Bovy，1987）：

$$y_{1n} = \alpha_1 V_{1n} + \zeta_{1n}$$

$$A_n^* = \beta X_n + \varepsilon_n$$
$$a_n = \begin{cases} 1, A_n^* > 0 \\ 0 \quad A_n^* \leq 0 \end{cases} \quad (7.2.5)$$
$$y_{2n} = \alpha_2 V_{2n} + \zeta_{2n}, a_n = 1$$

这里，

y_{1n}＝家庭 n 的初次调查中平均每周的总出行次数

a_n＝面板脱离行为的指标（参加了面板的情况为1，脱离时为0）

A_n^*＝面板脱离行为对应的潜变量

y_{2n}＝家庭 n 的第二次调查中平均每周的总出行次数

α_1，α_2，β是系数向量，V_{1n}，V_{2n}，X_n是说明变量的向量，再者，ζ_{1n}，ζ_{2n}，ε_n是服从以下分布的误差项。

$$(\zeta_{1n}, \zeta_{2n}, \varepsilon_n) \sim \text{MVN}(0, \boldsymbol{\Sigma}), \boldsymbol{\Sigma} = \begin{pmatrix} \sigma_1^2 & \rho_{12}\sigma_1\sigma_2 & \rho_{1\varepsilon}\sigma_1 \\ & \sigma_2^2 & \rho_{2\varepsilon}\sigma_2 \\ & & 1 \end{pmatrix}.$$
$$(7.2.6)$$

若设这个三变量正态分布的密度函数为 $f_{\zeta_1\zeta_2\varepsilon}(s, t, u)$，则方程组（7.2.5）的对数似然函数表示为[1]：

$$L = \sum_{\substack{n \\ a_n=1}} \ln \int_{-\beta X_n}^{\infty} f_{\zeta_1\zeta_2\varepsilon}(y_{1n} - \alpha_1 V_{1n}, t, y_{2n} - \alpha_2 V_{2n}) \mathrm{d}t$$
$$+ \sum_{\substack{n \\ a_n=0}} \ln \int_{-\infty}^{-\beta X_n} \int_{-\infty}^{\infty} f_{\zeta_1\zeta_2\varepsilon}(y_{1n} - \alpha_1 V_{1n}, t, u) \mathrm{d}t \mathrm{d}u \quad (7.2.7)$$

该对数似然函数的数值解析的最大化，虽然用 FIML 进行估计并不困难，但因为没有采用与前一节的二变量 Probit 模型不同的标准的模型形态，不能适用既定的估计软件。北村和博维（Kitamura & Bovy, 1987）提出了如下所示的用自我选择偏好修正项的分阶段估计方法。

根据单一推导法进行分阶段估计时，假定误差项间具有如图 7.2.1 所示的时变从属关系。即，设某事态的误差项被附加了先行事态的误差项条件。于是，与前一节相同，有下式成立。

7.2 受限因变量的联立方程模型

$$\mathrm{E}[\varepsilon_n \mid \zeta_{1n}] = \frac{\rho_{1\varepsilon}}{\sigma_1}\zeta_{1n} \qquad (7.2.8)$$

此时,由于误差项 ζ_{1n} 不是被舍弃而是赋予特定的值,所以误差项 ε_n 的附加条件分布是正态分布。

图 7.2.1 误差项 (ζ_{1n},ζ_{2n},ε_n) 间的因变性

该方差是 $1-\rho_{1\varepsilon}^2$ (Johnson & Kotz,1972),下式成立。

$$\varepsilon_n = \frac{\rho_{1\varepsilon}}{\sigma_1}\zeta_{1n} + u_n, u_n \sim N(0, 1-\rho_{1\varepsilon}^2) \qquad (7.2.9)$$

U_n 具有同一分布,互相独立(identically and independently distributed;i.i.d)。

初次调查的误差项 ζ_{1n} 和被赋予参与第 2 回调查这个条件时,ζ_{2n} 有如下的期望值和方差(Kitamura,1987)。

$$\mathrm{E}[\zeta_{2n} \mid \zeta_{1n}, \varepsilon_n > -\beta X_n] = \frac{\rho_{12}\sigma_2}{\sigma_1}\zeta_{1n} + \sqrt{1-\rho_{12}^2}\sigma_2\rho_{2\varepsilon|1}\frac{\phi(W_n)}{\Phi(-W_n)}$$

$$\mathrm{Var}(\zeta_{2n} \mid \zeta_{1n}, \varepsilon_n > -\beta X_n) = (1-\rho_{12}^2)$$
$$\sigma_2^2\{1 + \rho_{2\varepsilon|1}^2(W_n\lambda_n - \lambda_n^2)\} \qquad (7.2.10)$$

式中,

$$W_i = \frac{-\beta X_n - \dfrac{\rho_{1\varepsilon}}{\sigma_1}\zeta_{1n}}{\sqrt{1-\rho_{1\varepsilon}^2}}$$

$$\rho_{2\varepsilon|1} = \frac{\rho_{2\varepsilon} - \rho_{12}\rho_{1\varepsilon}}{\sqrt{1-\rho_{12}^2}\sqrt{1-\rho_{1\varepsilon}^2}} \qquad (7.2.11)$$

$$\lambda_n = \frac{\phi(W_n)}{\Phi(-W_n)}$$

请注意 ζ_{2n} 的附加条件方差随着观测值的变化而变化。再者,由于 ε_n 被舍弃,ζ_{2n} 的附加条件分布不是正态分布。关于其意义,将在 7.2.3 节论述。

运用以上的结果，导出以下的分阶段估计法。首先，着眼于 y_{1n} 的方程式的说明变量全部是外生变量，该模型由 OLS（或者 GLS）推导，用所得的 $\hat{\alpha}_1$ 推导出 $\hat{\zeta}_{1n} = y_{1n} - \hat{\alpha}_1 V_{1n}$。用此将 A_n^* 写为：

$$A_n^* = \beta X_n + \gamma_1 \hat{\zeta}_{1n} + u_n \qquad (7.2.12)$$

如前所述 u_n 是 i.i.d. 正态随机变量，式（7.2.12）能够单独用极大似然法进行估计。接下来，用如上得到的 $\hat{\beta}$ 将 y_{2n} 表示为：

$$y_{2n} = \alpha_2 V_{2n} + \gamma_2 \hat{\zeta}_{1n} + \hat{\gamma}_3 \hat{\lambda}_n + u_{2n} \qquad (7.2.13)$$

式中，

$$\hat{\lambda}_n = \frac{\phi(\hat{W}_n)}{\Phi(-\hat{W}_n)} \qquad (7.2.14)$$

$$\hat{W}_n = -\hat{\beta}^* X_n - \hat{\gamma}_1^* \hat{\zeta}_{1n}$$

$\hat{\beta}^*$，$\hat{\gamma}_1^*$ 是根据式（7.2.12）估计得到的估计值。估计式（7.2.13）得到的估计值 $\hat{\gamma}_2$ 和 $\hat{\gamma}_3$ 与各个 $\rho_{12}\sigma_2/\sigma_1$ 和 $\sqrt{1-\rho_{12}^2}\sigma_2\rho_{2\varepsilon|1}$ 相对应。估计时，希望使用基于式 ζ_{2n} 的附加条件方差得到的权重的 GLS，ζ_{2n} 如式（7.2.10）所示。但该权重的估计是不可能的，所以不得不采用 OLS。但是，没有参加面板的自我选择偏好这一假说（$H_0: \gamma_3 = 0$）可用 OLS 的结果验证（Heckman，1979）。

7.2.3 使用自我选择偏好修正项时的问题

在本章，讲解了自我选择偏好修正项可以简单计算，在特定条件下，有可用单一方程式法分阶段估计包含离散选择模型的联立方程式的实用方法。特别是正态随机变量的实现值给定时，与此相关的正态随机变量的附加条件方差服从正态分布，该附加条件方差不依存于前者变量的实现值。因此，连续线性模型的因变量变为离散选择模型的说明变量时，在离散选择模型中导入修正项会产生 i.i.d. 误差项，可进行离散选择模型的一致估计。与线性模型的情况不同，Logit、Probit 等的非线性模型中误差项是异方差的情况下，不仅没有效率性，一致性也丧失了。为此，用本章中所述的用修正项等对应异方差是不可或缺的。

与给定正态随机变量的实现值相反，舍弃正态随机变量的情况下，与之相关的正态随机变量的附加条件方差已经不是正态分布了，其附加条件方差依存于前者变量的实现值。因此，将离散选择的结果作为内生说明变量的模型，通过导入修正项得到的误差项不具有正态性，是异方差性的。模型是线性的情况下，OLS是一致估计量，但存在自我选择偏好时对统计的检验无效。再者，该误差项的方差的测算困难，异方差的修正困难。并且，将修正项导入 Probit 模型的情况下，因为非正态性和异方差性，不能进行一致估计。这正是自我选择偏好修正项不能适用于 7.2.1 节的模型原因。理解这些限度的基础上，甄别能运用修正项的情况，本章介绍的方法使模型估计更加省时和有效。

・脚注

[1] 线性模型的因变量是平均每周内家庭的总出行数，第 2 次参与调查的家庭平均为 56.5 次出行，与脱离面板的家庭平均为 39.3 次出行相差极大，可认为用线性模型是妥当的。

第8章 结构方程模型

8.1 结构方程模型的特征

结构方程模型（structural equation model，SEM）是多变量解析方法（multivariate analysis method）的一种，依据它具有代表性的建模程序与分析上的特性[1]，又被称为 LISREL（linear structural relationships）模型、协方差结构模型（covariance structure model）。结构方程模型是可以在模型系统内定义多种潜变量（latent variables），对错综复杂的现象导入结构概念进行分析的模型。这里的结构概念是指"通过假定它的存在，比较简单地理解复杂纠缠的现象为目的的概念（松原，1977）"，为了表现它而被导入的不能直接观测的变

图 8.1.1 运动队伍实力的表现

量称为潜变量。在日常生活中对各种情况的广义的分析中经常可以看到运用这种潜变量的事例。例如，在表现运动队伍的强大时，不是笼统地说明强大，而是使用如图 8.1.1 所示的从攻击力、防守力及综合能力那样，假设其相互关系进行假设说明的分析构架更加明快，表现简单。当然，在微观经济学中假定的效用也是为了理解行为的结构概念。

另外，结构方程模型可以定义为同样使用结构概念的因子分析（factor analysis），规定因果关系的路径分析（path analysis），多元回归分析（multiple regression analysis），质的数据分析方法的数量化理论（Hayashi's Quantification Theory）Ⅰ、Ⅱ、Ⅲ类等代表性的多变量解析方法的一般形式，其作为多变量解析方法的通用性很强。多元回归分析，因子分析之类的多变量解析方法，在交通行为分析中被使用时，各种各样的因素都变成了需要考虑的对象。利用的分析方法根据变量的特性而不同，但使用结构方程模型时，可以在同一框架下进行多个的多变量解析。

结构方程模型是在 20 世纪 70 年代约雷斯科格（Jöreskog，

1970）的理论基础上形成的。随着他和瑟尔布姆（Sörbom）开发的结构方程模型标定电脑程序"LISREL"的推出（Jöreskog & Sörborn，1970），其理论与应用都快速发展。到了 20 世纪 90 年代，其在交通行为分析领域中也得到了许多应用。其被广泛应用的原因如下：

（1）可以加入潜变量，能进行假定了潜变量的因果关系的假设检验。

（2）各种变量间的因果关系的设定富有柔韧性，对因果结构建模非常有用。

（3）作为各种变量解的一般形态，具有普适性。

本章介绍其基本性质和应用方法，展示几个应用实例，更加详细的关于结构方程模型的介绍，请参考结构方程模型的相关书籍（例如 Bollen，1989；丰田，1992）。

8.2 结构方程模型的公式

结构方程模型的一般形式是由结构方程和测量方程两种构成。结构方程是展示潜变量间因果关系的方程式，测量方程表现为多个潜变量和它的观测变量之间的关系式。一般形式如以下所示：

$$\eta = B\eta + \Gamma\xi + \zeta \tag{8.2.1}$$

结构方程式

$$x = \mu_x + K\eta + \Lambda\xi + \varepsilon \tag{8.2.2}$$

在这里 μ_x 是 X 的期望值，B，Γ，K，Λ 是未知参数矩阵。

其他均为潜变量。将这些变量中的潜变量及其观测变量 x，η，ξ 定义为结构变量，将随机变化的因素 ε，ζ 定义为误差变量。根据结构变量的性质，其分类如表 8.2.1 所示。

变量的性质和定义		表 8.2.1
	外生变量	内生变量
观测变量		x
潜变量	ξ	η

内生变量是指结构方程、测量方程式任意一个在左边的变量，没有被配置在左边的变量被称为外生变量（exogenous variables）。

观测变量是对变量直接观测到的数据,不能直接观测的被称为潜变量。也就是说 ξ 是外生潜变量,x 是内生观测变量,η 是内生潜变量。这种表示方法以外,也可以将观测方程分解为外生变量和内生变量,用如下形式表示。

$$\begin{aligned} x_\xi &= \boldsymbol{\Lambda}_\xi \xi + \varepsilon_\xi \\ x_\eta &= \boldsymbol{\Lambda}_\eta \eta + \varepsilon_\eta \end{aligned} \quad (8.2.3)$$

根据这个公式,只以结构方程为例,介绍方程和路径分析的一般形式,只以测量方程为例,展示因子分析的一般形式,就可以理解通过确定模型参数,在结构方程模型框架中进行各种多变量的解析。此外,在式(8.2.3)中,通过定义外生观测变量关联的参数 $\boldsymbol{\Lambda}_\xi = \boldsymbol{I}$,$\varepsilon_\xi = 0$,可以定义 x_ξ 为外生观测变量,可标定 8.4 节介绍的 MIMIC 模型等外生观测变量的模型。

8.3 结构方程模型总参数的标定

结构方程模型的标定主要有两种方法。一种是极大似然估计法,另外一种是最小二乘法。通常使用极大似然估计法,但是也有使用最小二乘法的例子。在这里,将上面定义的结构方程以及测量方程变形,将协方差矩阵构造成未知参数的函数。

$$\begin{aligned} \mathrm{E}(xx') &= \mathrm{E}[(\boldsymbol{K}\eta + \boldsymbol{\Lambda}\xi + \varepsilon)(\boldsymbol{K}\eta + \boldsymbol{\Lambda}\xi + \varepsilon)] \\ &= \mathrm{E}(\boldsymbol{K}\eta\eta'\boldsymbol{K}' + \boldsymbol{\Lambda}\xi\xi'\boldsymbol{\Lambda}' + \varepsilon\varepsilon') \\ &= \mathrm{E}[\boldsymbol{K}(\boldsymbol{I}-\boldsymbol{B})^{-1}(\boldsymbol{\Gamma}\xi+\zeta)(\boldsymbol{\Gamma}\xi+\zeta)(\boldsymbol{I}-\boldsymbol{B})^{-1'}\boldsymbol{K}' + \boldsymbol{\Lambda}\xi\xi'\boldsymbol{\Lambda}' + \varepsilon\varepsilon] \\ &= \mathrm{E}[\boldsymbol{K}(\boldsymbol{I}-\boldsymbol{B})^{-1}(\boldsymbol{\Gamma}\xi\xi'\boldsymbol{\Gamma}' + \zeta\zeta')(\boldsymbol{I}-\boldsymbol{B})^{-1'}\boldsymbol{K}' + \boldsymbol{\Lambda}\xi\xi'\boldsymbol{\Lambda}' + \varepsilon\varepsilon] \\ &= \boldsymbol{K}(\boldsymbol{I}-\boldsymbol{B})^{-1}(\boldsymbol{\Gamma}\boldsymbol{\Psi}\boldsymbol{\Gamma}' + \boldsymbol{\Phi})(\boldsymbol{I}-\boldsymbol{B})^{-1'}\boldsymbol{K}' + \boldsymbol{\Lambda}\boldsymbol{\Psi}\boldsymbol{\Lambda}' + \boldsymbol{\Theta} \quad (8.3.1) \end{aligned}$$

这里,$\boldsymbol{\Psi}$,$\boldsymbol{\Phi}$,$\boldsymbol{\Theta}$ 分别是 ξ,ζ,ε 的协方差矩阵。

将 θ 作为表现了估计总参数向量,该结构方程导出的协方差矩阵中包含全部的未知参数,可以记为 $\Sigma(\theta)$。将 $\Sigma(\theta)$ 定义为结构协方差矩阵。使得结构化协方差与充分统计量的样本协方差矩阵接近,使用极大似然估计法,最小二乘法其中任一个,是标定未知参数的基本方向。

1. 极大似然估计法

假定观测变量 x 具有式(8.3.2)所示的概率密度函数,服从

8.3 结构方程模型总参数的标定

多元正态分布。

$$f(x\mid \mu,\theta) = (2\pi)^{-\frac{n}{2}}|\pmb{\Sigma}(\theta)|^{-\frac{1}{2}}\exp\left[\frac{-1}{2}(x-\mu)'\pmb{\Sigma}(\theta)^{-1}(x-\mu)\right]$$
(8.3.2)

其中，μ 是期望值向量，θ 是估计总参数向量，n 是内生观测变量的维度。

此时，设从同样的总参数中取出样本向量 $\pmb{X}=(\pmb{X}_1,\cdots,\pmb{X}_n)$ 被独立观测，它同时发生的概率密度用各个样本观测到的概率密度的积表示。对其取对数，仅将与总参数相关的项目简略化变成式（8.3.3）。

$$F_{ML} = tr(\pmb{\Sigma}(\theta)^{-1}S) - \log|\pmb{\Sigma}(\theta)^{-1}| \quad (8.3.3)$$

这里，一般情况下，残存若干与总参数无关的项的式（8.3.4），多作为似然函数使用。

$$F_{ML} = tr(\pmb{\Sigma}(\theta)^{-1}\pmb{S}) - \log|\pmb{\Sigma}(\theta)^{-1}\pmb{S}| - n \quad (8.3.4)$$

其中，S 是样本协方差矩阵，$\pmb{\Sigma}$ 是估计协方差矩阵，n 是内生观测变量的维度。

在 S，n 给定的条件下，使式（8.3.4）对 θ 最大化，可以求出总参数中某一 θ 的确定值。

2. 最小二乘法

设充分的统计量的样本协方差矩阵 S 和总参数关联的结构化协方差 $\pmb{\Sigma}(\theta)$ 之间各要素的差作为残差，由残差平方和的定义有如下形式：

$$f_{LS}(\theta) = tr[\{\pmb{S}-\pmb{\Sigma}(\theta)\}\{\pmb{S}-\pmb{\Sigma}(\theta)\}'] \quad (8.3.5)$$

式（8.3.5）最小化的 θ 是依据最小二乘基准估计的总参数向量。如 8.5 节所述，在样本向量 $\pmb{X}=(\pmb{X}_1,\cdots,\pmb{X}_n)$ 中包含离散变量、分类变量、删失变量[2]等的情况下，不是直接求样本协方差矩阵，需要估计协方差矩阵自身。此时，用标定的估计样本协方差代替样本协方差，不使用极大似然估计法和最小二乘法，希望应用加权的最小二乘基准。这是因为估计样本协方差 $\hat{S}$ 本身就是估计值，它与确信程度不一样。一般，其权重用估计相关系数矩阵的协方差矩阵[3]的逆矩阵（Golob et al，1977）表示，如式（8.3.6）所示。

$$f_{GLS}(\theta) = tr[\{S - \Sigma(\theta)\}W^{-1}\{S - \Sigma(\theta)\}'] \quad (8.3.6)$$

其中，W 是估计样本协方差的协方差矩阵。式（8.3.6）最小化的 θ 为确定值，可以得到考虑估计样本协方差矩阵的各个要素的确切性的估计值。这样得到的 $f_{GLS}(\theta)$ 具有渐进有效性。

3. 模型的标定程序

为了标定结构方程模型，虽然有用似然函数、最小二乘基准编写程序的方法，但是一般情况下可用于结构方程模型标定的软件很多。代表性的软件有 AMOS，CALIS，EQS，LINCS，LISEREL，Mplus，Mx 等。这些软件各自的特征可以参考本章附录网址。现在这些软件几乎都装备了仅描绘路径图就可以标定模型的工具，使得模型的标定可以视觉化地进行。作为选择这些软件的时候的参考，若干个建模软件［CALIS（CAS），LINCS（GAUSS）］提供了统计软件包的程序分析，用这些统计软件包进行其他分析可以更方便。另外，还出版了 AMOS，CALIS，EQS，LISREL 的日语解说版（狩野，1997；丰田，1992；山本·小野寺，1998）。Mx 是其中唯一的免费软件，用于实验性的结构方程模型时几乎不需付费。Mplus 也有体验版，能够用它确认软件的操作性。

8.4 典型的分析模型

应用结构方程模型的分析在 8.1 节讲过，成为多变量分析方法的一般形式，可以构筑成各种各样形式的模型。其代表性的例子是多重指标模型，多重指标多重原因（multiple indicator multiple cause；MIMIC）模型。它们是依据结构误差和观测误差与潜变量间的关系进行区分，为了理解这些模型的差异，观测变量和潜变量之间的因果关系，这里使用路径图来方便理解。图 8.4.1、图 8.4.2 是典型的多重指标模型和 MIMIC 模型。结构方程模型多是应用了很多观测变量和结构概念来分析因果关系，其结果容易出现复杂的公式。因此，可将因果关系视觉化表现出路径图，不仅对分析结果的理解，而且对分析者自己的建模以及概念整理也非常有效。8.3 节讲述的结构方程模型的标定程序几乎都是为了辅助建模而准备的作图工具。

1. 多重指标模型

图 8.4.1 所示的多重指标模型，观测变量全部为潜在要素的指标，是指对于 1 个潜变量存在多个观测变量的情形。与一般的因子分析中假设的结构类似，也可以假设结构观念间的路径，可以构建更加柔软的模型。

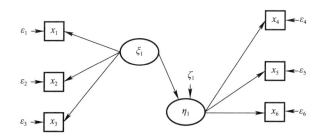

图 8.4.1　多重指标模型的示例

2. 多重指标多重原因模型（MIMIC 模型）

图 8.4.2 所示的多重指标多重原因模型，是在观测变量中存在外生变量和内生变量两个群时使用的模型。将可观测的多数因素分为原因侧和结果侧，通过少数的结构概念假定这些观测变量间的结构。外生的观测变量和内生的观测变量是通过更小维度的潜变量联系起来，所以有这样的名称。

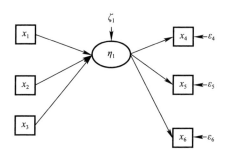

图 8.4.2　多重指标多重原因模型的示例

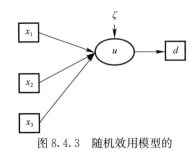

图 8.4.3 随机效用模型的路径示例

像这样，通过误差项和路径的假设可以考虑各种各样类型的模型。下面，基于随机效用理论的交通行为分析的一般性工具离散型选择模型，也可以用和上述同样的路径图来表示（图 8.4.3），以 Probit 模型为代表的假设误差项服从正态分布的模型，可定义为结构方程模型的特殊形态。由此可以窥见结构方程模型的广泛适用性。

8.5 离散变量、删失变量和结构方程模型

基于结构方程模型的交通行为分析中许多分析对象为意识调查，通常多用排序尺度来观测，另外，还有因为出行变量存在下限，很难假设这些分布服从多元正态分布。标定结构方程模型一般使用的极大似然估计法从多变量正态分布函数的假设中脱离，特别是第 3、第 4 次针对力矩的非正态性缺乏估计值的协方差。但是，这样的变量不可能用结构方程模型来分析[4]，结构方程模型的交通行为分析的范围是非常小的。在这里，取本节分类变量和删失变量，说明结构方程模型的适用方法。

1. 离散·分类变量（discrete/categorical variables）

调查意识的程度这些潜在的意识要素时，难以将其作为连续变量来观测，多集中分成几类用序数来观测。除此之外，在假设效用达到某一定值以上的时候行为才被观测，出行发生或不发生、换汽车行为等分析，也可以和序数数据在同样的框架中采集。将这些数据用于结构方程模型进行行为分析时，对于观测变量的协方差计算方法来说需要运用一些技巧。关于这一点已经开发对应数据特质的手段，根据表 8.5.1 所示的数据的性质，把序列相关系数（serial correlation coefficient）、多分系列相关系数（polyserial correlation coefficient）、四分相关系数（tetrachocholic correlation coefficient）、多分相关系数（polychoric correlation coefficient）(Joreskog & Sorbom, 1996; Poon & Lee, 1987) 作为样

8.5 离散变量、删除变量和结构方程模型

本分布的充足统计量使用。这些相关系数，假定无论哪一个连续变量都遵从一定的规则在范围内可以分类观测，是本来应该观测的连续变量的协方差（相关系数）的估计值。基本的计算方法和本小节的删除变量表示方法是一样的，对于许多标定的软件包，只要指定变量形式，然后标定计算相关系数。这样的假定成立的时候，可以计算出包含离散变量的数据群的相关系数。

使用这些相关系数通过极大似然估计法计算的估计值，虽然具有无偏性，但因为估计值的标准误差会产生偏值，t 检验就会不正确。因此，在 8.3 节中，使用将估计的相关系数矩阵的误差方差作为权重的最小二乘法估计样本总体，可以得到有效的渐进的估计量。

实际数据应用时，对包含 2 值变量的数据适用极大似然估计法时，估计值及标准差的误差，和用序列、四分相关系数的加权最小二乘法有着很大的差异，依据本特勒和周（Bentler & Chou, 1987）的研究结论，只包含分类数超过 4 个的数据，和不使用多分系列、多分格相关系数的情况作比较，没有大的差别。

如上所述，包含分类变量的数据也可以运用于结构方程模型，但是像性别、职业这样，难以假设为连续变量的离散·分类变量，即使使用这里提到的相关系数，分析上也几乎没有意义。然而，这些变量可以作为如图 8.4.2 所示的 MIMIC 模型中的那样的外生的观测变量放进模型。这种情况下，外生观测变量对其定义上充分统计量的样本协方差没有影响，因此，可以使用去除这些变量的关联要素的协方差矩阵作为充分统计量。

依据离散、分类变量标定的相关系数　　表 8.5.1

数据形式		作为充分统计量的矩阵
离散（2分类）	连续	双列（系列）相关系数
离散（3分类以上）	连续	序列系列相关系数
离散（2分类）	连续（2分类）	四分相关系数
离散（2分类）	连续（3分类以上）	多分系列相关系数

2. 切断变量（censored variables）

和观测变量是依据顺序变量等离散型变量的数据相同，依据

交通行为的分析中，观测到的多种变量类型之一，就有删失型。可以假定删失型观测变量出行数和活动时间之类的背后潜在的要素为连续分布，由于观测中存在制约，观测值存在上、下限，分布形式为被推向特定方向的变量，和使用样本选择 Tobit 模型的样本选择变量相同。例如，假设某一活动时间耗费的总时间与这个活动得到的效用成比例，那么因为各活动时间不可能取负值，因此只获得某一定值以下效用的个体，无论水平是多少，其"消费活动时间 0 分钟"。即观测到"消费活动时间 0 分钟"存在各种各样的效用水平。因为有很多接近上、下限的观测值样本，这样直接求方差和协方差时，与真正想知道的潜在因素在连续测定时的协方差结构相比是非同一的，参数的估计值中会产生偏差。因此，为了去除偏差，在截断观测背后没有上、下限的变量的假设下，估计该变量的协方差，将其作为样本协方差矩阵，估计总参数。

具体来说，存在上、下限的变量使用以下方法：

$$x = \begin{cases} M_1 : x^* < l_1 \\ x^* : l_1 < x^* < l_2 \\ M_2 : x^* > l_2 \end{cases} \quad (8.5.1)$$

其中：

x：观测变量；

x^*：背后假设潜变量，服从平均值 μ、方差 σ 的正态分布；

l_1，l_2：观测结果变化的 x^* 的阈值；

M_1，M_2：上、下限的观测值。

根据式（8.5.1），可以分别定义各指标观测的概率。

$$\begin{aligned} P(x = M_1) &= \int_{-\infty}^{l_1} f(x^* \mid \mu, \sigma^2) \mathrm{d}x^* \\ P(x = x^*) &= f(x^* \mid \mu, \sigma^2) \\ P(x = M_2) &= \int_{l_2}^{\infty} f(x^* \mid \mu, \sigma^2) \mathrm{d}x^* \end{aligned} \quad (8.5.2)$$

其中，$f(x^* \mid \mu, \sigma^2)$ 是 x^* 的概率密度函数，分别以未知参数 μ，σ 为均值分布的正态分布。由于设定了分布形式，通过观测的样本同时出现概率最大化的极大似然估计法，可以求出期望值 μ，方差 σ。将这个思路用于多变量，也可以对应包含删失变量的观测变量向量。

8.6 模型的评价

和其他的统计模型一样，结构方程模型的评价，有测试全体模型的适合度，和对个别估计总参数进行的零假设检验。以下举几个代表性的例子进行说明。

8.6.1 全体适合度指标

1. χ^2 检验

使用极大似然估计法标定的模型，对于零假设"构成模型是正确的"，样本量非常大的时候，用式（8.3.4）定义的极大似然度 F_{ML}，利用式（8.6.1）服从自由度为式（8.6.2）的 χ^2 分布。

$$\chi^2 = (N-1)F_{ML} \tag{8.6.1}$$

$$df = \frac{1}{2}n(n+1) - p \tag{8.6.2}$$

可以用 χ^2 检验出模型全体是否有意义。式中，n 是观测变量的数量，自由度的右边第一项表示样本协方差矩阵的独立要素；p 是未知参数的个数。另外，χ^2 的检验和一般离散型选择模型等的 χ^2 检验不同，零假设要注意"构成的模型是正确的"这一点。概念上离散型选择模型等使用 χ^2 检验，从数据变动全部都是误差这一点开始，通过检验和目标的距离，决定是否能够构建模型。有时，尽管与目标相当接近，也有拒绝零假设的情况，尽管完全没有接近目标，也有零假设不能拒绝的情况。由此，依据 χ^2 检验，如果因为零假设被拒绝，并不能否认模型的精度。尤其是这个 χ^2 的值受到样本很大的影响，样本量有数百时，一般和模型精度的好坏无关，很多时候被拒绝（柳井ら，1986）。

2. GFI（goodness of fit indicator），AGFI（adjusted goodness of fit indicator）

作为现实模型适合度的指标，人们还提出了不那么像 χ^2 依赖样本量的如式（8.6.3）所示的 GIF。

$$\begin{aligned} \text{GFI} &= 1 - \frac{tr[(\sum(\hat{\theta})^{-1})(\boldsymbol{S} - \sum(\hat{\theta}))]^2)}{tr[(\sum(\hat{\theta})^{-1}\boldsymbol{S})^2]} \\ &= 1 - \frac{tr[(\sum(\hat{\theta})^{-1}\boldsymbol{S} - \boldsymbol{I})^2]}{tr[(\sum(\hat{\theta})^{-1}\boldsymbol{S})^2]} \end{aligned} \quad (8.6.3)$$

式中，$\boldsymbol{I}$ 是单位向量。

GFI 虽然不是检验指标，但是可以作为适用度高的指标使用。按照经验来说希望该值达到 0.9 左右（丰田，1998），由于受到观测变量的数量影响，观测变量的数量越多，通常适用度会降低。另外，因为 GFI 拥有自由度越小看起来的适用度越高的性质，固定总参数只改变自由总参数可以改善 GFI。因此，人们提出了修正自由度影响的适用度指标 AGFI。

$$\text{AGFI} = 1 - \frac{n(n+1)}{2\mathrm{d}f}(1 - \text{GFI}) \quad (8.6.4)$$

此为修正了 GFI 的自由度的指标，分析者毫无意义地减小自由度时，其值也会变小。

3. 信息量基准

对于统计模型，可以采用通用的适合度指标，AIC 准则（Akaike's information criterion；AIC）作为结构方程模型的适用度指标。

$$\text{AIC} = \chi^2 - 2\mathrm{d}f \quad (8.6.5)$$

AIC 显示为更小的值时，表示模型的适合度高[5]，对比多个模型的 AIC，可以认为 AIC 最小的模型是最好的。还有，由于 AIC 会受到样本量的影响，因此，提出了去除了样本量影响的 CAIC（consistent Akaike's information criterion）和 SBC（Schwarz's Bayesian Criterion）（William et al，1998）。

$$\text{CAIC} = \chi^2 - [\log(N) + 1]\mathrm{d}f \quad (8.6.6)$$

$$\text{SBC} = \chi^2 - \log(N)\mathrm{d}f \quad (8.6.7)$$

4. RMSEA（root mean square error of approximation）

RMSEA 是显示由标定的模型规定分布和与根据数据计算的真

分布之间的乖离的指标，它显示了评价每一个自由度的乖离量，该值越小，模型的适合性越高。

$$\text{RMSEA} = \sqrt{\max\left(\frac{F_{ML}}{\mathrm{d}f} - \frac{1}{N}, 0\right)} \tag{8.6.8}$$

一般情况下，RNSEA 在 0.05 以下，认为模型的适合性良好，达到 0.1 以上，就判为适合度不好（豐田，1999）。

8.6.2 模型的部分评价

针对个别估计参数的评价，可以用对于各个参数进行 t 检验的结果。t 检验是对于参数为某个值（通常为 0）的零假设的检验，需要注意的是 t 值越高不能推导出因果关系越强。

8.7 模型的检验

将结构方程模型代入交通行为数据，恰当地解释其结果，就可以验证行为假设，得到关于行为的新的发现。但是，由于结构方程模型可能具有介于多个潜变量的复杂的因果关系，因此，仅仅是两个要素间的解释是不够的，需要验证综合的因果关系。在本节中，关于模型的解释，介绍直接效果和综合效果以及间接效果的定义与关系。

1. 直接效果

这里，重写在 8.2 节所示的结构方程模型中，表现变量间的因果关系的结构方程式：

$$\eta = B\eta + \Gamma\xi + \zeta$$

直接效果是指对于变量 η 的变化，在各变量的变化中有直接因果关系的那部分。式（8.2.1）中的变量 η 和 ζ 在各自方差标准化为 1 时，B，Γ 为各自的直接效果。此外，通常，结构误差变量 ξ 在结构参数标准化为 1 时，方差不同，所有的变量的方差标准化为 1 时，式 8.7.1 可以计算误差变量 ζ 的直接效果 Δ。

$$\eta^* = B^*\eta^* + \Gamma^*\xi^* + \Delta\zeta^* \tag{8.7.1}$$

这里，带有"∗"的变量意味着方差标准化为 1。

2. 综合效果

结构方程模型因为可以构造复杂的因果关系，除了两个变量之间直接的影响外，还常常存在通过其他潜变量的变化的影响。包含这些变量的变化带来其他变量的变化的所有影响被称为综合效果。图8.7.1所示的路径[6]，变量A给变量C带来的影响，除了连接变量A和变量C之间有箭头（直接效果）外，变量A的变化影响变量B，也存在该连锁上的归结点变量C变化之类的关系。包含这些从变量A到变量C的影响被称为综合效果。

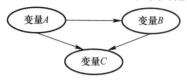

图8.7.1 结构方程示例

综合效果可以接合直接效果求出，通常情况下，也可以将式（8.7.1）中变形η^*的诱导型求出。

$$\eta^* = (1-B^*)^{-1}(\Gamma^*\zeta^* + \Delta\zeta^*) \qquad (8.7.2)$$

式（8.7.2）是η^*的诱导型，其中$(1-B^*)^{-1}\Gamma^*$是ξ^*的综合效果，$(1-B^*)^{-1}\Delta$是ξ^*的综合效果。

3. 间接效果

从综合效果扣除直接效果的剩下部分被称为间接效果。作为示例，这里假设其为式（8.7.3）和式（8.7.4）所示的结构方程。

$$\eta_1^* = \gamma_1^*\xi_1^* + \gamma_2^*\xi_2^* + \delta_1^*\zeta_1^* \qquad (8.7.3)$$

$$\eta_2^* = \beta_1^*\eta_1^* + \gamma_3^*\xi_1^* + \gamma_4^*\xi_2^* + \delta_2^*\zeta_2^* \qquad (8.7.4)$$

这里，将式（8.7.3）代入式（8.7.4）可得：

$$\eta_2^* = \beta_1^*(\gamma_1^*\xi_1^* + \gamma_2^*\xi_2^* + \delta_1^*\zeta_1^*) + \gamma_3^*\xi_1^* + \gamma_4^*\xi_2^* + \delta_2^*\zeta_2^*$$

ξ_1^*对η_2^*的影响用$\beta_1^*\gamma_1^* + \gamma_3^*$表示，这是式（8.7.2）中的$(1-B^*)^{-1}\Gamma^*$表示的综合效果。从这里除去直接效果$\gamma_3^*$的间接效果是$\beta_1^*\gamma_1^*$，意味着$\xi_1^*$通过$\eta^*$对$\eta_2^*$产生的效果。

8.8 结构方程模型的应用案例

使用结构方程模型对交通行为分析的事例从20世纪代末就广泛存在。适用的领域由于结构方程模型作为因子分析的发展型被开发的历程，分析数理心理学的心理数据的事例在早期多见，因其灵活的模型结构，被应用于各个领域。这里将以心理数据分析、动态行为分析及时间利用数据的分析为主进行讲解。

1. 心理数据分析

早期运用结构方程模型分析交通行为的心理方面的研究可以追溯到森川（Morikawa，1989）。在麦克法登（McFadden，1986）提出的消费者决策路径图（图8.8.1）的基础上，运用结构方程模型的 MIMIC 模型和离散型选择模型，从社会经济属性和心理数据中抽出潜在的知觉值要素，进行交通方式选择行为分析。森川和佐佐木（1993）提出了这个研究的发展模型。森川和佐佐木提出了结构方程模型和离散型选择模型同时估计的方法，构建了心理数据和选择数据的综合模型系统。又基于相同的路径图，佐佐木等（Sasaki et al.，1999）尝试分析态度数据，运用潜在分类模型提出了考虑个体特异性的离散型选择模型。这样不仅是和离散型选择模型相组合，而且使用结构方程模型对交通行为的意识结构进行确认分析的实例很多。例如，分析旅游交通的魅力度认知结构（森川ら，1991）的研究，分析高速路的路径要素的案例（西井ら，1995），及汽车持有的意识结构分析（佐藤ら，1999；吴ら，1999）的研究案例等。

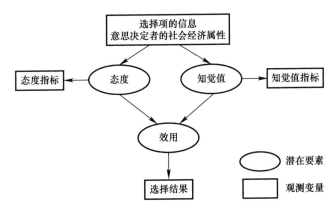

图 8.8.1　消费者决策结构（McFadden，1986）

2. 动态行为分析

结构方程模型，因其可以在模型内假定很多潜在要素的因果关系，对于多时点的数据分析，可以在模型中加入明确的时间点间的因果关系。例如，将在离散型选择模型假定的外生变量→效用→选择这一连串的因果关系扩张到多时点的情况下,可以假定各个要素间的因果关系,也很容易定义系列相关的问题。交通行为分析中,根据戈洛布(Golob)等人一系列的研究(Golob & Wissen,1989;Golob,1990;Wissen & Golob,1992),使用关于荷兰国民关于移动的面板数据,分析了小汽车的类型、行驶距离、出行生成、出行方式选择及燃料动态选择。这个研究中分别将小汽车的种类和行驶距离定义为离散变量和非负的删失变量。同样,戈洛布等人(1997)使用在圣迭戈的高占用(HOV)车道利用3时点面板数据,考虑了旅行时间、合乘选择、对高占用车道的态度,及交通环境的知觉值4要素时点的动态特性,使用结构方程模型构建模型。该研究使用的矢量图如图8.8.2所示。基于该框架图标定结构参数,对怎样的因素会在时点间产生影响进行分析。

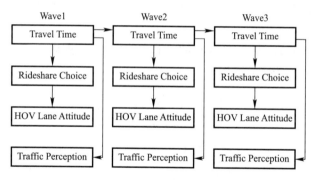

图 8.8.2　3时点面板的动态结构(Golob et al,1997)

同样的彭迪亚拉(Pendyala,1998)在汽车保有和居住地的选择、家庭属性的因果关系中,藤原等人(1993)在以多个时点的SP面板数据为基础考虑时点间依存性的动态行为分析中,应用了结构方程模型。此外,作为将结构方程模型应用于多时点行为数据的案例,巴戈齐和伊(Bagozzi & Yi,1994)提出了单指标型、多指标型、多重滞后型等随行为特性的若干方法。

3. 时间利用数据分析

结构方程模型因为可以将多个变量的复杂的因果关系,通过潜变量变成简单的形式进而建模,所以可以在如1天的时间利用这样有复杂因果关系的数据中发挥作用。藤井（1997），藤井和北村（Fujii & Kitamura，1999）用活动日志数据，将出行发生次数、家外家中的时间利用、通勤时间和上班工作时间、个人属性的关系，使用结构方程模型建模，根据通勤时间和通勤时间带的变化，明确出行次数和活动时间的变化，根据通勤时间的变化，表明新的出行发生的可能性。

交通行为以外的应用事例，丰田（1998）的相关研究也记载了很多其他事例，有兴趣的读者可以参考。

8.9　结构方程模型的应用

本章概略介绍的结构方程模型，不仅适用连续变量，也可以适用离散、删失变量，而且是可用其间因果关系较小的维度的潜变量进行可视的分析的非常有效的方法。就像本文中讲述的那样，从意识分析数据到动态选择项行为，有很多的应用事例。但是，这样有力的模型也有几个需要注意的地方。

1. 因果关系的好坏和适用度

结构方程模型导入结构概念（潜变量），因为模型结构的自由度非常高，可以从一个数据集合构建各种因果模型。对于各种行为假说，通过实证研究可以进行假说检验。但是，结构方程模型的适用度是表示假说与数据的目标吻合程度的好坏的指标，而不是问假设的好坏。因此，行为分析中适用结构方程模型时，不仅要依据模型的适用度建模，也需要对行为假设进行充分讨论。

2. 多变量正态性的问题

结构方程模型假设整体的多变量是正态性的，对于离散数据、删失数据等假设背后存在正态分布的连续变量，因此存在着对各人的异质性等非正态要素的分析非常困难的缺点。另外，假设正态整体，只用协方差和平均值就可以进行分析，因此，就成了对均质的整体进行集计的分析。其中，人们提出了将整体分成几个部分进行分析的方法的软件包（LIAREL8，Mplus等），导入潜在级分析的方法（Jedidi et al，1997），缓和了单一总群的多变量正态分布的假设。

3. 非最优解的问题

结构方程模型容易产生非最优解的问题。像离散型选择模型那样不能保证似然函数的单峰性，多的时候，参数的数量模型和数据不符合时，参数的标定计算不收敛，解发散的可能性很大。这时只能依赖改变模型的结构，改换初期值等探索法（heuristics），然而，有效地寻找出最优解并不容易。

除此之外，虽然使用结构方程模型有若干需要注意的点，但是由于它对交通行为分析的所有面都适用，以明快的形式将复杂的现象模型化，因此，可以说它是潜藏了更多可能性的方法。

- **附录**

  标定结构方程模型的主要代表性的软件的下载地址（2000年10月）
  AMOS：http：//www.smallwaters.com/amos/
  CALIS：http：//www.sas.com/products/stat/index.html
  LINCS：http：//www.aptech.com/rjs.html#lincs
  LISAREL：http：//www.ssicentral.com/lisrel/mainlis.htm
  Mx：http：//views.vcu.edu/mx/
  EQS：http：//www.mvsoft.com/
  Mplus：http：//www.statmodel.com/mplus/index.html

- **脚注**

[1] 对整体假设了多变量正态时，平均值和协方差矩阵是数据的充分统计量，也就是说确定样本的分布的话，就不需要各观测值。尤其是数据标准化时，协方差矩阵是充分统计量。

[2] 本章切断变量（censored variable）和第10章的删失变量是同一单词的翻译，本章称其为切断变量。

[3] 意味着估计的协方差矩阵的估计误差的协方差矩阵。

[4] 二项选择模型的情况下，用在8.5节介绍的离散型的被说明变量，可以构建结构方程模型框架的选择模型，但多项选择时，这个方法不适用。

[5] 正确解释信息量基准时，AIC不是表示适用度的高低，只不过是表示期望平均对数似然度的高低的指标。可以解释为，不同的样本使用模型时得到的对数似然度的期望值最高的模型。

[6] 为了简单起见，设其为各变量的方差被标准化的结果，并将结构误差从图中除去。

第9章 动态模型

如前面5.4节所述，用时变数据的动态解析，着眼于行为变化而不是行为状态的分析有诸多优点。本章介绍此类分析时使用的最具代表性的动态模型。基于跟踪调查等，分析多个个体行为随时间的变化，不涉及时间序列分析。

9.1 交通行为的动态特性

在交通行为分析中，很少对行为变化的过程进行分析，几乎所有的分析仅是着眼于某一时间点的行为状态。并且是基于"行为处于均衡状态"的假定，频繁地进行静态分析。然而，正如本书第一部分所述，由于人的认知能力有限，信息不完备，伴随行为适应的时间滞后等原因，假设交通行为并不总是处于均衡的状态更为妥当。动态把握交通行为，作为适应外界条件变化的行为调整过程，或者作为面向学习过程进行分析是更恰当的（Goodwin et al.，1990）。

假设新开通一条收费公路引发了交通环境的变化。行为主体自然会针对这一变化，根据自己的实际情况，做出对自己最有利的出行行为调整。然而，只有当行动主体认识到这一变化，并认识到与之相对应的行为调整是最理想的，才开始进入应对过程，并开启搜寻替代行为模式。搜寻替代方案不一定面面俱到，正如第2章所述，由于人类的认知能力是有限的，新的行为模式不一定是优化的结果。当然，采取什么样的行为模式、如何进行完美的搜寻、用怎样的顺序思考代替模式、采取怎样的决策步骤等问题依赖于很多因素。这意味着对于描述交通环境的变量与个人、家庭等属性的函数，根据以往使用静态模型来描述适应后行为的方法，不能说明行为的变化，使用包含适用期间的时变数据来进行动态的解析是不可或缺的。也就是说，其要点不是静态把握行为状态，而是应着眼于行为变化的过程。

这样分析交通行为的时候，就能浮现出一些重要的行为特性。

非对称性：增加或减少对行为产生影响的变量，不仅影响行为变化的方向，而且其变化程度也会不同。

迟滞现象：作为非对称性的结果，行为的变化存在路径依存现象。也就是说，行为的变化方式依存于影响因素的变化轨迹，即使最终影响因素的数值相同，行为也未必相同。

时间差：行为的变化不一定与影响因素的变化同时发生。行为的变化有两种情况：①在影响因素变化之后再发生改变［这种情况下的时间差称为滞后（lag）］；②在影响因素变化之前就发生变化［这种情况下的时间差称为超前（leads）］。

关于这些案例的详情可参考古德温（Goodwin et al.，1990）；北村和胡恩（Kitamura & van der Hoorn，1987）；古德温（1997，1998）的相关研究。

因为这些动态特征，所以观测到的行为不一定处于均衡状态。假设行为变化是路径依存的，或者行为变化中存在时间差，那么观测到的行为和影响因素之间就不存在一一对应关系。那么就可以理解为，目前为止基于横向数据的静态分析，仅在满足有限制条件下才具有合理性。如第 5 章所论述，在很多情况下，重要的是描述行为变化的本身。

9.2 基于随机过程的交通行为

本节将交通行为定义为 5.4 节所述的随机过程，给出明确的数学公式，并论述常用的随机过程模型。首先，沿用北村等（Kitamura et al.，1996）离散交通行为的时变过程作为马尔可夫过程描述。假设对象交通行为定义在由离散状态的集合组成的状态空间上，状态间的变迁被认定为是瞬间完成的。因此，两种状态迁移之间的行为过程只有一种状态。将此称为在该状态的滞留（sojourn）。作为状态的例子有：通勤（上下班）交通方式、雇佣状态、出行生成量等。迁移发生的时刻和迁移后的状态是由概率决定的，认为其机理是不随时间变化的（时间同质性；time homogeneity）。

状态空间为 E，非负整数集合为 $\mathbf{N}_+$，并且 $\mathbf{R}_+ = [0, +\infty]$，

9.2 基于随机过程的交通行为

X_n，$n \in \mathbf{N}_+$，那么第 n 次变迁后的状态就用 T_n 的第 n 次变迁的时刻来表示。这里，$X_n \in E$，$T_n \in \mathbf{R}_+$，$0 = T_0 \leqslant T_1 \leqslant T_2 \leqslant \cdots$。该随机过程表示为 $(\boldsymbol{X}, \boldsymbol{T}) = \{X_n, T_n; n \in \mathbf{N}_+\}$。本章由该随机过程来描述行为过程。

更新过程：状态空间只包含一个状态，每个随机事件发生时就会开始新的滞留。例如，到达过程适用于描述交通事故的发生或电话线路上通话的开始等。在这种情况下，连续的两个事件之间的时间推移就是滞留时间，该随机过程可表示为：$\boldsymbol{T} = \{T_n; n \in \mathbf{N}_+\}$。过程 $\boldsymbol{T}$ 在停留时间具有同一分布且互相独立时（i.i.d.），即，滞留时间的累积分布用 $F_T(t)$ 表示时，

$$Pr[T_{n+1} - T_n \leqslant t \mid T_0, \cdots, T_n] = Pr[T_{n+1} - T_n \leqslant t] \\ = F_T(t), t > 0, \forall n \in \mathbf{N}_+$$
(9.2.1)

若该式成立，即为更新过程。

马尔可夫更新过程：马尔可夫更新过程是概括多个状态构成的状态空间过程的随机过程。随机过程 $(\boldsymbol{Z}, \boldsymbol{T})$ 为，

$$Pr[X_{n+1} = j, T_{n+1} - T_n \leqslant t \mid X_0, \cdots, X_n; T_0, \cdots, T_n] \\ = Pr[X_{n+1} = j, T_{n+1} - T_n \leqslant t \mid X_n] \quad (9.2.2)$$

所有 $n \in \mathbf{N}_+$，$j \in E$，且当 $t \in \mathbf{R}_+$ 成立时，称为马尔可夫更新过程。且当所有的 $i, j \in E$，$t \in \mathbf{R}_+$ 时，假定式 (9.2.3) 成立。

$$Pr[X_{n+1} = j, T_{n+1} - T_n \leqslant t \mid X_n = i] = Q(i, j, t) \quad (9.2.3)$$

式 (9.2.3) 表示的就是前文所说的时间同值性，当将来的行为过程发生最后迁移的时刻，意味着便不依存于 T_n。随机概率群 $\boldsymbol{Q} = \{Q(i, j, t): i, j \in E, t \in \mathbf{R}_+\}$ 叫作状态空间 E 上的半马尔可夫核（semi-Markov kernel）。从状态 i 到状态 j 的迁移概率，即当前状态为 i 时，迁移后状态为 j 的概率为：

$$P(i, j) = \lim_{t \to \infty} Q(i, j, t) \quad (9.2.4)$$

马尔可夫过程：马尔可夫过程是马尔可夫更新过程的特殊形式，为条件历史独立（conditionally history independent）。时间相同的马尔可夫过程（Cinlar，1975）的 $\boldsymbol{Q}$ 被定义为：

$$Q(i, j, t) = P(i, j)(1 - e^{-\lambda_i t}), t \geqslant 0, \forall i, j \in E \quad (9.2.5)$$

即，状态 $i(\forall i \in E)$ 的滞留时间是参数 λ_i 的负指数分布,状态间的迁移概率 $\boldsymbol{P}(i,j)$ 与状态 i 中的滞留时间独立。这里假定:

$$\boldsymbol{P}(i,j) = 0, \forall i \in E \quad (9.2.6)$$

马尔可夫链(Markov Chains):假设用随机过程(X,T)表示的交通行为在离散时间点 S_1,S_2,…,S_k($0 \leqslant S_1 < S_2 < \cdots < S_k$)被观测,在时间点 S_t 观测到的行为为 Y_t,且 $Y = \{Y_t; t=1,2,\cdots,k\}$。那么,$Y$ 就可以解释为表示由 k 次调查组成的跟踪调查(panel survey)的观测值。对整数 k(>0),

$$Pr[Y_{n+1} = j \mid Y_n, Y_{n-1}, \cdots, Y_0]$$
$$= Pr[Y_{n+1} = j \mid Y_n, Y_{n-1}, \cdots, Y_{n-k+1}], \quad (9.2.7)$$
$$\forall j \in E, n \in \mathbf{N}_+$$

成立时,随机过程 Y 被称为 k 次马尔可夫链。通常,马尔可夫链一般指 $k=1$,且式(9.2.8)成立时,

$$Pr[Y_{n+1} = j \mid Y_n = i, Y_{n-1} = i', \cdots, Y_0 = i^0]$$
$$= Pr[Y_{n+1} = j \mid Y_n, = i] = p_{ij} \quad (9.2.8)$$

马尔可夫更新过程的 X 在马尔可夫链形成时值得关注。马尔可夫链多被用于解析面板数据。因此,我们将在这里进一步详细论述马尔可夫链。

假设状态空间 E 包含的状态个数用 s 表示,式(9.2.8)的马尔可夫链的迁移概率矩阵为:

$$\boldsymbol{P} = \begin{bmatrix} p_{11} & p_{12} & \cdots & p_{1s} \\ p_{21} & p_{22} & \cdots & p_{2s} \\ \vdots & \vdots & & \vdots \\ p_{s1} & p_{s2} & \cdots & p_{ss} \end{bmatrix} \quad (9.2.9)$$

那么,对任意非负整数 m 将满足:

$$Pr[X_{n+m} = j \mid X_n = i] = \boldsymbol{P}^m(i,j),$$
$$\forall i,j \in E, n,m \in \mathbf{N}_+ \quad (9.2.10)$$

这里的 $\boldsymbol{P}^m(i,j)$ 是指矩阵 $\boldsymbol{P}^m(i,j)$ 中的元素,$m=0$ 的情况下 $\boldsymbol{P}^0 = 1$。那么,当 $\boldsymbol{P}^{m+n} = \boldsymbol{P}^m \boldsymbol{P}^n$ 时,可得:

$$\boldsymbol{P}^{m+n}(i,j) = \sum_{k \in E} \boldsymbol{P}^m(i,k) \boldsymbol{P}^n(k,j), \forall i,j \in E \quad (9.2.11)$$

这就是在马尔可夫链中的查普曼-柯尔莫哥洛夫等式(Chapman-

Kolmogorov)。

考虑有限的状态空间，回归、不可约、非周期性马尔可夫链[1]。于是，$s \times 1$ 的向量 π，以 1 为元素的 $s \times 1$ 向量 l_s，以及包含迁移概率矩阵 P 的联立方程式：

$$\pi'P = \pi', \pi'l_s = 1 \tag{9.2.12}$$

有唯一解，π 始终为正，式（9.2.13）成立。

$$\lim_{n \to \infty} P^n = \begin{bmatrix} \pi' \\ \vdots \\ \pi' \end{bmatrix} \tag{9.2.13}$$

即，解向量 π 表示马尔可夫链达到均衡状态时的极限分布，以及达到各个状态的概率。

马尔可夫链常适用于通过跟踪调查得到的交通行为的一系列连续观测值。例如，每次调查中观测得到的通勤交通方式的时变数据就能够通过马尔可夫链模型进行解析。根据式（9.2.12），能够估计出在外生变量不变的情况下达到的交通方式的分担。这样的解析重要的是作为马尔可夫链模型前提假设，即特别是历史独立性和时间同值性的妥当性。关于这些假设的验证，请参考安德松和古德温（Anderson & Goodman，1953）的相关文献。

本节提到的所有随机过程模型中的假定，都是有条件历史独立性的。即，假设给定状态 (X_n, T_n)，那么将来的事件的发生概率与过去的历史 $\{Z_m, T_m; m = 0, 1, \cdots, n-1\}$ 有条件独立。当该假设成立时，更新过程 $F_T(t)$ 和马尔可夫过程 λ_i 就能运用标准持续时间分析法，推导出作为外生变量的函数。同样，马尔可夫链的 P_{ij} 也能根据观测到的迁移频率进行估计。例如，列尔曼（Lerman，1979）就是利用离散选择模型推导迁移概率。关于半马尔可夫过程 $Q(i, j, t)$ 的推算请参考 9.5 节。

9.3 离散时间面板数据分析——i

本节将思考如何解析离散时间面板数据（discrete time panel data）的问题。行为主体用 n 表示，由跟踪调查得到的交通行为的离散时间点的观测值表示为：$Y_n = \{Y_{nt}; t = 1, 2, \cdots, k\}$，$n = 1, \cdots$，

N。本节的研究对象为无交通行为间断的连续实数的情况。

误差要素（error components）模型：令 X_{nt} 为时间点 S_t 对 n 观测的外生变量向量（$k\times 1$），β 为（$k\times 1$）的系数向量，μ 为截距，则 Y_{nt} 可表示为：

$$Y_{nt} = \mu + \beta' X_{nt} + \varepsilon_{nt} = \mu + \beta' X_{nt} + \alpha_n + \tau_t + u_{nt},$$
$$n = 1, 2, \cdots, N; t = 1, 2, \cdots, k \quad (9.3.1)$$

式中，误差项 ε_{nt} 由三个误差要素来表示。第一个误差要素 α_n 取行为主体间的不同值，各主体的时间点之间不变化；第二个误差要素 τ_t 在时间点间变化，但在各时间点的主体之间是一定的；第三个误差要素 u_{nt} 是单纯误差，主体之间，时间点之间为 i.i.d.。该模型的 α_n 和 τ_t 都可以看作为常数项，当看作是各行为主体和各时间点固有虚拟函数时，则该模型就为固定效应模型（fixed-effects model）。这些误差要素被当作随机概率函数处理时，则为随机效应模型（random-effects model）。

式（9.3.1）的模型反映出行为主体之间的横向差异和各行为主体随时间推移的变化两个方面，能够有效地利用面板数据所包含的信息。虽然这里的系数向量 **β** 在行为主体和时间点之间是不变化的一项，但是在某些模型中，若假设 **β** 在行为主体和时间点间，或在这两处中都是变化的，也可以运用面板数据进行估计。关于这一点详细说明可参考肖（Hsiao，1986）的相关文献。

这 3 个误差要素，分别当期望值为 0 且存在有限的方差，则式（9.3.2）成立：

$$E[\alpha_n \tau_t] = E[\alpha_n u_{nt}] = E[\tau_t u_{nt}] = 0,$$
$$n = 1, 2, \cdots, N; t = 1, 2, \cdots, k$$
$$E[\alpha_n \alpha_m] = E[\tau_t \tau_q] = E[u_{int} u_{mq}] = 0,$$
$$n \neq m, t \neq q, n, m = 1, 2, \cdots, N; t, q = 1, 2, \cdots, k$$
$$E[\alpha_n X_{mq}] = E[\tau_t X_{mq}] = E[u_{int} X_{mq}] = 0,$$
$$n, m = 1, 2, \cdots, N; t, q = 1, 2, \cdots, k \quad (9.3.2)$$

即，假设误差要素之间的相互关系和各误差要素的系列相关性不存在，误差要素与外生变量独立。那么，一般化最小二乘（generalized least square，GLS）估计量为最优线性无偏估计量（best linear unbiased estimator，BLUE），可表示为以下等式（Haiao，1986）：

$$\begin{bmatrix}\hat{\mu}\\ \hat{\beta}\end{bmatrix} = \Big[\sum_{n=1}^{N}\boldsymbol{X}_n'\boldsymbol{V}^{-1}\boldsymbol{X}_n\Big]^{-1}\Big[\sum_{n=1}^{N}\boldsymbol{X}_n'\boldsymbol{V}^{-1}\boldsymbol{Y}_n\Big] \quad (9.3.3)$$

这里，

$$\boldsymbol{Y}_n_{\tau\times1}=\begin{bmatrix}Y_{n1}\\Y_{n2}\\ \vdots \\ Y_{nk}\end{bmatrix}, \boldsymbol{X}_n_{\tau\times K}=\begin{bmatrix}1 & x_{1n1} & x_{2n1} & \cdots & x_{Kn1}\\ 1 & x_{1n2} & x_{2n2} & \cdots & x_{Kn2}\\ \vdots & \vdots & \vdots & & \vdots \\ 1 & x_{1nk} & x_{2nk} & \cdots & x_{Knk}\end{bmatrix}, \quad (9.3.4)$$

$$\boldsymbol{V}^{-1}=\frac{1}{\sigma_u^2}\Big[\Big(\boldsymbol{I}_k-\frac{1}{k}ee'\Big)+\frac{\psi}{k}ee'\Big] \quad (9.3.5)$$

并且 $\psi=\dfrac{\sigma_u^2}{\sigma_u^2+k\sigma_\alpha^2}$；$\boldsymbol{I}_k$ 为 $k\times k$ 的单位矩阵；ee' 为 $k\times k$ 的 1 的矩阵；σ_u^2 和 σ_α^2 分别为 u_{nt} 和 a_n 的方差。误差要素 u_{nt} 有系列相关性等，不满足式（9.3.2）假设的情况请参考肖（Hsiao，1986）的相关文献。

分布滞后（distributed lags）模型：如 9.1 节中所述，人们的交通行为通常伴随着反应滞后。为将它反映到模型，考虑使用正整数 R 构建式（9.3.7）模型。

$$Y_{nt}=\mu+\sum_{r=0}^{R}\beta_r'X_{n,t-r}+u_{nt} \quad (9.3.6)$$

式（9.3.6）为分布滞后模型，S_t 时刻的行为作为从 S_{t-R} 到 S_t 之间自变量的函数来表示。该类模型的详细说明请参考格里利谢斯（Griliches，1967）。

滞后内生变量（lagged endogenous variables）：将前一个观测时间点的行为测定值作为自变量之一来构建式（9.3.7）模型。

$$Y_{nt}=\eta+\beta'X_{nt}+\theta Y_{n,t-1}+w_{nt} \quad (9.3.7)$$

式中，θ 为标量；W_{nt} 为误差项；$Y_{n,t-1}$ 为有滞后的内生变量。在该模型中，S_t 时的因变量可表示为 S_{t-1} 时的因变量值的函数。当该关系成立时，行为过程开始，经过 $R(\in \mathbf{N}_+)$ 时刻时，式（9.3.8）成立。

$$Y_{nt}=\eta+\theta\eta+\theta^2\eta+\cdots+\theta^R\eta+\beta'X_{nt}$$

$$+\theta\beta'X_{n,t-1}+\theta^2\beta'X_{n,t-2}+\cdots+\theta^R X_{n,t-R}$$
$$+w_{nt}+\theta w_{n,t-1}+\theta^2 w_{n,t-2}+\cdots+\theta^R w_{n,t-R}$$
$$=\frac{1-\theta^{R+1}}{1-\theta}\eta+\sum_{r=0}^{R}\theta^r\beta'X_{n,t-r}+\sum_{r=0}^{R}\theta^r w_{n,t-r} \quad (9.3.8)$$

式（9.3.8）为分布滞后模型的特殊形式，与式（9.3.9）代入式（9.3.6）的结果相等。

$$\mu=\frac{1-\theta^{R+1}}{1-\theta}\eta,\beta_r=\theta^r\beta,u_{nt}=\sum_{r=0}^{R}\theta^r w_{n,t-r} \quad (9.3.9)$$

自变量 X_{nt} 仅变化一次，变化之后就一直取 X_n 的值。在这种情况下，模型可以描述为 Y_{nt} 的均衡值逼近 $\frac{1}{1-\theta}(\eta+\beta'X_n)$ 的形式发生行为变化。即使将有滞后的内生变量作为自变量使用，但当误差项不存在系列相关性的情况，也能用通常的最小二乘法来估计模型系数。当误差项存在系列相关性时，需要用一般化最小二乘法。

用线性模型进行动态行为模型构建和参数估计时，还有一种研究方法，该方法就是第 8 章阐述过的线性结构方程模型。该研究方法由于用了基于协方差的矩估计法，从而使复杂联立方程式估计成为可能。行为分析领域的动态模型估计的应用案例请参考戈洛布（Golob，1990）的相关文献。

9.4 离散时间面板数据分析——ii

前节的内容是以将交通行为表现为不间断的连续变量为前提的，然而如前所述，交通行为多可以表示为离散范畴，有间断的连续变量，或用非负的整数更为妥当。本节将以含受限因变量（Limited dependent variables）的情况为对象进行分析。为简单起见，在这里将交通行为分为两种状态（例如，通勤时"利用"和"不利用"小汽车），考虑状态空间为 $E=\{0,1\}$ 的情况，省略截距 η，构建式（9.4.1）模型。

$$Y_{nt}^*=\beta'X_{nt}+\alpha_n+u_{nt}$$
$$Y_{nt}=\begin{cases}1,,Y_{nt}^*\geq 0\\0,Y_{nt}^*<0\end{cases} \quad n=1,2,\cdots,N;t=1,2,\cdots,k \quad (9.4.1)$$

式中，Y_{nt}^* 为潜变量，这里，其值非负时状态为 1，此外都

9.4 离散时间面板数据分析——ii

为 0。误差要素 α_n 独立于 X_{nt}，并呈 G_a 分布。尽管这里不作为讨论的对象，但存在 3 个以上离散状态的情况，可通过潜变量进行建模。其次，有间断变量也能用潜变量 Y_{nt}^* 表示。

如以上过程，若设 u_{nt} 为 i.i.d.，F_u 为其累积分布函数，则式 (9.4.2) 成立。

$$Pr[Y_{nt}=1]=Pr[Y_{nt}^*\geqslant 0]=1-F_u[-(\beta'X_{nt}+\alpha_n)]$$
$$Pr[Y_{nt}=0]=F_u[-(\beta'X_{nt}+\alpha_n)] \qquad (9.4.2)$$

式中的未知系数向量 $\boldsymbol{\beta}$ 和分布函数 G_a 的参数 δ 就可以通过式 (9.4.3) 的似然函数进行最大估计。

$$\ln L=\sum_{n=1}^N \ln \int \prod_{t=1}^k \{1-F_u[-(\beta'X_{nt}+s)]\}^{Y_{nt}}$$
$$F_u[-(\beta'X_{nt}+s)]^{1-Y_{nt}}\mathrm{d}G_a(s\mid \delta) \qquad (9.4.3)$$

Heckman 的动态模型（dynamic models）：Heckman（1978，1981）提出了以下动态模型：

$$Y_{nt}^*=\beta'X_{nt}+\sum_{\ell=1}^{t-1}\gamma_\ell Y_{n,t-\ell}+\phi\sum_{s=1}^{t-1}\prod_{\ell=1}^s Y_{n,t-\ell}+\alpha_n+u_{nt}$$
$$Y_{nt}=\begin{cases}1,Y_{nt}^*\geqslant 0\\0,Y_{nt}^*<0\end{cases} \quad n=1,2,\cdots,N; t=1,2,\cdots,k \ (9.4.4)$$

这里，假定 Y_{nt}^* 依存于行为过程中采用过的一系列状态（Y_{n1}，Y_{n2}，…，$Y_{n,t-1}$）。右边第 3 项表示，当 $Y_{n,t-1}$ 为 1 时，为用时间点表示的，在状态 1 的滞留时间对 Y_{nt}^* 产生的影响。

该模型作为其特殊形式包含着几个代表性随机过程模型。首先假设，$X_{nt}=1$，$\alpha_n=0$，u_{nt} 为 i.i.d.。于是，当 $\gamma_t=0$ 且 $\Phi=0$ 时，可得到伯努利（Bernoulli）过程。另外，当 $\gamma_t=0$，$l=2$，…，$k-1$，且 $\Phi=0$ 时，可得到一元马尔可夫链，其迁移概率为 β 和 γ_t 的函数。进而，当 $\gamma_t=0$，$l=1$，…，$k-1$，且 $\Phi\neq 0$ 时，可得到更新过程。

初始条件（initial conditions）：这里考虑一下关于初始条件问题。就式 (9.4.4) 的 $l=1$，…，$h(\leqslant k-1)$ 中，$\gamma_t\neq 0$ 的情况，那就相当于（$Y_{n,t-1}$，…，$Y_{n,t-h}$）的一部分在 $t=1$，…，h 时没有观测到。在这种情况下，①初始条件和观测以前的历史是外生性的；②一般假设行为过程处在均衡状态。然而，前者的误差项不具有系列相关性，行为过程仅在从初始被观测的情况才合理。就均衡假设的问题，已经从行为学的视角反复做了多次说明。特别是在存在时变外生变量的情况，可以说假设均衡状态问题极其多。因此，最大似然估计值，除去 k 取极其大的值不存在一致性。但是，若采用面板数据，k 取大值的情况可能是例外。该情况的估计法请参考 Heckman（1981）的相关文献。

状态依赖（state dependence）和**异质性（heterogeneity）**：观测发现，过去处于某状态的行为主体常有将来也再次容易进入那种状态的倾向。例如，曾网上购物的消费者，比起没有这类网购经验的消费者未来网上购物的概率更高。这种倾向可以有两种解释。第一，通过拥有处于某种状态的经验，使得认识、偏好、制约条件等影响个人决策的因素发生了变化，结果带来了将来行为的改变。第二，这种倾向是由没有被观测到的个体之间的差异性造成的，也就是说，个体经历某种状态的概率不能用被观测到的因素来说明的差异存在于个体之间，而该概率本身并不受个体是否经历该状态的影响。前者被称作"真实状态依赖"，后者被称作"虚假状态依赖"。

甄别观测状态依赖真伪将成为政策决策时重要的课题。例如，假设发现过去曾利用过公共交通的通勤者与从来没有利用过公共交通的通勤者相比，今后利用公共交通的概率也会高。如果这是真实状态依赖，那么通过给开车上班的人提供免费乘车票等措施，使其利用公共交通，倒不如改变开车上班族的认识和态度，更能期待促使利用公共交通。然而，这如果是虚假状态依赖，体验公共交通出行可能并不会对将来的交通方式选择产生任何影响。

为了甄别真实状态依赖和非观测异质性虚假状态依赖，构建式（9.4.5）模型。

$$Y_{nt}^* = \beta' X_{nt} + \gamma Y_{n,t-1} + \alpha_n + u_{nt} \qquad (9.4.5)$$

式中，误差项 u_{nt} 是 i.i.d.。当 $\gamma_t \neq 0$，$\alpha_n = 0$ 时，模型为真实状态依赖；而当 $\gamma = 0$，$0 < \sigma_a^2 < \infty$ 时，模型为单纯异质性（完全虚假状态依赖）。因此利用该模型可以使状态依赖对异质性的假设检

验成为可能。然而，由于初始条件及误差项的系列相关性问题，模型的估计并不简单。式（9.4.4）模型更是如此。

于是，有学者提出简单验证法着眼于只存在纯粹异质性 $\gamma=0$ 的情况，X_{nt} 的变化会立即在 Y_{nt}^* 中体现出来；与此相对，存在状态依赖 $\gamma_t \neq 0$ 的情况，Y_{nt}^* 会慢慢变化。即，若完全不存在状态依赖，则式（9.4.6）成立，

$$Pr[Y_{nt}=1 \mid X_{nt}, X_n, \cdots, \alpha_n] = Pr[Y_{nt}=1 \mid X_{nt}, \alpha_n]$$
(9.4.6)

而若存在状态依赖，式（9.4.6）则不成立。因此，可估计，

$$Y_{nt}^* = \sum_{r=0}^{R} \beta_r' X_{n,t-r} + \alpha_n + u_{nt} \quad (9.4.7)$$

解除假设，通过检验 $H_0: \beta_1=\beta_2=\cdots=\beta_R=0$，验证状态依赖的存在。

9.5　面板数据的实用性

截至目前的讨论都建立在面板数据正确地表达行为过程的前提之上。然而，如 5.4.5 项所述，由离散时点的观测值组成的面板数据，并不一定能正确反映出行为过程发生的变化（Kitamura et al.，1996，2001；北村，2001b）。本节立足于本章作为行为过程的随机过程的建模，考虑观测了某个特定时刻的行为过程的状态，并规定为（X，T）的参数，由此如何来表达的问题。这里，因为存在解析解，则把行为过程表示为马尔可夫过程。本节仍然删除了表示个体的下标"n"。

用 Y_t 表示时刻 t 的行为过程的状态，令式（9.5.1）为：

$$P_t(i,j) = Pr[Y_{s+t}=j \mid Y_s=i], i,j \in E; t,s \geqslant 0 \quad (9.5.1)$$

表示行为过程在时刻 s 时处于状态 i，时刻 $s+t$ 时处于状态 j 时的条件概率。$P(i,j)$ 和 $Q(i,j,t)$ 通过式（9.2.4）和式（9.4.6）得到，当 $I(i,j) = \lim\limits_{t \to 0} P_t(i,j)$ 时，式（9.5.2）成立。

$$P_t(i,j) = e^{-\lambda_i t} I(i,j) + \int_0^t \lambda_i e^{-\lambda_i s} \sum_k P(i,k) P_{t-s}(k,j) ds \quad (9.5.2)$$

式（9.5.2）就是查普曼-柯尔莫哥洛夫（Chapman-Kolmogorov) 的方程式，右边的第一项为从时刻 0 开始到时刻 t 为止不发生迁移的概率 $e^{-\lambda_i t}$ 和时间轴上的某时间点从状态 i 到状态 j 之间发生迁移的概率 $I(i, j)$ 的乘积。当 $i=j$ 的情况，$I(i, j)=1$，该项始终不发生迁移，表示该状态到时刻 t 为止都一直保持概率 i 不变。右边的第二项表示从时刻 0 的状态 i 开始，发生一次以上的迁移，在时刻 t 时迁移到状态 j 的概率。非积分函数为在时刻 $s(0<s\leqslant t)$，从状态 i 开始到状态 $k(\neq i)$ 的过程中发生迁移，并且在时间 $(t-s)$ 后从状态 k 到状态 j（直接从 k 到 j，或者，k、j 以外的状态经历 1 次以上，$k=j$ 包含迁移存在和不存在这两种情况）变化的概率密度。由于已经假设 $P(i, i)=0$，$\forall i \in E$，需要注意的是，从某状态到该状态本身的迁移是不会发生的。通过求该函数关于 s 的积分，并至少经历一次第三状态，就能得到从状态 i 开始到状态 j 的移动的概率。值得关注的是，被积分函数包含 $P_{t-s}(k, j)$，且式 (9.5.2) 具有递推性质的结构。$P_t(i, j)$ 的值可以通过式 (9.5.3) 进行计算。

随机过程 Y 的生成函数，$\boldsymbol{A}=\dfrac{\mathrm{d}}{\mathrm{d}t}\boldsymbol{P}_{t\,|\,t=0}$ 可以定义为：

$$A(i,j) = \begin{cases} -\lambda_i & \text{当 } i=j \\ \lambda_i P(i,j) & \text{，当 } i \neq j \end{cases} \tag{9.5.3}$$

当 $t>0$，可得：

$$P_t = e^{tA} \tag{9.5.4}$$

这里，$\boldsymbol{P}_t$ 是以 $P_t(i, j)$ 为要素的 $n \times n$ 矩阵，如式 (9.5.5) 所示。

$$e^{tA} = \sum_{n=0}^{\infty} \frac{t^n}{n!} \boldsymbol{A}^n \tag{9.5.5}$$

式 (9.5.5) 中的 e^{tA} 通过以下步骤计算。矩阵 $\boldsymbol{A}$ 的第 i 项为固定值 π_i，当设第 i 项的固有向量为 f_i 时，则式 (9.5.6) 成立。

$$\boldsymbol{A}f_i = \pi_i f_i, i=1,2,\cdots,n \tag{9.5.6}$$

这里，当 $\boldsymbol{N}$ 定义为式 (9.5.7) 时，

$$\boldsymbol{N} = [f_1, \cdots, f_n], \boldsymbol{D} = \begin{pmatrix} \pi_1 & & 0 \\ & \ddots & \\ 0 & & \pi_n \end{pmatrix} \tag{9.5.7}$$

9.5 面板数据的实用性

则式（9.5.8）成立。

$$A^k = ND^kN^{-1}, k = 0, 1, \cdots \quad (9.5.8)$$

并得式（9.5.9）。

$$e^{tA} = \sum_{n=0}^{\infty} \frac{t^n}{n!} A^n = Ne^{tD}N^{-1} \quad (9.5.9)$$

这里，有

$$e^{tD} = \begin{bmatrix} e^{\pi_1 t} & & 0 \\ & \ddots & \\ 0 & & e^{\pi_n t} \end{bmatrix} \quad (9.5.10)$$

此外，假设根据观测数据 $P_t(i, j)$ 估计出了 $\hat{P}_t(i, j)$。于是，运用式（9.5.10）的关系，便可估计生成函数 A 为：

$$A = \frac{1}{t} \ln \hat{P}_t \quad (9.5.11)$$

这里，S 为以 $\hat{P}_t - I$ 的固有向量为列的矩阵，$\nu_1, \nu_2, \cdots, \nu_n$ 为固有值。

$$\ln \hat{P}_t = S \begin{bmatrix} \ln(\vartheta_1 + 1) & & & \\ & \ln(\vartheta_2 + 1) & & \\ & & \ddots & \\ & & & \ln(\vartheta_n + 1) \end{bmatrix} S^{-1}$$

(9.5.12)

然而，迁移概率矩阵的对数不一定是唯一的。桑热和斯皮尔曼（Singer & Spilerman，1974）提出了 A 由式（9.5.13）可以识别的充分条件为：

$$\inf_t [\hat{P}_t(i,i)] > \frac{1}{2} \quad (9.5.13)$$

同时，桑热和斯皮尔曼还指出："该条件确信马尔可夫过程模型的适用环境成立的绝对理由并不存在"。此外，桑热和斯皮尔曼（Singer & Spilerman，1974），桑热和陈（Singer & Choen，1980）以及桑热（Singer，1981）给出的估计值的统计特性，仅符合状态数为 2 的情况，如果状态数超过 2 就会变得极其困难（Carette，1998）。

综上，基于由面板数据得出的离散时间点状态观测值，想要估计连续时间轴上的行为过程诸参数将带来困难。如第5章所述，以相信回忆数据的形式收集，从跟踪调查构建连续数据是非常重要的。

•脚注

[1] 设 T_j 为向状态 j 到最初产生迁移的时间，$P_r[T_j < \infty] = 1$ 成立时，状态 j 就是递推性的。否则，状态 j 就为暂时性的。此外，所有的状态都能够从所有状态开始至到达的情况，马尔可夫链就是不可约的。状态空间可以被分割成互斥集合，当各个集合包含的状态中的一个是经过特定次迁移可以周期性到达时，马尔可夫链就是周期性的，否则为非周期性的。

第10章 持续时间模型

10.1 基本概念

10.1.1 基于风险的持续时间模型

基于风险的持续时间模型（hazard-based duration model）也称为期间模型，就是从某一基准时间开始，把到发生某个事件或到结束为止的时间段作为分析对象的模型。

持续时间模型分析方法到目前为止主要应用于医学、机械工学领域。前者是以疾患的复发或死亡等现象为对象进行分析，后者是以机械系统的故障等为对象进行分析（Nelson，1982；大桥・浜田，1995；竹内，1989）。在交通行为分析领域，近年来多个以行为为对象的分析中也逐渐开始应用这种持续时间模型（Hensher& Mannering，1994）。

持续时间模型的特点是，到作为分析对象的事件发生为止的时间一定为正值，在大多数情况下，时间的分布的端点都向右延长。因此，多数情况下假定分布的正规性是不合理的，往往利用比较合理的概率分布来进行分析，或者采用不依赖分布形态的分析方法。

进一步来说，由于分布的端点向右延长，通过调查等方式得到的数据，不能忽视无法观测事件发生或结束的时间的情况，而且这种情况可能大量存在。例如，为了观察某一事件到发生为止的持续时间，确定所有观测样本的基准时刻，从基准时刻开始连续观测的话，所有的样本到事件发生所用时间会变得极长。这时为了经济地、高效率地进行观测，某些情况下会在事件发生的时间点停止观测。有些样本到观测结束为止也无法确定事件发生的时间，被称作删失样本。这里，当剔除删失样本进行分析时，结果会产生分析偏差，因此在持续时间模型中，需要使用包括删失样本在内的全样本进行分析。

10.1.2 删失样本

删失（censoring）有几种类型。以某个公共设施为对象，对来访者停留在该设施的持续时间进行观测。如图 10.1.1 所示，在观测时间内有可能观测到 4 种来访者。对于来访者 A 而言，其停留的起始时刻以及终止时间都可以观测到，因此可以确定停留时间。而对其他来访者而言，要么停留的起始时刻观测不到，要么结束时刻观测不到，因此无法确定其停留时间。

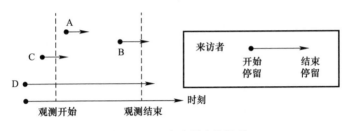

图 10.1.1 发生删失的情况

对于来访者 B 而言，由于在观测结束时刻仍停留在设施内，所以也不能确定结束时刻，只知道其在观测结束之后仍停留在设施内，称该种删失为右删失。另外，对于来访者 C 而言，由于在观测开始时刻已经停留在设施内，所以也无法观测起始时刻，称该种删失为左删失。对于左删失样本，可以通过直接向来访者询问来访时刻而确定停留时间。对于来访者 D 而言，尽管知道其在观测时段内一直停留在设施内，也无法确定其停留的起始和结束时刻，称该种删失为双删失。对于双删失样本，即使通过直接询问来访时刻，也会像右删失一样不能确定其结束时刻。

除上述情况之外，还有在观测期间由于观测者中途休息等因素，导致在某时段没有被观测到的情况，以及即使是来访者 A，也有不能确定其停留时间的时候。在这种情况下，只能知道停留起始时刻或终止时刻存在于休息开始时刻和休息结束时刻之间，称这种删失为区间删失。但是，当存在这种未观测时段时，如果停留的起始时刻和结束时刻都包含在此时段，而完全无法进行观测，将可能会对分析结果造成影响。

10.1.3 持续时间函数和风险函数

在持续时间模型中，多将现象发生所用时间 T 的分布用持续时间函数（survival function）$S(t)$ 以及风险函数（hazard function）$h(t)$ 表示。持续时间函数是表示现象在某一时间点仍然没有发生的概率函数，与通常的累计分布函数 $F(t)$ 的关系如式（10.1.1）所示。

$$\begin{aligned}S(t) &= Pr(T \geqslant t) = 1 - Pr(T \leqslant t) \\ &= 1 - F(t)\end{aligned} \quad (10.1.1)$$

另外，风险函数是在作为对象的现象在 t 时刻为止仍没发生，且在下一个瞬间发生了的条件概率密度，如式（10.1.2）所示。

$$\begin{aligned}h(t) &= \lim_{\Delta t \to 0} \frac{Pr(t \leqslant T < t + \Delta t \mid T \geqslant t)}{\Delta t} \\ &= \lim_{\Delta t \to 0} \frac{S(t) - S(t + \Delta t)}{\Delta t \cdot S(t)} \\ &= \frac{\mathrm{d}(\log S(t))}{\mathrm{d}t} = \frac{f(t)}{S(t)}\end{aligned} \quad (10.1.2)$$

式中，$f(t)$ 为 T 的概率密度函数，由式（10.1.2）可得，风险函数和持续时间函数的关系表示为式（10.1.3）。

$$S(t) = \exp\left(-\int_0^t h(u)\mathrm{d}u\right) \quad (10.1.3)$$

尽管持续时间分布不使用持续时间函数和风险函数也可以描述，但在持续时间分析时基本都是分析包含了删失样本的数据，当然一般也处理含有右删失数据的情况，因此，很多时候都使用持续时间函数来表现某个时间点以后的持续时间。此外，风险函数用来讨论事件发生是否依存于经过时间。当风险函数是 t 的增或减函数的时候，表示事件发生的概率随时间流逝而增加或降低（time dependent），当与 t 无关而不变的场合表面事件的发生不依赖于时间的变化（time independent）。

10.2 持续时间的分析方法

10.2.1 持续时间模型

持续时间模型通常可以分成 3 种类型：非参模型（Non-parametric model）、半参模型（Semi-parametric model）和参数模型（Parametric model），通过考虑能给持续时间带来影响的协变量

(covariate)（在持续时间分析中多称为自变量）能否作为参数导入模型，以及能否假定持续时间分布中特定的概率分布来分类。对于非参模型，协变量无法导入模型，也无法假定分布形态。根据协变量的数值将样本进行分割成群，再估计每个群的模型参数，通过非参检验进行群与群之间的比较。虽然半参模型中协变量可以导入，但无法就分布形态进行假设。参数模型可以导入协变量，同时也可以将分布形态假设为某一特定概率分布进行分析。

在交通行为分析领域，往往比医学领域治疗效果的分析更难，无法只将1个因素作为分析对象而控制别的因素，因此与非参模型相比，更多使用的是半参模型或者参数模型。

10.2.2 非参模型

非参模型中有生命表法（life table method）和卡普兰-梅耶尔法（Kaplan-Meier）两种。生命表法是将持续时间按照某一时间单位划分为若干区间，分析被划分的每个区间的生存率，与此对应，卡普兰-梅耶尔法无法进行那样的区间分割。本节介绍相对更加严密的卡普兰-梅耶尔分析法。

事件发生的时刻记为 t_1、t_2……，在时刻 t_i 发生样本数记为 d_i（时间连续时，多个事件同时发生的概率定为0，d_i 常定为1。当 $d_i > 1$ 时，观测是在离散的时间上进行的）。时刻 t_i 之前的风险集合的大小记为 n_i。这里风险集合的大小表示之前被观测的样本数。因此，删失的样本也被包含在观测期间的风险集合中。卡普兰-梅耶尔法估计值被称为产出有限估计（product limit estimator），由于在持续时间比 t_{i-1} 更长的条件下，持续时间在 t_i 以上的条件概率估计由式（10.2.1）来表示，因此，在 $t_i < t$ 的条件下求积，持续时间函数 $S(t)$ 的卡普兰-梅耶尔法估计值由式（10.2.2）表示。

$$\frac{\hat{S}(t_i)}{\hat{S}(t_{i-1})} = \frac{n_i - d_i}{n_i} \tag{10.2.1}$$

$$\hat{S}(t) = \prod_{t_i < t} \frac{n_i - d_i}{n_i} \tag{10.2.2}$$

对两个以上的群用卡普兰-梅耶尔法估计各自的持续函数时，作为检验各自持续时间函数差的方法，经常使用时序检测（log

rank test) 和广义 Wilcoxon 检验。无论哪种检验，都是为了检验假设群之间没有差别的情况下，在各群各时刻发生的样本数的期望值与实际样本数之差的权重和是否为 0，用式（10.2.3）进行评价 (Tarone，1975)。

$$u_j = \sum_i w_i \left(d_{ij} - \frac{\sum_j d_{ij}}{\sum_j n_{ij}} n_{ij} \right) \quad (10.2.3)$$

式中，w_i 为权重；d_{ij} 为群 j 中在时刻 t_i 发生的事件的事例数；n_{ij} 为群 j 的时刻 t_i 前风险集合的大小。在持续时间函数相等这样的虚假设之下，u_j 的期望值为 0，方差协方差矩阵如式（10.2.4）所示。

$$V_{jj} = \sum_i w_i^2 \frac{(\sum_j n_{ij} - n_{ij}) n_{ij} \sum_j d_{ij} (\sum_j n_{ij} - \sum_j d_{ij})}{(\sum_j n_{ij})^2 (\sum_j n_{ij} - 1)}$$

$$(10.2.4)$$

$$V_{jk} = \sum_i w_i^2 \frac{-n_{ij} n_{ik} \sum_j d_{ij} (\sum_j n_{ij} - \sum_j d_{ij})}{(\sum_j n_{ij})^2 (\sum_j n_{ij} - 1)}$$

由式（10.2.4）可知式（10.2.5）表示的检验统计量趋于服从自由度为 J-1(J 为群数) 的 χ^2 分布。

$$\chi^2 = (u_1, u_2, \cdots, u_J) \begin{bmatrix} v_{11} & v_{12} & & v_{1J} \\ v_{21} & v_{22} & & v_{2J} \\ & & \vdots & \\ v_{J1} & v_{J2} & & v_{JJ} \end{bmatrix} \begin{bmatrix} u_1 \\ u_2 \\ \vdots \\ u_J \end{bmatrix} \quad (10.2.5)$$

根据式（10.2.3），令 $w_i = 1$ 时为时序检测；$w_i = \sum_i n_{ij}$ 时为广义 Wilcoxon 检验，详细请参考大桥·浜田（1995）的相关文献。

10.2.3　半参数模型

条件风险模型（proportional hazard model）是半参数模型的一种。在半参数型的条件风险模型中，除将协变量作为风险函数的参数导入模型外，没有假设持续分布相关的概率分布。条件风险模型中风险函数如式（10.2.6）所示。

$$h(t \mid x_i) = h_0(t)\exp(-\boldsymbol{\beta}x_i) \qquad (10.2.6)$$

式中，$h(t/x_i)$ 为具有协变量向量 x_i 事例的样本 i 的风险函数；$h_0(t)$ 为基准风险；$\boldsymbol{\beta}$ 为未知参数向量；x_i 为样本 i 的协变量向量。条件风险模型中，$h_0(t)$ 不依赖于样本，协变量在基准风险中以比例常数的形式被设定为产生的影响。这意味着样本间的风险函数比被假设为与时刻无关的定值。

参数估计可以采用局部似然（partial likelihood）法以及汉和奥斯曼法（Han & Hausman，1990）。利用局部似然法的半参数型的条件风险模型也称之为 Cox 回归模型。在局部似然法中，将基准风险 $h_0(t)$ 看成是滋扰参数（nuisance parameter）来估计 β。也就是说，相对于关注持续时间，关注协变量对持续时间所产生的影响是更有用的分析方法。在同一时刻没有产生多数事件情况的局部似然值 PL 由式（10.2.7）表示。

$$PL = \prod_{i \in D(t)} \frac{\exp(-\boldsymbol{\beta}x_i)}{\sum_{k \in R(t)} \exp(-\boldsymbol{\beta}x_k)} \qquad (10.2.7)$$

式中，$D(t)$ 为时刻 t 发生事件的集合；$R(t)$ 为时刻 t 前的风险集合。分子为实际发生的样本风险函数，分母为包括风险集合全样本的风险函数之和，分子分母除以基准风险就可以推导出式（10.2.7）。

另外，同一时刻发生多个事件的情况下，其处理有多种方法。其中最严谨的方法是，如果针对同一时刻发生的多个事件设定更短的观测单位，根据各自在不同时刻发生的视角，列举出这些事件中每个依次发生的全部排序组合，求各排序组合得到概率和的方法。也就是说，使用观测到同时发生的多个事件实际上产生的可能性的全部排列组合时的似然值之和。但是，同一时刻发生的事件数量增多时，这种方法的计算时间会变得很长。作为近似法还有布雷斯洛法（Breslow，1974）、叶夫龙法（Efron，1977）、离散法（Kalbflcisch&Prentice，1980）等方法。

相对于局部似然法，汉和奥斯曼法可以避免同一时刻复数事件同时发生所产生的问题，因此，适用于基于在复数离散时刻观测的数据（这种情况下，所得到的数据全部作为区间删失来观测）等的解析。汉和奥斯曼法对应的持续时间作为 $[0<t\leqslant t_1]$，$[t_1<t\leqslant t_2]$，…，$[t_{k-1}<t\leqslant \infty]$ K 个区间获得。将式（10.1.3）和式（10.2.6）代入式（10.1.1），可得式（10.2.8）。

$$F(t\mid \boldsymbol{x}_i) = 1 - S(t\mid \boldsymbol{x}_i)$$
$$= 1 - \exp\left\{-\int_0^t h_0(u)\exp(-\boldsymbol{\beta}\boldsymbol{x}_i)\mathrm{d}u\right\}$$
$$= 1 - \exp\left[-\exp\left\{\ln\int_0^t h_0(u)\mathrm{d}u - \boldsymbol{\beta}\boldsymbol{x}_i\right\}\right] \quad (10.2.8)$$

这里，将服从耿贝尔分布的误差项 ε_i 用于式（10.2.9），式（10.2.8）就变为式（10.2.10）。

$$Pr(\varepsilon_i < z) = G(z) = 1 - \exp\{-\exp(z)\} \quad (10.2.9)$$
$$\ln\int_0^t h_0(u)\mathrm{d}u = \beta x_i + \varepsilon_i \quad (10.2.10)$$

作为与 6.2.6 节作用相同的有序响应模型，在 $[t_{k-1}<t\leqslant t_k]$ 区间内事件发生的概率由式（10.2.11）表示。

$$Pr(t_{k-1} < t \leqslant t_k) = G(\delta_k - \boldsymbol{\beta}\boldsymbol{x}_i)$$
$$- G(\delta_{k-1} - \boldsymbol{\beta}\boldsymbol{x}_i) \quad (10.2.11)$$

式中，$\delta_k = \ln\int_0^{t_k}\lambda_0(u)\mathrm{d}u$。由此，使用式（10.2.12）所示对数似然函数就可以估计未知参数向量 $\boldsymbol{\beta}$，以及未知参数 δ_1，δ_2，…，δ_{k-1}。

$$LL = \sum_{i=1}^N \sum_{k=1}^K y_{ik}\ln\{G(\delta_k - \boldsymbol{\beta}\boldsymbol{x}_i) - G(\delta_{k-1} - \boldsymbol{\beta}\boldsymbol{x}_i)\} \quad (10.2.12)$$

式中，N 为样本数；y_{ik} 为虚拟变量，样本 i 的事件在区间 $[t_{k-1}, t_k]$ 发生时取 1，此外取 0，$\delta_0 = -\infty$，$\delta_k = +\infty$。式（10.2.12）可以扩张到包含删失的情况，例如，对于右删失样本，$\delta_k = +\infty$，对左删失样本就变为 $\delta_{k-1} = -\infty$。如果假设各区间的基准风险值一定，基准风险 $h_0(t)$ 就用式（10.2.13）来表示。

$$h_0(t) = \frac{\exp(\delta_k) - \exp(\delta_{k-1})}{t_k - t_{k-1}}, t_{k-1} < t \leqslant t_k,$$
$$k = 1, 2, \cdots, k-1 \quad (10.2.13)$$

10.2.4 参数模型

参数模型中有条件风险模型以及加速失效时间模型两种。条件风险模型和半参数模型一样，其基准风险根据协变量增加或减少。另一方面，加速失效时间模型假定由协变量用持续时间的时间轴伸缩形式影响持续时间。也就是说，认为由协变量加速时间。两个模型都给持续时间分布假定特定的概率分布进行分析。与条件风险模型的协变量以式（10.2.6）的形式对应，加速失效时间模型以式（10.2.14）的形式导入。

$$S(t\mid \boldsymbol{x}_i) = S_0[t\exp(-\boldsymbol{\beta x}_i)] \quad (10.2.14)$$

式中，$S(t\mid \boldsymbol{x}_i)$ 为具有协变量向量 $\boldsymbol{x}_i$ 样本 i 的持续函数；$S_0(t)$ 为基准持续函数。由此，风险函数变为式（10.2.15）。

$$h(t\mid \boldsymbol{x}_i) = h_0[t\exp(-\boldsymbol{\beta x}_i)]\exp(-\boldsymbol{\beta x}_i) \quad (10.2.15)$$

这样，条件风险模型和加速失效时间模型中对持续时间协变量的影响方式不同，当使用参数模型时，必须从两个模型中选择适合研究对象问题的模型。然而，假定持续时间分布为韦伯分布（Weibull distribution）时，条件风险模型和加速失效时间模型一致。

持续时间的概率分布有多种。主要使用的分布包括指数分布、韦伯分布、一般伽马分布，对数 logistic 分布（log-logistic distribution）、对数正态分布（log-normal distribution）以及龚珀兹分布（Gompertz distribution）。表 10.2.1 中表示各个函数形式。一般伽马分布的风险函数和持续时间函数包括不完全的伽马函数，无法得到解析解。一般伽马分布的概率密度函数如式（10.2.16）所示。

$$f_0(t) = \frac{\gamma\delta}{t\Gamma(1/\delta^2)}\left\{\frac{\lambda t^{\gamma\delta}}{\delta^2}\right\}^{1/\delta^2}\exp\left\{-\frac{\lambda t^{\gamma\delta}}{\delta^2}\right\} \quad (10.2.16)$$

频繁使用的概率分布 表 10.2.1

	风险函数 $h_0(t)$	持续时间函数 $S_0(t)$
指数分布	λ	$\exp(-\lambda t)$
韦伯分布	$\gamma\lambda t^{\gamma-1}$	$\exp(-\lambda t^\gamma)$
对数 logistic 分布	$\dfrac{\gamma\lambda t^{\gamma-1}}{1+\lambda t^\gamma}$	$\dfrac{1}{1+\lambda t^\gamma}$

10.2 持续时间的分析方法

续表

	风险函数 $h_0(t)$	持续时间函数 $S_0(t)$
对数正态分布	$\dfrac{\dfrac{1}{t}\phi\left[\dfrac{\log(t)-\mu}{\sigma}\right]}{1-\Phi\left[\dfrac{\log(t)-\mu}{\sigma}\right]}$	$1-\Phi\left[\dfrac{\log(t)-\mu}{\sigma}\right]$
龚珀兹分布	$\gamma\exp(-\lambda t)$	$\exp\{[\gamma/\lambda][\exp(-\lambda t)-1]\}$

表中，$\gamma, \lambda, \delta, \mu, \sigma$ 为参数；$\phi(\cdot)$ 为标准正态概率密度函数；$\Phi(\cdot)$ 为标准正态概率分布函数。

由表 10.2.1 可知，假设指数分布的情况下，风险函数不依赖于时刻，而成为定值，这意味着事件发生的条件概率不因经过的时间而发生变化。假设服从韦伯分布时，$\gamma>1$ 时，风险函数随着时间经过而增大；$\gamma<1$ 时则减少；$\gamma=1$ 时，韦伯分布归于指数分布。也就是说，韦伯分布作为特殊形式而被包含于指数分布。一般伽马分布是韦伯分布的一般分布形式。当 $\delta=1$ 时，为韦伯分布；当 $\delta=0$ 时，为对数正态分布。

估计参数模型时，用式（10.2.17）所示的最大似然函数 L 估计未知参数。

$$\begin{aligned}L = &\prod_{i\in NC}\{h(t_i\mid x_i)\cdot S(t_i\mid x_i)\}\cdot \prod_{i\in RC}S(t_i\mid x_i)\\ &\cdot \prod_{i\in LC}\frac{h(t_i\mid x_i)\cdot S(t_i\mid x_i)}{S(\nu_i\mid x_i)}\cdot \prod_{i\in LRC}\frac{S(t_i\mid x_i)}{S(\nu_i\mid x_i)}\\ &\cdot \prod_{i\in IC}\{S(t_{il}\mid x_i)-S(t_{iu}\mid x_i)\}\\ &\cdot \prod_{i\in LIC}\frac{S(t_{il}\mid x_i)-S(t_{iu}\mid x_i)}{S(\nu_i\mid x_i)}\end{aligned} \quad (10.2.17)$$

式中，NC 为无删失样本的集合；RC 为右删失样本的集合；LC 为左删失样本的集合；LRC 为双删失样本的集合；IC 为区间删失样本的集合；LIC 为左删失样本以及区间删失样本的集合；t_i 为对观测到的样本而言从基准时刻开始到观测到的时间，对观测不到的样本而言，是从基准时刻开始到结束观测的时间；V_i 为从基准时刻到观测开始所经过的时间；t_{il}、t_{iu} 分别为从基准时刻开始到观测中断时的中断开始时刻和中断结束时刻所经过的时间。

10.3 基本模型的拓展

10.3.1 非观测异质性

在参数模型中，假定一般情况下，不存在由导入到模型的协变量表示之外的异质性（heterogeneity）。然而，当影响生存时间的非观测异质性（unobserved heterogeneity）存在的时候，概率分布的未知参数的估计值以及协变量的系数向量就会产生偏差。于是，针对存在这种非观测异质性的情况，提出了一种考虑到非观测异质性的模型估计法。以韦伯分布为对象，把非观测异质性导入到模型时，式（10.3.1）就是持续时间函数的一个例子。

$$S(t \mid \nu) = \nu\{\exp(-\lambda t^{\gamma})\} \tag{10.3.1}$$

式中，ν 为非观测异质性参数。在这里，假定 ν 服从式（10.3.2）所表示平均值为 1 的伽马分布，那么持续时间函数的期望值则可以表示为式（10.3.3）。

$$f(\nu) = \{k^k/\Gamma(k)\} e^{-k\nu} \nu^{k-1} \tag{10.3.2}$$

$$S(t) = \int_{\nu=0}^{\infty} S(t \mid \nu) f(\nu) = \{1 + \theta \lambda t^{\gamma}\}^{-1/\theta} \tag{10.3.3}$$

式中，当 $\theta = 1/k$，$\theta = 0$ 时，就变为一般韦伯分布。把式（10.2.8）代入到式（10.3.3），就可以估计出考虑非观测异质性的未知参数。

10.3.2 时间依赖协变量

在一般的条件风险模型中，假定每一种情况都有固定的协变量值，无论时间怎么推移，协变量都不变。但是，一般都认可，协变量的值随着时间的推移而变化。人们就把这种与时间的变化无关，但数值变化的共变量称为时间依赖协变量（time varying covariate）。

在半参模型中利用局部似然法时，通过把式（10.2.4）变形为式（10.3.4），可以使用所有形式的时间依赖协变量。

$$PL = \prod_{i \in D(t)} \frac{\exp[-\beta r_i(t)]}{\sum_{k \in R(t)} \exp[-\beta x_k(t)]} \tag{10.3.4}$$

式中，$x_i(t)$ 为时间点 t 时协变量向量的值。另外，利用汉和奥斯曼法以及参数型条件风险模型时，认为 $x_i(t)$ 就是式（10.3.5）所示分段函数。

$$x_i(t) = \begin{cases} x_{i1}, & t < t_1 \\ x_{i2}, & t_1 \leqslant t < t_2 \\ \vdots & \\ x_{iJ}, & t_{J-1} \leqslant t \end{cases} \quad (10.3.5)$$

在利用汉和奥斯曼法时，让在各区间内协变量参数的值固定设定各观测区间，对数似然函数就能把式（10.2.12）中的 x_i 变为 $x_i(t)$。而且，在参数型比例风险回归模型中，持续时间函数可由式（10.1.3）表示。

$$S(t \mid x_i(t)) = \begin{cases} S(t \mid x_{i1}), t < t_1 \\ S(t_1 \mid x_{i1}) \times \prod_{j=1}^{n-1} \dfrac{S(t_{j+1} \mid x_{ij+1})}{S(t_j \mid x_{ij+1})} \\ \times \dfrac{S(t \mid x_{in+1})}{S(t_n \mid x_{in+1})}, t_n \leqslant t < t_{n+1} \\ S(t_1 \mid x_{il}) \times \prod_{j=1}^{j-2} \dfrac{S(t_{j+1} \mid x_{ij+1})}{S(t_j \mid x_{ij+1})} \\ \times \dfrac{S(t \mid x_{ij})}{S(t_{J-1} \mid x_{ij})}, t_{J-1} \leqslant t \end{cases} \quad (10.3.6)$$

把式（10.3.6）代入式（10.2.8），就可以估计含时间依赖协变量模型的未知参数。

10.3.3 竞争风险

有时事件发生的原因有多个。在能够根据观测确定各事件发生的具体原因的场合，就能够区别分析具体事件发生的具体原因。将这种能够考虑事件发生的多种原因的模型称为竞争风险模型（competing risks model）。在竞争风险模型中，通过假定各原因所引发的事件都是对立事件，风险函数就会如式（10.3.7）所示，成为各原因的风险函数之和。

$$h(t) = \sum_{m=1}^{M} h_m(t) \quad (10.3.7)$$

式中，M 为原因的数量；$h_m(t)$ 为原因 m 引起的事件发生时的风险函数。另外，如式（10.3.8）所示，持续时间函数就是各原因的持续时间函数之积。

$$S(t) = \prod_{m=1}^{M} S_m(t) \qquad (10.3.8)$$

式中，$S_m(t)$ 为原因 m 引起的事件发生时的持续时间函数。

竞争风险模型假设各原因都是独立的，那么就能分别单独估计各原因的参数。也就是说，当事件因某种原因发生时，基于事件被观测的时刻去估计与原因对应的相关参数，以及在估计其他原因的相关参数时，一般都把事件发生的时刻当作接受删失样本处理。当事件没有发生时，不论估计何种原因的相关参数，一般把观测结束时刻当作接受删失的样本处理。

另外，当各原因不能视为独立的时候，就不可能估计各原因的参数，这时就有必要把误差项的关联项导入到模型中，然后同时去估计所有原因的参数（Han & Hausman, 1990；Bhat, 1996b）。

10.4 应用案例

10.4.1 活动时间和滞留时间分析

随着交通需求管理必要性的提高，不仅是一天的总交通量，捕捉交通需求的时间变动也是很重要的。考虑到不同时间段的交通需求，加之以往的交通方式选择分析等仅关注离散选择行为，对于活动时间和出发时刻的选择行为分析的必要性也提高。因此，才会有众多关于人体日常生活中的自由活动持续时间以及在旅游观光地的滞留时间等的相关研究。

在这里列举几个在活动时间的分析中应用了持续时间模型的案例，例如哈米德等（Hamed et al., 1993）、森地等（森地ら，1992）、哈米德和曼纳林等（Hamed & Mannering, 1993）、曼纳林等（Mannering et al., 1994）、埃特玛等（Ettema et al., 1995）、森川等（森川，1995）、巴特（Bhat 1996a, 1996b）、基姆和曼纳林（Kim & Mannering, 1997）、小林等（小林ら，1997）、藤井等

(藤井ら,1997)的相关研究。这里介绍藤井等(1997)的模型。

在藤井等的研究中,作为再现个人日行为活动的模拟器的一个因素,使用了再现活动的持续活动时间模型。这里,以活动开始的时刻为基准,到活动结束的时间(活动时间)为对象,假定服从韦伯分布的参数模型,以加速失效时间模型的形式导入了协变量。在参数估计时使用的数据不包含接受删失的样本,对于所有样本都观测了活动时间。因此,似然函数就能用式(10.4.1)来表示。

$$L = \prod_{i=1}^{n} \gamma t_i^{\gamma-1} \exp(-\gamma \beta x_i) \exp\{-t_i^{\gamma} \exp(-\gamma \beta x_i)\} \quad (10.4.1)$$

式中,n 为样本数。模型分别估计了交流和访友,兴趣和娱乐,在家活动等七种自由活动的参数,与交流和访友目的的活动时间相关的估计结果如表 10.4.1 所示。表中 γ 大于 1,表示交流和访友活动的结束具有正的时间依存性。另外,当自由活动时间较大时,可知交流和访友活动时间变长。

交流和访友活动时间　　　　　　　　表 10.4.1

参数	估计值	t 值
常量	3.19	8.19
年龄	0.02	1.89
男性虚拟变量	-0.31	-1.39
自营业虚拟变量	-0.79	-2.24
拥有汽车台数	0.20	1.46
时刻虚拟变量 1*	-0.27	-1.05
时刻虚拟变量 2**	0.24	1.00
可自由活动时间***	0.0016	2.58
γ	1.87	8.46

注:样本数 48,$L(C) = -59.52$,$L(\beta) = -46.48$,$x^2 = 26.06$;

*:本次活动开始时刻和下次固定活动开始时刻的白天时间为 6:00～12:00,2:除此之外的时间;

**:本次活动开始时刻和下次固定活动开始时刻的白天时间为 18:00～24:00,2:除此之外的时间;

***:从本次固定活动结束时刻到下次固定活动开始时刻的时间。

引自藤井,1997。

10.4.2 机动车保有行为分析

作为机动性的说明因素,关于家庭汽车拥有率以及汽车持有辆数的研究有很多。某时刻家庭汽车拥有状况是到该时刻为止家庭的汽车换新行为的结果,近年来出现了从这个视角出发分析家庭汽车换新行为随时间变化的研究。利用持续时间模型分析汽车拥有时间以及汽车换新行为的案例主要有:曼纳林和温斯顿(Mannering & Winston,1991),吉尔伯特(Gilbert,1992),亨舍(Hensher,1992,1998),德容(de Jong,1996),山本等(1997,1998,2001)。这里主要分析山本等(1998)的模型。

在山本等的研究中,以汽车换新的间隔时间为研究对象进行分析,因为在换新行为中存在三种类型,即以旧换新,追加购买,报废旧车(不购买新车)。分别捕捉每种行为的竞争风险,构建竞争风险模型。该模型认为在拥有多辆汽车的家庭中,以旧换新和报废旧车有可能发生在任何一辆汽车上,当拥有 n 辆汽车,就会有 $2n+1$ 种原因促使换新行为的发生。建立服从韦伯分布的条件风险模型参数模型,针对以旧换新和报废旧车行为,把该车辆的购买时间作为基准的时间点,而追加购买则利用最近一次换新行为的时间作为基准的时间点,能体现出与各自的行为相吻合的时间依存性。

研究所用数据是时隔一年时间实施的两次调查中获得的面板数据,因此包含了许多左删失、右删失以及双删失的样本。假定风险之间存在独立性,分别针对各类汽车换新行为进行了竞争风险模型的参数估计。因为给模型导入式(10.3.5)所示的时间依赖性协变量,所有的似然函数也就变为式(10.4.2)所示的形式。

$$L = \prod_i \{\gamma t_i^{\gamma-1} \exp(-\beta x_{in+1})\}^\delta \prod_{j=0}^{n-1} \frac{\exp\{-t_{ij+1}^\gamma \exp(-\beta x_{ij+1})\}}{\exp\{-t_{ij}^\gamma \exp(-\beta x_{ij+1})\}}$$
$$\times \frac{\exp\{-t_{in+1}^\gamma \exp(-\beta x_{in+1})\}}{\exp\{-t_{in}^\gamma \exp(-\beta x_{in+1})\}} \quad (10.4.2)$$

式中,t_{i0} 为从购入该汽车开始到观测开始为止所经过的时间,t_{in+1} 为该汽车的拥有时间。车辆以旧换新的估计结果如表10.4.2所示。

10.4 应用案例

由表 10.4.2 可知，γ 大于 1，表明汽车的换新购买行为具有正的时间依存性，另外，通过导入时间依赖协变量，再加上家庭属性和该汽车的属性，就可以表示出其他汽车换新行为和家庭属性的变化对以旧换新购买行为的影响。

表 10.4.2 换车之前的汽车持有期间

参数	估计值	t 值
γ	1.36	*5.09
常数项	6.15	—
16 岁以上人数	0.40	2.23
持有驾驶证人数	−0.45	−2.40
正式员工人数	−0.21	−2.51
租房居住虚拟变量**	0.39	2.52
租房居住搬家虚拟变量***	−0.65	−2.26
小货车虚拟变量	0.25	1.31
二手车虚拟变量	−0.37	−2.97
租车虚拟变量	−1.01	−4.14
单位用车虚拟变量	−1.30	−4.21
拥有汽车辆数**	0.37	3.98
换车虚拟变量***	0.58	3.11
新购车虚拟变量***	0.38	2.64

注：样本数 4014，$L(C) = -1709$，$L(\beta) = -1671$，$x^2 = 74.5$；
*：$\gamma = 1$ 时，t 的值；
**：时间依赖协变量；
***：产生变化后为 1，此外为 0 的时间依赖协变量。
引自山本等，1998。

第四篇 专题分析

第11章 出行次数、目的地、交通方式与路径选择

11.1 交通行为的描述方法及其建模

11.1.1 交通行为的描述方法

每一次出行的属性，即描述出行特征的变量有很多。例如，出行目的、出发地、目的地、交通方式、出行路线、出发时间、出行距离、出行时间等。此外，在对某个特定个体的出行进行集计分析的情况下，可以按出行链模式（即出行链种类）和出行目的等类别分别统计出行频率，为该个体交通行为的累计倾向。通过分析这些出行的属性和累计倾向，就可以得到影响集计性交通需求的原因究竟是什么？甄别交通基础设施和土地利用的具体情况，将交通需求向期望的方向诱导，什么样的政策是有效的等交通规划的重要见解。

本章具体叙述交通行为模型，会频繁使用"建模"一词。该词已经在第1章定义，而在本章叙述开始前，先简单介绍一下使用该词的意义。首先，考虑观测多个个体的交通行为，得到了各次出行的交通方式和出行目的等数据。这时，通常这些数据在出行个体之间形成不统一的分布（例如，既有选择地铁的人，也有选择汽车的人）。再者，如果根据交通网络条件和个人属性等变量分别进行统计分析，期望分布的离散性会变小。交通行为分析研究目的之一就是基于条件概率，对获取的这些不同条件的频率分布进行建模。这种条件概率如果不随空间和时间的改变而改变，那么以概率为基础，基于蒙特卡洛仿真方法，可以事前预测由于政策的实施条件变化后，带来的出行次数，以及各交通方式的交通量等的变化量。综上，构建以交通行为为对象的条件概率数理模型，称为交通行为的建模。也就是说，可以用 Y 来表示某个体的交通行为，Y 的一个可行概率值（或状态）为

Y^*，影响 Y 的变量为 X。那么根据该定义，交通行为 Y 的模型就可以定义为如下条件概率：

$$Pr(Y = Y^* | X), \forall Y^* \qquad (11.1.1)$$

该模型为概率的理由是，一般情况下即使给出了 X，分析人员也无法确定的得出 Y 的值。该条件概率通常基于各出行个体 Y 与条件 X 的数据，用统计学的方法估计。如此一来，只要得到该条件概率，就可以预测交通政策 X 变化的条件下带来交通行为 Y 的变化。

11.1.2 典型交通行为模型

所谓集计性交通需求预测，如第 1 章所述，交通需求分为交通的发生、分布、划分和分配 4 个阶段进行预测。

（1）在发生阶段，分别预测在各区的发生和各区吸引的交通量；

（2）在分布阶段，通过将发生交通量分配到各目的地区，由此预测 OD 交通量（即出发地和目的地之间的交通量）；

（3）在划分阶段，通过将 OD 交通量在 OD 间存在的汽车和公共交通等方式间进行划分，预测各交通方式的 OD 交通量；

（4）在分配阶段，将不同交通方式的 OD 交通量分配到各交通方式的路网，预测路段交通量。

尽管可以在出行中定义如上所述多种属性，但是从交通需求预测方法由集计性四阶段预测法，变化到了注重个体出行的需求预测方法（即非集计交通需求预测法），在此背景下，还提出开发了多个与上述 4 个阶段对应的 4 种属性（出行次数、目的地、交通方式和出行路径）为对象的非集计行为模型。其中，尤其从早期开始就一直被广泛研究的是交通方式划分模型。因此，本章在叙述交通方式选择模型之后，再分别叙述出行次数选择、目的地选择和路径选择的建模，并叙述各选择概率的诱导方法。

11.2 交通方式选择建模

交通方式选择行为与其他出行特征的选择行为的不同点是其选项数能容易地进行明确定义。例如，目的地选择和路径选择的情况选项数通常会很庞大，并且，出发时刻的选择在时间上连续，因此理论上不能定义离散型选项。与此相比，一般交通方式选择，只存在地铁、汽车和步行等有限的几个选项。此外，出行次数的选择虽然能离散性区别选项，但却难以在选项之间进行明确的区分。例如，无论是对于分析人员还是出行选择当事人，出行次数为5次和6次的不同，与汽车和地铁的不同相比似乎都是不明了的。这样，正因为交通方式选择的选择数集合明了，在建模时也就顺其自然地利用了第6章所讲的Logit模型和Probit模型。因此，在交通方式选择建模中，离散选择模型也被频繁利用。也就是说，某个体n，在选项集合中，可以假设式（11.2.1）定义的效用U_{in}最大的选项，在此基础上，推导以自变量为条件的各选项的条件概率。

$$U_{in} = \beta X_{in} + \varepsilon_{in} \tag{11.2.1}$$

式中，U_{in}为个体n的交通方式i的效用；X_{in}为个体n的交通方式i的自变量向量；β为参数向量；ε_{in}为服从耿贝尔分布（Logit模型）或者正态分布（Probit模型）的误差项。

式（11.2.1）中，对于误差项的假设和向量β的估计方法[1]等的详细内容可以参考第6章。这里，叙述影响交通方式选择的主要原因。

11.2.1 影响交通方式选择因素

作为影响交通方式选择的因素，人们进行了各种研究，并逐渐纳入到模型之中。这些因素既有容易被反映在模型中的因素，也有必须利用特殊方法才可体现的因素。下面进行具体介绍。

1. 交通服务水平

交通方式选择模型中最基本的影响因素就是费用和时间等交通服务水平因素。交通方式为汽车时利用了平均车速，为公共交通工具时利用了换乘次数等。这些因素通过直接导入式（11.2.1）的向量X_{in}反映。此外，将效用函数中时间和费用系数之比称之为时间价值。时间价值是一个预测交通需求时具有重要作用的概念，表示对缩短了单位时间的个体而言可以带来多少的货币价值。例如，时间价值很高的人对出行时间的变化敏感，反之则对时间的变化相对钝感。另外，时间价值也被应用于交通政策的经济效益分析。

2. 个人属性与出行属性

由于年龄或性别等个人属性的不同，交通方式的选择概率存在着明显差别时，将这些导入个人属性 X_{in}（参考6.6.1项）。或者，当出行目的和出发时刻等反映该次出行特征的因素也会造成交通方式选择概率产生明显差别时，也将这些因素导入 X_{in}。此外，当交通方式选择的倾向因出行目的和个人属性等因素而大不相同时，代替作为自变量使用，有时也采用为构成这些要素的条件变量的方法。例如，假设购物出行和通勤出行的出行时间和费用等因素给交通方式选择行为带来的影响基本不同。那么，在这种情况下，通过分别估计仅以购物出行为对象的交通方式选择模型和仅以通勤出行为对象的交通方式选择模型，就可以将出行目的的不同带来的影响反映在模型中。

3. 心理因素（舒适性和方便性等）

假设有年龄和性别完全相同的个体 A 和 B 两人。考虑这两人在完全相同的条件下（即，在完全相同的服务水平和完全相同的出行属性的条件下），选择汽车还是电车。即使这种情况，也完全存在 A 和 B 选择行为不同的可能性。作为选择行为不同的理由尽管有多种，可以列举，其中之一就是对服务水平的主观评价的不同，或者对某种交通工具的好感度（态度）的不同。

反映该点的方法有：

（1）舒适性（利用交通工具移动的舒适程度）、方便性（利用交通工具移动时的方便程度）等主观心理因素，可以利用问卷调查获得观测数据估计；

（2）将估计的主观心理因素导入到交通方式选择模型的自变量中，或者作为划分的条件变量使用。

这两种方法由雷克和戈洛布（Recker & Golob, 1975），科佩尔曼和莱昂（Koppelman & Lyon, 1981）等人提出。

森川·佐佐木（森川·佐マ木, 1993）根据导入心理因素的方法，使用了图11.2.1所示结构的方程式模型（参考第6章）。在研究中，用观测方程式表示心理因素，用结构方程式将心理因素反映为效用值。此外,在结构方程式中,还确定了观测可能的因素与舒适性和方便性等心理因素的关系,据此,因为在需求预测过程中由于仅用结构方程式就可以计算心理因素的预测值,其特点就是可以尽量减少分析人员获取的变量数量。

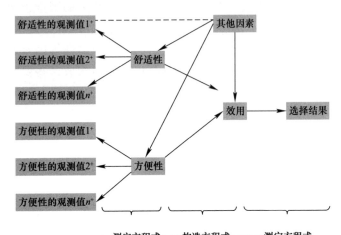

注1. +关于舒适性或方便性的程度(7个等级)的主观性评价;
2. 基于森川·佐佐木的研究成果(1993)绘制。

图11.2.1 考虑心理因素的交通方式选择模型

4. 服务水平的不确定性

研究去机场的出行方式时,我们一般追求更快、更便宜(服务水平),不仅将更舒适、更方便(心理因素)作为衡量标准,还考虑出行时间可靠性。也就是说,即使开汽车去机场提早到达的可能性十分高,但是如果担心"可能会赶不上飞机起飞",还是有可能会犹豫开车去机场。像这样的行为决策为不确定性下的决策(竹村1993),在专门研究行为决策问题的领域得到了深入研究(参考2.2节)。其建模方法也有多种,在交通方式选择建模方面多使用以下两种方法。

① 将表示不确定性的指标(例如,协方差等)导入自变量 X_{in} (Menashe & Guttman, 1986;淺岡等, 1999)。

② 根据期望效用理论，基于服务水平的概率分布计算效用期望值（期望效用），以效用期望值最大化的形式进行建模（例如，山下·黑田，1996）。

考虑不确定性的交通行为模型，与其说是交通方式选择，倒不如说是在路径选择建模领域获得更广泛开发。这些内容将在本章的路径选择建模中进行更详细介绍。

5. 约束条件

上述选择因素的性质各有不同，然而给交通方式的选择带来极大影响的因素是约束条件。例如，无汽车驾照个体就不能选择开车出行，只要是没有会开车的同行者就不可能利用私家车出行。其次，即使是能开私家车的个体，如果选择了乘地铁出行，一般而言回家的时候就不可能开车回来。如果外出时利用了私家车，那么一般回家的时候也肯定是开私家车回家。公共交通方式也一样，在运营时间以外的时间不可能利用公交出行。像这样的制约条件理所当然得会影响交通方式的选择，为了在这些制约条件下建立交通方式选择模型，不管是对模型进行估计，还是利用该模型进行需求预测，都需要获得每个个体非常详细的信息，特别是进行该出行前后的活动和包括多次出行的出行链的详细信息等。为了考虑这些内容，将在第 12 章讲述的基于活动的研究中详述。

11.2.2 典型的交通方式选择与多种交通方式选择

本节的开头已经叙述了交通方式选择中的选择项是明确的，但其明确性仅在典型交通方式（参考第 1 章）为对象的选择情况下才能得到保证。虽然交通方式选择从很早开始就有学者频繁建模，但其中大部分也仅研究了那些具有代表性的典型交通方式。

然而，以典型交通方式为对象，无法完全确定所有的出行，例如，关于接驳和换乘等交通方式信息就会缺失。不能分析关于车站接驳的政策（例如：公交车站上下车设施建设和自行车停车场建设）和小汽车停车场政策等，这些政策对于交通方式划分带来的影响。为了更确切地把握这些政策给交通需求带来的影响，不应仅局限于这些具有代表性的典型交通方式，必须以多种交通方式选择作为分析对象。

图 11.2.2 为在多种交通方式选择中作为选项参考的一个例子。如该图所示，有时需要考虑选择小汽车时将停车场安排在哪里。同样，当选择地铁时，如果出发地附近有多个车站时，就需要考虑"利用其中的哪一个"这样的选项。还需要"怎样去那个车站"这个选项。另外，还需要离目的地最近的车站的选项和从哪里出发去目的地的交通方式的选项，更进一步，小汽车停车场、铁路的线路和班次的选择等，即使是目的单一的出行，其选项也有多种。在既往的成果中，分别有车站的选择模型和去车站的方式选择模型（原田・太田，1983；铃木ら，1995，1996），停车场选择模型（塚口・小林，1993；室町ら，1993；仓内ら，1997），铁道线路模型（清水・屋井，1999）等，还提出了几个组合而成的模型（吉田・原田，1996），但是还没有学者提出可以将这些交通方式选择模型统一处理的模型。这点可以说是需求解析模型研究领域的一大课题。进而，正如红色巴士和蓝色巴士问题中看到的，由于难以确切定义选项集合，也有可能阻碍模型的准确估计。

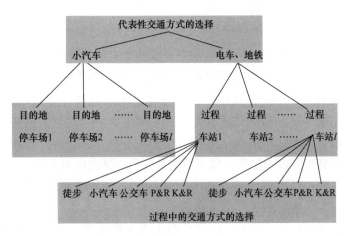

图 11.2.2 多种交通方式选择的选项

11.3 出行频率选择

用出行频率表现交通行为时，可以根据出发时刻、目的、OD

等出行属性分别定义一段时间内的出行次数。例如，一日内自由出行次数、就业者工作结束后的购物出行次数，或者一个月内以自家为起点的娱乐出行次数等。

对出行次数进行建模时（即以自变量为已知条件给出时的条件概率建模），既有假定微观经济学中被定义的效用（参考第2章）等潜在心理量的情况，也有不假定心理量而直接定义出行次数的概率分布的情况。这里，将前者称为效用模型，将后者称为非效用模型。但是其区别并不明显，即使是同一模型，也有既可以解释为效用模型的，又可以解释为非效用模型的情况。尤其是，如果站在明确考虑心理决策的信息处理程序的立场上（Simon，1990；Garling，1998），这里列举出的行为模型仅仅是出行次数的概率分布模型（非效用模型）。

11.3.1 非效用模型（直接定义出行次数概率分布的模型）

1. 多元回归模型

表示出行次数的条件概率最简单的建模方法是多元回归模型。多元回归模型假设自变量值给定时出行次数的条件概率分布服从正态分布，在此基础上，用带权重的自变量之和表示分布的均值。在多元回归模型中，将个体 n 的出行次数 F_n 定义为式（11.3.1）所示。

$$F_n = \boldsymbol{\beta} \boldsymbol{X}_n + \varepsilon_n \tag{11.3.1}$$

式中，$\boldsymbol{\beta}$ 为参数向量；$\boldsymbol{X}_n$ 为自变量向量；ε_n 为服从正态分布的误差项。参数 $\boldsymbol{\beta}$ 用 F_n 和 $\boldsymbol{X}_n$ 的数据估计。

然而，多元回归模型将作为自然数的出行次数看作连续数，在此基础上，也看作是负数。为此，例如在对一个月的购物出行次数等数值大的出行次数建模时可以近似使用。

2. Tobit 模型

多元回归模型对内在变量的范围没有限制，可以取负值，不过从定义看，出行次数不应取负值。为了规避这个问题，经常会采用的统计模型就是 Tobit 模型（参考第7章）。在 Tobit 模型中，出行次数 F_n 由式（11.3.2）表示[2]：

$$F_n = \begin{cases} F_n^*, & F_n^* > 0 \\ 0, & F_n^* \leqslant 0 \end{cases} \tag{11.3.2}$$

$$F_n^* = \beta X_n + \varepsilon_n \quad (11.3.3)$$

这里,式(11.3.3)与多元回归模型式(11.3.1)的结构在本质上是一样的。Tobit 模型与多元回归模型不同之处是,受自变量直接影响的变量不是 F_n,而是 F_n^*,而且,F_n^* 和 F_n 的关系如式(11.3.2)所示。还有,参数向量 β 只要 F_n 和 X_n 的数据能得到,就可以利用极大似然法进行估计。

3. 泊松回归模型

上述两个概率模型将原本应该是自然数的出行次数看作是连续变量处理。泊松回归模型作为概率模型可以回避这个问题。

若将出行的发生看作泊松过程[也就是说,在出行的微小时间段内发生的概率是与时间无关的定值 $\lambda(>0)$,并且在微小时间段内不可能重复发生],一段时段内的出行次数服从泊松分布。泊松过程的性质是根据事件的发生率 λ 来定义的。这个 λ 作为可观测自变量,例如,假设个体 n 的 λ 为 λ_n;β 为参数向量;X_n 为个体 n 的自变量向量,则可得泊松回归模型:

$$\lambda_n = \exp(\beta X_n) \quad (11.3.4)$$

而且,求如下对数似然函数的最大化,就能估计出向量 β 的值。

$$LL = \sum_n \ln\left[\frac{\{\exp(\beta X_n)\}^{F_n} \exp\{-\exp(\beta X_n)\}}{F_n!}\right] \quad (11.3.5)$$

式中,F_n 为个体 n 的出行次数。

11.3.2 效用模型(潜在心理量:定义效用的概率分布模型)

1. 离散 Logit 模型和离散 Probit 模型

本书 6.2.6 节中讲到的离散 Logit 模型和离散 Probit 模型也都适用于出行次数的建模。在这种情况下,出行次数 F_n 可以用式(11.3.6)表示。

$$F_n = \begin{cases} \cdots\cdots \\ 2, & \theta_2 \geqslant F_n^* > \theta_2 \\ 1, & \theta_1 \geqslant F_n^* > 0 \\ 0, & F_n^* \leqslant 0 \end{cases} \quad (11.3.6)$$

$$F_n^* = \beta X_n + \varepsilon_n \quad (11.3.7)$$

式中,θ_1,θ_2,θ_3,……为阈值。并且,将误差项 ε_n 假设为正态

分布的是 Probit 模型；假定为 Logistic 分布的是离散 Logit 模型。与 Tobit 模型的差别之处为式（11.3.6）中考虑了出行次数 F_n。

这里，如果将潜变量 F_n^* 解释为确定出行次数的潜在心理量，那么就可以将这些模型归类为效用模型。这种解释是古典计量心理学解释。例如，瑟斯通（Thurstone，1927）、埃杰尔和盖斯勒（Edgell & Geisler，1980）将辨识的问题（例如，明亮/不明亮；多/中/少等主观判断）用离散模型做出心理学方面的说明，将这个潜变量作为心理量或者效用的解释。但是，由于影响出行次数的各种因素有很多，因此，针对实际的出行次数建模时的潜变量 F_n^* 定义为心理量的做法，似乎还存在争论。

2. 离散选择模型

将出行次数为 1 次、2 次……分别看作不同的选项，作为来自选项·集合的选择问题解释出行次数的决策，这便是基于离散选择模型的出行次数模型。在出行次数的选择模型中，假设选择式（11.3.8）所示的效用值最大出行次数。

$$U_{fn} = \boldsymbol{\beta} X_{fn} + \varepsilon_{fn} \quad (11.3.8)$$

式中，U_{fn} 为个体 n 的出行次数效用；X_{fn} 为自变量向量；$\boldsymbol{\beta}$ 为参数向量；ε_{fn} 为误差项。

根据误差项 ε_{fn} 的定义方法不同，离散选择模型可以进一步分为 Logit 模型，Probit 模型，分层 Logit 模型等，具体介绍参考第 6 章。再者，分层 Logit 模型频繁使用的树状构造为如图 11.3.1 所示。这种情况下，根据其对数和变量的定义方式不同，也有可能与多项 Logit 模型（对数和变量的系数等于 1）等价，相反，也可以对应"是否实行接下来的连续出行，根据二项选择判断"这样的连续行为决策过程（当对数和变量的系数等于 0）。

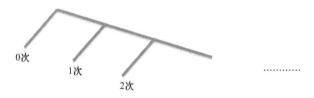

图 11.3.1　分层出行次数选择

11.4 目的地选择建模

目的地选择模型就是出行的始发地、个人属性、交通网络条件和土地利用条件等作为已知的条件，构建某目的地选择的条件概率模型。一般应用基于随机效用理论的离散选择模型体系。另外，也存在某目的地被选择次数的概率分布建模的情况，而人们将这样的模型称为直接需求模型（direct demand model；Quandt，1975）。一般来说，前者被归类为效用模型，后者被归类为非效用模型。

11.4.1 基于分区系统的目的地选择建模

目的地选择意味着选择区域层面的活动场所，因此在建模时，需要将区域以某种数理表现的形式呈现出来。为此，被频繁使用的就是分区系统。所谓分区系统，就是将作为分析对象的区域分割成多个小区，从而用这些小区的集合表现区域的系统。例如，通常会用市、区、街道和村镇等单位来表现某个设施或场所，可以解释为是基于市、区、街道和村镇分区系统表现区域。

直接需求模型，除了在计算不同个体的出行次数集合时是否考虑目的地这一不同点之外，与前述出行次数选择模型基本相同。因此，建议其建模的基本研究，参考出行次数选择模型。但是，当有相邻的多个目的地的情况，可以预想到目的地与出行次数之间相关。为了考虑其相关关系，例如，可以使用第 8 章中介绍的结构方程模型，估计各目的地与出行次数的误差之间协方差的方法进行分析。

另外，在基于随机效用理论体系的目的地选择模型（Domencich & Mcfadden，1970）中，假设个体 n 按照式（11.4.1）所示效用值最大为目标而选择目的地。

$$U_m^d = \beta X_m^d + \varepsilon_m^d \qquad (11.4.1)$$

式中，U_m^d 为个体 n 选择目的地 i 的效用；X_m^d 为个体 n、目的地 i 的自变量向量；ε_m^d 为误差项；β 为参数向量。这里，与交通方式选择模型相同，可以假定误差项服从不同的分布。但是，与交通方式选择不同的是，因为选项的数量有几千个之多，所以多将其假定为耿贝尔分布,然后用 Logit 模型进行建模。此外,若假定为分层的分区系统,则可以利用与该区域分层构造相吻合的巢式Logit 模型。

11.4.2 地理信息系统(GIS)利用的可能性

分区系统是一种将舍弃众多的地理信息而粗略地表达地理空间范围的方法。因此,以分区系统为前提的目的地选择模型也是粗犷的。即使在这样粗犷的地理表现之下,当把伴随着分区结构的误差细致分析时,分区系统和基于此的目的地选择模型依然是十分有效的研究。不过,当出行距离与小区尺寸相比短,或当到达及离开活动设施的出行方式对行为决策有很大影响时(例如,是否有停车场、车站抵达和离开),分区系统的问题将变得尤为显著。而且,在分区系统中,无法将出行的原有目的的活动设施作为选项来表现。随着从交通基础设施维护到交通需求管理方法运用的改变,交通规划对象在空间上更加精细化等,这些问题将更加凸显。

解决这些问题的方法,是在构建目的地选择模型时灵活运用地理信息系统(GIS:Geographical Information System)。使用GIS 可以在任意地点或任意地点之间构建输出各种设施、土地的利用状况及交通网络的连接状况等目的地选择模型时所需要的自变量。因此,通过利用 GIS 输出的坐标单位地理信息和坐标点之间的交通移动阻抗数据,在目的地选择模型中用连续坐标表示法识别区域的范围,构建目的地的选择概率模型,而非目的地小区的选择概率。

连续地点的选择概率建模意味着将目的地选择的概率密度函数放在二维平面上进行连续定义。因此,可以应用连续 Logit 模型(Ben-Akiva & Watanatada,1981)。连续 Logit 模型与一般 Logit模型基本相同,而不同点是选项被连续定义。

然而,城市设施和交通网络等是离散地存在于实际二维平面上的,用数理方式定义概率密度函数将带来很大困难。因此,实际上,只能用一定程度的离散坐标(例如,5m 或 10m 的间隔)来近似地表示目的地。在这种情况下,选项的集合数也可以达到数万乃至数百万以上。此外，难以想象选择者选择所有的选项，也必须考虑到棱镜约束（Hagerstrand，1970）和认知方面的制约（森川等，1991），以及选择集合中的个体异质性。因此，在利用GIS构建目的地选择模型时，虽然还需克服大量技术性问题（菊池等，2000），但是随着计算机技术的提升或新的高效计算程序的开发，实用性在逐步提高。

11.5 出行发生频率、交通方式、目的地选择的综合模型

本章中，已经分别讲述了出行频率、交通方式和目的地的选择的建模，然而它们必然是相互关联的。交通行为模型中，为了考虑它们之间的相互作用，将多个选择的选择概率的相关性公式化，即多维同时选择概率被公式化。

在定义交通方式和目的地的同时选择概率时，经常会用到假设将多个选择元素分配到不同层面上的选择结构的分层Logit模型。例如，藤井等研发了图11.5.1所示假设选择结构模型（藤井ら，1997）。在标定选择结构时，一般的方法是，一边参照对数和变量的参数估计值，一边寻找能够将其控制在0~1的选择结构（黑川编，1995）。藤井等还开发了考虑选择结构的个体之间异质性的模型（藤井ら，1996）。

在描述目的地和出行次数同时选择的时候，应用分层Logit模型（吉田・原田，1990），此外还有学者提出了应用资源分配模型[3]的方法。

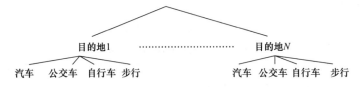

图11.5.1 交通方式、目的地同时选择分层Logit模型的选择结构

资源分配模型就是在一定期间内（例如，一个月或者一年），诱导不同个体的交通行为的集计值（即不同目的地的出行发生次数）的同时产生概率模型。在该研究中，一般使用如下效用最大

11.5 出行发生频率、交通方式、目的地选择的综合模型

化的问题构建同时选择行为模型。

$$\max \quad U_n(\pmb{F}_n) \quad (11.5.1)$$
$$\text{s.t.} \quad C_D(n) = 0 \quad (11.5.2)$$

式中，$\pmb{F}_n$ 为以个体 n 前往所有目的地的出行次数为要素的向量（$=F_{n1}$, F_{n2}, ……），F_{ni} 为个体 n 前往目的地 i 的出行次数，$U_n(\pmb{F}_n)$ 为出行次数 $\pmb{F}_n$ 的个体 n 的效用，$C_D(n)$ 为个体 n 的目的地选择约束条件。这里，假设伴随出行次数的增加，效用 $U_n(\pmb{F}_n)$ 的增量（即，界限效用）单调递减，那么根据上述最优化问题，可以推导出如下 Roy 恒等式：

$$\delta U_n(\pmb{F}_n^*)/\delta F_{ni} = \text{Const.} (\forall i) \quad (11.5.3)$$

式中，$\pmb{F}_n^*$ 为实际观测到的 $\pmb{F}_n$，也就是说，它是效用 $U_n(\pmb{F}_n)$ 最大化的 $\pmb{F}_n$，Const. 为常数。式（11.5.3）表示，对于所有目的地，界限效用相等的同时，效用 $U_n(\pmb{F}_n)$ 被最大化。基于上述框架得出的模型，有不假设随机效用的研究（森衫・上田，1995；森川ら，1999）和假设随机效用的研究（室町，1992；藤井ら，1999）两种。并且，作为约束条件，包括个人收入约束和自由时间约束等。

那么，在分层 Logit 模型中，通过估计选项误差项的协方差，表达交通方式选择和目的地选择的相互关系，而在资源分配模型中，在个人收入和自由时间等约束因素下，以博弈的形式进行互相依赖性的建模。例如，在资源分配模型中，考虑在某目的地投入的时间和费用将会造成在其他的目的地可投入的时间和费用的减少这种选择的博弈，而在分层 Logit 模型中，并不考虑这样的博弈。这一点可以说是资源分配模型和分层 Logit 模型的一大不同点。

其次，就资源分配模型参数标定，在不假设随机效用的资源分配模型中使用 Logit 模型（森川ら，1999），但在假设随机效用的资源分配模型中则用 Tobit 模型（室町，1992；藤井ら，1999）。

综上，本节介绍了交通方式、目的地选择同时描述模型和出行次数选择、目的地选择同时描述模型，还提出了同时描述这三个选择的模型。但是，这些模型不是基于出行，而是基于以出行

链（西井·佐佐木，1985；近藤，1987）、旅游观光（永易·河上，1998）或日常活动模式（河上ら，1986；北村，1996）为模型对象的研究而开发的。关于这一点，将在下一章具体介绍。

11.6 路径选择建模

与上述的发生、分布、划分这三个阶段对应的行为模型相比较时，对应分配的路径选择模型至少在目前还很难说其适用于实际交通需求预测的可能性很高。当然，对路线选择行为进行了实证分析，积累了关于路线选择行为和信息提供的有益见解（秋山，1993；飯田ら，1993；ジョイバタ，1995；山下·荻山，1996；羽藤ら，1998）。就交通需求量与交通服务水平之间的直接关系，也就是说，在需求分析中明确引入了表达拥堵现象的集计交通网络流的研究是主流。并且，在路径选择行为建模时，存在着与其他交通选择行为模型不同的固有问题，这就是该选择模型开发缓慢的原因。

在论述之前，以随机效用理论为基础，将路径选择模型做出如下定义，并在此基础上阐述线路选择行为建模的问题。

$$I_n^r = \mathop{\mathrm{argmax}}_{i \in \Omega_{rn}}(U_{in}^r) \quad (11.6.1)$$

式中，I_n^r 为个体 n 选择的线路，U_{in}^r 为个体 n 路线 i 的效用，Ω_{rn} 为个体 n 线路选项的集合，argmax（U_{in}^r）表示使 U_{in}^r 最大的选项。

$$i \in \Omega_{rn}$$

11.6.1 课题1：路径选项集合的确定

路径是路径选择中的选项，被定义为网络上多条路段的连接，如果考虑到细微的不同个体可以选择的路径数量庞大，即当存在这样庞大的选项时，不管是参数标定，还是需求预测计算都会变得极其复杂。

当不考虑两条路径间误差相关时，Logit 模型可适用于路径选择模型，比较容易进行需求预测计算和参数标定（参考 6.6 节）。关于参数标定，可根据选项抽样的方法标定（Ben-Akiva & Lerman，1985），也就是说，观测选择路径和几条替代路径，将这些数据视为标定计算的选项集合，在此基础上根据标定方法不同，可以减轻标定计算的难度（藤井ら，1999）。在需求预测计算中，也可以利用戴尔提出的方法或动态规划法，便可基于随机效用理论研究高效的选择路径（土木学会，1999）。但是，效用函数不是各连接路段效用的总和，当路径效用依赖路径固有属性时，动态规划法便不能适用[4]。在这种情况下，不得不根据对象网络形状延用动态规划法，开发固有的最佳算法。

另外，某个体通常可能重复利用交通网络上的路段。由于这些重复的路段，便不能将各路段的误差项视为独立，因此，在参数标定时需要考虑误差项的协方差。其方法是利用 Probit 模型，然而当选项数量很多时，参数标定极其困难。作为现实的标定方法有屋井、中川（1996）提出的扩展的 Probit 模型。在扩展的 Probit 模型中，路径长度为 L_a 和路径长度为 L_b 的两条路径重叠 L_{ab} 路段长度时，两路径误差项的方差 σ_a^2，σ_b^2 和两个误差项的协方差 σ_{ab}，可以分别表示为：

$$\sigma_a^2 = L_a\sigma^2$$
$$\sigma_b^2 = L_b\sigma^2$$
$$\sigma_{ab}^2 = L_{ab}\sigma^2$$

式中，σ 为未知参数。该模型表示所有的道路空间上无法观测的效用产生的可能性均等分布。如此，通过路径长度来构建误差项的方差、协方差矩阵，可以大幅度减少标定参数，因此在已存在路径重叠的网络为对象时，也能够实现具有重叠路径的参数标定。

最后，一般来说，难以想象个体在进行选择时考虑到所有的路径选项。为了考虑到这一点，需要考虑用来确定路径选项集合的方法论。但是，个体并不认知到路段的属性，而是设定认知由多个路段构成的路径属性，再根据该属性进行选项的选择，就很难系统性开发出可主观确定路径选项集合的方法论。这一点是在开发路径选择模型时应该研究的重要课题。

11.6.2 课题 2：不确定性下的决策描述

作为路径选择主要因素的出行时间是随机变动的。因此，可以认为驾驶人一般是模糊的认知出行时间并进行决策。关于这一点，便有了如下研究，即驾驶人随机认知出行时间，并利用期望效用最大化假设（Von Neumann & Morgenstern，1994）的研究（小林·藤高，1993；多夕納ら，1996）。

$$U_{in}^r = \int_{}^{+\infty} U_{in}(t) f_i(t) \mathrm{d}t \qquad (11.6.2)$$

式中，$U_{in}(t)$ 为路径 i 的出行时间在 t 条件下的效用；$f_i(t)$ 为路径 i 的出行时间为 t 时的概率密度，通过积分可以得出期望效用。也就是说，在该行为假设中，让人们选择期望效用为最大值的线路。如果把 $U_{in}(t)$ 假设为随机效用，那么期望效用 $U_{in}^r(t)$ 便为随机效用，因此，基本上可以用最普通的离散选择模型的形式来计算路线选择概率。此外，上述积分存在解析解时，那么标定计算便和离散选择模型完全相同（例如，作为解析解，只要认知出行时间的平均值及其方差作为自变量导入有时也能满足）。若不存在解析解，进行参数标定时，需要用高斯积分法等数值积分。

然而，就期望效用最大化假设的合理性，基于实际数据进行反复论证。关于这些论证，虽然已经在第 2 章做了详细的论述，这里还是举一个最具代表性的例子。例如，行为决策者不一定都喜欢规避风险，获得结果的水平超过基准值[5]时面对风险时的态度就发生逆转的实例（映射效果；Kahaneman & Tversky，1979）、由于描述方法的不同带来的行为决策不同的实例（效果；Tversky & Kahaneman，1983）等。

作为可以解释这些实例的行为决策描述模型，即在第 2 章中论述的前景理论（Kahaneman & Tversky，1979）。但即使前景理论也存在若干个不能解释的实证见解（Kuhberger，1998），并且作为前景理论前提的参照点，尚存在包括分析者和行为决策者都不能标定的本质性问题（Kakemura & Fujii，1999），因此这并不能直接适用于交通需求分析。作为规避这些问题的行为决策模型，提出了状况依赖焦点模型（竹村，1994；藤井·竹村，2001）。该模型虽然在数理方面与期望效用理论属于同一形式，但假设风险态度根据实际状况而变化是描述不确定性条件下的行为决策，理论上可以解释前景理论和期望效用最大化假设无法解释的实例。

还有学者提出了与该模型基本同类型的路径选择模型（藤井ら，1999），对其应用于需求模型的可能性与期望效用理论是相同的。

另外，严格来说，$f_i(t)$是主观出行时间的概率分布，如何对它进行建模，也是基于期望最大效用假设建模的重要课题。关于这一点，虽然也有关于出行时间主观值的概率结构的实证分析（林ら，1998），但不明之处尚多。在此基础上，也有人指出以概率论为基础的不确定性主观认知的记述还不充分，并给出了支持其观点的实证见解（Ellsberg，1961）。为了规避这个问题，提出了基于假设主观概率的上限和下限的不精确概率论（Walley，1991）的行为模型和基于模糊理论（Zadeh，1965）的行为模型。尤其值得一提的是，将模糊理论[6]应用于路径选择模型，并进行了各种改进（秋山，1993），很有可能取代期望效用模型。

・脚注

[1] 作为参数估计方法用最小二乘法的话，就未必需要定义误差项的概率分布，但是如果不定义误差项的概率分布，需求解析时就只能讨论预测期望值，因而也就无法进行基于蒙特卡洛法的仿真解析等。而且，当不满足正态分布时，还会出现无法检验每个变量的系数的问题。

[2] 在这里的建模中，出行次数的下限值一般为 0，因此，一般将 0 作为临界值。但是，如果要对下班回家以后的上班族的出行次数进行建模的话，那就可以将"1"作为临界值。当然，将临界值定义为"$-\infty$"时，将与多元回归模型一致。因此，多元回归模型是 Tobit 模型的一种特殊形式。

[3] 因为这些模型是在交通方式 i 和目的地 j 的 (i, j) 对之间，分配时间和收入等连续资源，所以也有资源分配模型的别称。

[4] 使用了动态规划法的最佳路线探索法，就是搜索由出行的一个端点，以路段效用为单位，向出行的另一端点使得经过的路段效用总和最大的线路。因此，当线路效用与路段效用的总和不一致时，就不能挪用动态规划法。

[5] 所谓基准值，就是进行行为决策时的判断基准。例如，进行某次赌博时，会频繁使用"赢了""输了"这样的口头表达，但是这种表达无非是基于每个人对于得失的主观判断，而并非基于某种绝对标准的判断。也就是说，有人会认为 1000 日元的收入是赢了，但也有人会认为是输了。这里所谓的基准值，就是这种区分"赢""输"的主观点。前景理论一般认为，"怎样的输好？"这样的判断更具有容忍危险的倾向，而

"怎样的赢好?"这样的判断则倾向于规避风险,定义价值评价函数。即,假设基准值的右侧是凹状(Concave),左侧是凸状(Convex)的评价函数。一般地,期望效用理论仅将从原点到右侧领域(正领域)定义为效用函数,并且假设该效用函数是凹函数,这就是期望效用理论与前景理论的不同之处。

[6] 概率论在说明个体对出行时间的认知时,前提是个体用点来估计出行时间,从而主观形成产生该估计值的概率密度。另外,模糊理论的前提是个体将出行时间作为区间来估计。在概率判断中,个体通过实证数据反复进行区间估计(Beyth-Marom,1982)。这可以解释为,概率论作为描述行为决策理论逊色于模糊理论。

第 12 章　基于活动的方法

12.1　基于出行方法的局限

交通行为和活动有着相互依存的关系。"因为今天下班后要去喝酒,所以坐电车上下班吧""因为今天加班,下班会很晚,开车去上班吧",在我们的日常生活中,可以举出许多诸如此类的例子,比如根据不同的活动性质,决定了交通出行方式和目的地等出行特性。上一章着眼于个体出行的研究,即基于出行分析的方法,以出行目的为主要因素阐述出行的活动类型。但是,仅将出行目的作为外生变量导入模型,难以把握出行与活动之间存在的因果关系。在充分考虑了活动和出行之间关系的基础上,为了确切把握个体的交通行为并进行预测,需要首先确定这样一个认知,即交通需求是伴随活动的发生而诱发的。并且出行是个体在时空内实施的生活行为的一部分。立足于该认知的交通解析被认为是基于活动方法(jones,1983;近藤,1987;北村,1996)。随着交通规划的方法论从以交通基础设施建设为中心向影响个体生活行为的交通需求管理转移,基于活动方法的必要性愈发凸显。同时,基于活动方法让着眼于个体生活品质的政策评价成为可能。

以既有基于活动方法的交通需求解析模型(以下称为"生活行为模型")为基础进行建模的基本方针和适用方法与上一章讲到的基于出行的交通行为模型是一样的。也就是说,在可能观测的条件(土地利用、交通网络和个体属性)下,对某个体采用某种生活模式的概率建模,进而基于蒙特卡洛法等再现生活行为,再根据得到的信息,进行交通需求的解析,这样的步骤是一般的通用方法。

生活行为模型与上一章介绍的出行模型最大的不同,在于建模的对象中同时包含了不同层面的多个行为决策。因此,生活行为模型不得不产生了复杂化的倾向,种类也更加繁多。这里,将对目前为止开发的生活行为模型作详细分类介绍。

12.2 基于结构方程模型的生活行为模型

假设将个体一天的生活行为以出行数、活动数或者活动时间等来表示。那么，所谓基于结构方程模型的生活行为模型，就是将这些指标作为内生变量的联立回归模型，而目前已有多个模型被提出（kitamura et al，1992；黑川ら，1993；瀬戸ら，1995；藤井ら，1997a）。这些模型，一般可以用如下方程式来表示：

$$Y = B\varGamma + X + \varSigma \tag{12.2.1}$$

式中，Y 为生活行动指标向量；B 和 $\varGamma$ 为变量矩阵；X 为自变量的向量；$\varSigma$ 为误差项的向量。具体而言，例如可以用下面这个形式来建模（藤井ら，1997a）。

$$\begin{pmatrix} N_{\text{trips}} \\ N_{\text{chains}} \\ D_{\text{out}} \\ D_{\text{ntrips}} \\ D_{\text{home}} \end{pmatrix} = \begin{pmatrix} 0 & 0 & 0 & 0 & 0 \\ 1 & 0 & 0 & 0 & 0 \\ 0 & 0 & 0 & 0 & 0 \\ 0 & 0 & 0 & 0 & 0 \\ 0 & 0 & 1 & 1 & 0 \end{pmatrix} \begin{pmatrix} N_{\text{trips}} \\ N_{\text{chains}} \\ D_{\text{out}} \\ D_{\text{ntrips}} \\ D_{\text{home}} \end{pmatrix} + \varGamma X + \varSigma$$

$$\tag{12.2.2}$$

该模型是京阪神地区上班族从下班后开始到就寝为止这段时间的生活模式模型，内生变量分别为：工作结束后到回家的出行次数（N_{trips}）；回家后以家为起点的出行链数（N_{chains}）；在家以外的自由活动时间（D_{out}）；工作以外的出行时间（D_{ntrips}）；在家的时间（D_{home}）5 个变量。另外，作为自变量，除了年龄和性别等个体属性外，还使用了工作时间、工作的开始时刻和结束时刻等变量。

这个模型中的内生变量之间的关系由式（12.2.2）表示，而一般来说，这是以某种假设推导出的因果关系基本形式，而后将它作为基本统计基准，即参照匹配度来确定。在该例中，假设了由时间上先行的活动指标指向持续的活动指标的因果关系（N_{trips} →N_{chains}→D_{out}→D_{ntrips}→D_{home}）。原本，结构方程模型是一种以鉴定变量间的因果关系的理论假说而开发出来的模型，然而基于随着外生变量的变化而产生的内生变量的变化量，也可应用于交通需求解析。例如，从上述模型的标定结果来看，若将上班时间缩短10min，则70%即7分钟被用于在家活动，23%即2.3分钟被用于户外自由活动，剩下的7%用于一些其他活动。

如第8章所述，结构方程模型最大的特征就是考虑了大量出行间、活动间或出行与活动间的相互依存关系。此外，还可以考虑内生变量的离散性和连续性等性质，这是它的优点。即该模型可以同时用于前章学过的分层Probit模型、Tobit模型和多次回归模型等多种模型。但是，唯一的缺点是不能对活动场所和活动内容等多项离散选择问题进行建模。

12.3 基于风险持续时间模型的生活行为模型

在生活行为建模中，还有一个重要的对象就是"活动时间"。之所以这么说，是因为活动时间直接关系到出行的出发时刻，也是表现一天交通出行行为时间推移的重要因素。

由于活动时间是一个非负变量，所以假设误差项的概率分布服从正态分布的回归模型并不适用。对这样的变量建模，第10章讲述的持续时间模型适合应用。应用该模型最基本的模型，将单一活动的时间分布用式（12.3.1）表示。

$$D = D_0 \exp(\boldsymbol{BX}) \quad (12.3.1)$$

式中，D为对象的活动时间；D_0为服从韦伯分布和对数logistic分布等的误差项；$\boldsymbol{B}$为参数向量；$\boldsymbol{X}$为自变量向量（森地ら，1992；森川ら，1995；Bhat，1996；Kim & Mannering，1997；藤井ら，1997b）。

通过多个该模型组合而成的组合持续模型的应用，不仅考虑了活动时间，还提出了再现有无活动实施的方法（Ettema et al.，1995）。在该方法中，当某活动的开始时间作为先决条件给定的场合，同时计算（1）该活动的结束时刻，（2）该活动结束后实施的活动内容。例如，现在考虑某个体从时刻t开始进行某活动A。然后，该个体接下来可能进行的活动有B、C和D这3个方案。在这种情况下，该方法中：

① 活动A结束后活动B开始的时刻；
② 活动A结束后活动C开始的时刻；

③ 活动 A 结束后活动 D 开始的时刻；

这 3 个时刻中，对应的最早时刻的活动按照以下顺序进行。

即活动 B、C 和 D 是互相竞争的，其中，最早等待的活动将被选为下一个活动。因为变更了活动，那就可以求活动时间、活动结束时刻和开始时刻。当然，这样的竞争模型，对人们的生活模式的行为决策，并不一定存在切合的必然性，但是作为将活动内容、时刻和时间等多种生活模式的要素简便地建模的方法，有很高的实用性。

12.4 基于效用理论的生活行为模型

贝克（Becker，1965）的研究，是有关个体在时间轴上的活动用基于效用理论来建模。贝克认为，衣服和食品等生活消费，不仅与收入有关，也是需要时间的经济活动，并进行了下式所示消费行为建模。

$$\max. U_n(\mathbf{Z})$$
$$\text{s.t} \quad TI > I(\mathbf{Z}) + TT < T(\mathbf{Z})$$

式中，$\mathbf{Z}$ 为表示各种消费品的消费量向量；$U_n(\mathbf{Z})$、$I(\mathbf{Z})$ 和 $T(\mathbf{Z})$ 分别表示消费量为 $\mathbf{Z}$ 时得到的效用、必要的费用和时间，TI 为总收入；TT 则表示消费品的消费所需要的总时间。在贝克之后，该模型又被德塞尔帕（De Serpa，1971）和埃文斯（Evans，1971）等进行了泛化和改良，但最重要的是将物品消费当作是一项活动。因此，接下来讲述的形式也适用于以交通需求解析为目的的生活行为模型。

12.4.1 资源分配模型

北村（Kitamura，1984a）将贝克模型的思路作为交通需求解析的方法论进行了应用。在该研究中，活动被分为家内活动和家外活动，当给家外活动分配活动时间时，就会产生外出出行，不被分配家外活动时间时就不会产生家外出行，着眼于这种明显的关系，分配时间给各个体，构建了消费者理论框架下的模型。

$$\max. U_n(D_{\text{home}}, D_{\text{out}}) \quad (12.4.1a)$$
$$\text{S.T} \quad D = D_{\text{home}} + D_{\text{out}} \quad (12.4.1b)$$

式中，D_{home} 和 D_{out} 分别为在家内和家外的活动时间，U_n (D_{home}，D_{out}) 为个体 n 分别在家内和家外活动时长 D_{home} 和 D_{out} 时得到的效用，D 为在家内和家外可以利用的总时间。并且，效用函数 U_n 由表示个体 n 的属性、交通环境和生活环境等外生变量向量和参数决定。由苏伯纳克（Supernak，1992）、克兰（Kraan，1996）和北村等（1996）将该方法应用于交通需求解析模型的构建中。在这些研究和建模中，通过调查观测的时间分配结果得到了在约束条件下的效用最大化结果的假设下，利用回归模型（Kitamura，1984a；Supernak，1992；Kraan，1996）和 Tobit 模型（Kitamura，1996）等统计模型进行效用函数中未知向量 **B** 的估计。

在这些研究中，并不是将重心放在目的地选择和活动内容选择等离散型选择上，而是着眼于活动时间、移动距离或物品的购入量等连续变量的选择问题。也就是说，代替克兰（Kraan，1996）考虑离散型的目的地选择，北村等（1996）提出了将连续的移动距离的选择作为内生变量的方法和离散活动内容的选择作为该活动分配时间的连续选择处理的方法。此外，贾拉－迪亚兹（Jara-Diaz，1994）也同样提出了将购物目的地选择作为在各目的地购买的物品量等连续选择问题处理的方法。然而，交通方式选择和活动顺序等离散变量的选择问题，难以作为连续变量分配问题的结果来描述。

12.4.2　离散选择模型

对离散选择模型的生活行为模型的应用，有阿德勒和本—阿基瓦（Adler & Ben-Akiva，1979）、雷克（Recker，1986a，1986b）、河上（河上ら，1986；河上，1998）等提出的模型。这些模型是从以活动数、活动内容、活动场所、活动设施的访问顺序和出行的交通方式等离散要素组合而成的生活模式中，基于选择获得最大效用假设的模型。这些模型都可适用于 Logit 模型，即基于假设每个选项效用的误差项相互独立，且服从相同的耿贝尔分布的 Logit 模型。为了缓和各选项效用的误差项独立这一假设，鲍曼和本－阿基瓦（Bowman & Ben－Akiva，2001）利用分层 Logit 模型对同样的选择问题进行建模。但是，在这些模型中，因为无法连续描述资源配置问题中较容易处理的时间分配等行为决策，所以采用了近似地将时间离散化的方法。在这种情况下，由于选项数庞大，因此一般来说时间会被设定得比较粗略。同样，目的地小区也多被设定得较为粗略。

还有，这些模型应用于需求解析的时候，在生成选项集合的同时，需要能生成随机数并生成生活模式的模拟器。例如，雷克等（Recker et al., 1986a, 1986b）就将模型导入了被称为 STARCHILD 的模拟器。

12.4.3 离散—连续模型

离散—连续模型是将上述的资源分配模型和离散选择模型合二为一，并应用于生活行为的建模。一般来说，在这些模型中，用以下最优化问题进行生活行为建模。

$$\max \quad U_n(S) \quad (12.4.2a)$$
$$\text{S.T} \quad C_L(n) = 0 \quad (12.4.2b)$$

式中，S 为表示生活模式的矩阵；$U_n(S)$ 为对应生活模式 S 的效用；$C_L(n)$ 为表示关于个体 n 生活模式的约束条件。效用函数 U_n 和资源配置模型一样，是通过表示个体属性、交通环境和生活环境的外生变量向量 X 和参数向量 B 建模的。这里，根据 S 就能确定作为对象的选择。例如，用活动内容和活动时间这两个参数定义 S 的模型，可以看作是活动内容和时间的同时选择模型。另外，与资源配置模型相同，引入了时间约束作为约束条件，更一般化的棱镜约束（Hagarstrand，1970）等模型得到了开发。

哈米德和曼纳林（Hamed & Mannering，1993）建立了下班后直接回家和不直接回家这两个选项，提出在不直接回家情况下的移动时间内生离散-连续模型。此外，还有学者提出了活动内容、活动数量、顺序、场所、时间的离散-连续模型（藤井等，1998），并在此基础上结合了交通方式的模型（Fujii et al.，1998）等。随着选择要素的增加，推导必然会变得愈加复杂，但是藤井（Fujii ら，1998）提出了利用资源配置模型和离散选择模型的估计方法（回归模型、Tobit 模型、Logit 模型等）组合的分段估计法。该研究中，还提出了基于活动内容、活动数量、顺序、场所、时间、交通方式的离散-连续模型和再现生活行为的 PCATS-RUM 模拟器。

12.5 基于决策过程的生活行为模型

以上介绍的结构方程式模型、持续时间模型和效用模型都是描述作为个体进行多次行为决策的结果所展现出来的生活模式与能够获得的网络数据、土地利用条件、个人属性等要素之间统计性关系的模型，此外还提出了展现个体行为决策过程的生活行为模型。

12.5.1 基于满足化原理的生活行为模型

上一节中讲到的效用理论模型是基于"最大化原理"，即在选项·集合中选择能获得最大效用的选项的模型，但是该最大化原理的实际可行性也常遭到其他学者的指责（参考第 2 章和第 3 章）。因此，考虑个体行为决策过程时，个体遵循"满足化原理"，即选择能获得在某个水平以上效用的选项进行行为决策似乎更妥当些（Simon，1990）。基于该观点的生活行为模型有 AMOS（Kitamura 等，1995）。AMOS 是特别为了用于评价交通需求管理而开发的模型，作为输入数据的个体的生活模式，在政策执行时输出将发生怎样的变化。在该模型中，利用神经元网络生成数个实行可能的对应行为，再在其中选定给出一定水准以上效用的对应行为。该模型在计算效用时，使用的是与北村（1984a）同样框架的时间利用效用函数。

12.5.2 假设逐次决策过程的生活模型

作为单纯的行为决策过程模型有如下逐次行为决策过程。
① 决定首次活动的要素（活动内容、场所、时间等）
→进行首次活动
② 决定第 2 次活动的要素（活动内容、场所、时间等）
→进行第 2 次活动
③ 决定第 3 次活动的要素（活动内容、场所、时间等）
→进行第 3 次活动
　　　……

布雷梅（Brehmer，1992）和克莱特（Kleiter，1975）通过实验分析验证了上述逐次行为决策过程行为理论的妥当性。在他们的实验中，将被实验者的多次活动沿时间轴进行高效计划，或者要求利用计算机逐次进行时间轴上的行为决策，观测其行为决策的特性。实验的主要结论虽然存在个体差异和具体情况的差异，但一般来说，个体进行行为决策不过是关于现在正在进行的活动和接下来将要进行的活动的内容的行为决策，也就是说，个体并不会统观全局来决定最合适的安排，而具有很强的逐次行为决策的倾向。

珀克和楚姆克勒（Poeck & Zumkeller）提出了假设逐次决策过程的模型。随后，由赫日（Herz）、斯帕尔曼（Sparmann）、阿克斯豪森（Axhausen）等将其发展，提出了格尔曼分析模型（Axhausen & Herz，1989）、北村（Kitamura，1984b）、北村和克尔曼沙（Kitamura & Kermanshah，1983，1984）提出的模型，还有孔多（Kondo，1974）、北村和莱姆（Kitamura & Lam，1983）等提出的马尔可夫过程模型。在考虑何种活动要素的情况下，这些模型可以有各种不同的分类。例如，提出了从仅考虑交通方式以表达交通方式链的单纯模型，发展为同时考虑交通方式、活动内容、活动场所、活动时间的复杂模型等的各种模型。各活动要素的发生概率一般可以根据前一章介绍的离散选择模型、回归模型、连续时间模型和离散－连续模型等建模。

假设逐次决策过程的模型在使用上的优点在于，能在统一框架下继承多样化的行为模型，可以灵活地针对生活模式的各个方面进行建模。例如，在结构方程式模型和持续时间模型中，可以将难以引入到建模的目的地选择等多项选择纳入模型，还能够结合数据和评价对象的政策替换特定的行为模型。该模型的另一优点在于，进行实际需求解析时计算成本低。包含同样的信息量的生活行为，用假设逐次决策过程模型和假设同时行为决策模型（例如，上一节介绍的效用最大化模型）再现时，前者的压缩计算在计算成本方面具有绝对优势。假设同时行为决策时，为了考虑所有活动要素的组合，选项的数量会十分庞大。另外，假设逐次行为决策时，再现各行为决策（例如，蒙特卡洛法）的同时，将该行为决策结果作为前提再现接下来的行为决策，如此循环，直到最后一次活动为止，然而与其组合数相比，各行为决策的选项数将大幅减少。其原因是，考虑复数个选择组合时的选项数会随着选项数呈指数型增加的缘故。

如此，可以说假设逐次行为决策模型不但具有行为理论的基础，还具有很高的实用性。例如，棱镜约束活动-旅行模拟器PCATS（Prism Constrained Activity-Travel Simulator）（藤井ら，1997b），是在假设逐次决策过程的基础上，模拟个体的一日活动内容、交通方式、活动场所及活动时间的生活行为模型，而计算成本十分低，再现十万人的一日生活行为也只需要几分钟到几十分钟（Pentium II，333MH 使用时）。另外，在评价地理性很详细的交通政策时，还能够引入通过坐标系表现目的地的目的地选择模型。正是由于有这些优势，PCATS 已经被应用于京都市（藤井ら，2000）、大阪市（饭田ら，2000）、丰田市（菊池等，1999）等实际交通政策的评价。

然而，个体的行为决策也不一定是完全逐次进行的。有时也会像基于效用最大化假设的生活行为模型那样，将全部生活行为纳入考量范围。特别是在逐次行为决策时，还会出现由于某时刻的出行交通环境变化，导致无法表示该时刻以前的出行变化等问题。为了解决这些问题，有人提出了以逐次决策过程为基础的离散－连续模型，将全体行程的影响引入模型的方法（西野ら，1999），成为今后研究的重要课题。

12.5.3　假定行为决策信息处理过程的生活模型

上一节讲到的模型是以假设复数次行为决策之间的时间顺序为前提的，但并不是考虑各行为决策信息处理过程的模型。考虑这一点，又提出了数个生活行为模型。

考虑各行为决策信息处理过程的代表性模型有 SCHEDULER（Garling et al.，1989）和 SMASH（Ettema et al.，1996）。SCHEDULER 是在综合研究个体的记忆对个体行为的影响、伴随实际行动的记忆积累以及家庭各成员相互关系的基础上，生成各个体生活模式的模型。在生成生活模式时，各个体可能进行的复数次活动的优先顺序和这些活动在何时何地进行等信息将事先被储存在记忆之内，再基于这些记忆数据，选定当日进行的复数次活动。具体地，先以移动距离达到最小为目标决定活动进行的顺序，然后再决定交通方式和活动结束时刻等。另外，SMASH 相当于 SCHEDULER 一个升级版的仿真器，更加重视行程安排的形成过程。该模型反复使用由"加入新的活动""删除已经加入时刻表的活动""更换顺序"和"中止反复试验"这四个选项组成的离散选择模型，以表现活动时刻表形成的过程。

这些模型并不是用来定量预测生活模式的，因此，像上一节讲到的 PCATS 那样，难以适用于交通需求分析。但是，作为解释生活行为时刻表的形成过程的概念性解释模型，这些模型还是有效的，期待其对交通政策有质的影响，即对于理解"被什么影响了？""对谁有影响？"之类的问题提供重要的信息。

第13章 机动车保有分析

13.1 机动车保有的分析框架

13.1.1 机动车保有分析的意义

机动车保有与交通行为之间有着非常强的相关性。众所周知，机动车保有作为决定交通出行行为的重要因素，几乎所有交通的发生、交通方式选择模型都考虑汽车的保有（Kitamura，1987）。尤其是机动车保有量和是否有可供使用的汽车等因素，在多数交通方式选择模型中都是主要的解释变量（Train，1978）。在预测未来交通需求时，对未来汽车需求量的预测也必不可少，作为广义交通出行行为之一，也要求进行汽车保有行为的分析。

此外，有人指出，习惯对于日常交通方式选择行为有很大影响，习惯一旦形成，由交通服务水平变化引起的行为变化的敏感度就会变得迟钝（Verplanken et al.，1998）。但是，也有人认为即使陷入这种交通方式选择习惯，也会因购买汽车等自身环境的变化导致从习惯中解放出来，在充分考虑各种交通方式的服务水平之后做出相应的选择（Banister，1978）。因此，应用交通需求管理政策等措施来改变交通服务水平之后，其效果并不一定立刻显现，而当交通服务水平的变化以后带来汽车保有状态发生变化时，才有可能初步影响交通行为的改变。这也表明，汽车保有分析在未来交通需求预测中的必要性。当然，汽车保有分析不仅对于交通需求预测具有重要意义。特雷恩（Train，1986）将汽车保有分析及利用分析的目的归结为以下几个方面：

（1）石油需求预测：由于石油约占一次性能源供给的一半，所以一旦石油供给中断，带来的社会混乱将不可估量。因此，应该提前估算未来需求量来进行石油储备。汽车需求则是石油需求预测中极为重要的因素之一。

（2）汽油税收预测：汽油税收作为主要的财政来源支撑新规划道路的建设。因此，在规划道路建设时，为了确定预算规模，需要预测汽油税收，即汽车需求预测，然而日本尚未进行该预测。

（3）减轻大气污染：汽车排放的尾气对大气污染影响非常大，因此，在探讨未来如何减轻大气污染的对策时，对未来汽车的需求预测必不可少。近年来，不仅评估车辆行驶时的二氧化碳排放，而且对汽车从生产到报废的过程中所产生的二氧化碳总量开展了生命周期评估（林ら，1998）。

（4）汽车销售预测：在汽车产业界，财务管理和工厂建设计划时，对作为商品的汽车的销售进行预测的重要性是不言而喻的。消费者的汽车购买行为，尤其是对车型选择行为的把握，对开发新车是非常重要的。

（5）公共交通机关需求预测：汽车保有水平是当地公共交通需求预测的主要因素，为了决定公共交通设施及服务水平，必然要求对该地区的汽车保有水平进行预测。

（6）电力需求预测：在预测未来电力需求的基础上，需要考虑未来电动汽车的普及程度，需要预测由汽油车向电动汽车的购买转换行为及拥有多辆汽车家庭对电动汽车和汽油车的区分使用行为。

13.1.2 分析方法的分类

机动车保有行为，与交通方式选择行为或路线选择行为等不同，具有在一年或数年的时间跨度中发生的特征。因此，在对汽车保有行为进行分析时，需要根据观测行为的不同方式而使用不同的模型结构。也就是说，设定观测时刻，描述这一时刻汽车保有状态的静态模型；每隔一定的时间间隔观测，描述各时刻汽车保有状态的动态模型；以及每隔一定的时间间隔，或连续时间观测，描述汽车保有状态换新行为的更新行为模型。

随着交通行为分析方法的整体发展，机动车保有分析也从静态模型向动态模型升级变化。与静态模型相比，动态模型的优越性参考5.4节和第9章。交通行为模型一般用来表现家庭或个人的选择决策行为，与其建模分析汽车换新行为结果的汽车保有状态，不如将换新行为本身建模更为自然，期待由此带来汽车保有行为再现性的提高（Kitamura，1992）。

另外，机动车保有行为包含保有车辆数、车辆种类、行驶里程等各种行为要素，根据各自的分析目的，进行着眼于各种行为要素的分析。尽管这些行为要素之间彼此关系紧密、相互影响，但是由于受可获得数据和分析方法的限制，很多情况下也将其他要素作为外生变量进行分析。当然，也存在同时考虑多种行为要素，将行为间的相互作用建模的方法。然而，为了将复数个行为要素建模，就需要提高与此相应的数据质量。

接下来，将分别叙述以下三种模型结构对各行为要素及行为要素群的分析方法。

13.2　静态模型

静态模型是基于某一时刻汽车保有状态的观测，通过将个人与家庭间的差异与汽车保有行为差异的关系建模，来探寻与汽车保有行为相关的主要因素的分析方法。早期的汽车保有分析多采用静态模型的结构框架。作为静态模型对象的主要行为要素包括保有汽车数的选择、保有汽车种类的选择和作为汽车利用行为结果的年行驶里程及出行发生频率三个要素。当然，各要素之间密切相关，因此，有人提出了同时考虑所有要素的模型系统。在此，先叙述各种行为要素的建模，之后，再论述将各要素组合的模型系统。

13.2.1　保有车辆数选择模型

机动车保有分析从最初阶段开始已经开发了许多预测保有量的模型（Lerman & Ben-Akiva，1976；Mogridge，1978；Train，1978）。日本也进行过几项研究（建设省土木研究所，1988；小宫·久保田，1991；佐佐木ら，1986；森地ら，1984），此外，近年来也进行过几项与模型结构相关的研究（Bhat & Koppelman，1993；Bhat & Pulugurta，1998；Pendyala et al.，1995）。

保有辆数选择模型，是将观测时刻的家庭的汽车保有辆数作为因变量，将同一时刻的家庭属性和汽车属性作为自变量的模型。自变量除了包括家庭收入，也包括作为汽车保有成本的汽车购买成本和汽车保养成本，利用公共交通的可能性以及家庭就业人数等因素（Train，1986）。在研究中，佐佐木等（1986）引入了家庭的生活循环阶段，小宫·久保田（1991）引入了停车场约束等因素。但需要注意的是，汽车保有成本实际上是随着汽车种类的不同而变化的。列尔曼和本-阿基瓦（Lerman & Ben-Akiva，1976）的模型用一个常数值作为平均汽车保有成本，认为与其用其他值时参数估计值依然不变，还不如平均成本模型更加合适。但是，现在所看到的制造商战略，就算是同种类型的车，也被设计成不同样式和款型，很难估计出平均成本。此外，无法考虑平均价格一定，而车辆价格浮动区间扩大所带来的影响。针对该问题，采用的方法是通过将保有辆数和车辆种类的同时选择行为建模，来考虑不同车种的费用问题。该问题将在13.2.3节中讨论。

保有汽车辆数选择模型的构建，一般应用ordered response Logit模型或多项Logit模型。这两种模型之间，对于因家庭保有汽车而获得的效用的假设存在差异。前者的模型假设每个家庭潜意识地觉得汽车保有是必要的，且这种潜在的必要性越高保有汽车辆数就越多。而后者的模型不假设汽车保有辆数存在潜在必要性，通过比较一辆车都没有、保有一辆等因汽车保有所获得的效用，从而得到获得最大效用的保有辆数。巴特和普卢古塔（Bhat & Pulugurta，1998）把相同的数据用于两种模型，在考虑两种模型的自由度差异的基础上进行比较分析，结果得出多项Logit模型略胜一筹，通过比较不同保有辆数的效用的行为假设的更妥当。

13.2.2 车种选择模型

车种选择模型是将家庭保有的车辆种类作为候选项，将家庭属性和汽车属性作为自变量的模型。自变量包括家庭收入、家庭人数、一家之主的年龄、保有汽车辆数等家庭属性；汽车购买成本、汽车保养成本和燃油费、核载人数及重量、车长等描述车辆大小的指标、车辆车龄、马力等汽车属性都被加入到模型中（Train，1986）。

然而，如13.2.1节所述，由于在市场上存在很多车种，设定候选项的集合并不容易。将市场上存在的各类型的车种分别作为候选项的场合，应用于Logit模型时，各选项之间的随机误差项独立性假设（参考第 6 章）的合理性遭到质疑。另外，由于候选项个数大量膨胀，导致各候选项属性数据的准备和估计参数所需的计算成本也不断增多。将各个车种作为候选项的分析有曼斯基和谢尔曼（Manski&Sherman，1980），达甘索和库斯尼奇（Daganzo&Kusnic，1990，1992）等研究。

为了确保候选项间相互独立，控制候选项个数，可以把归纳车种的组合作为候选项，但问题是该如何表示多车种组集合的候选项属性。对于这个问题，基于巢式 Logit 模型的思想，希望把从属于组合的各车种效用的对数和变量作为组属性用于自变量。然而，使用各车种的效用值计算对数和，计算量将会非常庞大。麦克法登（McFadden，1978）针对车种数量增大的情况，将对数和变量的值用下式进行近似表示。

$$\ln(r_c) + \frac{1}{2}W_c^2 \qquad (13.2.1)$$

式中，r_c 为所属组的车种数量；W_c^2 为所属组的车种效用的方差。但是，为了求方差就需要求出所属组的车种效用的均值。模型标定时，因为事先不知道各车种的效用，就要用车种各属性值的方差。特雷恩（Train，1986）曾经应用式（13.2.1）的近似表示用于车种选择模型分析。

对于各个车种组合，一般根据车辆尺寸进行分组（Beggs&Cardell，1980；Lave &Train，1979；青岛ら，1991；石田ら，1994；建设省土木研究所，1988），但也有根据汽车制造商进行分组的。这些都取决于分析的目的，前者是以分析燃料价格的变化对车种选择的影响、以汽油消费量的预测和电动汽车潜在需求的预测为目的；而后者着眼于品牌忠实性以及国产车与进口车的竞争状态等焦点分析。

此外，也有不把家庭保有的全部车辆作为对象，而是仅把家庭保有的尺寸最小的车辆作为对象，以车辆尺寸为候选项的车种选择模型的研究（Lave &Train，1979）。这是基于保有小型汽车的家庭会形成对电动汽车潜在需求的认识，将有助于电动汽车的需求预测。

为了进行电动汽车的需求预测，需要把当前未上市的电动汽车的续航里程及充电时间等属性引入模型，因此，基于 SP 调查数据（参考 5.3 节）进行分析（Beggs et al.，1981）。在基于 SP 数据分析中，通过限定提示的候选项个数，估计参数时就容易考虑候选项间误差项的相关。然而，到目前为止 SP 数据的可信度低受到质疑，车种选择行为也不例外。

车种选择建模主要使用了 Logit 模型。通常 Logit 模型采用线性效用函数，并假设属性间的补偿可能性（compensatory，参考 2.4.4 节）。当然，并不能保证车种选择行为一定基于补偿型的选择结构，雷克和戈洛布（Recker & Golob，1979），默托夫和格拉德温（Murtaugh & Gladwin，1980）也构建了假设非补偿型（non-compensatory）选择结构的车种选择模型。无论哪一种分析，都得到家庭最初考虑的主要因素是车辆内部尺寸的结论。

13.2.3 行驶里程模型

为了描述家庭汽车的利用状况，建立了将 1 年或是 1 个月的行驶里程作为因变量的行驶里程模型。汽车使用行为是日常交通出行行为的一环，行驶里程是指根据在一定时间内的由于交通发生选择、目的地选择行为及交通方式选择行为等结果的综合统计的汽车利用状况。因此，行驶里程模型能够简略地将这些行为模型化。通过使用行驶里程模型，可以预测由汽油价格高涨及低燃油消耗车辆投入市场引起的汽车行驶里程的变化，进而可以预测燃油消费量的变化。

行驶里程模型既有将家庭各保有各辆汽车的行驶里程分别作为因变量，也可以将求和得到家庭总的行驶里程作为因变量。由于可以明确地表示保有汽车间行驶里程的相互作用，并且很容易将车种属性及主要驾驶人的属性引入自变量，因此，几乎所有的分析（Golob et al，1996a，1996b；Hensher，1985；Mannering，1983；山本ら，2001）都采用了保有的各种汽车的行驶里程建模。此外，由于行驶里程通常都取正值，所以也有（Golob et al，1996a，1996b；山本ら，2001）用行驶里程的对数代替行驶里程的研究。作为自变量，在车种属性和驾驶人属性的基础上，还使用了距最近车站的距离及所需出行时间等表示公共交通便利性的因素。

将保有各种汽车的行驶里程建模时，为将研究对象汽车以外的车辆的行驶里程作为自变量，分别按照保有汽车数将家庭分隔成不同的要素，再针对各要素分别构建相应的模型。例如，针对保有两辆汽车的家庭就利用了式（13.2.2）。

$$VMT_1 = \alpha_1 VMT_2 + \beta_1 X_1 + \gamma_1 Y_1 + \lambda_1 Z + \varepsilon_1$$
$$VMT_2 = \alpha_2 VMT_1 + \beta_2 X_2 + \gamma_2 Y_2 + \lambda_2 Z + \varepsilon_2$$
(13.2.2)

式中，VMT_i 为保有汽车 i 的行驶里程；X_i 为保有汽车 i 的属性向量；Y_i 为保有汽车 i 的主要驾驶人的属性向量；Z 为家庭属性向量；ε_i 为误差项；α_i 为未知参数；β_i，γ_i，λ_i 为未知参数向量。

由于误差项 ε_1，ε_2 不是独立而是互相关联的，所以需要使用能够考虑误差相关的估计方法。初期的研究中（Hensher，1985；Mannering，1983）使用过 3SLS（three-stage least squares），然而，由于统计分析方法的发展以及计算机的高速化，近年的研究（Golob et al.，1996a，1996b；山本ら，2001）改为使用 SEM（参考第 8 章）。

在保有多辆汽车的场合，需要将各辆汽车按照一定的顺序排列［保有两辆汽车的情况，就需要决定将哪一辆设定为式（13.2.2）中的 $i=1$］。排序的方法，可以考虑使用车龄，但由于多数情况下不得不依赖于分析人员的主观判断标准，将未知参数通用［式（13.2.2）的场合，$\alpha_1=\alpha_2$，$\beta_1=\beta_2$，$\gamma_1=\gamma_2$，$\lambda_1=\lambda_2$］于保有的所有的汽车，可以避免该问题。

13.2.4 整合模型

几个研究都提出了着眼于保有汽车辆数的选择、保有汽车种类的选择以及行驶里程间的密切相关性的模型系统。通过明确地将汽车保有与使用的相互作用引入模型，就可以确切地把握汽油价格的变化对汽车保有的影响，以及由于车辆价格的差异导致的汽车使用情况的变化。

特雷恩（Train，1986）开发了整合汽车保有台数选择与汽车保有车种选择的巢式 Logit 模型，把汽车保有辆数选择作为上层选择,把汽车保有车种选择作为下层选择(参考6.4节)。这样通过将各车种的车辆价格引入车种选择的效用函数,就可以通过对数和变量来分析车辆价格对保有车辆选择的影响,建立保有辆数选择模型时,也就无须计算成为问题的平均车辆价格。

整合保有辆数的选择、保有车种的选择与行驶里程模型时,前者是离散的选择行为,而后者是连续的选择行为,因此利用对离散连续选择模型(参考7.1节)进行分析(Train,1986;de Jong,1997)。德容(De Jong,1997)构建了将0辆、1辆、2辆作为候选项的保有辆数选择与行驶里程决策相结合的离散连续选择模型。该模型将间接效用函数定义如下:

$$U_0 = \frac{1}{1-\alpha} y^{1-\alpha}$$

$$U_1 = \frac{1}{1-\alpha}(y-c_{11})^{1-\alpha} + \frac{1}{\beta_{11}}\exp(\boldsymbol{\gamma}_{11}\boldsymbol{Z}_{11} + \varepsilon_{11} - \beta_{11}\nu_{11})$$

$$U_2 = \frac{1}{1-\alpha}(y-c_{21}-c_{22})^{1-\alpha} + \frac{1}{\beta_{21}}\exp(\boldsymbol{\gamma}_{21}\boldsymbol{Z}_{21} + \varepsilon_{21} - \beta_{21}\nu_{21})$$

$$+ \frac{1}{\beta_{22}}\exp(\boldsymbol{\gamma}_{22}\boldsymbol{Z}_{22} + \varepsilon_{22} - \beta_{22}\nu_{22}) \tag{13.2.3}$$

式中,U_i 为第 i 辆车的间接效用;y 为家庭收入;c_{ij},$\boldsymbol{Z}_{ij}$,ν_{ij} 分别为保有 i 辆车的情况下,汽车 j 的价格、主要驾驶人的属性及家庭属性向量和燃油费;ε_{ij} 为服从正态分布的误差项;α,β_{ij} 为未知参数;$\boldsymbol{\gamma}_{ij}$ 为未知参数向量。

根据罗伊恒等式(Roy's Identity)(参考2.1节),用式(13.2.3)可以将保有 i 辆汽车中的第 j 辆的行驶里程 X_{ij} 作如下导出。

$$\ln x_{11} = \alpha \ln(y-c_{11}) + \boldsymbol{\gamma}_{11}\boldsymbol{Z}_{11} - \beta_{11}\nu_{11} + \varepsilon_{11}$$

$$\ln x_{21} = \alpha \ln(y-c_{21}-c_{22}) + \boldsymbol{\gamma}_{21}\boldsymbol{Z}_{21} - \beta_{21}\nu_{21} + \varepsilon_{21}$$

$$\ln x_{22} = \alpha \ln(y-c_{21}-c_{22}) + \boldsymbol{\gamma}_{22}\boldsymbol{Z}_{22} - \beta_{22}\nu_{22} + \varepsilon_{22} \tag{13.2.4}$$

与13.2.3项中行驶里程模型相同,多假设式(13.2.3)与式(13.2.4)中的几个未知参数是相同的。

一直以来,式(13.2.4)回归模型与式(13.2.3)离散选择模型,都是在考虑误差项相关性的基础之上,依次推导出来的

（参考 7.1 节）。例如，特雷恩（Train，1986）将式（13.2.3）的效用函数线性化后，应用于 Logit 模型，并依次估计出参数。随着近年计算机的高速化，离散连续模型的同时估计也开始实用化。例如，德容（de Jong，1997）不简化效用函数，应用同时估计方法进行了未知参数的估计。

除离散连续选择模型之外，还有学者开发了采用 SEM（参考第 8 章）的保有辆数与行驶里程选择的整合模型（Golob，1998）。由于保有辆数是离散变量，使用 SEM 时需要使用考虑了从属变量离散性的参数估计法。戈洛布（Golob，1998）使用了变量正态假设不成立的情况下也依然有效的 ADF-WLS 估计值（Joreskog & Sorbom，1996）。

13.3　动态模型

静态模型是用特定时刻的自变量值来说明汽车保有状态的。也就是说，一般默认假设某一时刻的汽车保有状态，与在此之前的汽车保有状态独立，对应自变量属性值变化而做出实时反应，并常处于平衡状态。然而，某一时刻的汽车保有状态也包括反应延迟、状态依赖（参考第 9 章）等情况，并受到过去的汽车保有状态及自变量过去时刻取值的影响。但是，因为过去的汽车保有状态属于内生变量，如果单纯地把其作为模型的自变量引入，会导致估计结果产生同时偏差（Heckman，1981）。因此，需要应用第 9 章讲述的动态模型。

13.3.1　动态保有辆数模型

动态保有辆数模型，是指把每隔一定时间段所观测到的汽车保有辆数作为因变量，把各时刻的家庭属性与汽车属性作为自变量的模型。通常将时间间隔定为 1 年。自变量使用与静态模型相同的变量，而将过去时刻的汽车保有辆数（或者表示保有辆数的虚拟变量）加入自变量，以此来表示汽车保有辆数的状态依赖性。此外，也有将过去的家庭属性值由于带来滞后效果而引入到自变量的研究。北村（Kitamura，1989）增加了前一时刻的属性值，把表示前一时刻属性值变化的变量引入到自变量中，分析了家庭中持有驾驶证人数与家庭收入与前一时刻相比增加和减少的情况，得到了效果为非对称的结果。进而，通过假设各时刻的误差项相关联，与汽车保有相关的家庭间的非观测异质性也被表现出来。

北村和邦奇（Kitamura & Bunch，1990）使用4个时刻的面板调查数据，应用顺序概率（ordered probit）模型构建了动态汽车保有辆数模型。将第1个时刻前的汽车保有辆数作为自变量，将从第2个时刻到第4个时刻的三个时刻的汽车保有辆数作为因变量。进行参数估计时，用静态模型估计第一时刻的汽车保有辆数，再通过将这个估计值作为自变量，尝试用动态模型解决初期值设定的问题。

进一步，用如下模型表示误差项，比较假设系列相关不随着时刻变化和随着时刻变化的情况的结果。

$$\varepsilon(i,t) = \alpha(t)q(i) + U(i,t) \qquad (13.3.1)$$

式中，$\varepsilon(i,t)$为家庭i的时刻t的误差项；$q(i)$为家庭i的非观测异质性；$U(i,t)$为家庭i在时间刻t的独立误差项；$\alpha(t)$为未知参数。因为$\alpha(t)$不随着时刻变化，就能假设系列相关的影响是一定的。另外，在假设$\alpha(t)$随时刻而变化的情况下，进一步比较了假设$U(i,t)$的方差随时刻变化和不随时刻变化的情况。分析结果证实了除与汽车保有辆数相关的状态依赖性强之外，自变量的参数估计值与误差项相关的假设无关，固定不变，只是具有一种可能，即单纯将一个时刻的汽车保有辆数作为自变量引入的模型，可能会导出状态依赖或系列相关的错误结论。

13.3.2 动态汽车使用模型

动态汽车使用模型，是将一定时间间隔的汽车行驶里程与出行时间等作为因变量的模型。自变量和时间间隔与13.3.1节中动态汽车保有辆数模型相同。亨舍和史密斯（Hensher & Smith，1990）借用了安德森和肖（Anderson & Hsiao，1982）的方法更加严密地解决了初期值的设定问题，此外比较分析了序列相关的时刻依赖性和不因时刻而变化的变量及非观测异质性相关等有关的几个模型。

13.3.3 动态汽车保有和使用整合模型

动态的整合模型，是指将每隔一定时间间隔的汽车保有辆数或者汽车保有车种的选择和行驶里程、出行时间、出行次数等作为因变量，并对其统一进行描述的模型。自变量与前面讲述的动态保有辆数模型与动态汽车利用模型相同。模型的结构与静态整合模型相同，采用了离散连续选择模型（Hensher，1986；Hensher et al.，1989；Mannering & Winston，1985）和考虑了误差项相关、包含受限因变量的联立方程式模型等（参考7.2节）（Kitamura，1987；Meurs，1993），SEM（Golob，1990；Golob & van Wissen，1989；van Wissen & Golob，1992）。无论哪一种模型都引入了汽车保有与使用的相互作用及误差相关。北村（Kitamura，1972）将由时刻 t 的内生变量 $Y_1(t)$、$Y_2(t)$ 外生变量 $X_1(t)$，$X_2(t)$ 和误差项 $\varepsilon_1(t)$，$\varepsilon_2(t)$ 构成的模型系统，对此进行了如表13.3.1所示分类。实际模型标定时，估计了假设表中几个关系存在的模型，并且得出了汽车保有辆数选择和出行次数是独立的结论。

变量间的关系（Kitamura，1987） 表13.3.1

	同时效果	惯性效果	延迟效果
外生变量与外生变量	$X_1(t) \leftrightarrow X_2(t)$	$X_1(t) \leftrightarrow X_1(t-\delta)$ $X_2(t) \leftrightarrow X_2(t-\delta)$	$X_1(t) \leftrightarrow X_2(t-\delta)$ $X_2(t) \leftrightarrow X_1(t-\delta)$
内生变量与外生变量	$Y_1(t) \leftarrow X_1(t)$ $Y_2(t) \leftarrow X_2(t)$	—	$Y_1(t) \leftarrow X_1(t-\delta)$ $Y_2(t) \leftarrow X_2(t-\delta)$
内生变量与内生变量	$Y_1(t) \leftarrow Y_2(t)$ $Y_2(t) \leftarrow Y_1(t)$	$Y_1(t) \leftarrow Y_1(t-\delta)$ $Y_2(t) \leftarrow Y_2(t-\delta)$	$Y_1(t) \leftarrow Y_2(t-\delta)$ $Y_2(t) \leftarrow Y_1(t-\delta)$
误差项之间	$\varepsilon_1(t) \leftrightarrow \varepsilon_2(t)$	$\varepsilon_1(t) \leftrightarrow \varepsilon_1(t-\delta)$ $\varepsilon_2(t) \leftrightarrow \varepsilon_2(t-\delta)$	$\varepsilon_1(t) \leftrightarrow \varepsilon_2(t-\delta)$ $\varepsilon_1(t) \leftrightarrow \varepsilon_2(t-\delta)$

注：↔为相关关系，←为因果关系，$\delta > 0$。

13.4 更新行为模型

动态模型是对观测时刻的家庭汽车保有状态建模，而更新行为模型则是对保有状态变化的行为进行建模。

北村（Kitamura，1992）就更新行为模型相比动态模型的优点进行了如下归纳：

(1) 作为汽车市场模型的要素,可以作为汽车购买、二手车市场供给、废金属需求预测模型使用。

(2) 可以进行更新成本的理论整合处理。

(3) 可以表现更新成本的非对称性(增购新车比转卖车花费更多),也可以比较更新的花费与不更新的成本(保养汽车的成本远低于换新车的成本)。

(4) 通过将汽车保有年限作为内生变量,可以进行与汽车保有相关的长期行为决策建模。

(5) 将汽车利用作为影响汽车更新的行为决策要素,可以进行理论整合。

13.4.1 离散时刻模型

在离散时刻上表示汽车保有行为的离散时刻模型,是指将面板调查的观测时刻间有无更新行为以及其种类作为因变量的模型。

霍彻蒙等(Hochermon et al.,1983)将是否有更新行为作为上层选择,将购买车种等更新行为作为下层选择,建立了巢式Logit模型。对象仅限于在更新行为前的时刻没有汽车或保有1辆汽车的家庭,更新行为的种类也只考虑没有汽车的家庭购买新车或有1辆汽车的家庭以旧换新的情况,不考虑保有多辆汽车的情况。此外,用于估计的数据是通过断面调查得到的,把过去的一年作为对象期间,对有无更新行为建立了基于回忆数据的模型。因此,完全没有考虑非观测异质性的影响。

作为考虑非观测异质性的方法,采用 β 逻辑斯蒂模型(beta logistic model)进行分析(Berkovcc,1985; Manski&Goldin, 1983; Smith et al.,1991)。与把家庭行为作为对象的模型相比,曼斯基和戈尔丁(Manski & Goldin,1983),贝尔科夫奇(Berkovcc,1985)仅考虑汽车的报废,没有将家庭属性引入模型,加强了作为汽车市场模型的要素之一的模型色彩。另外,史密斯(Smith et al.,1991)研究了仅保有1辆汽车家庭的换购行为,而不考虑因追购新车和不购车的单纯报废等伴随保有辆数增减的行为。

在日本,安藤等(1997)为了表述随着居住地的变更带来的汽车保有辆数的变化，构造了以增加、无变化、减少为候选对象，随着住址搬迁更换带来汽车更新行为的离散选择模型。然而，这种分析并不是像通常的面板调查那样，进行每隔一定时间间隔的观测，是以居住地的变化为前提条件的建模，不能预测汽车保有辆数变化的时期。因此，为了进行预测，需要构建居住地变更行为模型。

13.4.2 连续时刻模型

与离散时刻模型将各个观测时刻的汽车更新行为建模不同，连续时刻模型是从什么时候开始更新的角度出发，将更新行为的时期建模的方法。将更新行为时期建模，不仅可以解决离散时刻模型中反复观测同一家庭而产生的时刻间的误差项的相关问题，也无须外生设定观测时刻，并且可以预测连续的更新行为。由于能够总结分析者期望的每个时间间隔作为连续变量的输出结果，具有可进行灵活预测的优点。此外，也没有必要故意假设各家庭每隔一定的时间更换汽车的更新行为的实施。

连续时刻模型主要用参数型基于风险的持续时间模型（参考第10章）。更换汽车的更新行为包括换购、追加购入、不伴随购入的报废等多种情况，因此，认为适合竞争风险模型的应用。然而，有些研究没有假设竞争，而用单独的风险函数建立模型。曼纳林和温斯顿（Mannering & Winston，1991），德容（de Jong，1996），山本（1997），山本和北村（Yamamoto &Kitamura，2000）不以家庭为对象，而是着眼于各自保有的汽车，建立了预测家庭中各辆汽车保有时间的模型。由于这些模型不能表示家庭全部的汽车更换的更新行为，因此，仅局限于能提供与汽车保有有关的基本结论。实际上曼宁和温斯顿（Mannering & Winston，1991）通过结合把品牌作为候选项的车种选择模型，描述了美国市场的国产车与进口车的竞争状态，并预测了国内汽车产业将衰退的趋势。

邦奇（Bunch et al.，1996）以家庭为对象，将更新行为的期间作为因变量建立了模型。该模型作为预测电动汽车需求的模型系统要素被采用，不关心更新行为的种类，仅用于预测更新行为的发生时间。因此，单独使用风险函数，不能决定更新行为的种类。作为模型系统其他要素，将更新行为的发生作为已知条件，以换购或是追加购入作为上层选择，以车种为下层选择，构建了嵌套 Logit 模型（对于保有多辆汽车的家庭换购情况，将换购哪一辆的选择增加为中间层选择），适用于决定更新行为的种类（Brownstone et al.，1996）。该模型中，换购的时期与追加购入的时期不变，设置了更新行为的种类不影响更新行为时间的强约束。

此外，还开发了应用竞争风险模型，同时决策更新行为的种类和更新行为时期的模型。吉尔伯特（Gilbert，1992）以家庭保有的各辆汽车为对象，将换购新车、换购二手车、不伴随换购的纯报废3种更新行为视为竞争风险，通过竞争风险模型来表示更新行为种类的选择和当时的决策。此外，作为以家庭为对象，应用竞争风险模型的分析，有亨舍（Hensher，1998）和山本等（1998，2001a）。亨舍（Hensher，1998）与吉尔伯特（Gilbert，1992）都构建了以换购新车河换购二手车为更新行为候选项的竞争风险模型。与吉尔伯特（Gilbert，1992）不同，由于亨舍（Hensher）没有考虑选择换购哪一辆保有汽车，吉尔伯特（Gilbert，1992）的分析所考虑到的各辆汽车的属性没有作为自变量使用。山本等（1998，2001a）构建了将各辆汽车的换购、报废以及追加购入都作为更新行为候选项的竞争风险模型。该模型虽然没有考虑换购新车还是换购二手车的选择，但是包含了换购还是报废保有汽车的选择行为。进而，由于模型不仅包含了作为更换家庭汽车的更新行为的换购行为，还包含了报废和追购新车带来汽车保有辆数变化的行为，所以作为汽车需求预测的工具实用性高。另外，山本等（2001）构建了以换购和追购新车为前提的车种选择模型，该模型把新车·二手车及微型汽车·小型轿车·普通轿车·厢式货车旅行车的组合作为候选项（山本，2001b）。这里通过选择换购新车还是换购二手车，再现了换购时期不受影响的假设下的新车和二手车的换购行为。

第14章 非工作日（节假日）的交通分析

14.1 非工作日（节假日）的交通特性

14.1.1 节假日出行分析的背景和目的

1980年以前，一般不会有人把观光、休闲出行和购物出行等作为交通需求分析的对象来研究。作为理由，应对上下班、上下学及业务交通的交通政策还是紧迫的课题，而观光、休闲出行这些主要为非工作日的出行相对而言可以被认为不那么重要和急迫（古屋，1996）。然而，从20世纪80年代开始，越来越多的人开始注重生活品质，政策中观光、娱乐的重要性也开始逐渐增加。再加上私家车的普及和郊外大型购物设施和街边商店的发展，原本比较集中在市中心的购物交通也迅速向郊外发展。因此，郊外主干道路交通拥堵等节假日特有的问题日益严峻。此外，自驾车观光成为主流，通往观光地的主干道路和观光地区的道路交通拥堵、停车位不足等问题也开始日益显著。在这些交通需求方面的问题的基础上，从20世纪90年代后期开始，刺激地域间交流、城市规划、城市中心区复兴等政策的实施，对节假日交通的作用寄予了期待，因此，节假日交通也逐渐成为一个新的政策课题浮出。

此外，作为节假日交通分析的技术发展，从20世纪80年代开始，针对工作日交通开发了非集计型交通行为模型（参考第6章）。能够更加详细地分析个体属性的需求预测模型，也能够更加仔细地分析个体差异较大的节假日交通。节假日交通与工作日交通相比，活动内容更多样，20世纪80年代开始盛行的活动分析（参考第12章）提出了以活动为中心的分析方法，可以说它的适用也同样支持着节假日交通分析的发展。由于这些社会背景和分析技术的发展，节假日交通分析在20世纪80年代后期开始到现在一直在增加。

在这种背景下，1992年全国观光现状调查在全国范围内展开，包括以节假日交通为对象实施的新城市OD调查等，随着技术的发展,调查数据的充实也促进着节假日交通分析的发展。比较1994年实施的道路交通情势调查分目的地出行比例中节假日和工作日数据,工作日交通的业务出行的比例在节假日约减少一半,节假日的社交、娱乐及购买的比例增加了4倍。像这样,可以确认在节假日交通中非日常交通已经到了不能忽视的存在。

14.1.2 节假日出行的主要特征

本章讲述的节假日出行与上下班、上下学等工作日出行在分析出行行为方面有哪些区别,可以通过明确交通行为的特征差异就容易理解。着眼于行为决策的自由度,主要的交通出行行为的分类如表14.1.1所示。

主要出行的自由度特性分类　　　　表14.1.1

行为的自由度高 (可以选择目的地、活动时间、日程)	・购物出行 ・走亲访友等 (活动时间、日程)
・娱乐出行　・观光出行 行为的自由度低 (不能够选择目的地、活动时间、日程)	・补习班、培训班等 ・业务出行 ・上下班、上下学出行

作为行为分析特性的自由度,不由外界的因素制约,而是表示由行为决策者的行为的变化而决定行为的程度。作为自由度低的例子,由上下班和上下学出行,行为决策者一般不能自由选择出行发生日、到达时刻、活动时间等,剩下的交通方式和出发时刻等选择因素,多数情况下也取决于利用交通方式的可能性和行李搬运的必要性等外生因素。但是,因活动区域的大小、前后非固定的活动结果带来的利用交通方式可能受到制约、形成时间的不确定性等会有变动,导致节假日出行的自由度也会发生变化。例如,上班和上学等,在一日之中有一项主要的核心固定活动的日子里,由于时间约束的影响变大,所以即使是非固定活动,其自由选择的范围也会缩小。接下来列举5个着眼于自由度高度的节假日出行的特征。

1. 选项集合的多样性

行为决策自由度的高度,从分析者的视角意味着选项・集合的范围有可能会变的庞大。即使是按照时间区段分割并离散化，包含目的地、交通方式、出发时刻和活动时间等选项·集合，若取出行为决策者利用可能的全部，实际上也会变得无限庞大。

2. 个体偏好的异质性

行为决策的约束少，意味着将会出现大的个体爱好的异质性。在上下班、上下学等工作日，一般与个体的偏好无关，而多由外生因素决定选择的框架，而在约束少的节假日交通中，则个体的爱好就会成为重要的决定因素。这并不仅最终对发生地或目的地的选择，对选项的排除[1]也会产生很大影响。

3. 分析的时间框架

以观光和娱乐等为目的的交通属于非刚性出行行为。在这种情况下，因与在家看电视等不需要外出其他活动的关系，发生次数也会受到影响。伴随购买生活必需品等最基本商品的出行比较常规，一般也不受其他活动影响，但是因消费量和一次购买量的不同，次数和发生的时间间隔会发生变化。如此一来，既有出行行为分析一直设定的以"一日"为单位的分析时间框架，有时就不能进行充分的分析。

4. 分析的地区框架

约束小也意味着分析的地理范围的多样性。就像需要货比三家买东西在日常生活圈内的购物行为、都市圈范围内的观光出行、伴随更大范围住宿的观光旅行或海外旅行等，行为的地理范围尺度各异。14.3 节中还会再讲到，在观光交通的分析中，像广域范围内的观光目的地选择行为和观光区域内的观光行为那样，很多时候也会着眼于出行距离进行阶段性分析。

主要的节假日出行的空间特征　　　　表 14.1.2

日常生活圈	都市圈范围内	都市圈外部
·购物出行（日用品） ·平常的娱乐出行	·都市型观光出行 ·购物出行（货比三家购物）	·广域范围的观光出行 ·海外旅行

如表 14.1.2 所示，节假日交通出行的空间特征从日常生活圈到都市圈再到海外是多种多样的。利用通常的交通需求预测使用的家庭出行调查，一般以都市圈为对象，因此，不太适用于分析可

能会隐藏在设定区域内的日常生活圈，以及对象区域外的广域范围观光出行。虽然归类为日常出行的业务出行有时也可能会到都市圈范围之外，但是可以说节假日出行，尤其是观光出行的比例会更高。

5. 出行的时间和信息依存性

一般认为，节假日出行在很大程度上受行为决策者过去的经验和所掌握的信息等因素的影响。如本节所述，因稀缺性、选项的多样性、时空特性等原因，对节假日出行，出行决策者所掌握的信息多是不完全的，通常认为根据过去的经验和容易得到的信息进行决策。此外，还认为多用一些启发式[2]（heuristics）和手续的合理性[3]（procedural rationality）等简便的行为决策规则。

在本章中，将着眼于购物行为和观光行为[4]，以至今为止的研究成果为基础，旨在明确节假日交通存在的难以处理的特性及分析上的注意点。

14.2 购物活动

14.2.1 购物活动的特性

购物出行如14.1节中所述，城市的郊外化发展和市中心街区的衰落、停车问题、周边地区的道路交通拥堵问题等，与各种交通问题密切相关。在分析这样购物活动的时候，作为应该注意的特性有以下重要的6点。下面将揭示这些特性和分析上的课题。

1. 组合活动

购物出行在出行链中，多伴随与其他活动同时进行。例如，下班回家路上顺便购物，或作为娱乐休闲的一环购物等，可以考虑在各目的地进行不同目的的活动，或是在同一目的地进行不同的活动。要把握这样的购物行为的特征比较困难，必须着眼于与前后活动的关联性和活动顺序等的出行链或出行单位（参考1.1节），甚至还需要分析以一日为单位的活动。

2. 对活动履历的依赖性

所谓对活动履历的依赖性，就是指在选择购物场所和交通方式时，会受到过去经验的影响（参考第9章）。人们很难想象行为决策者总是收集到可利用的购物场所的所有信息之后，再依据这些信息进行选择。虽说对去过的场所，持有关于购物场所的一定的信息，但是对未去过的场所，商品种类和价格等影响决策的重要因素就很难想象也掌握得那么多且准确。可以想象，其结果是当可利用的选项·母集合很大时，过去没去过的那些场所作为选项·集合的构成要素被认知的可能性低。此外，当某个购物场所满足行为决策者的要求时，便不会再去寻找其他更多的选项。因此可以认为购物场所选择行为较大地依赖于行为履历。为了分析这样的购物活动，可以认为比较有效的方法是基于长期的面板数据、能捕捉随时间变化的数据以及有关学习过程的数据进行动态分析。

3. 对活动时间因素的相关性

购物行为因每周或季节的不同而变动。日常食品等多在工作日购买，购买场所也不太变动，但也有报告指出其购买行为因发生的周日具有其特征（杉惠·芦沢，1991）。此外，关于货比三家的贵重物品，就会多花时间去挑选，因此，一般多会放在节假日进行，而对上班族的时间制约较大的工作日几乎不可能实施，如此随周日的变动大，若只调查特定的一天的话就无法很好地把握购买行为整体。再者，购买品类等会随着季节的变化而变化，这是毫无疑问的，因此可认为随着这种变化，目的地等交通行为的特征也会变化。

4. 选项的属性和判定

购物出行的行为分析，例如在分析目的地的选择时，作为行为决策的重要因素，一般会计算和设定购物目的地的吸引力，但一般而言并不容易。就购物场所的魅力，在市场领域进行着很多的分析（Fotheringham，1991），购物场所的魅力不仅包括立地条件、营业时间、价格等容易测算的因素，还受商品齐全度和商场氛围等难测算的因素影响大。此外，还受停车容易与否和交通拥堵状况以及对于商品的品牌等的影响。此外，这些魅力度会随着购物品类的变化而变化，像日用品那样不管在哪个商店买都能买到同等质量的商品的情况，就可以纯粹地比较购买价格即可，但是像生鲜食品和衣物等那样，随着店铺的不同而品质差别较大的情况，就有必要进行魅力度的定义和测算。另外，还因分析对象的不同，会选择用个别店铺定义购买目的地的选项，还是用商业街这种范围较大的商店群来定义选项。像干线道路交通量分析那样，分析比较宏观的移动对象时，一般以交通小区为单位用集约化的选项比较好，而进行区域交通分析等微观性的分析时，必须降低选项的集约化等级。这样，集约化的选项也因其数量几乎是无限多的，因此需要从中抽取出行为决策者可能利用的选项，并特别制定选项•集合。还有，即使特定了可能利用的选项•集合，也很难假设行为决策者会持有所有店铺的完全信息，因此在确定选项的魅力度时需要考虑不完全信息的影响。

5. 活动要素的相互关联性

购买目的、一次购物量、交通方式和发生次数等活动要素之间具有相互关联性。这虽然不仅限于购物出行的特征，但是也可以说是分析购物出行时不能忽视的重要因素。例如，在买大件物品或很重的物品时一般会选择私家车出行，或者即使是购买食品，如果是攒到周末一次购买的话，私家车的利用率也会变高。这反而可以说，因为私家车可以用，所以才进行攒到一起一次购买。在这种情况下，容易开车去的场所被选为目的地的可能性就会变高，不能开车去或用私家车也无法搬运时，就会选择有配送服务的店铺等，因此，购买的商品种类于交通方式和目的地之间都具有关联。

6. 出行的家庭成员之间的关联

衣物和个人用物等多为个人购买，但食品等日常用品和耐用消费品，一般因为是家庭共有的，因此不由个人的意志决定，而需要以家庭为单位进行分析。也就是说，由于家庭成员数量和生命周期阶段等因素会影响决策，因此，需要综合考虑这些因素，以家庭收支为分析的最小单位。

14.2.2 购物行为分析案例

如上节所述，购物行为有各种的特性。作为分析购物出行的方法主要有：

① 活动数据的利用（参考第 12 章）；
② 着眼于机动车利用方法的分析；
③ 选项的设定问题。

这些是迄今为止主要研究的方法。本节将以此为中心介绍案例，叙述其特征。

1. 活动数据的利用

活动数据的利用在 14.2.1 节中描述的特性中，为把握①组合活动，②活动履历的依赖性有效，通过将其扩张为一周连续或者定期面板数据（参考 5.4 节），就能够把握③活动的时间要素的依赖性带来的周日和季节变化。

购物活动可以大致分为日常性购物行为与非日常性购物行为，实际的购物活动多为这些组合。矶部、河上（1990）通过利用节假日活动日志数据，不仅对购物活动进行分析，还分析了其他的节假日活动，在 1 日的活动中，时间和场所固定度高的活动被定义为"关键活动"，并分析以其为中心的 1 日活动计划指定与各次活动之间的关联性。以西井为中心的研究小组进行的一系列研究（西井ら，1991；西井、近藤，1992；西井ら，1995；西井ら，1998；西井ら，1999），以甲府市内有购物设施的来访者为对象，对包括他们一天的活动、购物目的地、选择因素，以及个人偏好的数据等全方位的节假日活动，进行了为期十年、一年一度的面板调查，分析了活动目的、购物形态、购物场所与停留时间的关系。对交通发生进行分析时，使用对数线性模型进行了次数分析，并作为目的地分析，分析决策者的属性究竟会对购物场所的变更产生怎样的影响，另外还分析了时间的延迟等问题。

到商场或者大型综合体的出行，不仅是购物，一般还伴随着休闲娱乐的一面、以私家车利用为前提的停车场的建设也正在进行，因此，分析了机动车的利用特征。西井等（1998）利用结构方程式模型，假设了一日的活动时间的约束与停留时间的特性，生活时间分配的关系设定为图 14.2.1 所示，标定了结构参数，可以体现时间预算约束与生活时间分配之间较强的因果关系，并明确了生活时间分配与户外活动时间的关系。

佐佐木等（1995）运用西井等收集的面板数据，导入个人异质性，并对购物目的地选择进行了分析。在此，对选项的属性，运用了购物便利性与交通便利性等个人主观评价，考虑作为具有娱乐出行属性的购物目的地选择的特性，对各主观性评价值的选择的权重，构建了因人而异的选择模型。

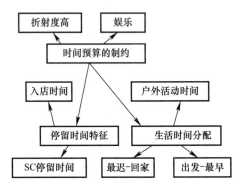

图 14.2.1　时间利用特性因果构造模型（西井等，1998）

杉惠、芦泽（1991）以日本宇都宫的都市圈为研究对象，通过其连续一周的活动调查进行分析，发现私人的购物出行随周日的变动不可忽视，且指出了在购物和私事出行分析中周日特征的重要性。图 14.2.2 表示了杉惠、芦泽的购物出行指标的周日变动。杉惠、芦泽以该图为基础，在日常购物出行中，也显示了其发生因周日的不同而异的现象，作为结论认为，购物出行的分析仅用一日的调查与分析不充分，至少需要连续一周的调查，张等（1998）使用了同一数据，进行了考虑购物出行发生在平日与节假日以及二者的关联的模型分析。在该研究中，个体购物出行的发生次数对应着潜在的规定要素决定，并运用了定制-响应型（ordered-response）Probit 模型（参考 6.2.6 项）进行了分析。在此，并不用多元回归分析，而用定制-响应型 Probit 模型的原因是，一周的购物出行中，出行的总量受限，将出行次数作为离散变数来处理比较理想。使用活动数据的其他研究，还包括中村等（1997）基于三天的活动调查，从利用机动车的角度分析了在城市近郊区的购物行为。

因得到活动数据,就可以更加正确且详细地知道购物行为分析中给予重要信息的具体活动内容和活动的持续时间。活动持续时间一般多利用基于风险的持续时间模型(参考第 10 章)和效用最大化模型进行分析。基于风险的持续时间模型虽然是一种描述性模型,但是在观光行为分析等研究中的适用性得到了肯定,认为在对购物时间进行分析时也可以利用。

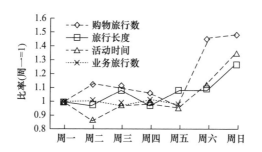

图 14.2.2 交通指标的星期变动(购物)(杉惠·芦沢,1991)

2. 着眼于汽车利用方法的分析

以 14.2.1 节所述的属性设定和交通要素的关联为对象进行的研究有以私家车的利用为基础的交通行为分析。前面已经叙述的中村等和西井等学者的研究,是以汽车利用为前提的购物出行的具体案例分析。而且,作为购物行为分析的一环,作为停车场选择的分析,还有武政等(1987)、石田等(1988)、原田和浅野(1989)、室町等(1991)的研究。石田等将离散型选择模型应用于对茨城县南部的节假日购物行为与停车场配备的调查数据,并给出停车场的评价与价格评价具有同等重要的购物场所选择的重要因素。此外,还分析了停车场的主观性评价值与停车场、购物场所特性具有怎样的关系。如图 14.2.3 所示,停车场评价与平均认知容量具有

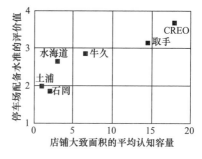

图 14.2.3 停车场评价与店铺大致面积的平均认知容量关系

明显的正比关系，停车场的认知容量是进行购物场所选择时的重要因素，表明了停车场的配备对购物场所选择给予怎样的影响。

3. 选项的设定问题

与 14.2.1 节所述的（4）选项的设定相关联，南川（1995）指出了一般情况下，在目的地选择时使用的 Logit 模型，由于有 IIA 特性，不能充分处理商业的集聚和竞争效果。作为解决该难题的方略，主要有分层 Logit 模型的选项·集合形成模型、福瑟林厄姆（Fotheringham，1983）导入可达性的竞争模型、明确表达了集成效果的山中（1986）的研究等。此外也有考虑可达性，从而设定购物场所魅力值的近藤（1987）的研究、森地等（1984）明确考虑选项·集合形成过程的购物目的地选择分析都是关于选项·集合的设定的研究。

4. 其他购物出行研究

作为其他的购物出行的研究案例，利用非集计行为模型分析购物出行行为的例子，有分析了货比三家购物目的地和交通方式选择的松本等（1983）模型，进行了购物、休闲娱乐出行的交通方式选择分析模型的时间转移行和预测精度的山田等（1984）模型，吉田等（1990）基于购物次数分析和离散选择模型分析购物出行的室町（1992）模型，用购物目的地选择、代表交通方式的选择、终端交通方式选择的 3 阶段分层 Logit 模型，对节假日前往市中心的购物出行行为进行分析的北诘等（1998）模型，着眼于棱镜约束分析上下班途中购物行为的近藤（1987）模型等。

14.3 观光行为分析

14.3.1 观光出行的特性

在节假日交通分析中，发展最快的是观光出行行为分析。观光出行行为的分析之所以会发展这么迅速，理由是观光出行的时间性和区域性聚集度高，交通问题明显等交通规划上呼声高，而且还有观光次数到 1994 年前后为止持续增加（日本观光协会，1996），以及以观光为主体的区域开发的增加（古屋，1996）等原

14.3 观光行为分析

因，因此，观光出行的关注度相对高，从而促使人们进行各种研究。另外，观光行为存在固有的特性，不能简单地套用其他交通分析方法也是被认为观光出行的特定分析盛行的原因。这里，先列举观光出行的特征，从而明确其分析的框架。

1. 稀缺性和季节变化

观光出行的特征之一就是它的稀缺性和季节变化。观光出行的发生次数与其他交通出行相比较少，其发生机理也会因季节的不同差异大。例如，滑雪出行只可能发生在冬季，避暑发生在夏季，赏樱花发生在春天的季节等，这样根据目的不同只能在特定的季节发生。此外，因观光旅行的种类不同其稀缺性也不同，根据 14.3.2 节提到的建设省土木研究所（日本现独立行政法人土木研究所）的全国观光交通现状调查，每年人均海外旅行发生次数是 0.087 次，利用私家车的一日往返型观光旅行的每年人均发生次数是 1.00 次。国内的住宿旅行每年人均发生 2.39 次[5]。这些都与旅行天数、花费和休假天数等有着密切联系。

2. 移动特性的差异

观光出行在一个出行链中移动距离等特性的差异，与其他目的的出行相比较大。例如，将欧洲观光旅行看作从家出发再回到家的出行链考虑时，有家与国际机场航站楼之间的移动、日本到欧洲之间的移动、欧洲内部的移动等，包括了不同数量级的出行距离等性质不同的移动。在国内的观光旅行，特别是带住宿的旅行也存在相同的特性。虽说观光以外的出行有时也会包含性质不同的移动，但是可以说观光出行的差异尤其大。

3. 观光行为

在区域内，各观光地的连续移动的区域内观光行为是观光出行占比很大的行为形态，可以用图 14.3.1 概念性表示区域内观光行为。图中在观光区域 2 内的移动行为就相当于（区域内）观光行为。此外，在具有观光区域之间移动的观光出行称为区域间观光行为。这样的观光行为不仅是对城市与观光地之间的干线交通，而且还是造成观光区域内和观光区域之间交通拥堵和停车等问题的原因。其次，也有需要考虑了观光性的观光设施建设从而提升观光地域魅力值的需求，明晰观光行为在观光行为分析中占据着重要位置。

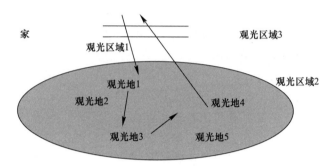

图 14.3.1 观光区域选择和区域内观光行为

4. 偏好的异质性

观光行为的个体行为决策的自由度特别高，个人偏好的差异也体现得非常明显。个人偏好的差异反映了交通方式的选择、观光地魅力值的认知结构，以及发生周期的差异等，同时也反映了在观光区域内观光和路线选择等几乎所有的行为特性。

5. 观光活动与出行的定位

观光出行中，有一种情况是出行本身就是一种目的。例如，假设在观光地之间移动时，选择了出行时间稍长但眺望景色好的道路。这意味着，由于充分眺望了景色，看风景所带来的价值高于时间花费的损失，所以可以认为移动本身带来了正效用。因此，如果不考虑眺望带来的效用，就不能正确把握路线选择的特性，因为选择了花费时间多的道路，就有可能会产生过低地评价时间价值等问题。但是，就往观光地的移动，难以考虑会发生这样的事情。像这样观光出行的选择因素，可以说会由于干线移动和观光区域内的移动等因在出行链内的定位不同而异。

6. 非必需性

购物出行和观光出行的很大差异是观光出行并不是必需的。可以说，全然不购物就不能维持生活，而观光出行可以被娱乐活动所替代。因此在分析观光出行的发生结构时，考虑与包括不伴随外出的在家看电视、读书等娱乐活动的替代性也许很重要。

14.3.2 观光行为数据的采集

如前所述,观光行为存在稀缺性和季节变化性,需要把握活动细节等理由,或因对象区域的不同其特性也不同等原因,很难利用以把握城市交通为目的的家庭出行调查进行确切地分析。因此,至今为止,观光出行行为分析大多都是基于以特定区域为对象的独立调查,而对于全国性观光行为现状,则由于数据的制约,到 20 世纪 90 年代为止并没有取得进展。进入 20 世纪 90 年代以后,道路交通情况调查开始调查了节假日的交通情况(1990 年、1994 年、1999 年),调查了有关观光出行的目的地和路线等详细信息的全国现状。采集的全国性系统性数据有:

(1) 节假日道路交通调查;
(2) 航空旅客动态调查;
(3) 铁路客流量调查;
(4) 全国家庭出行调查。

这些并不是以观光出行为对象的调查,而是以日本国土干线为对象的一般性交通调查,因此为了分析观光行为,就需要抽取出以观光为目的的出行,分析其特性。由于这些是平均性秋季一日调查,而且设定的小区较大,因此,很难分析观光出行特有的季节变化和观光等行为(兵藤,1998),(1)为小汽车,(2)为以飞机为代表的交通方式,交通方式也有偏颇。此外,由于并没有包含个体观光出行链的所有出行的调查数据,所以作为观光行为的分析数据仍不充分。

除此之外,以观光行为为对象的调查主要有:日本观光协会实施的《观光现状和意愿调查》《大城市居民观光娱乐调查》《当日往返旅行娱乐统计》等。此外,日本总理府的《全国旅行动态调查》和各都道府县实施的《观光地观光旅客统计》也是专门为了观光出行的调查。由于在这中也有详细询问观光出行细节的调查,因此作为观光行为分析能容忍的数据,也一直被用于以个体为单位的出行生成量模型等。但是,这些数据由于样本数量、取样特性、调查项目和小区划分等问题,难以应用于详细的交通分布和路线选择分析。

进入20世纪90年代以来，人们认识到观光出行分析的重要性，于是1992年进行了全国观光现状调查。这是以全国为对象的观光出行调查，可以进行以下分类（建设省土木研究所，1994）：

（1）家庭访问调查（家庭13600份，个体30943份）；
（2）观光地游客调查（有效调查问卷12819份）；
（3）机场旅客调查；
（4）观光地内汽车牌照调查。

在家庭访问调查中，加上个人属性，调查了在过去一年里的国内住宿旅行和过去一年里利用汽车在国内当日往返观光旅行，以及过去5年里的海外旅行的详细属性。据此，把握一年中发生的观光出行（山田ら，1993）、具有能把握观光发生时期的变动和全国9个区域的观光行为等特征。在观光游客人数调查方面，因为，得到了观光行为整体的详细移动和活动数据，所以也能够进行旅行行为的详细分析以及进行对区域之间的比较。

作为以都市圈为对象的观光行为调查的案例，有京都市节假日交通行为调查（系统科学研究所，1997）。京都市节假日交通行动调查是以代表日本的观光城市京都为对象，以节假日行为特征和现状的把握，以及进一步研讨京都市域的节假日交通体系为目的，于1996年实施。同时，还进行了观光地交通拥堵状况调查和以市中心区为对象状况把握调查。调查对象是调查当天来到京都的观光客，在主要观光地、高速公路出入口、铁路枢纽、住宿设施分发调查问卷并邮寄回收。发出调查问卷26688份，收到有效回答5692份，有效回答率为21%。调查有以下5类：

（1）个人属性（包括过去的来访次数等）；
（2）旅行行程（旅行整体行程，也包括京都市外的）；
（3）旅行形态（有无同伴，有无住宿等）；
（4）京都市内的旅行（京都市内移动的出行日记）；
（5）京都观光的主观评价（观光地的满意度，观光出行的主观评价等）。

该调查是以拥有观光区域大和大都市特点的京都为对象进行的，为了高效捕捉具有不同性质的观光游客，通过利用在主要交

14.3 观光行为分析

通方式进入京都的地点、住宿设施和观光地分发问卷，比较全面地把握来自市内的观光客、来自市外的当日往返旅客以及住宿旅客。请游客将在京都市内的移动记录在地图上，把握了含路线的出行链、停留时间以及在各目的地的活动内容的实际状况。意识调查和活动日程调查等组合利用，利用这些数据可以综合把握都市的节假日出行情况。京都市内的观光地用步行移动可能的尺寸范围划分成 26 个区域，之后又追加了由自由叙述抽出的第 27 个区域。

14.3.3 观光行为研究案例与行为模型

以观光出行为对象的既有行为分析多以旅行行为为对象。此外，也有一些关于发生量、魅力值评价、选项·集合确定等研究。本节将对这些研究按照分析对象进行逐个列项叙述。

1. 生成和发生量

由于观光出行的稀缺特性，因此关于个体基础的生成数据的采集非常困难，很少用直接行为模型表示生成的。作为例子，有用集计水平的多元回归分析和以个人为基础的结构方程式模型进行次数分析的。作为多元回归分析的例子，具有代表性的是山田等（1993）运用前项所述的全国观光交通实态调查，分析考虑了地域性的交通发生，表示分区域的发生结构的差异。荒木等（1995）利用结构方程式模型分析了包括观光出行在内的节假日出行的发生次数。作为行为模型性研究，有古屋等（1993）通过序列变量选择模型来表示观光出行的发生，并分析了各月的出行发生倾向。古屋等使用的序列变量选择模型的框架如图 14.3.2 所示。此外，利用与该模型拥有基本相同结构的定制-响应型 Logit 模型和定制-响应型 Probit 模型的分析似乎也有效（参考 6.2.6 节）。森川等（1999）利用全国观

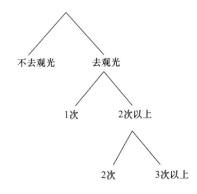

图 14.3.2 序列变数选择模型
（古屋等，1993）

光实态调查，将观光旅行分为日本国内一日游、区域内外、区域外、亚洲、太平洋、其他海外6种。开发了由离散型观光类选择（选项中包括观光以外的物品）以及分连续型观光观光天数（或是其他物品支出）组成的离散连续模型（参考第7章）。该模型的特点之一是考虑观光以外物品的替代支出。另外，在此研究中，将全国分割为北海道、东北、关东、北陆、中部、近畿、四国、九州等居住区域，通过分别构建居住区域模型，明确表示观光天数的区域间差异。除此之外，土井、柴田（1995）利用AHP法，进行了基于情景分析基础的观光出行发生量的预测。

2. 观光地魅力值及选项集合的规范化

不仅限于离散型选择模型，为了构建能够说明观光行为目的地选择的模型，观光地魅力度的计算与容易膨胀的选项集合的规范化变得愈发重要。

作为求观光地魅力度的方法，认为观光人数多的地方魅力高，可以想象单纯地按观光地游客数量，但由于这充其量是作为目的地选择的结果而观测的变量，而不能作为分析目的地选择行为的自变量使用。于是，小森和松浦（1972）、高桥和五十岚（1990）、森川等（1991）、沟上等（1992）、室谷（1998）等，以观光地域的观光资源数等观光地的客观属性和个体的主观评价等为基础，计算观光地及观光地域的魅力度。魅力度属于主观性评价因素，沟上等运用了可以考虑主观性评价项目间重要度的AHP法进行了计算。森川等运用了意识结构分析多使用的结构方程式模型（参考第8章），同时考虑客观性因素和主观性评价因素计算观光区域的魅力度。其重要点是，在结构不变的假设前提下，使用这些方法就能够预测将来的魅力度或新规划观光地区域魅力度。

针对目的地分析的选项•集合变得膨胀问题，进行了几种研究尝试。例如，森川等（1991）以全国范围为对象，没有事先特定某一个观光区域进行了尝试性分析。因此，将庞大数量的目的地选项•集合，提出了用一对一比较、末位淘汰的非补偿型的选项•集合形成方法。除此以外，原田等（1997）运用"想起度"这一概念，提出了将选项•集合形成的影响作为想起概率导入到

14.3 观光行为分析

选择模型。西野等（2000）提出了由反复尝试过程决定的方法。这是通过逐次使用限定性效用最大化模型，从而决定最终的目的地集合的模型，行为决策过程如图 14.3.3 所示。在该模型中，假设行为决策者在最初为空集合的目的地集合之中选择一个就同时导入一个，接着反复试验该出行决策者是否会从该集合中再选出一个追加进去。因此，选择模型经常降低选项的数量，实用模型构建成为可能。

作为一般性观光目的地选择的选项·集合决定方法，当分析对象是全国干线道路交通量和观光动向分析等情况，用将目的地分割为较大的区域来精简选项的方法，而在对特定观光区域的路线交通量和设施利用数量的需求进行预测为目的的行为分

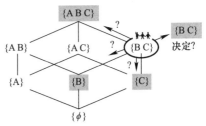

图 14.3.3　反复尝试的目的地集合选择过程（西野等，2000）

析时，经常会在各观光区域合并选项，减少其数量等，根据分析对象的实际变更合并选项水准。

3. 旅行行为

旅行行为被认为是观光行为分析中作为特征性行为形态。森杉等（1986）、沟上等（1991）、黑田等（1993）、森川等（1995）、佐佐木等（1996）、杉惠等（1999）推动着综合处理观光区域内的出行分布、分配等分析模型的开发。进而，田村等（1988）、森地等（1992）、古屋等（1995）、西野等（1999、2000）也推动着将滞留时间和出发时刻等建模的研究。通过考虑滞留时间和出发时刻等时间性要素，就可以使得分时段的交通需求预测成为可能，就会针对时间性集中问题比较多的观光出行制定出面向实际的解决措施。

在森川等的研究中，如图 14.3.4 所示，将 1 日观光行为的决策分成日程计划阶段和实际行动阶段，假设在日程计划阶段出发时刻和目的地群同时选择的分层型选择模型，而在实际行动阶段

假设第1目的地、接下来的目的地（或者是回家）以及路线选择都是相互独立，并用Logit模型进行建模。在日程计划的阶段，因加入目的地群选择，缓和了实际行动阶段小区选择间的独立性假定。森川等将该模型与用持续时间型的韦伯分布（参考第10章）表示的滞留时间模型组合，利用微观仿真再现观光区域的全体个体1日的活动，并预测应对道路情况变化的各观光地游客数量以及分线路的不同时间段交通量的变化。

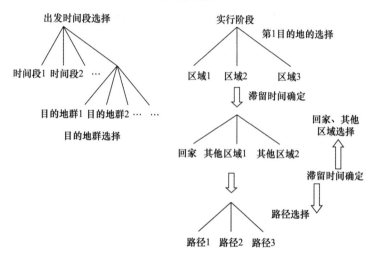

图14.3.4 制定计划和巡游行为的表现方法

与之对应，森地等将图14.3.5所示实际行动阶段用分层Logit模型刻画了旅行行为。通过将此模型与韦伯分布型的滞留时间模型组合描述旅行行为。森川等的假设与森地等的模型构成的差异，可以说是对观光出行多大程度按计划实施，进行行为决策分析着眼点的差异。在利用分层模型时，用一个树状结构表现的选择可以同时进行行为决策。也就是说，森地等的假定是在全盘考虑了路线选择与小区特性的

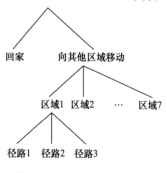

图14.3.5 巡游行动的分层表现（森地等，1992）

基础上，再决定接下来是去下一个目的地还是直接回家的模型。与之对应，在森川等的模型中，往下一个目的地的移动是由确定目的地，确定滞留时间，然后选择路线的连续且逐次选择构成整体行为决策。对于拥有充分信息且计划性高的观光出行，同时决策模型适用性好；而对于没有掌握太多的信息且计划性较低的观光出行，例如节假日的开车兜风等，应用顺序决策模型更具适用性。

用效用最大化原理可以刻画含住宿和滞留时间的整体旅行行为，但是也有人认为，各活动的持续时间与选择模型很难共存。作为这样的案例，沟上等以熊本县大区域观光旅行行为为对象，分析了分时间段的目的地选择行为。他们将为期两天的观光行为分为上午、下午、住宿、第二天上午和下午时间段的 5 阶段分层 Logit 模型。另外，假设在时间制约下的合理的观光行为，构建了含滞留时间的效用最大化模型的还有黑田等的研究。

14.4　非工作日交通行为分析的课题

近 10 年，节假日出行分析，包括调查数据的建设，尤其是快速发展的领域。特别是利用出行和活动日志数据，通过掌握、分析移动及活动的方法，出行行为特征变得越来越明确。作为现在的课题，对于激活市中心商业分析需求的增加，提出了城市中心公共空间的魅力度的测算及其改进策略等。例如，城市中心区整体的魅力可以如何测算，街道的繁华和景观等如何与街道的魅力关联起来等，需要明确的课题。与之相关联，还有购物、公园散步等城市中心常见的复合目的的移动本身的魅力等，也需要作为研究课题。因此，有必要用出行链整体的行为决策特征的把握与分析方法的确立。此外，业务地区和商业地区相邻存在的大部分地方城市，工作日的活动内容和节假日的活动、出行的关联性也未必与激活城市中心无关。在中区等地域，以发展旅游产业激活规划的场合，基于同样的考虑，也需要测算和提高观光地的魅力，为了招揽游客分析提供必要的服务。

另外，由于观光交通缺乏必需性，因此顺应社会、经济环境的变化，观光行为容易显现出来，可以说需要研究它与社会环境的关联和分析模型的时间稳定性探讨等。例如，以社会环境变化为例，相关报告表明（福井商工会议所，2000），从 2000 年开始，政府施行了修改节假日法，增加三连休，由此变化带来的节假日出行生成和发生变化的报告（福井商工会议所，2000）。像这样，需要明确在节假日变动的环境变化下，购物、观光出行的变化预测和少子化、高龄化、国际化以及环境意识的提高之类，伴随社会环境因素变化带来行为的变化。对于环境，由于受个人对环境的态度等意识因素的影响大，因此态度的演变如何产生，其结果节假日出行产生如何的变化等，也是今后的课题。

最后，与上述相关，本章所列举的模型与工作日出行一样，多基于个人效用最大化原理。然而，人们认为实际的观光和购物出行有习惯与冲动等通常效用最大化模型的框架之外的因素起作用。因此，从与工作日出行不同视角的建模方法的开发是节假日出行分析的重要课题。

·脚注

[1] 这里意味着最终选项·集合的决定过程。
[2] 多数场合，会给出精确性高的解，但是当无法保证最优解和解的存在以及显著提高问题的求解效率这二者之一，或者将两者统一的技术方法或其他知识（平贺，1988）
[3] 好的行为的代替方案在哪里的计算方法（Simon，1999）。更加详细的内容参考第 2 章。

第五篇　预测与政策分析

第 15 章　交通行为模型预测法

15.1　运用模型预测的前提

交通行为模型是定量地计算每个个体和家庭在他们所处的环境中会采取怎样行动的模型。也就是说，交通行为模型是将环境作为输入，将交通行为作为输出的一个函数。因此，如果确定了环境和模型，就可以算出个体交通行为的概率。交通行为分析的目的之一就是用于评价交通政策，用结构化的交通行为模型预测交通政策实施情况下的交通行为，再根据预测的交通需求进行交通政策评价。因此，在交通行为模型的应用当中，个体行为并不是研究的问题，而是需要集计出对象母集合中个体行为的总值[1]。为了预测将来研究对象时的集计值，需要确定将来的母集合。

用标定的模型预测将来行为时，要假设模型标定时与将来预测对象的个体的行为决策结构（函数）不变。但是对于该假设，得到了下面这个相反的见解：首先，作为行为决策结构不变的见解，本-阿基瓦和守川（Ben-Akiva & Morikawa，1990）通过比较用 SP 数据和 RP 数据得到的离散选择行为的分析结果，统计并确认了效用函数的常数项的参数向量 $\boldsymbol{\beta}$（参考 6.1.1 节）不变，只有误差项的方差变化。这个结果意味着，即使状况发生变化，个体的行为决策结构也依然不变，因此，就能用模型估计时用的行为决策结构来预测状况变化时的行为结果。但是，因为在这种情况下误差项的方差会发生变化，因此，有必要用合适的指标构建方差的模型，估计未来某时刻的方差，或者认为方差的变化无法预测，假设方差不发生变化时的结果作为预测的平均值来对应。

另外，在心理学等领域，由于行为决策结构是根据状况来构建的，因此得出行为决策是随着状况的变化而变化的见解（Tversky et al.，1990）。根据这个见解，由于模型标定时和将来的预测对象的状况不一致（一致的话就不需要模型了），行为决策结构也变化，因此，用标定时的行为决策结构进行预测的妥当性难以保证。作为其应对方法，可以考虑标定反映随条件变化而变化的行为决策结构的超行为决策结构，并用于预测。但是，这种超行为决策结构的标定并不容易。下面，基于行为决策结构不变的假设而进行论述，但需要注意的是，用某一时刻的数据来进行将来预测时，必须以行为决策结构不变为默认前提。

15.2 预测所需的输入值

15.2.1 输入变量的多变量分布

假设行为模型已经标定，在利用模型进行预测时，还要准备好模型所需输入的将来值。输入由模型标定时调查收集到的候选项属性、约束条件、个体属性等（参考5.1节）组成，可以分为与行为决策主体变量和交通环境变量。这些输入，如性别、年龄、出行时间、费用等，作为模型的自变量，或者又如驾驶证、有无汽车、新交通方式的增加等，用于候选项集合的设定[2]。用非集计行为模型进行预测时，与模型标定一样，需要准备每位行为决策主体的所有上述输入变量。虽然最好可以准备属于将来研究对象总体的所有行为决策主体的输入变量，用集计个体行为的方式进行预测，但是政策分析对象的总体通常是由多个行为决策主体组成，因此会出现计算成本过高的问题。而且，考虑到输入变量的将来预测值和模型本身包含着不确定性，对研究对象总体进行集计能提高多少预测精度受到人们的怀疑。因此，根据所要求的预测精度，从研究对象总体中抽出对应所需比例的样本作为输入，将考虑样本抽出时权重的样本行为预测的集计值作为预测值。正如典型的多元回归模型那样，当模型与其自变量呈线性关系时，集计需求就可以通过将各自变量的平均值代入模型计算出平均需求，再乘以构成需求的个体数得出。然而，几乎所有的非集计行为模型都是非线性模型，即使将平均值代入模型并不能求出平均需求（参考15.4节）。因此，为了设定用于预测的样本输入变量值，就需要了解各输入变量将来值的分布，进而需要全部输入变量的联合概率分布（北村，1996）。

15.2.2 行为决策主体相关变量的预测值

现阶段，非集计模型中常用的年龄、收入、驾驶证持有、汽车保有辆数等多变量的研究对象总体的联合分布难以得到，预测分布更难以获得。在实际工作中，可以获取各个变量的边缘分布或少数变量的联合分布。在获取各个变量的未来边缘分布的情况，可以使用以下方法（不能得到未来边缘分布的情况参考15.3.2节）。

过去，在需求预测时经常采用家庭出行调查得到的非集计数据扩大到研究对象总体的方法，通过赋予其从人口普查或未来人口预测等得到的全口径统计信息求得的扩大系数。但是，过去使用的由性别和年龄段组合得到的扩大系数的场合，就无法保证影响出行行为的家庭构成人数及汽车保有辆数与研究对象总体的分布相一致。由于考虑到家庭构成人数及孩子人数等与性别、年龄相关，为了提高研究对象总体的代表性，希望根据所有属性的联合分布算出扩大系数。但是，并不存在关于多个属性研究对象总体联合分布的信息。因此，采取了通过算出使扩大的样本分布与研究对象总体多属性的各边缘分布之间的残差平方和达到最小值的扩大系数计算方法（三浦ら，1998），或者定义由家庭主人的年龄和家庭类型构成的生命阶段矩阵，通过弗雷特法计算扩大系数，从而计算出各人口普查统计区矩阵单元内的家庭数（青木ら，1999）。

在上述基础上，还基于多个边缘分布的约束下的熵最大化的思路，开发了通过回归计算，计算扩大系数的IPF（iterative proportional fitting）法（Beckman et al.，1996）。通过IPF法确定的扩大系数，由于样本内在的多个属性间的相关关系扩大后也被保留，所以具有研究对象总体的再现性高这样令人期待的特征。也就是说，样本中所见到的多个属性间的相关可以认为反映了研究对象总体的联合分布，因此，可以在保留这些信息的基础上，得到与研究对象总体的边缘分布也一致的扩大系数（西田ら，2000）。

15.2.3 交通环境相关变量的将来值

交通需求预测的目的之一就是定量地把握由某种交通政策引起交通环境变化时交通需求的变化。由交通政策引起的交通环的变化，被作为候选项集合的变化或候选项属性的变化反映于需求预测。例如，在新规划的 LRT 线路运营后的交通需求预测，在现状（模型估计时）候选项集合中加入 LRT 的候选项集合，就可以使用标定的交通方式选择模型。因此，候选项集合和候选项属性等将来值多被外生性地设定。但是，对于随着需求量的变化引起的出行时间的变化，一般多通过与道路网模型等组合内生性设定。相反，关于不受其变化影响的其他主要因素，则多被默认为与模型标定时相同。

15.3 短期预测和长期预测

15.3.1 短期预测

以政策实施后或实施几年后作为预测时刻进行短期预测时，可以把从政策中独立出来的输入变量看作是不变的。因此，只对受政策影响的变量赋予新的输入值，直接使用代表现状的样本就可以预测政策实施时的行为。6.3 节说明了使用列举法和典型个案法的预测方法。这些手法都适用于短期预测。但是，如 6.3 节所述，在典型个案法中使用的平均个人预测结果，对于研究对象总体行为预测值的平均没有意义（参考 15.4 节）。

15.3.2 长期预测

以数年后的未来作为预测时刻进行长期预测时，为了评价交通政策但短期预测时未关注的其他的输入变量，也充分考虑到估计时发生变化，因此，对于这些输入变量，也需要通过某种方法设定其将来值。在计算输入变量的多变量分布时，有时连预测时刻各变量的边缘分布也无法得到。在这种场合，行之有效的方法一般是，以现状的值为已知条件，推算从现状开始的变化。事实上，作为集计方法被频繁使用的同期群（cohot）法（青木等，1998）也是将现状值作为输入变量，通过推算当前各年龄层的历年变化预测未来值。

在非集计分析领域，模拟从现在到将来的各个体和家庭的变化，来推算将来数据的方法也用在了交通需求预测（Goulias & Kitamura，1992；西田等，2000）、人口预测（林·富田，1998）

以及电动汽车需求预测（Kazimi & Brownstone，1995）。其中，古里亚和北村（Goulias & Kitamura，1992）、林·富田（1998）、西田等（2000）的研究中，根据离散时刻家庭属性的变化构建了模型，与之对应卡齐米和布朗斯通（Kazimi & Brownstone，1995）则根据连续时间轴上的变化构建了模型。但是，模型使用时，本质上是将时间作离散化处理的。分析者不得不外生设定的离散时刻，与实际属性变化的时刻无法保证一致，在这一点上，虽然使用连续时间模型具有更好的再现性（北村，1998），但是后者的模型构建需要更详细的数据。

此外，交通需求长期预测还需要考虑因出行行为变化产生的二次影响。例如，因交通量的增大引起的土地利用形态的变化，进而引起交通需求的变化。为了考虑这种影响，有必要构建整合交通需求模型与土地利用模型的综合预测系统。然而，现实中要将应该考虑的相互作用的因素全部纳入预测系统是不可能的，因此多数情况下，不得不外生性给出预测系统的输入变量。

15.4 预测误差

15.4.1 预测误差的来源

交通需求预测运用了非集计交通模型，其预测精度通过事后验证才能明确，然而可预先分析预测值精确度的一般性质，参照应用目的，预先理解模型的可行性，对模型的构建、选择和应用有一定作用（太田，1988）。预测误差产生的原因存在于预测过程的各阶段，用于模型估计的数据观测误差、模型的选择及构建的失误、模型参数的估计误差、自变量将来值的估计误差等。以下对各种误差的相关内容进行说明。

1. 用于估计的数据的观测误差

交通行为分析以人类行为为对象，一般来说，与纯粹的物理测定等相比，用于模型估计的自变量的观测误差更大。尽管为了得到更准确的观测，开发了各种各样的调查形式（参考第5章），但值得留意的是，即便如此，依然始终存在着观测误差。尤其是当与真值之间的误差大且非随机的情况时，参数估计值的一致性将遭到破坏，因此，利用那些观测值构建的模型进行预测，必然会产生误差。

2. 模型的选择及构建时的失误

模型是以某种形式将人类现实行为简化，并不能完整刻画。因此，运用模型进行预测会包含误差。在第4篇，论述了以交通行为的各种状况为对象的建模，然而即使对同一交通行为，也可能构建多个模型，建这些模型时，往往针对实际的行为设置了各种假设。选择模型时，需要留意现实行为的哪些被舍弃。尤其是离散选择行为的建模，误差项的分布形态、方差、误差项间的相关等，通过对误差项的假设，开发了各种模型结构（参考第6章），需要弄清通过怎样的模型结构最能展现分析对象的离散选择行为。

基于所选择的模型结构进行详细建模（参考6.2.1项）。详细建模是基于理论考察和基于模型估计结果的经验性判断两个方面进行的，将影响行为的要素全部作为模型的自变量导入是不可能的。此外，文献中看到的几乎所有的离散选择模型都假设为线性效用函数，然而没有理论依据能证明其正确性，且实证性的分析也极为有限。

对行为产生影响的要素未被作为模型的解释变量导入时，那些变量的影响在模型中将被作为误差项处理。如果那些变量将来也服从相同分布，即便没有预测上的问题，但当那些变量的分布在预测对象时刻发生变化时，就会产生预测误差。此外，作为自变量导入模型的多个要素对行为的影响相互作用时，根据上述经验方法，很难在模型估计时发现这种交互作用（McClelland & Judd, 1993）。当发现自变量间存在交互作用时，则需要在参数估计之前，通过理论研究来检讨模型的函数形态。

3. 模型参数的估计误差

模型的参数估计时，一般情况下，也同时推算估计值的标准误差，用于自变量的取舍选择。估计值的标准误差是基于确定的模型为理想情况这一假设进行计算的，表示得到的估计值与真值之间存在多大程度误差的概率。标准偏差越大，就意味着估计值具有较大误差的概率越高。标准误差是由于被限定的研究对象总体参数的样本估计算出的。因此，只要运用一致估计量，通过使用更大的样本进行估计，就能使参数的标准误差变小。此外，利用相同样本的场合，参数的标准误差也会因估计量的不同而异，所以，通过使用有效性更高的估计量可以缩小标准误差。

4. 输入变量的将来值估计误差

如15.2节所述，作为预测的输入值，需要自变量的同时概率分布，但是尤其是进行长期预测时，很难提供准确的自变量将来值。因此，将来的自变量值中一般都含有估计误差。

15.4.2　平均的个体错误

当模型像多元回归模型那样的线性模型时，输入自变量的平均值得到的输出结果与将各自变量作为输入给出结果的平均值一致。然而，大多数交通行为模型是非线性模型，因此，在运用这样的非线性模型时，输入自变量的平均值得到的输出结果与输出结果的平均值并不一致。运用平均个体法的预测结果具有作为平均属性的个体行为预测的意义，但没有作为行为预测值的平均值的意义，给平均个体法的输出乘以研究对象总体人数作为汇总的预测值是错误的。当然，当研究对象总体中的所有个体具有同一自变量值时，这样的问题不会发生，但该状况在现实中也是根本不可能的。

在6.1节的二项选择模型中，运用某个样本估计参数，且在效用-选择概率坐标平面上显示其分布并得到图15.4.1。此时，效用变化对应的各样本选择概率的变化率与各个体所在的坐标上与选择概率曲线相切直线的斜率一致。在此，计算自变量的平均值，绘制平均个体的散点图，针对该样本，表示平均个体选择概率的变化率将比任何样本个体都大。即在该种情况下，根据平均个体法，进行交通政策评估时，交通服务水平的变化带来的交通需求的变化会被过高估计。

15.4.3　预测的置信区间

如15.4.1节所述，预测误差在预测的各个阶段都会发生，定量把握全部误差是十分困难的。但是，关于参数的估计误差，因为计算出了标准误差,所以用标定的模型的预测值的置信区间也可以计算出来。

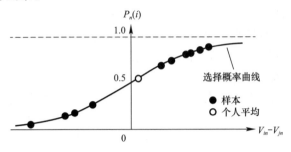

图 15.4.1 平均的个人错误率

1. 线性回归模型的置信区间

假设标定式(6.1.1)所示线性回归模型,利用样本数为 N 的数据,通过最小二乘法估计参数,并且为了简化下面公式的展开,以向量形式表示这个线性回归模型,如式(15.4.1)所示。

$$y = X\beta + \varepsilon \tag{15.4.1}$$

这里,

$$y' = (Y_1, Y_2, \cdots, Y_n),$$

$$X = \begin{pmatrix} x_{11} & x_{21} & \cdots & x_{K1} \\ x_{12} & x_{22} & \cdots & x_{K2} \\ \vdots & \vdots & \ddots & \vdots \\ x_{1N} & x_{2N} & \cdots & x_{KN} \end{pmatrix}, \boldsymbol{\beta}' = (\beta_1, \beta_2, \cdots, \beta_k)$$

$$\boldsymbol{\varepsilon}' = (\varepsilon_1, \varepsilon_2, \cdots, \varepsilon_N)$$

在使用这个模型预测某时刻具有 $X^0 = (x_1^0, x_{21}^0, \cdots, x_K^0)'$ 自变量值向量的对象个体的因变量值 Y^0 时,根据高斯-马尔可夫定理(Gauss-Markov theorem),预测平均值的最小方差无偏估计 $\hat{Y}^0$,如式(15.4.2)所示。

$$\hat{Y}^0 = \hat{\boldsymbol{\beta}}' X^0 \tag{15.4.2}$$

式中,$\hat{\boldsymbol{\beta}}[= (X'X)^{-1} X'y]$ 为 $\boldsymbol{\beta}$ 的估计向量。这时预测值的误差 e^0 为式(15.4.3)所示。

$$e^0 = Y^0 - \hat{Y}^0 = (\boldsymbol{\beta} - \hat{\boldsymbol{\beta}})' X^0 + \varepsilon^0 \tag{15.4.3}$$

$\hat{\boldsymbol{\beta}}$ 的方差为 $Var[\hat{\boldsymbol{\beta}}]$，$Var[\hat{\boldsymbol{\beta}}] = \sigma^2(\boldsymbol{X}'\boldsymbol{X})^{-1}$，预测误差的方差 $Var[e^0]$ 由式（15.4.4）给出。

$$\begin{aligned}Var(e^0) &= \sigma^2 + Var[(\boldsymbol{\beta}-\hat{\boldsymbol{\beta}})'\boldsymbol{X}^0]\\ &= \sigma^2 + X^{0'}[\sigma^2(\boldsymbol{X}'\boldsymbol{X})^{-1}]\boldsymbol{X}^0\end{aligned} \quad (15.4.4)$$

式中，σ^2 为 ε_n 的方差。

该模型的参数中含有常数项时，即 $x_{Kn}=1(n-1,\cdots,N)$，$x_K^0=1$ 时，式（15.4.4）就可能变换为式（15.4.5）。

$$\begin{aligned}Var(e^0) = \sigma^2\Big[1 &+ \frac{1}{N} + \frac{1}{N}\sum_{j=1}^{K-1}\sum_{k=1}^{K-1}(x_j^0-\bar{x}_j)\\ &(x_k^0-\bar{x}_k)(\boldsymbol{S}^{-1})^{jk}\Big]\end{aligned} \quad (15.4.5)$$

式中，将 $\bar{x}_k = \frac{1}{N}\sum_{n=1}^{N}x_{kn}$，$(S^{-1})^{jk}$：$\boldsymbol{S}^{-1}$ 矩阵的第 j 行、k 列的要素，$\boldsymbol{S}:\frac{1}{N}\sum_{n=1}^{N}(x_{jn}-\bar{x}_j)(x_{kn}-\bar{x}_k)$ 具有 j 行、k 列要素的（$K-1$）×（$K-1$）的样本方差协方差矩阵。

由式（15.4.5）可知，在预测对象时的自变量向量越偏离样本，平均预测误差的方差越大。另外，式（15.4.5）的右边由三项组成，第二、三项表明如果样本数量取得更大，可能会使预测误差的方差减小。

由式（15.4.5）把 σ^2 置换成估计值 $\hat{\sigma}^2$ 的话，预测的 $100(1-\alpha)\%$ 的置信区间将由式（15.4.6）表示（Greene，2000）。

$$\begin{aligned}Pr(\hat{Y}^0 - t_{1-\alpha/2}\sqrt{Var[e^0]} &\leqslant Y^0 \leqslant \hat{Y}^0 + t_{1-\alpha/2}\sqrt{Var[e^0]})\\ &= 1-\alpha\end{aligned} \quad (15.4.6)$$

式中，$t_{1-\alpha/2}$ 为自由度 $N-K$ 的 t 分布的 $100(1-\alpha/2)$ 百分位数的值。

2. 二项选择模型的预测置信区间

将二项选择模型（参考6.1节）中，方案 i 和方案 j 效用的可观测部分的差定为 $V_i - V_j = \boldsymbol{\beta}'\boldsymbol{x}$，选择方案 i 的概率 $P(i)$ 用式（15.4.7）表示。

$$P(i) = F(\boldsymbol{\beta}'\boldsymbol{x}) \quad (15.4.7)$$

式中，$\boldsymbol{\beta}'$ 为参数向量；x 为个体 n 的自变量向量。

此时，$P(i)$ 的预测值 $\hat{P}(i)$ 用式（15.4.8）表示。

$$\hat{P}(i) = F(\hat{\boldsymbol{\beta}}'\boldsymbol{x}) \qquad (15.4.8)$$

式中，$\hat{\boldsymbol{\beta}}$ 为 $\boldsymbol{\beta}$ 的估计值向量。

通过运用 δ(delta method) 法，$\hat{P}(i)$ 的渐进方差协方差矩阵 $Var[\hat{P}(i)]$ 用式（15.4.9）表示（Greene，2000）。

$$\begin{aligned}
Var\hat{P}(i) &= \left[\partial \hat{P}(i)\big/\partial \hat{\boldsymbol{\beta}}\right]' \boldsymbol{V} \left[\partial \hat{P}(i)\big/\partial \hat{\boldsymbol{\beta}}\right] \\
&= \left[\partial F(\hat{\boldsymbol{\beta}}'\boldsymbol{x})\big/\partial \hat{\boldsymbol{\beta}}\right]' \boldsymbol{V} \left[\partial F(\hat{\boldsymbol{\beta}}'\boldsymbol{x})\big/\partial \hat{\boldsymbol{\beta}}\right] \\
&= f(\hat{\boldsymbol{\beta}}'\boldsymbol{x}) \boldsymbol{x}' \boldsymbol{V} \boldsymbol{x} f(\hat{\boldsymbol{\beta}}'\boldsymbol{x}) \\
&= \{f(\hat{\boldsymbol{\beta}}'\boldsymbol{x})\}^2 \boldsymbol{x}' \boldsymbol{V} \boldsymbol{x}
\end{aligned} \qquad (15.4.9)$$

式中，$\boldsymbol{V}$ 为参数估计值的渐进方差协方差矩阵（参考 6.2.4 项）。

对二项 Logit 模型，$F(\boldsymbol{\beta}'\boldsymbol{x}) = \exp(\boldsymbol{\beta}'\boldsymbol{x})/\{1 + \exp(\boldsymbol{\beta}'\boldsymbol{x})\}$，式（15.4.9）变为式（15.4.10）。

$$Var[\hat{P}(i)] = \left[\exp(\boldsymbol{\beta}'\boldsymbol{x})\big/\{1+\exp(\boldsymbol{\beta}'\boldsymbol{x})\}^2\right]^2 \boldsymbol{x}'\boldsymbol{V}\boldsymbol{x} \qquad (15.4.10)$$

对二项 Probit 模型，$F(\boldsymbol{\beta}'\boldsymbol{x}) = \Phi(\boldsymbol{\beta}'\boldsymbol{x})$，式（15.4.9）变为式（15.4.11）。

$$Var[\hat{P}(i)] = \{\Phi(\hat{\boldsymbol{\beta}}'\boldsymbol{x})\}^2 \boldsymbol{x}'\boldsymbol{V}\boldsymbol{x} \qquad (15.4.11)$$

式（15.4.6）中的 Y^0, $\hat{Y}^0$, $Var[e^0]$ 分别替换成 $P(i)$, $\hat{P}(i)$, $Var[\hat{P}(i)]$，与线性回归模型相同，二项 Logit 模型和二项 Probit 模型预测值的置信区间就可以计算了。

3. 蒙特卡洛仿真的置信区间

线性回归模型和二项选择模型的场合，预测值的置信区间可以进行解析计算，但是像一日活动模式生成等那样，综合了多个模型的模型系统，模型间输入输出的链不断重复的场合，就不可能像上述模型那样解析算出置信区间。这种场合，人们考虑用蒙特卡洛仿真方法从数值上求出置信区间。其步骤是，首先，由参数估计值和误差项估计值的联合概率分布，用随机数确定参数和误差项的数值，再基于计算出的参数和误差项的值进行多次重复计算预测。如果将这种操作得到的预测结果做成柱状图，就可以计算对应任意一个百分位数的置信区间。另外，通过运用蒙特卡洛仿真方法，不提前把预测值概率分布形态设定为特定的概率分布，分布的形状也可以内生预测，因此个别计算平均值和最频值，或者有复数个极大值的场合，求得几个较大的极大值等，由复数个值组合成的复数点预测，或者更实际的置信区间计算成为可能。随着近年来计算能力的提升，即使是对于一日活动模型的生成等复杂的模型系统，进行数次蒙特卡洛仿真的计算时间也能达到实用的范围，被认为是研究模型可靠性的现实方法。

15.5 基于横截面数据的模型预测界限

如5.4节所述，基于断面调查得到的数据标定的模型，表现了因个体间的差异导致的行为差异。就基于观测的"差异"预测行为"变化"的妥当性，存在很多批判性的见解。

据古德温（Goodwin，1993）使用跟踪调查数据的解析结果，关于汽车保有量对公共交通方式利用状况的影响，同一时刻不同家庭之间的汽车保有量的差异与公共交通利用状况差异之间相关，以及两个不同时刻同一家庭的汽车保有量的变化与公共交通利用状况的变化之间的相关，得出了有意的差异结果。这个结果表明，基于横截面数据的模型不能恰当预测交通行为的变化。进而，北村（Kitamura，1989）基于跟踪调查数据的解析结果，得出了家庭属性的变化对汽车保有量的影响会因为变化方向的不同而有所差异的见解（家庭收入增加的情况和减少的情况影响的绝对值不同）。这表示了行为变化的非对称性，与古德温的研究相同，揭示了基于横截面数据模型的局限性。

作为克服该局限性的方法，有基于面板调查数据和回忆数据构建动态模型，预测从现在时刻到将来时刻的研究对象行为变化的方法。但是，利用动态模型，不仅需要输入将来时刻的输入值，还需要从现在时刻到将来时刻之间输入值的时间序列。15.3节所述的，从现状开始对个体和家庭的变化进行模拟的方法，也能够生成这种输入值的时间系列。

然而，使用动态模型进行预测的数据很少能得到，由于数据制约和模型构建的制约等，很多情况下不得不使用横截面数据进行模型预测。在那种场合，需要充分认识到上述局限性后，注意恰当地运用模型。

·脚注

[1] 并非必须作为预测值计算出行动结果，与是否变更行动或怎样进行变更无关，有时仅通过说明个体是否受政策的影响，就可以为交通规划政策的决策提供有益的信息（Pas.，1986）。这种情况下，不关注函数的输出值（行动结果），而是着眼于函数的中间过程取值（效用值等）进行预测。

[2] 根据候选项的定义，驾驶证的持有和汽车保有量不能用来建立候选项集合。在这里，以交通方式的选择行为为对象，假设将家用汽车作为其中一个候选项，当设定汽车候选项中包含出租车时，不拥有汽车的人也可以选择汽车这一候选项，也没有将不拥有汽车的人必须排除汽车这一选项的制约。6.2.1项的案例，因为汽车这一候选项同时包含自己驾驶和搭乘他人驾驶的汽车这两种情况，所以没有驾驶资格证的人也无须排除汽车这一候选项。但是没有驾驶证的人选择了汽车的场合，就必须由他人驾驶，与拥有驾驶证的人相比，汽车的利用效率低，因此是否拥有驾驶证被作为汽车效用的自变量。

第16章　城市综合交通政策应用案例

作为面向交通规划的交通需求预测方法，人们一直使用的四阶段预测法存在着许多问题。最本质的问题有：缺乏行为论的基础、忽视出行间的关联性和交通需求的动态特征等。另外，诱增和抑制交通需求在需求预测中没有被反映出来，针对评价对象的交通政策受到限制，预测的政策敏感可靠度存疑等问题，直接影响交通管理决策的判断。

基于上述认识，为解决以上问题，提出了城市交通需求预测微观仿真系统（飯田ら，2000；菊池ら，2000；藤井ら，2000），作为替代交通需求预测四阶段法的新方法。该方法组合了第12章介绍的再现个体生活行为、基于活动的微观仿真模型PCATS（藤井ら，1997b）和再现道路上动态交通流量的交通流仿真器DEB-NetS（藤井ら，1998）进行交通需求预测，特征如下：

(1) 动态预测

能够随着时间动态变化的交通需求。

(2) 以个体为单位的预测

因为模拟以个体为单位的出行行为，能明确反映少子化和老龄化的进展、汽车驾驶证和车辆保有的变化等对交通产生很大影响的个体属性。

(3) 着眼于活动的预测

由于不仅对出行进行预测，还对包含出行在内一整日的活动模式进行预测，因此就能够准确把握作为活动派生需求的交通需求，也能够分析诱增交通和抑制需求等。

(4) 计算评价指标多

由于是对一整日的活动模式进行预测，因此就可以进行交通政策实施带来的自由时间的增减以及相应娱乐活动的增减等有关"生活品质"范畴的政策分析。

本章在对该模型系统进行说明的同时，也介绍其在大阪市的应用案例。

16.1 微观仿真模型系统的简介

微观仿真交通需求预测系统的构成如图 16.1.1 所示。该系统如果引用四阶段预测法的术语，PCATS 是交通的发生与吸引、交通的分布和交通方式划分、DEBNetS 则是交通流分配的计算子系统。该系统为了在预测值中反映动态机动车交通流和动态 OD 交通量之间的相互作用，PCATS 和 DEBNetS 二者间，双方的输出值互相为对方的输入值，即形成"嵌套构造"。这样的循环计算，直到达到满足收敛基准才结束。下面分别对各子系统进行介绍。

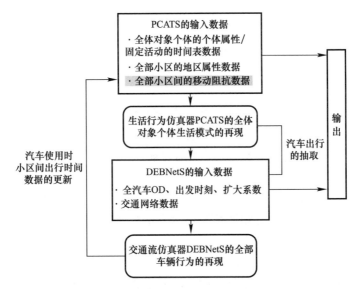

图 16.1.1　微观仿真交通需求预测系统的构成

16.1.1　生活行为模拟器 PCATS 的简介

PCATS 基于以下假设：一日的时间使用是由个体自由决策行为可能决定的自由时间段和时间利用形态事先决定的固定时间段构成。在这种前提下，PACTS 是基于个体相关信息（年龄、性别、职业、是否持有驾驶证、家庭汽车数量、家庭收入，以及当日全部固定活动的场所、开始和结束时刻、活动内容）、具有活动实施可能的全部小区的属性（人口、服务业店铺数），以及基于全部小区间的移动阻抗数据（各代表交通方式的 OD 所需时间、费用、换乘次数），再现自由时间段个体行为模式的微观仿真装置。

PCATS 的最大特征在于，它囊括了个体实施各次出行的全部信息，再现一日生活模式的全部内容。由此，再现各类交通措施对生活活动的影响、伴随活动变化产生的出行生成、各次出行的交通方式选择、目的地选择、出发时刻选择，亦可以使综合把握和分析出行链形态的 2 次、3 次变化等变为可能。

* 富余时间：以在下一个固定活动开始时刻到达下一个固定活动场所为前提，且所有场所间的出行时间作为已知条件给定的情况下，从当前场所移动到下一个固定场所的途中，可能停留的目的地（包括自己家）内最长的时间，假设可以停留的目的地为 k，在目的地 k 停留的最长时间就是富余时间。如果没有停留的场所，则富余时间为 0。

PCATS 作为个体行为决策过程，有如图 16.1.2 所示的逐步行为决策过程。假设个体首先在自由时间段的初始时间点，判断是否拥有进行自由活动的足够时间。如果没有足够的时间，个体就向下一个固定活动场所移动；如果有足够的时间，就确定下一次活动 m 的活动内容。接着确定其活动场所以及向该场所移动的交通方式。这些行为决策分别由分层 Logit 模型（可参考第 6 章）再现。然后，假设个体还要进行这样的离散选择：决定活动 m 是该自由时间段内最后的活动，还是在这次活动之后还要进行活动 $m+1$。如果决定进行活动 $m+1$，那么就要确定活动 m 的结束时刻，也就是向活动 $m+1$ 进行场所移动的开始时刻；如果不进行活动 $m+1$，就假设在向下一次固定活动地点移动之前都是进行活动 m。这种离散选择以及继续进行活动情况下活动时刻的确定，由人口生存（split population survival）模型（Schmidt and Wittte, 1989）再现。人口生存模型是表现离散选择的二项 Logit 模型（参考第 6 章）和假设连续确定活动时间为韦伯分布的持续时间模型（参考第 10 章）构成，并同时估计二者包含的未知参数[1]。

另外，作为行为制约，考虑了固定活动时间表和小区之间的出行时间在规定的时间的棱镜约束、目的地选择的认知制约、交通方式制约（在营业时间之外不能利用公共交通方式的情况；可以利用的汽车、自行车等私人交通方式在当下无法使用的场合；不能使用私人交通方式、不能搁置私人交通方式而使用其他交通方式完成出行的情况）。

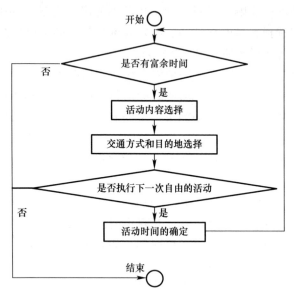

图 16.1.2　PCATS 假定行为决策过程简介

在 PCATS 中，在一定的制约条件下，利用分层 Logit 模型等子模型，由蒙特卡洛仿真法（可参考第 15 章）再现活动内容、交通方式、目的地或者活动时间，以及活动是否实施。也就是说，基于由这些子模型定义的概率或者概率密度函数，通过产生一致随机数，确定各模型的内生变量值。比如，考虑汽车和公共交通这个二项选择，如果能够估计出这个二项选择 Logit 模型的参数，那么只要给出外生变量，就能很容易计算汽车的选择概率和公共交通的选择概率。假设它们的概率分别是 0.3 和 0.7，这里在 PCATS 中，产生 0 到 1.0 之间一致随机数。如果这个随机数在 0.3 以下就是汽车，超过 0.3 就是公共交通，以这样的形式确定利用何种交通方式。这样，用各子模型一一再现规定了发生概率的概率事件，再将它们进行组合，再现生活行为的全部。

16.1.2　交通流仿真 DEBNetS 简介

DEBNetS（Dynamic Event-Based Network Simulator）是为了掌握拥堵现象的推移而开发的动态交通流仿真系统，即推算交通流随时间的变化以及一日中各时间点的交通服务水平。由 PCATS 生成的小汽车出行以时间顺序被连续输入于 DEBNetS。各次出行基于出行时间被分配到路线上，基于路段进行复数段分割得到的每个小区段的交通量来确定各路段的通行时间。

在 DEBNetS 中，将车辆群作为一个包（Packge）来处理，使用以下的事件基础法，在仿真内部逐渐更新时间，再现道路网上的交通状态的变化：(1)将各个包的发生以及从小区段的流出定义为事件；(2)基于各事件的发生时刻，检测出距仿真时刻 t 最近的未处理事件；(3)在更新该事件对应的道路小区段内的车辆数，同时，将事件的发生时刻更新为 t。各包在道路小区段内的移动，在认为道路小区段内一致的基础上，通过用 KV 曲线再现出行时间。各包的使用路线，每隔一定的时间间隔（15 分钟至 60 分钟左右）进行各节点到各吸引点的最短路线搜索，各包就利用该路线。此外，本书以出行行为分析和对建模的解释为目的，对处理交通网络上交通现象的 DEBNetS 的详细内容，请参阅其他文献（藤井ら，1998）。

16.2　大阪市的应用案例

上述的微观仿真，应用于京都市削减二氧化碳排放量的交通政策分析（藤井ら，2000）、丰田市交通拥堵缓解政策实施效果分析（菊池ら，2000）。本节介绍以大阪市为对象预测多个政策同时实施的长期效果，以 2020 年为预测年份的应用案例（飯田ら，2000）。

16.2.1　前提条件

1. PCATS 的子模型参数估计

以充分反映区域的固有特征，以计算可靠度更高的政策敏感度为目的，对需求预测值产生直接影响的子模型参数的估计，采用了 1990 年实施的第 3 次京阪神家庭出行调查数据（以下简称"PT 数据"）。从该 PT 数据中随机抽取了就业、就学及就业就学以外这三个因素的 1 万个样本，利用人口生存模型、活动内容选择分层 Logit 模型、活动场所和交通方式分层 Logit 模型，对各自的要素进行了估计（飯田ら，2000）。活动内容考虑了 PT 数据中可识别的 3 种自由活动；交通方式考虑了公共交通、汽车以及其他 3 种；小区合计考虑了 265 个[2]。这样估计的模型是利用了在该区域中获得的大量行为数据估计出来的，因此，认为它反映了对象区域居民的行为特性。

该应用案例，在以上估计的系数基础上，将这些系数固定，进一步分别按照性别和年龄估计了表示小区和时刻的虚拟系数。估计时利用 PT 数据的全部样本，以各个样本个体的扩大系数作为权重进行了最大似然估计（参考第 5 章）。所谓扩大系数，就是指各个样本个体所代表的母集合内个体数。可以想象，在进行模型标定时，利用上述估计时用到的自变量难以说清的区域固有的各种需求，可以在预测值中反映。

2. 个体条件变量的生成

如第 15 章所述，进行预测计算，估计将来自变量值并输入预测系统是最为重要的工作之一。特别是在进行长期的需求预测计算时，其重要性就更为显著。此外，工作时间、工作地等难以由个人意愿而改变，而对生活模式产生重要影响的外生条件由 PCATS 给出，因此求出这些条件是不可或缺的。这里介绍的应用案例，利用其他途径构建家庭属性模拟器计算固定活动条件、年龄、性别和家庭构成等自变量值。

家庭属性模拟器由家庭构成分布计算系统、家庭变迁仿真器和固定活动时间表生成系统这三个子系统构成。家庭构成分布计算系统从 PT 数据、人口普查数据等确定各家庭的属性。家庭变迁仿真器仿真由家庭构成分布计算系统得出的现状家庭到预测年份的属性变化过程。考虑的事件有出生、死亡、结婚、离婚、就业、搬家等，并且事件的发生是概率性的。这些事件的发生概率依据人口普查报告、人口动态统计和大阪市统计书等，加上少子化、晚婚、女性就业率的变化等确定。家庭的汽车保有量和家庭成员的驾驶证持有状况，则是以预测年份的家庭就业者人数以及个人年龄、性别、就业状况等变量作为条件性概率进行预测。因此，汽车保有率的上升和驾驶证持有率的增加就成了内生预测结构。以上两个子系统的详细情况可参考西田等（2000）的研究。

固定活动时间表生成系统是确定由家庭变迁仿真器算出的各家庭的家庭成员固定活动时间表的系统。由于在这里仅将工作和上学定义为固定活动，因此该系统生成的就仅是就业者的就业活动时间表和学生的就学活动时间表。本研究预测时点的就业、上学时间表的分布是在与现状相同的假设下，采用了将由 PT 数据观测到的固定活动时间表适应于预测对象个体属性，并随机地用于预测对象个体的方法[3]。

采用了上述的方法，就可以利用丰富的数据库计算出长期需求预测所需要的个体属性的属性联合分布。特别是能将由 PT 数据获得的非集计信息反映到未来的个体数据这一点，是与集计型群组（cohort）法等研究的一大不同点。

16.2.2 现状的再现性能

在使用模型系统进行政策分析之前，先阐述 PCATS 现状再现性能的检验分析结果。

为了确认 PCATS 的现状再现性能，从现状的 PT 数据中将对象个体全部抽取出来，删除自由活动，对个体数据进行了加工。加工后的个体数据为 103462 个。此外，各个体数据的扩大系数总和，也就是 103462 个数据代表的个体数被扩大后为 5564343 人。作为 PCATS 输入数据的汽车移动阻抗使用了上述 DEBNetS，此外，公共交通的移动阻抗，利用了波床和中川（1998）开发的公共交通移动阻抗计算系统，分别进行了加工。后者的公共交通移动阻抗计算系统，是利用了公共交通车辆运行时刻表数据、网络连续数据及乘车费数据，分 OD 逐一计算移动阻力数据的系统，能够详细反映公共交通的运行速度、行车次数、时刻表编制、行驶线路和票价等是其一大特点。对汽车、公共交通之外交通方式的移动阻抗数据，则利用了将 PT 数据观测的 OD 出行时间进行了平均。各小区的土地利用数据也利用了现状数据。

在上述前提之下进行计算，再现了每个个体的生活模式。计算时间用奔Ⅱ（300MHz）的 Linux 机器约需要 6 分钟，时间极短。PCATS 的输出，有着与 PT 数据大致相同的信息量，输出项为各活动的内容、场所、开始及结束时刻、各次出行的交通方式等。以下表示集计了 PT 和 PCATS 的输出结果。此外，由于这里的目的是确认现状的再现性能，因此表示未进行扩大处理而集计的出行次数。

首先，分析一天的平均出行次数，就业人员在 PT 中为 2.75 次，与之对应，在 PCATS 中为 2.87 次；非就业人员，在 PT 中为 2.63 次，而在 PCATS 中为 2.49 次，预测误差分别为前者 $+4.7\%$，后者 -5.3%。由此，图 16.2.1 和图 16.2.2 分别表示了就业人员和非就业人员在各时间段的出行次数。由图 16.2.1 和图 16.2.2 可知，PCATS 大致再现了出行发生的时间分布现状。但是，非就业人员从上午到中午过后（上午 9 点左右至下午 2 点左右）的出行发生次数的预测值和实际值的偏差与非就业人员的其他时间或就业人员的偏差相比，稍大一些。其原因在于，非就业人员中，从凌晨 3 点到次日凌晨 3 点的 24 小时内，完全没有任何固定活动的个体有一半以上。像这样的个体的自由时间段非常长。一般而言，自由时间段越长，在仿真器中必须再现的自由度就会增加，因此，就变得更难以保证再现精度。今后，即便仍然存在着较长自由时间段的生活模式，为了能够提高再现精度，就需要改进算法或重新标定子模型。

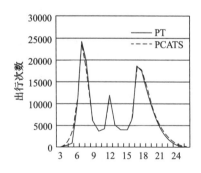

图 16.2.1　各时间段的出行次数（就业人员）

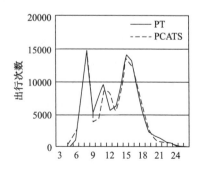

图 16.2.2　各时间段的出行次数（非就业人员）

16.2 大阪市的应用案例

图16.2.3和图16.2.4表示各目的地吸引的出行次数。由这些图可知目的地选择倾向大体可以再现。然而，不论就业还是非就业人员，向大阪市以外的出行次数比现状多一些。关于这一点，因为大阪市外的小区划分得较粗，所以大阪市内外出行阻抗数据的误差变得显著。

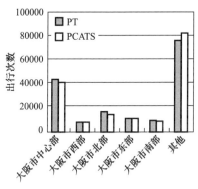

图16.2.3　各区域的吸引出行次数　　图16.2.4　各区域的吸引出行次数
　　　　　　（就业人员）　　　　　　　　　　　　（非就业人员）

图16.2.5表示交通方式的划分率。由此可知，"其他"与现状水平大致相同，而汽车和公共交通中，公共交通的划分率被过小预测，汽车的划分率被过大预测。其原因在于，实际上个体的汽车使用可能性比PCATS中所考虑到的更低一些，交通方式选择模型用于每一次出行等。

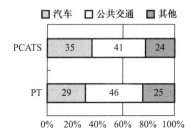

图16.2.5　交通方式的划分率

综上，本节讲述了出行特性的现状再现性能，图16.2.6表示各次活动内容的一日活动时间的合计。

16.2.3　2020年交通政策效果分析

本节将利用模型系统表示用于研究大阪市交通政策方针而进行的应用案例（川田ら，1999）。该案例考虑了由几项交通措施组

293

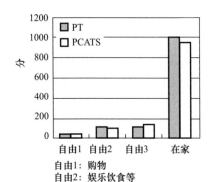

图 16.2.6 各活动内容的平均活动时间

自由1：购物
自由2：娱乐饮食等
自由3：其他私事

合构成的交通政策群，将各项政策实施时的交通网络条件，作为 PCATS 和 DEBNetS 的输入而数据化。并且，在各种条件下实施仿真，以预测给各种交通政策的交通需求带来的影响为目标。

1. 作为评价对象的交通政策群

案例中，以 1998 年度大阪市今后确实可能会实行的既定规划为基础，探讨了以下 3 个政策：

（1）通过建设环路等分散机动车交通；

（2）通过公共交通建设等转移机动车交通；

（3）通过 TMD 等抑制机动车交通，同时实施环道等最低限度的硬件设施。

基于这些基本政策方针，考虑了表 16.2.1 所示的多个具体政策群。此外，为了分析政策的效果，分别考虑了群 0——不实施任何交通政策的情况，群 1——仅实施确定了的既定规划的情况。

这样，设定 5 种方案，针对各种方案，配置道路网络数据、公共交通方式的小区之间的移动阻抗数据、土地利用及个体数据，在此前提下，运用该系统进行了计算机仿真。

设定的交通政策群　　　　　　　　表 16.2.1

方案	思路及主要政策
群 0	维持现状
群 1	仅实施确定了的既定规划
群 2	在群 1 的基础上，实施像环路等的放射交通分流政策 ①建设城市快速路（新的放射、环线）及货车停车场； ②推动 ITS 的建设
群 3	在群 1 的基础上，通过公共交通建设等实施消减机动车交通量政策 ①建设外围物流节点设施； ②建设穿越市中心的铁路、沿海区域的铁路、路面电车等

续表

方案	思路及主要政策
群4	在群1的基础上，建设最小限度的硬件设施的同时，实施抑制机动车利用的政策 ①建设城市快速路（形成最小限度的环路）和外围物流节点等； ②建设路面电车等； ③实施城市中心区道路拥挤收费以及引入公交模式和单一票价

2. 环境负荷的减轻

图 16.2.7 表示了道路网的 CO_2 排放总量。CO_2 排放总量是从由 DEBNetS 计算出来的每辆汽车的行驶速度算得的。由图可知，在以道路网政策为重点的群 2，CO_2 排放总量最多，因为进行道路网建设会引发新的机动车需求。一般主张，因道路网的建设，交通流变得顺畅，CO_2 排放总量将会减少。然而在此显示的结果，可以认为，考虑到潜在的机动车需求，机动车道路网的建设反而给地球环境带来不好的影响。

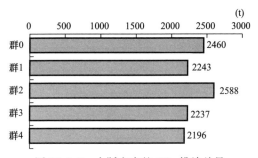

图 16.2.7　大阪市内的 CO_2 排放总量

3. 富有魅力的市中心建设

市中心的魅力难以给出统一定义，然而至少可以推测在市中心的魅力与机动车的交通量之间存在负相关关系。即，作为富有魅力的市中心建设的观点之一，可以认为通过消减机动车交通来改善交通环境。图 16.2.8 表示大阪市中心区的机动车行驶车公里数（每辆机动车行驶距离的总计）。由此，实施道路拥堵收费的群 4 显示了行驶车公里大幅度减少。其结果表明，在城市中心区实施道路拥堵收费政策提高市中心魅力的可能性。

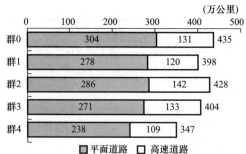

注：群4为以市中心区域为对象实施道路拥堵收费

图16.2.8　市中心区域行驶车的公里数

如图16.2.9所示，如果把目标聚焦到市中心的主干路，可知以建设环路为中心的群2的机动车交通量，与实施道路拥挤收费的群4差不多同样少。由此，可以推测，市中心环路的建设可以分散市中心的过境交通量，从而大幅度改善市中心的交通环境。

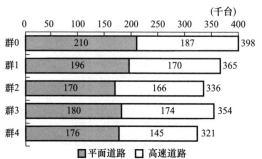

注：市中心干线道路断面交通量合计

图16.2.9　市中心南北方向的断面交通量

进行富有魅力市中心建设的时候，提升公共交通的便利性也是重要的。因此，不仅提升对应通勤的运输力，也希望能够促进平峰时段市中心区短距离出行的公共交通的使用。如图16.2.10所示的市中心内业务出行，在市中心建设路面电车的群3以及群4，公共交通利用的比例变为1.2～1.3倍。

4. 城市活力的提高

为了提高城市的活力，提升其机动性是重要的。由图16.2.11

所示机动车行驶速度可知，推动环路建设的群 2，与群 1 和群 3 的速度基本没有差别。这可以认为，即便建设道路，其原因仍是机动车潜在需求的显化。

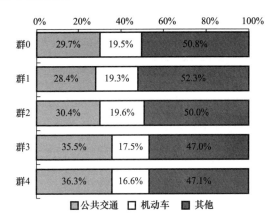

图 16.2.10　市中心内出行方式构成（业务目的）

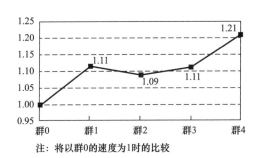

注：将以群0的速度为1时的比较

图 16.2.11　大阪市内的平均行驶速度的相对比较

与此对应，以 TDM 为中心的机动车抑制政策群 4，平均速度提升。这可以认为，由道路拥挤收费等的费用阻抗抑制了机动车出行需求。

5. 人口老龄化和驾驶证持有变化的长期效果

本模型系统使用考虑了就职、结婚、死亡等属性变化和机动车/驾驶证持有状况的家庭属性模拟器，产生成为 PCATS 输入的将来个体数据。另外，关于居住地，也考虑将来项目的动向等设定。因此，可以将个体属性变化反映到预测值。例如，把机动车出行次数估计为比现状增加 2～3 成，其原因可以认为是，因为女性和高龄驾驶证持有率的增高，同时以公共交通建设水平低的临海部等周边地区为中心的人口增加的结果（图 16.2.12）。

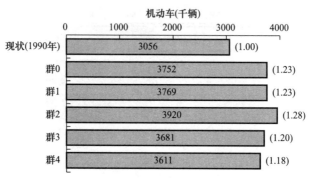

图 16.2.12 大阪市发生吸引量（机动车出行）

16.3 总结

本章介绍的一系列研究，是基于微观仿真，以取代四阶段预测法的新的交通需求预测方法构建为目标的。本研究的意义在于，在交通规划领域中，运用个体行为微观仿真模型，实现了在现实计算成本的约束下，都市圈规模的长期交通需求预测及政策分析是可能的。并且，表明了构建的系统的现状再现性能，从与 PT 数据的比较来看，总体上是妥当的。

仿真的输出含有丰富的信息，在分时段的交通特征的基础上，可以广泛提供时间利用特征等对交通规划有用的数据。输入数据可以输入各种信息，因此不仅限于交通基础设施的评价，还可以评价 TDM 和 TCM 等各种交通政策。另外，由于其可以解析个体或家庭规模，因此也可以适用于区域规划或规划制订时的共识形成。

然而，本系统还处于开发过程中，还有几个需要解决的课题。本研究的方法，旨在确立交通需求预测、政策分析的新方法，在为解决这些课题而反复努力的同时，需要更加详细地研究仿真预测的特性，积累更多的应用案例。

16.3　总结

· 脚注

[1] 同时估计之所以不可或缺,"活动 m 结束后立刻实施下一个固定的活动"之所以会发生是因为,a) 可能是"在离散选择中,已经决定不实施活动 $m+1$";b) 也可能是"在离散选择中,即使决定了实施活动 $m+1$,但由基于风险的持续时间模型再现的活动 m 的活动结束时刻超过了自由时间段的长度,因此被用自由时间段的长度切断了",无论哪一个都无法识别。所以,"活动 m 结束后立刻实施接下来的固定活动"的发生概率被定为 a) 和 b) 两者发生概率之和。另外,为了构建 b) 的发生概率模型,需要同时利用 Logit 模型和基于风险的持续时间模型。因此,同时估计不可或缺。这一点的详细情况可参考 Schmidt & Witte (1989)。

[2] 大阪市内有 135 个小区,包括中央环线在内的大阪市以外的小区 92 个。这些是 PT 数据中所谓的 5 位数小区的基本。中央环线以外的京阪神地区则利用了 PT 数据中所谓的中区,分成了 36 个。

[3] 利用 PT 数据估计的工作地选择、上学地选择模型,分别确定了就业人员、学生的上班、上学 OD。对就业人员的就业选择也同样建模。这样估计的通勤、上学 OD,根据职业的不同,从 PT 数据抽出固定活动的时间表,并用于预测对象个体。

・参考文献

青島縮次郎,磯部友彦,宮崎正樹:世帯における自動車保有履歴から見た自動車複数保有化の構造分析,土木計画学研究・論文集,No.9, pp.45-52, 1991.
青木俊明,稲村肇,増田聡:小地区単位における都市の居住特性の将来予測,土木計画学研究・講演集,No.21(2), pp.523-526, 1998.
青木俊明,稲村肇,高橋伸輔:地区レベルでみた都市の居住特性の変化,土木学会論文集,No.625/IV-44, pp.79-88, 1999.
秋山孝正:知識利用型の経路選択モデル化手法,土木計画学研究・論文集,pp.65-72, 1993.
浅岡克彦,若林拓史,亀田弘行,飯田恭敬:交通手段選択における所要時間の信頼性と出発時刻を考慮した通勤行動分析,土木計画学研究・講演集,No.19(2), pp.819-822, 1999.
荒木敏,藤井聡,北村隆一:交通行動分析に基づいた個人の生活圏に関する研究,土木計画学研究・講演集,No.17, pp.35-38, 1995.
アンダーソン,J.R.:認知心理学概論,誠信書房(冨田達彦他,訳),1980.
安藤良輔,青島縮次郎,伊藤正経:地方都市圏における住宅立地特性が自動車保有に及ぼす影響に関する分析,交通工学,Vol.32, No 2, pp.27-36, 1997.
飯田恭敬,内田敬,宇野伸宏:交通情報の効果を考慮した経路選択行動の動的分析,土木学会論文集,No.470/IV-20, pp.77-86, 1993.
飯田恭敬,内田敬,中原正顕,廣松幹雄:交通情報提供下の経済選択行動のパネル調査,土木計画学研究・講演集,No.16(1)-1, pp.7-12, 1993.
飯田祐三,岩辺路由,菊池輝,北村隆一,佐々木邦明,白水靖郎,中川大,波床正敏,藤井聡,森川高行,山本俊行:マイクロシミュレーションアプローチによる都市交通計画のための交通需要予測システムの提案,土木計画学研究・論文集,17, pp.841-848, 2000.
石田東生,谷口守,黒川洸:世帯における利用特性からみた自動車の分類に関する一考察－複数保有時代における利用状況の適切な把握のために－,日本都市計画学会学術研究論文集,No.29, pp.97-102, 1994.
石田東生,松村直樹,黒川洸:買物目的地選択における駐車場整備の効果について,第23回日本都市計画学会学術研究論文集,pp.403-408, 1988.
石田東生,森川高行,永野光三,毛利雄一,中野敬:パーソントリップ調査の現状と課題,土木計画学研究・講演集,No.22(1), pp.601-608, 1998.
磯部友彦,河上省吾:交通・活動連関分析による休日交通の分析－平日交通との比較－,第25回日本都市計画学会学術研究論文集,pp.49-54, 1990.
市川伸一編:認知心理学4,思考,東京大学出版会,1996.
出村克彦,吉田謙太郎編:農村アメニティの創造に向けて－農業・農村の公益的機能評価－,大明堂,1999.
ヴァリアン,H.:ミクロ経済分析,佐藤隆三,三野和雄訳,勁草書房,1986.
ヴァリアン,H.:入門ミクロ経済学,佐藤隆三訳,勁草書房,1992.
呉戈,山本俊行,北村隆一:保有意識の因果構造を考慮した非保有者の自動車保有選好モデル,土木計画学研究・論文集,No.16, pp.553-560, 1999.
呉戈,山本俊行,北村隆一:消費行動の社会的依存性を考慮した自動車保有意識の分析,土木計画学研究・講演集,No.22(1), pp.595-598, 1999.
内田敬:情報提供を考慮した動的経路選択の交通行動分析に関する研究,京都大学博士論文,1993.
内田敬,飯田恭敬:交通行動パネル調査の方法論的検討,土木計画学研究・論文集,No. 11, pp.319-326, 1993.
大澤豊,片平秀貴,野本明成:消費者研究における単調変換法を用いたコンジョイント測定法の応用に関する問題点,大阪大学経済学,第30巻,pp.243-262, 1980.
太田勝敏:交通工学実務双書,第3巻,交通システム計画,技術書院,1988.

参考文献

大橋靖雄, 浜田知久馬：生存時間解析：SASによる生物統計, 東京大学出版会, 1995.
大森宣暁, 室町泰徳, 原田昇, 太田勝敏：高度情報機器を用いた交通行動データ収集の可能性, 第34回日本都市計画学会学術研究論文集, pp.169-174, 1999.
榊原胖夫, N.C. Ho, 石田信博, 太田和博, 加藤一誠：インターモーダリズム, 勁草書房, 東京, 1999.
片平秀貴：マーケティングサイエンス, 東京大学出版会, 1987.
狩野裕：AMOS, EQS, LISRELによるグラフィカル多変量解析－目で見る共分散構造分析－, 現代数学社, 1997.
河上省吾, 磯部友彦, 仙石忠広：時間制約を考慮した1日の交通・活動スケジュール決定プロセスのモデル化, 土木計画学研究・論文集, No.4, pp.189-196, 1986.
河上省吾, 広畠康裕：利用者の主観的評価を考慮した非集計交通手段選択モデル, 土木学会論文集, No.353/IV-2, pp.83-92, 1985.
河上省吾, 広畠康裕, 山田隆：買物・レジャー交通に関する非集計モデルの交通サービス変化時への適用性の検討, 第19回日本都市計画学会学術研究論文集, pp.43-48, 1984.
河上省吾, 三島康生：通勤・通学交通手段選択行動における動的特性の分析, 土木学会論文集, No.470/IV-20, pp.57-66, 1993.
川田均, 飯田祐三, 白水靖郎：総合交通政策の評価に関する事例研究, 土木計画学研究・講演集, No.22(1), pp.551-514, 1999.
河本忠文, 菊池輝, 藤井聡, 北村隆一：座標システムを導入した生活行動シミュレーションモデルによる交通政策評価, 土木学会第56回年次学術講演会講演概要集第4部, 2001.
菊池輝, 北村隆一, 倉内慎也, 佐々木邦明, 花井卓也, 藤井聡, 森川高行, 山本俊行：豊田市を対象とした交通政策導入効果のマイクロシミュレーションを用いた分析, 土木計画学研究・講演集, No.22(2), pp.817-820, 1999.
菊池輝, 小畑篤史, 藤井聡, 北村隆一：GISを用いた交通機関・目的地点選択モデル：ゾーンシステムから座標システムへの地理空間表現手法の移行に向けて, 土木計画学研究・論文集, 17, pp.605-612, 2000.
北詰恵一, 若山恭輔, 宮本和明：買い物行動モデルの構築とそれに基づく施策評価, 第33回日本都市計画学会学術研究論文集, No.33, pp.169-174, 1998.
北村隆一：交通需要予測の課題－次世代手法の構築にむけて, 土木学会論文集, No.530/IV-30, pp.17-30, 1996. 北村隆一：やさしい交通シミュレーション6, TDM評価シミュレーション, 交通工学, Vol.33, No.3, pp.87-108, 1998.
北村隆一, 酒井弘, 山本俊行：複雑な内生抽出法に基づく標本への離散選択モデルの適用, 土木学会論文集, No.667/IV-50, pp.103-111, 2001a.
北村隆一, 藤井聡, 山本俊行：離散時間パネル調査の調査期間, 調査間隔, 標本数の最適化, 土木学会論文集, No.667/IV-52, pp.31-23, 2001b.
黒川洸, 石田東生, 田村享：自動車所有の進展がもたらす大都市近郊における交通行動変容の総合的解明, 平成3・4年度科学研究費補助金（一般B）研究成果報告書, 課題番号：03451084, pp.40-53, 1993.
黒田勝彦, 山下智志, 赤倉史明：時間制約を考慮した観光地周遊モデルの開発と道路整備の評価, 土木計画学研究・講演集, No.16(1), pp.293-298, 1993.
倉内文孝, 飯田恭敬, 塚口博司, 宇野伸宏：駐車場案内システム導入によるドライバーの駐車行動変化の実証分析, 都市計画論文集, No.31, pp.457-462, 1996.
倉内文孝, 飯田恭敬, 吉矢康人, 田宮佳代子：情報の精度が駐車場選択に及ぼす影響に関する実験分析, 土木計画学研究・講演集, No.20(1), pp.399-402, 1997.
栗山浩一：公共事業と環境の価値－CVMガイドブック－, 築地書館, 1997.
建設省土木研究所：乗用車の保有構造と車種選択に関する研究, 土木研究所報告, Vol.177, 1988.
建設省土木技術研究所：全国観光交通実態調査, 土木研究所資料, 1994.
交通工学研究会編：やさしい非集計分析, 交通工学研究会, 1993.

■ 参考文献

小宮英彦,久保田尚:世帯の自動車保有選択に及ぼす保管場所制約の影響,土木学会第46回年次学術講演会講演概要集,第4部,pp.68-69,1991.
小林潔司,喜多秀行,後藤忠博:ランダム効用理論に基づく滞在時間モデルに関する理論的研究,土木学会論文集,No.576/IV-37,pp.43-54,1997.
小林潔司,藤高勝己:合理的期待形成を考慮した経路選択モデルに関する研究,土木学会論文集,No.458/IV-18,pp.17-26,1993.
小林充,永井護,本多均,洞康之:交通実験が交通手段選択に与える影響－パークアンドバスライドの交通実験に関するパネル分析－,土木計画学研究・講演集,No.18(2),pp.485-488,1995.
小森明文,松浦義満:観光資源の魅力評価と観光需要予測の方法に関する研究,都市計画論文集,No.7,pp.181-186,1972.
近藤勝直:交通行動分析,晃洋書房,1987.
サイモン A. ハーバート:システムの科学第3版,稲葉元吉・吉原英樹訳,パーソナルメディア,1999.
佐伯胖:「きめ方」の論理－社会的決定理論への招待,東京大学出版,1980.
坂元慶行,石黒真木夫,北川原四郎:情報量統計学,共立出版,1981.
佐々木邦明,杉本直,森川高行:潜在セグメントを考慮した動的な休日買物目的地選択分析,土木計画学研究・論文集,No.12,pp.397-404,1995.
佐々木邦明,森川高行,杉山幸司:パネルサンプルの初期摩耗を考慮した動的な買物目的地選択モデル,土木計画学研究・論文集,No.13,pp.595-602,1996.
佐々木恵一,田村亨,桝谷有三,斉藤和夫:ニューラルネットワークを用いた観光周遊行動の基礎的分析,第31回日本都市計画学会学術研究論文集,pp.367-372,1996.
佐佐木綱:都市交通計画(第二版),国民科学社,1983.
佐佐木綱,朝倉康夫,木村宏紀,和田明:世帯のライフサイクルステージと車保有・利用の関連分析,日本都市計画学会学術研究論文集,No.21,pp.439-444,1986.
佐々木綱,飯田恭敬:交通工学,国民科学社,1992.
佐藤有希也,内田敬,宮本和明:自動車利用行動と社会意識に関する因果構造の分析,土木計画学研究・講演集,No.22(1),pp.591-594,1999.
(財)システム科学研究所:京都市休日交通体系調査報告書,1997.
柴田弘文,柴田愛子:公共経済学,東洋経済新報社,1988.
清水哲夫,屋井鉄雄:Mixed logit modelとプロビットモデルの推定特性に関する比較分析－鉄道経路選択モデルを例に－,土木計画学研究・論文集,No.16,pp.587-590,1999.
ジョイバタチャリヤ,吉井稔雄,桑原雅夫:RP調査に基づいた動的交通情報提供がドライバーの経路選択行動に与える影響分析,土木計画学研究・講演集,No.18(2),pp.497-500,1995.
杉恵頼寧:交通行動調査の開発と適用(その2),交通工学,第23巻増刊号,pp.700-701,1988.
杉恵頼寧,芦沢哲蔵:買物・私用交通の曜日変動特性,第26回日本都市計画学会学術研究論文集,pp.277-282,1991.
杉恵頼寧,羽藤英二,藤原章正:パネルデータを用いた交通機関選好意識のダイナミック分析,土木計画学研究・論文集,No.10,pp.31-38,1992.
杉恵頼寧,藤原章正,葛本雅昭:ポータブルコンピュータを用いた応答型選好意識調査の有効性,土木計画学研究・講演集,No.15(1),pp.97-104,1992.
杉恵頼寧,藤原章正,小笹俊成:選好意識パネルデータを用いた交通機関選択モデルの予測精度,土木学会論文集,No.576/IV-37,pp.11-22,1997.
杉恵頼寧,藤原章正,末長勝久:活動日誌を用いた交通調査の有効性,第23回都市計画学会学術研究論文集,pp.409-414,1988.
杉恵頼寧,藤原章正,森山昌幸,奥村誠,張峻屹:道路整備が観光周遊行動に及ぼす影響の分析,土木計画学研究・論文集,No.16,pp.699-705,1999.

参考文献

杉恵頼寧, 藤原章正, 山根啓典:選好意識パネルデータに潜在する消耗バイアスの修正, 土木計画学研究・論文集, No.11, pp.311-318, 1993.
鈴木紀一, 高橋勝美, 矢島充郎, 兵藤哲朗:自転車走行環境に着目した鉄道端末自転車の駅選択要因分析, 土木計画学研究・講演集, No.19(2), pp.449-452, 1996.
鈴木聡, 原田昇:パソコンベースの応答型意識調査手法に関する研究－通勤・通学の鉄道経路選択を対象として－, 土木計画学研究・論文集, No.6, pp.217-224, 1988.
鈴木聡, 原田昇, 太田勝敏:意識データを用いた非集計モデルの改良に関する分析, 土木計画学研究・論文集, No.4, pp.229-236, 1986.
鈴木聡, 毛利雄一, 中野敦, 原田昇:パネルデータに基づく交通手段選択行動の分析, 土木計画学研究・講演集, No.13, pp.537-542, 1990.
鈴木博明, 榛澤芳雄, 増島哲二:駅選択における駅特性の影響分析, 土木計画学研究・講演集, No.17, pp.113-114, 1995.
瀬戸公平, 北村隆一, 飯田克弘:構造方程式を用いた活動実行時点・活動時間・トリップ距離間の因果関係の分析, 土木計画学研究・講演集, No.17, pp.209-212, 1995.
高橋清, 五十嵐日出夫:観光スポットの魅力度を考慮した観光行動分析と入り込み客数, 土木計画学研究・論文集, No.8, pp.233-240, 1990.
武政功, 原田昇, 毛利雄一:休日の買物行動における駐車場選択に関する研究, 第22回日本都市計画学会学術研究論文集, pp.523-528, 1987.
竹村和久:意思決定の心理－その仮定の探求－, 福村出版, 1996.
竹村和久:フレーミング効果の理論的説明－リスク下での意思決定の状況依存的焦点モデル－, 心理学評論, Vol.37, No.3, pp.270-291, 1994.
多々納裕一, 小林潔司, 喜多秀行:危険回避選好を考慮した2段階離散選択モデルに関する研究, 土木計画学研究・論文集, No.13, pp.553-562, 1996.
竹内啓:統計学辞典, 東洋経済新報社, pp.447-454, 1989.
田村亨, 千葉博正, 大炭一雄:滞在時間に着目した観光周遊行動の分析, 土木計画学研究・講演集, No.11, pp.471-478, 1988.
張峻屹, 杉恵頼寧, 藤原章正:週末買物交通発生モデルに関する研究, 土木計画学研究・論文集, No.15, pp.629-637, 1998.
張峻屹・杉恵頼寧・藤原章正・奥村誠:SPパネル調査の実施方法に関する基礎的分析, 科研パネル研究会(文部省科学研究費基盤研究(B)(1)08305019 交通計画におけるパネル調査の方法論およびパネルデータ解析手法に関する研究)にて発表, 京都大学, 1997.
塚口博司, 小林雅文:駐車管理のための駐車場選択行動のモデル化, 土木学会論文集, No.458/IV-18, pp.27-34, 1993.
寺部慎太郎:PHS位置情報データの交通行動分析における利用可能性, 土木計画学研究・講演集, No.22(1), pp.417-418, 1997.
土木学会編:交通需要予測ハンドブック, 土木学会, 1981.
土木学会編:非集計行動モデルの理論と実際, 土木学会, pp.73-89, 1995.
土木学会編:交通ネットワークの均衡配分－最新の理論と解法－, 土木学会, 1998.
豊田秀樹:SASによる共分散構造分析, 東京大学出版会, 1992.
豊田秀樹:共分散構造分析[入門編]－構造方程式モデリング－, 朝倉書店, 1998.
豊田秀樹編:共分散構造分析[事例編]－構造方程式モデリング－, 北大路書房, 1998.
豊田秀樹, 前田忠彦, 柳井晴夫:原因を探る統計学－共分散構造分析入門－, 講談社, 1992.
ナイト, F.:危険・不確実性及び利潤, 奥隅栄喜訳, 文雅堂銀行研究者, 1958.
永易雅志, 河上省吾:ツアー概念を用いた学生の非集計交通需要予測モデルの開発, 土木計画学研究・講演集, No.21(1), pp.379-382, 1998.
中村文彦, 内田敦子, 大蔵泉:アクティビティダイアリ調査の用いた郊外部の週末交通行動に関する一考察, 第17回交通工学研究発表会論文報告集, pp.213-216, 1997.
中村文彦, 内田敦子, 大蔵泉:都市部の休日交通特性と鉄道輸送の役割に関する考察, 土木計画学研究・講演集, No.22(2), pp.211-214, 1997.

■ 参考文献

名取義和，谷下雅義，鹿島茂：パーソントリップ調査における回答誤差とその発生要因，土木計画学研究・講演集，No.22(2)，pp.403-406，1999.

新谷洋二：都市交通計画，技法堂，1993.

西井和夫，岩本哲也，弦間重彦，岡田好裕：パネルデータを用いた休日買物交通パターンの経年変化に関する基礎分析，土木計画学研究・講演集，No.15(1)-1，pp.163-168，1992.

西井和夫，太田敦夫，近藤勝直，浅野智弥，佐々木邦明：パネルデータを用いた買物場所スウィッチング行動の要因分析，第34回日本都市計画学会学術研究論文集，pp.901-906，1999.

西井和夫，北村隆一，近藤勝直，弦間重彦：観測されていない異質性を考慮した繰り返しデータに関するパラメータ推定法，土木学会論文集，No.506/IV-26，pp.25-34，1995.

西井和夫，近藤勝直：対数線形モデルによる休日買物行動パネルデータの動的特性分析，第27回日本都市計画学会学術研究論文集，pp.403-408，1992.

西井和夫，近藤勝直，浅野智弥：多時点パネルデータの非観測異質性を考慮した買物場所選択モデル，第33回日本都市計画学術研究論文集，pp.163-168，1998.

西井和夫，近藤勝直，太田敦夫：甲府買物パネルデータを用いた休日行動の時間利用特性の実証的分析，土木計画学研究・論文集，No.15，pp.499-508，1998.

西井和夫，近藤勝直，古屋秀樹，鈴木隆：パネルアトリッションを考慮した買物場所選択モデル－甲府買物パネルデータを用いて，土木計画学研究・論文集，No.12，pp.389-396，1995.

西井和夫，近藤勝直，古屋秀樹，栃木秀典：多時点パネルのアトリションバイアスとその修正法に関する研究－甲府買物パネルデータを用いて，土木計画学研究・論文集，No.14，pp.653-662，1997.

西井和夫，近藤勝直，森川高行，弦間重彦：ショッピングコンプレックス来訪者の買物場所選択に関する意向分析，第26回日本都市計画学会学術研究論文集，pp.283-288，1991.

西井和夫，近藤大介：高速道路経路選択行動における意思決定要因評価への共分散構造分析手法の適用，日本計量行動学会第26回大会発表論文抄録集，pp.95-98，1998.

西井和夫，酒井弘，西野至，浅野智弥：京都市地下鉄東西線開通に伴う交通行動変化に関するパネル分析，土木計画学研究・講演集，No.22(2)，pp.687-690，1999.

西井和夫，佐佐木綱：トリップチェイン手法を用いた都市交通需要分析－その有効性と枠組みについて－，土木計画学研究・講演集，No.2，pp.271-278，1985.

西田悟史，山本俊行，藤井聡，北村隆一：非集計交通需要分析のための将来世帯属性生成システムの構築，土木計画学研究・論文集，No.17，pp.779-787，2000.

西野至，西井和夫，北村隆一：観光周遊行動を対象とした複数目的地の組合せ決定に関する逐次的モデル，土木計画学研究・論文集，No.17，pp.575-581，2000.

西野至，西井和夫：京都観光周遊行動データを用いたハザード関数型滞在時間モデル，第35回日本都市計画学会学術研究論文集，pp.727-732，2000.

西野至，藤井聡，北村隆一：観光周遊行動の分析を目的とした目的地・出発時刻同時選択モデルの構築，土木計画学研究・論文集，No.16，pp.595-598，1999.

西村弘：クルマ社会－アメリカの模索．白桃書房，東京，1998.

（社）日本観光協会編：平成8年度観光の実態と志向，日本財団，1996.

羽藤英二，香月伸一，杉恵頼寧：Intranet surveyによるSPデータを用いた交通情報獲得，経路選択行動の基礎的分布，土木計画学研究・論文集，No.15，pp.451-460，1998.

波床正敏，中川大：公共交通利用における都市間の所要時間指標算出システム，土木情報システム論文，Vol.7，pp.169-176，1998.

原田昇，浅野光行：駐車場選択を考慮した都心部と郊外SCの競合モデルに関する研究，土木計画学研究・論文集，No.7，pp147-154，1989.

原田昇：交通行動調査のバイアスに関する研究のレビュー．交通工学，No.5，pp.73-80，1989.

原田昇，太田勝敏：Nested logitモデルの多次元選択への応用－駅・アクセス手段同時選択の場合,交通工学,18(6),pp.3-11,1983.
原田昇,太田勝敏:生活活動記録に基づく個人の活動分析に関する研究,第23回都市計画学会学術研究論文集,pp.415-420,1988.
原田昇,森川高行,屋井鉄雄:交通行動分析の展開と課題,土木学会論文集,No.470/IV-20,pp.97-104,1993.
原田誠,土井健司,高田和幸:想起度概念に基づく観光選択のモデル化と南関東自然観光地域への適用,土木計画学研究・講演集,No.20(1),pp.315-318,1997.
林成卓,藤井聡,北村隆一,大窪鋼文:ドライバーの認知所要時間の確率構造に関する実証的研究,土木学会第53回年次学術講演会講演概要集第4部,pp.652-653,1998.
林良嗣,加藤博和,上野洋一:自動車関連税の課税段階の違いによる CO_2 の排出量変化のコーホートモデルを用いたライフサイクル的評価,環境システム研究,Vol.26,pp.329-338,1998.
林良嗣,冨田安夫:マイクロシミュレーションとランダム効用モデルを応用した世帯のライフサイクル-住宅立地-人口属性構成予測モデル,土木学会論文集,No.395/IV-9,pp.85-94,1988.
兵藤哲朗:観光交通調査,地域間交流活性化と観光-分析・計画手法と政策課題-,土木学会土木計画学研究委員会編,pp.7-13,1998.
兵藤哲朗,室町泰徳:個人選択行動モデルの最近の開発動向に関するレビュー,土木計画学研究・講演集,No.23(2),pp.275-278,2000.
平賀譲:ヒューリスティクス,AI事典,土屋俊編,pp.330-331,UPU,1988.
広瀬幸雄:環境と消費の社会心理学,名古屋大学出版会,1995.
福井商工会議所:Chamber(福井商工会議所報),pp.28-29,2000.
古屋秀樹,兵藤哲朗,森地茂:発生回数の分布に着目した観光交通行動に関する基礎的研究,第28回日本都市計画学会学術研究論文集,pp.319-324,1993.
藤井聡:生活行動を考慮した交通需要予測ならびに交通政策評価手法に関する研究,京都大学博士論文,1997.
藤井聡:社会的心理と交通問題-欧州でのキャンペーン施策の試みと日本での可能性,交通工学,Vol.36,No.2,pp.71-75,2001a.
藤井聡:TDMと社会ジレンマ-交通問題解消における公共心の役割,土木学会論文集,No.667/IV-50,pp.41-58,2001b.
藤井聡,大塚祐一郎,北村隆一,門間俊幸:時間的空間的制約を考慮した生活行動軌跡を再現するための行動シミュレーションの構築,土木計画学研究・論文集,No.14,pp.643-652,1997.
藤井聡,奥嶋政嗣,菊池輝,北村隆一:Event-based approachに基づく簡便なミクロ交通流シュミレータの開発-生活行動と動的交通流を考慮した実用的な交通政策評価手法の構築を目指して,土木学会第53回年次学術講演会講演概要集第4部,pp.694-695,1998a.
藤井聡,菊池輝,北村隆一:マイクロシミュレーションによる CO_2 排出量削減に向けた交通施策の検討-京都市の事例,交通工学,Vol.35,No.4,pp.11-18,2000.
藤井聡,菊池輝,北村隆一,山本俊行,藤井宏明,阿部昌幸:マイクロシミュレーションモデルアプローチによるTDM・TCM政策の効果分析-京都市における交通政策による地球環境問題への対策の検討-,土木計画学研究・講演集,No.21(2),pp.301-304,1998b.
藤井聡,木村誠二,北村隆一:選択構造の異質性を考慮した生活圏推定モデルの構築,土木計画学研究・論文集,No.13,pp.613-622,1996.
藤井聡,北村隆一,熊田喜亮:交通需要解析のための所得制約・自由時間制約下での消費行動のモデル化,土木学会論文集,No.625/IV-44,pp.99-112,1999a.
藤井聡,北村隆一,拓植章英,大藤武彦:阪神・淡路大震災が交通行動に及ぼした影響に関するパネル分析,土木計画学研究・論文集,No.14,pp.327-332,1997.
藤井聡,北村隆一,長沢圭介:選択肢集合の不確実性を考慮した生活行動モデルに基づく居住地域評価・政策評価指標の開発,土木学会論文集,No.597/IV-40,pp.33-47,1998.

■ 参考文献

藤井聡, 北村隆一, 門間俊幸:誘発交通需要分析を目指した就業者の活動パターンに関する研究, 土木学会論文集, No.562/IV-35, pp.109-120, 1997b.
藤井聡, 小畑篤史, 北村隆一:自転車放置者への説得的コミュニケーション:社会的ジレンマ解消のための心理的方略, 土木計画学研究・講演集(CD-ROM), No. 24, 2001a.
藤井聡, 竹村和久:リスク態度と注意一状況依存焦点モデルによるフレーミング効果の計量分析一, 行動計量学,28(1), pp. 9-17, 2001.
藤井聡, 中山昌一朗, 北村隆一:習慣解凍と交通政策一道路交通シミュレーションによる考察, 土木学会論文集, No.667/IV50, pp.85-102, 2001b.
藤井聡, 守田武史, 北村隆一, 杉山守久:不確実性に対する態度の差異を考慮した交通需要予測のための経路選択モデル, 土木計画学研究・論文集, No.16, pp.569-576, 1999b.
藤井聡, 米田和也, 北村隆一, 山本俊行:パネルデータを用いた連続時間軸上の個人の離散選択行動の動的モデル化一均衡状態を仮定しない動的な需要変動解析に向けて, 土木計画学研究・論文集, No.15, pp.489-498, 1998.
藤原章正:交通機関選択モデル構築における選好意識データの信頼性に関する研究, 広島大学博士論文, 1993.
藤原章正, 杉恵頼寧:選好意識データに基づく交通手段選択モデルの信頼性, 土木計画学研究・論文集, No.8, pp.49-56, 1990.
藤原章正, 杉恵頼寧:パネルデータを用いた新交通システムに対する選好意識の時間変化の分析, 第 27 回日本都市計画学会学術研究論文集, pp.397-402, 1992.
藤原章正, 杉恵頼寧:選好意識調査設計の手引き, 交通工学, Vol.28, No.1, pp.63-71, 1993.
藤原章正, 杉恵頼寧, 張峻屹:Mass point 手法による交通機関選好モデルの消耗及び回答バイアスの修正, 土木計画学研究・論文集, No.13, pp.587-594, 1996.
藤原章正, 杉恵頼寧, 原田慎也:交通調査データにおける無回答バイアスの修正方法, 土木計画学研究・論文集, No.16, pp.121-128, 1999.
古屋秀樹:観光交通計画の方法論的研究一需要分析と政策影響分析技法の開発一, 東京大学学位論文, 1996.
古屋秀樹, 西井和夫, 千賀行:日帰り観光客滞在時間に関する基礎的分析, 第 15 回交通工学研究発表会報告集, pp.185-188, 1995.
牧村和彦, 中嶋康博, 長瀬龍彦, 濱田俊一:PHSを用いた交通データ収集に関する基礎的研究, 第 19 回交通工学研究論文報告集, 1999.
松原望:計量社会科学, 東京大学出版会, 1997.
松本昌二, 熊倉清一, 松岡克明:非集計モデルによる買回り品買物交通の目的地・手段選択の分析, 日本都市計画学会学術研究発表会論文集第 18 号, pp.469-474, 1983.
間々田孝夫:行動理論の再構成一心理主義と客観主義を超えて, 福村出版, 1991.
三浦裕志, 石田東生, 鈴木勉:パーソントリップ調査における複数の個人属性を考慮した拡大方法の開発, 土木計画学・講演集, No.21(2), pp.65-68, 1998.
溝上章志, 柿本竜治, 竹林秀基:地域間物流の輸送手段/ロットサイズ同時予測への離散一連続選択モデルの適用可能性, 土木計画学研究・論文集, No.14, pp.535-542, 1997.
溝上章志, 森杉寿芳, 林山泰久:広域観光周遊型交通の需要予測モデルに関する研究, 土木計画学研究・講演集, No.14(1), pp.45-52, 1991.
溝上章志, 森杉寿芳, 藤田素弘:観光地魅力度と観光周遊行動のモデル化に関する研究, 第 27 回日本都市計画学会学術研究論文集, pp.517-522, 1992.
南川和充:買物目的地選択モデルの再検討:展望一多目的行動と空間構造の観点から一, 神戸大学大学院経営学研究科, 博士課程モノグラフシリーズ 9505, 1995.
武藤真介:計量心理学, 朝倉書店, 1982.
室町泰徳:離散連続モデルを利用した買い物トリップ発生に関する基礎的分析, 土木計画学研究・論文集, No.10, pp.47-54, 1992.
室町泰徳, 原田昇, 吉田朗:駐車需要の時間変動を考慮した駐車場選択モデルに関する研究, 都市計画論文集 No.26-A, pp.289-294, 1991.

参考文献

室町泰徳,兵藤哲朗,原田昇:情報提供による駐車場選択行動変化のモデル,土木学会論文集, No.470/IV-20, pp.145-154, 1993.
室谷正裕:観光地の魅力度評価−魅力ある国内観光地の整備に向けて−,運輸政策研究, Vol.1, pp.14-24, 1998.
毛利雄一,中野敦,原田昇:モノレール開業に伴う事前・事後調査の活用に関する研究−調査方法と交通需要予測手法の改善−,土木計画学研究・論文集, No.12, pp.633-642, 1995.
森川高行:ステイティッド・プリファレンス・データの交通需要予測モデルへの適用に関する整理と展望,土木学会論文集, No.413/IV-12, pp.9-18, 1990.
森川高行,佐々木邦明:主観的要因を考慮した非集計離散選択型モデル,土木学会論文集, No.470/IV-20, pp.115-124, 1993.
森川高行,佐々木邦明,東力也:観光系道路整備評価のための休日周遊行動モデル分析,土木計画学研究・論文集, No.12, pp.539-547, 1995.
森川高行,佐々木邦明,山本尚央:離散連続モデルによる年間観光日数・旅行携帯の分析と観光行動の地域差に関する研究,土木学会論文集, No.618/IV-43, pp.61-70, 1999.
森川高行,竹内博史,加古裕二郎:定量的観光魅力度と選択肢集合の不確実性を考慮した観光目的地選択分析,土木計画学研究・論文集, No.9, pp.117-124, 1991.
森川高行,村山杏子:DIFUSSION MODELを用いた海外観光旅行者数の予測,土木計画学研究・講演集, No.15(1), 1992.
森川高行,山田菊子:系列相関を持つRPデータとSPデータを同時に用いた離散型選択モデルの推定法,土木学会論文集, No.476/IV-21, pp.11-18, 1993.
森杉壽芳,上田孝行,Dam Hanh L.E. : GEV and nested logit models in the context of classical consumer theory, 土木学会論文集, No.506/IV-26, pp.129-136, 1995.
森杉寿芳,林山泰久,平山賢二:集計Nested logit modelによる広域観光行動予測,土木計画学研究・講演集, No.8, pp.353-358, 1986.
森地茂,田村亨,屋井鉄雄,金利昭:乗用車の保有及び利用構造分析,都市計画学会学術研究論文集, Vol.19, pp.49-54, 1984.
森地茂,兵藤哲朗,岡本直久:時間軸を考慮した観光周遊行動に関する分析,土木計画学研究・論文集, No.10, pp.63-70, 1992.
森地茂,屋井鉄夫:非日常的交通への非集計行動モデルと選択肢別標本抽出法の適用制,土木学会論文報告集, No.343, pp.161-170, 1984.
森地茂,屋井鉄夫・石田東生:非日常的交通行動への非集計モデルの適用−チョイスベイストサンプルに対する推定問題の検討−.土木計画学研究発表会講演集, No.5, pp.442-449, 1983.
森地茂,屋井鉄雄,平井節生:個人データと集計データとの統合利用によるモデル構築方法,土木計画学研究・論文集, No.5, pp.51-58, 1987.
森地茂,屋井鉄雄,藤井卓,竹内研一:買回り品の買物行動における商業地選択分析,土木計画学研究・論文集, No.1, pp.27-34, 1984.
屋井鉄雄,中川隆広:構造化プロビットモデルの発展性,土木計画学研究・論文集, No.13, pp.563-570, 1996.
柳井晴夫,繁枡算男,前川眞一,市川雅教:因子分析−その理論と方法−,朝倉書店, 1986.
山下智志,黒田勝彦:交通機関の定時性と遅刻回避型効用関数,土木学会論文集, No.536/IV-31, pp.59-68, 1996.
山下智志,萩原実:所要時間分布の学習過程を内包した経路選択モデル,土木計画学研究・講演集, No.19(2), pp.757-758, 1996.
山田晴利,屋井鉄雄,中村秀樹,兵藤哲朗:全国観光交通実態調査を用いた交通量発生モデルの提案,交通工学, Vo.29, No.2, pp.19-27, 1993.
山中均之:小売商業集積論,千倉書房, 1986.
山本俊行,北村隆一,藤井宏明:車検制度が世帯の自動車取り替え更新行動に及ぼす影響

■ 参考文献

の分析,土木学会論文集, No.667/IV-50, pp.137-146, 2001a.
山本俊行,北村隆一,河本一郎:世帯内での配分を考慮した自動車の車種選択と利用の分析,土木学会論文集, No.674/IV-51, pp.63-72, 2001b.
山本俊行,木村誠司,北村隆一:取替更新行動間の相互影響を考慮した世帯の自動車取替更新行動モデルの構築,土木計画学研究・論文集, No.15, pp.593-599, 1998.
山本俊行,松田忠士,北村隆一:保有予定期間との比較に基づく世帯における自動車保有期間の分析,土木計画学研究・論文集, No.14, pp.799-808, 1997.
山本嘉一郎,小野寺孝義編著:AMOSによる共分散構造分析と解析事例.ナカニシヤ出版, 1999.
吉田朗,原田昇:休日の買い回り品買物交通を対象とした買物頻度選択モデルの研究,土木学会論文集, No.413/IV-12, pp.107-116, 1990.
吉田朗,原田昇:鉄道の路線・駅・結節交通手段の選択を含む総合的な交通手段選択モデルの研究,土木学会論文集, No.542/IV-32, pp.19-31, 1996.
依田高典:不確実性と意思決定の経済学-限定合理性の理論と現実,日本評論社, 1997.
Lidasan, H. S., 田村亨, 石田東生, 黒川洸:発展途上国における交通行動のパネル分析,土木学会論文集, No.470/IV-20, pp.135-144, 1993.

Abelson, R. P. and A. Levi : Decision making and decision theory, In *The Handbook of Social Psychology*, 3rd edtion, Vol.1, G. Lindzey and E. Aronson (eds.), Random House, pp.231-309, 1985.
Adler, J. L. and M. G. McNally: In-laboratory Experiments to Investigate Driver Behavior under Advanced Traveler Information Systems, *Transportation Research*, 2C, No.3, pp.149-164, 1994.
Adler, T. and M. Ben-Akiva : A theoretical and empirical model of trip chaining behavior, *Transportation Research*, 13B, No.3, pp.243-257, 1979.
Ajzen, I. : From intentions to actions : a theory of planned behavior, In *Action Control: from Cognition to Behavior*, J. Kuhl and J. Beckmann (eds.), Springer, Heidelberg, pp.11-39, 1985.
Ajzen, I. : The theory of planned behavior, *Organizational Behavior and Human Decision Processes*, Vol.50, pp.179-211, 1991.
Ajzen, I. and M. Fishbein : Attitude-behavior relations: a Theoretical Analysis and Review of Empirical Research, *Psychological Bulletin*, Vol.84, No.5, pp.888-918, 1977.
Ajzen, I. and M. Fishbein : Understanding attitudes and predicting social behavior, *Englewood Cliffs*, Prentice-Hall, New Jersey, 1980.
Akaike, H. : Information theory and an extension of the maximum likelihood principle, In *2nd International Symposium on Information Theory*, B. N. Petrov and F. Csaki (eds.), Akademiai Kaido, Budapest, pp.267-281, 1973.
Allais, M. : Le comprotement de l'homme rationnel devant le risque: critique des postulats et axioms de l'école americaine, *Econometrica*, Vol.21, pp.503-556, 1953.
Amemiya, T.: Bivariate probit analysis: Minimum chi-square methods, *Journal of the American Statistical Association*, Vol. 69, pp. 940-944, 1974.
Anand, P. : Are the preference axioms really rational? *Theory and Decision*, Vol.23, pp.189-214, 1987.
Anderson, T. and L. Goodman : Statistical inferences about Markov chains, *Annals of Mathematical Statistics*, Vol.28, pp.89-110, 1953.
Anderson, T. and G. Hsiao : Formulation and estimation of dynamic models using panel data, *Journal of Econometrics*, Vol.18, pp.47-82, 1982.
Asakura, Y. and E. Hato : Analysis of travel behaviour using positioning function of mobile communication devices, In *Travel Behaviour Research – The Leading Edge*, D. Hensher (ed.), Pergamon, pp.885-899, 2001.

Ashford, J. and R. Sowden : Multi-variate probit analysis, *Biometrics*, Vol.26, pp.535-546, 1970.
Atherton, T., and M. Ben-Akiva : Transferability and updating of disaggregate travel demand models, *Transportation Research Record* 610, pp.12-18, 1976.
Axhausen K. and R. Herz : Simulating activity chains: German approach, *Journal of Transportation Engineering*, 12, pp.324-341, 1989.
Bagozzi, R. and Y. Yi: Advanced topics in structural equation models, In *Advanced methods of Marketing Research*, R. P. Bagozzi (eds.), Blackwell, pp.1-51, Cambridge, 1994.
Banister, D. : The influence of habit formation on modal choice – a heuristic model, *Transportation*, Vol.7, pp.19-23, 1978.
Bass, F. : A new product growth model for consumer durables, *Journal of Management Science*, Vol.15, pp.31-38, 1969.
Battelle Transportation Division : Global Positioning Systems for Personal Travel Surveys: Lexington Area Travel Datga Collection Test. Final Report prepared for the Office of Highway Information Management (HPM-40), Office of Technology Application (HTA-1), Federal Highway Administration, Columbus, Ohio, 1997.
Beach, L. and T. Mitchell : A contingency model for the selection of decision strategies, *Academy of Management Review*, Vol.3, pp.439-449, 1978.
Becker, G. : A theory of the allocation of time, *Economic Journal*, 75, pp.493-517, 1965.
Beckman, M., C. McGuire and C. Winsten : *Studies in the Economics of Transportation*, Yale University Press, New Haven, 1956.
Beckmann, R., K. Baggerly and M. McKay : Creating synthetic baseline populations, *Transportation Research A*, Vol.30A, pp.415-429, 1996.
Beggs, S. and N. Cardell : Choice of smallest car by multi-vehicle households and the demand for electric vehicles, *Transportation Research A*, Vol.14A, pp.389-404, 1980.
Beggs, S., S. Cardell and J. Hausman : Assessing the potential demand for electric cars, *Journal of Econometrics*, Vol.17, pp.1-19, 1981.
Bell, D. : Regret in decision making under uncertainty, *Operations Research*, Vol.30, pp.961-981, 1982.
Ben-Akiva, M. and B. Boccara : Discrete choice models with latent choice sets, *International Journal of Research in Marketing*, Vol.12, 1995.
Ben-Akiva, M. and D. Bolduc : Multinomial probit with a logit kernel and a general parametric specification of the covariance structure, Working Paper, Department of Civil and Environmental Engineering, MIT, 1996.
Ben-Akiva, M. and S. Lerman : *Discrete Choice Analysis: theory and application to travel demand*, MIT Press, 1985.
Ben-Akiva, M., D. McFadden, T. Gärling, D. Gopinath, D. Bolduc, A. Borsch-Span, P. Delquie, O. Larichev, T. Morikawa, A. Polydoropoulou and V. Rao : Extended framework for modeling choice behavior, *Marketing Letters*, 10(3), pp.187-204, 1999.
Ben-Akiva, M. and T. Morikawa : Estimation of switching models from revealed preferences and stated intentions, *Transportation Research A*, Vol.24A, pp.485-495, 1990a.
Ben-Akiva, M. and T. Morikawa : Estimation of travel demand models from multiple data sources, In *Transportation and Traffic Theory*, M. Koshi (ed.), Elsevier, pp.461-476, 1990b.
Ben-Akiva, M., T. Morikawa and F. Shiroishi : Analysis of the reliability of stated preference data in estimating mode choice models, In *Selected Proceedings of the 5th WCTR*, Yokohama, pp.263-277, 1989.
Ben-Akiva, M. and J. Swait : The Akaike likelihood ratio index, *Transportation Science*, Vol.20, No.2, pp.133-136, 1986.
Ben-Akiva, M. and T. Watanatada : Application of a continuous spatial choice logit model, In *Structural Analysis of Discrete Data with Econometric Applications*, C. Manski and D.

McFadden (eds.), MIT Press, 1981.
Bentham, J. : *An Introduction to the Principles of Morals and Legislation*, J. Burns and L. Hart (eds.), Athlone Press, London, 1789 (1970).
Bentler, P. and C. Chou : Practical issues in structural modeling, *Sociological Methods and Research*, Vol.16, pp.78-117, 1987.
Berkovec, J. : Forecasting automobile demand using disaggregate choice models, *Transportation Research B*, Vol.19B, No.4, pp.315-329, 1985.
Beyth-Marom, R. : How probable is probable? : numerical translation of verbal probability expressions, *Journal of Forecasting*, Vol.1, pp.267-269, 1982.
Bhat, C. : A hazard-based duration model of shopping activity with nonparametric baseline specification and nonparametric control for unobserved heterogeneity, *Transportation Research B*, Vol.30B, pp.189-208, 1996a.
Bhat, C. : A generalized multiple durations proportional hazard model with an application to activity behavior during the evening work-to-home commute, *Transportation Research B*, Vol.30B, No.6, pp.465-480, 1996b.
Bhat, C. : Recent methodological advances relevant to activity and travel behavior analysis, In *Recent Developments in Travel Behavior Research*, H. Mahmassani (ed.), Pergamon, Oxford, 1997.
Bhat, C. and F. Koppelman : An endogenous switching simultaneous equation system of employment, income, and car ownership, *Transportation Research A*, Vol.27A, pp.447-459, 1993.
Bhat, C. and V. Pulugurta : A comparison of two alternative behavioral choice mechanisms for household auto ownership decisions, *Transportation Research B*, Vol.32B, pp.61-75, 1998.
Bishop, R. and T. Heberlein : Measuring values of extramarket goods: Are indirect measures biased?, *American Journal of Agricultural Economics* 61(5), pp.926-930, 1979.
Bollen, K. : *Structural Equations with Latent Variables*, Wiley, New York, 1989.
Bonsal, P. : Transfer price data – Its definition, collection and use, In *New Survey Methods in Transport*, E. Ampt, A. Richardson and W. Borg (eds.), VNU Press, pp.257-271, 1985.
Bonsal, P.: Analyzing and Modeling the Influence of Roadside Variable Message Displays on Driver's route Choice, Presented at 7th World Conference on Transportation Research, Sydney, 1995.
Bowman, J. and M. Ben-Akiva : Activity based disaggregate travel demand model system with daily activity schedules, *Transportation Research A*, Vol.35A, pp.1-28, 2001.
Bradley, M. and A. Daly : Use of the logit scaling approach to test for rank-ordered fatigue effects in stated preference data, *Transportation* 21, pp.167-184, 1994.
Brehmer, B. : Dynamic decision making: Human control of complex systems, *Acta Psychologica*, Vol.81, pp.211-241, 1992.
Breslow, N. E. : Covariance analysis of censored survival data, *Biometrics*, Vol.30, pp.89-99, 1974.
Brownstone, D., D. Bunch, T. Golob and W. Ren : A transactions choice model for forecasting demand for alternative-fuel vehicles, *Research in Transportation Economics*, Vol.4, pp.87-129, 1996.
Bunch, D., D. Brownstone and T. Golob : A dynamic forecasting system for vehicle markets with clean-fuel vehicles, In *World Transport Research, Vol.1, Travel Behavior*, D. Hensher, J. King and T. Oum (eds.), Pergamon, Oxford, 1996.
Cambridge Systematics, Inc. : Scan of Recent Travel Surveys. DOT-T-97-08, Final report prepared for the U.S. Department of Transportation and U.S. Environmental Projection Agency, Technology Sharing Program, U.S. Department of Transportation, Washington, D.C., 1996.

Carette, P. : Compatibility of multi-wave panel data and the continuous-time homogeneous Markov chain, *Applied Stochastic Models and Data Analysis*, Vol.14, pp.219-228, 1998.
Carpenter, S. and P. Jones (eds.) : *Recent Advances in Travel Demand Analysis*, Gower, England, 1983.
Chandrasekharan, R., P. McCarthy and G. Wright : Structural models of brand loyalty with an application to the automobile market, *Transportation Research B*, Vol.28B, No.6, pp.445-462, 1994.
Chew, S. : A generalization of the quasilinear mean with applications to the measurement of income inequality and decision theory resolving the Allais paradox, *Econometrica*, Vol.51, pp.1065-1092, 1983.
Chu, C. : A paired combinatorial logit model for travel demand analysis, In *Proceedings of the 5th World Conference on Transport Research*, Vol.4, Yokohama, pp.295-309, 1989.
Çinlar, E. : *Introduction to Stochastic Processes*, Prentice-Hall, Englewood Cliffs, 1975.
Coombs, C. : *Theory of Data*, John Wiley, New York, 1964.
Cosslett, S. : Maximum likelihood estimator for choice-based samples. *Econometrica*, Vol.49, No.5, pp.1289-1316, 1981.
Daganzo, C. : *Multinomial Probit: The Theory and Its applications to Demand Forecasting*, Academic Press, New York, 1979.
Daganzo, C. and Y. Sheffi : On stochastic models of traffic assignment, *Transportation Science*, Vol.11, No.3, pp.253-274, 1977.
Daganzo, C. and Y. Sheffi : Large scale nested logit models: theory and experience, *General Motors Economic and Marketing and Product Planning Staffs Report*, Detroit, 1990.
Daganzo, C. and M. Kusnik : Another look at the nested logit model, *I. T. S. Research Report*, University of California, Berkeley, 1992.
Dahlstrand, U. and A. Biel : Pro-environmental habit : Propensity levels in behavioral change. *Journal of Applied Social Psychology*, Vol.27, pp.588-601, 1997.
Davies, R. and A. Pickles : Longitudinal versus cross-sectional methods for behavioural research: A first-round knockout. *Environment and Planning A*, 17, pp.1315-1329, 1985.
Dawes, R. : Social dilemmas, *Annual Review of Psychology*, Vol.31, pp.169-193, 1980.
Dawes, R. : Behavioral decision making, judgement, and inference. In *The Handbook of Social Psychology*, D. Gilbert, S. Fiske and Lindsey (eds.), Mcgraw-Hill, Boston, 1997.
Dawes, R. and T. Smith : Attitude and opinion measurement, In *The Handbook of Social Psychology*, Vol.I , R. P. Abelson and A. Levy (eds.), Random House, New York, pp.509-566, 1985.
De Jong, G. : A disaggregate model system of vehicle holding duration: type choice and use, *Transportation Research B*, Vol.30B, No.4, pp.263-276, 1996.
De Jong, G. : A microeconomic model of the joint decision on car ownership and car use, In *Understanding Travel Behaviour in an Era of Change*, P. Stopher and M. Lee-Gosselin (eds.), Elsevier, Oxford, pp.483-503, 1997.
De Serpa, A. : A theory of the economics of time, *The Economic Journal*, Vol.81, pp.828-846, 1971.
Dickey, J. : *Metropolitan Transportation Planning*. Second edition, McGraw-Hill, New York, 1983.
Dillman, D. : *Mail and Telephone Surveys: The Total Design Method*, John Wiley & Sons, Inc., New York, 1978.
Dillman, D. : *Mail and Internet Surveys: The Tailored Design Method*, John Wiley & Sons, Inc., New York, 2000.
Dillon, R. and A. Kumar : Latent structure and other mixture models, In *Advanced methods of Marketing Research*, R. Bagozzi (ed.), Blackwell, pp.295-351, Cambridge, Mass., 1994.

参考文献

Domencich, T. and D. McFadden : *Urban Travel Demand : A Behavioral Analysis*, North Holland, Amsterdam, 1975.

Dubin, J. and D. McFadden : An econometric analysis of residential electric appliance holdings and consumption, *Econometrica*, Vol.52, No.2, pp.345-362, 1984.

Duncan, G., F. Juster and J. Morgan : The role of panel studies in research on economic behavior, *Transportation Research A*, 21A(4/5), 249-263, 1987.

Eagly, A. and S. Chaiken : The psychology of attitudes, *Forth Worth*, Harcourt Brace Jovanovich, 1993.

Edgell, S. and W. Geisler : A set-theoretic random utility model of choice behavior, *Journal of Mathematical Psychology*, Vol.21, pp.265-278, 1980.

Efron, B. : The efficiency of Cox's likelihood function for censored data, *Journal of the American Statistical Association*, Vol.72, pp.557-565, 1977.

Ellsberg, D. : Risk, ambiguity, and the savage axioms, *Quarterly Journal of Economics*, Vol.75, pp.643-669, 1961.

Ettema, D., A. Borgers and H. Timmermans : Competing risk hazard model of activity choice, timing, sequencing, and duration, *Transportation Research Record* 1493, pp.101-109, 1995.

Ettema. D., A. Borgers and H. Timmermans : SMASH (Simulation Model of Activity Scheduling Heuristics): Some simulations, *Transportation Research Record* 1551, pp.88-94, 1996.

Evans, A. : On the theory of the valuation and allocation of time, *Scottish Journal of Political Economy*, 2, pp.1-17, 1971.

Festinger, L. : *A Theory of Cognitive Dissonance*, Stanford University Press, 1957.

Fishbein, M. : Attitude, Attitude Change and Behavior: A Theoretical Overview, In *Attitude Research Bridges Atlantic*, L. Levine (ed.), pp.3-16, 1975.

Fotheringham, A. S.: A new set of spatial interaction models: the theory of competing destinations. *Environment Planning*, A15, pp.15-36, 1983.

Fotheringham, A. S.: Statistical modeling of spatial choice; an overview, In *Research and Marketing 5*, A. Ghosh and C.A. Ingene (eds.), JAI Press, pp.95-117, 1991.

Fujii, S. and T. Gärling and R. Kitamura : Changes in drivers' perceptions and use of public transport during a freeway closure: effects of temporary structural change on cooperation in a real-life social dilemma, *Environment and Behavior*, 33(6), pp.796-808, 2001.

Fujii, S. and R. Kitamura : Evaluation of trip-inducing effects of new freeways using a structural equations model system of commuters' time use and travel, *Transportation Research* B, Vol.34, pp.339-354, 2000.

Fujii, S., R. Kitamura and T. Monma : A utility-based micro-simulation model system of individual's activity-travel patterns, In CD-ROM of *Proceedings of Transportation Research Board 77th Annual Meeting*, Washington, D.C., 1998.

Gärling, T. : Behavioral assumptions overlooked in travel-choice modeling. In *Transport Modeling*, J. Ortuzar, S. Jara-Diaz and D. Hensher (eds.), Oxford: Pergamon, pp.3-18, 1998.

Gärling, T., K. Brannas, J. Garvill, R. Golledge, S. Gopal, E. Holm and E. Lindberg : Household activity scheduling, Prsented at the 5th World Conference on Transport Research, Yokohama, 1989.

Gärling, T., D. Ettema, R. Gillholm, and M. Selart : Toward a theory of the intention-behavior relationship with implications for the prediction of travel behavior, In *World Transport Research, Vol.1, Travel Behavior*, D. Hensher, J. King and T. Oum (eds.), Pergamon, Oxford, pp.231-240, 1997.

Gärling, T. and S. Fujii : Structural equation modeling of determinants of planning, *Scandinavian Journal of Psychology*, 43 (1), 1-8., 2002.

Gärling, T., S. Fujii and O. Boe : Empirical tests of a model of determinants of script-based driving choice, *Transportation Research F*, Vol. 4F, pp.89-102, 2001.

Gärling, T., S. Fujii, A. Gärling and C. Jakobsson : Moderating effects of social value orientation on determinants of proenvironmental behavior intention, *Journal of Environmental Psychology*, in press, 2001.

Gärling, T., R. Gillholm and A. Gärling : Reintroducing attitude theory in travel behavior research: The validity of an interactive interview procedure to predict car use, *Transportation*, Vol.25, pp.129-146, 1998.

Gelfand, A. and A. Smith : Sampling based approaches to calculating marginal densities, *Journal of the American Statistical Association*, Vol.85, pp.398-409, 1990.

Geweke, J., M. Keane and D. Runkle : Statistical inference in the multinomial multiperiod probit model, *Journal of Econometrics*, Vol.80, pp.125-167, 1997.

Gilbert, C. : A duration model of automobile ownership, *Transportation Research B*, Vol.26B, No.2, pp.97-114, 1992.

Golob, T. : The dynamic of household travel time expenditures and car ownership decisions, *Transportation Research A*, Vol.24A, pp.443-463, 1990.

Golob, T. : Structural equation modeling of travel choice dynamics, developments in dynamic and activity-based approaches to travel, *Transportation Research*, Vol.24A, pp.343-370, 1990.

Golob, T. : *Structural Equations Modeling for Transportation Research*, Lecture notes at a seminar in Kyoto Palace Hotel, 1994.

Golob, T. : A model of household choice of activity participation and mobility, In *Theoretical Foundations of Travel Choice Modeling*, T. Gärling, T. Laitila and K. Westin (eds.), Elsevier, Oxford, pp.365-398, 1998.

Golob, T., D. Bunch and D. Brownstone : A vehicle use forecasting model based on revealed and stated vehicle type choice and utilisation data, *Journal of Transport Economics and Policy*, Vol.31, pp.69-92, 1996a.

Golob, T., S. Kim and W. Ren : How households use different types of vehicles: a structural driver allocation and usage model, *Transportation Research A*, Vol.30A, No.2, pp.103-118, 1996b.

Golob, T., R. Kitamura and J. Supernak : A panel-based evaluation of the San Diego I-15 carpool lanes project, In *Panels for Transportation Planning, Methods and Applications*, T. Golob, R. Kitamura and L. Long (eds.), Kluwer Academic Publishers, pp.97-128, 1997.

Golob, T. and L. Van Wissen : A joint households travel distance generation and car ownership model, *Transportation Research B*, Vol.23B, No.6, pp.471-491, 1989.

Goodwin, P. : Car ownership and public transport use: revisiting the interaction, *Transportation*, Vol.27, pp.21-33, 1993.

Goodwin, P. : Have panel surveys told us anything new?, In *Panels for Transportation Planning: Methods and Applications*, T. Golob, R. Kitamura and L. Long (eds.), Kluwer Academic Publishers, Boston, pp.79-96, 1997.

Goodwin, P. : End of equilibrium, In *Theoretical Foundations of Travel Choice Modelling*, T. Gärling, T. Laitila and K. Westin (eds.), Pergamon Press, Oxford, pp.103-132, 1998.

Goodwin, P., R. Kitamura and H. Meurs : Some principles of dynamic analysis of travel demand, In *Developments in Dynamic and Activity-Based Approaches to Travel Analysis*, P. Jones (ed.), Gower Publishing, Aldershot, pp.56-72, 1990.

Gopinath, D. : *Modeling Heterogeneity in Discrete Choice Processes: Application to Travel Demand*, Ph.D. Dissertation, Department of Civil and Environmental Engineering, MIT, 1994.

Goulias, K. and R. Kitamura : Travel demand forecasting with dynamic microsimulation, *Transportation Research Record* 1357, pp.8-17, 1992.

Green, P. and V. Srinivasan : Conjoint analysis in consumer research: Issues and outlook, *Journal of Consumer Research*, Vol.5, pp.103-123, 1978.

Greene, W. : *Econometric Analysis*, 4th edition, Prentice Hall, New Jersey, 2000.

参考文献

Griliches, Z. : Distributed lags: A survey, *Econometrica*, Vol.35, pp.16-49, 1967.
Groves, R., P. Biemer, L. Lyberg, J. Massey, W. Nicholls II and J. Waksberg : *Telephone Survey Methodology*, John Wiley and Sons, New York, 1988.
Groves, R. : *Survey Errors and Survey Costs*. John Wiley and Sons, New York, 1989.
Hägerstrand, T. : What about people in regional science?, *Papers of the Regional Science Association*, 23, pp.7-21, 1970.
Hajivassiliou, V., D. McFadden and P. Ruud : Simulation of multivariate normal rectangle probabilities and their derivatives: theoretical and computational results, *Journal of Econometrics*, Vol.72, pp.85-134, 1996.
Hall, R. : Travel outcome and performance: the effect of uncertainty on accessibility, *Transportation Research B*, Vol.17B, No.4, pp.275-290, 1983.
Hamed, M., S. G. Kim and F. L. Mannering : A note on travelers' home-stay duration and the efficiency of proportional hazards models, Working Paper, University of Washington, Seattle, 1992.
Hamed, M. and F. Mannering : Modeling travelers' postwork activity involvement: Toward a new methodology, *Transportation Science*, Vol.27, No.4, pp.381-394, 1993.
Han, A. and J. Hausman : Flexible parametric estimation of duration and competing risk models, *Journal of Applied Econometrics*, Vol.5, pp.1-28, 1990.
Hanemann, M. : Theory versus data in the contingent valuation debate, In *The Contingent Valuation of Environmental Resources*, D. Bjornstad, J. Kahn and E. Elgar (eds.), Cheltenham, pp.38-61, 1996.
Heap, S., M. Hollis, B. Lyons, R. Sugden and A. Weale : *The Theory of Choice*, Blackwell, 1992.
Heckman, J. : Simple statistical models for discrete panel data developed and applied to test the hypothesis of true state dependence against the hypothesis of spurious state dependence, *Annales de l'INSEE*, Vol.30, No.1, pp.227-69, 1978.
Heckman, J. : Sample selection bias as a specification error, *Econometrica*, Vol.47, No.1, pp.153-161, 1979.
Heckman, J. : The incidental parameters problem and the problem of initial conditions in estimating a discrete time-discrete data stochastic process, In *Structural Analysis of Discrete Data with Econometric Applications*, C. Manski and D. McFadden (eds.), MIT Press, Cambridge, pp.179-195, 1981.
Hensher, D. : Longitudinal surveys in transport: An assessment, In *New Survey Methods in Transport*, E. Ampt, A. Richardson and W. Brög (eds.), VNU Science Press, Utrecht, pp.77-97, 1985.
Hensher, D. : An econometric model of vehicle use in the household sector, *Transportation Research B*, Vol.19B, pp.303-313, 1985.
Hensher, D. : Dimensions of automobile demand: an overview of an Australian research project, *Environment and Planning A*, Vol.18, pp.1339-1374, 1986.
Hensher, D. : Issues in pre-analysis of panel data, *Transportation Research A*, 21A(4/5), pp.265-85, 1987.
Hensher, D. : Semi-parametric duration models of automobile ownership in multi-vehicle households, Working Paper, Institute of Transport Studies, University of Sydney, 1992.
Hensher, D. : The timing of change for automobile transactions: competing risk multispell specification, In *Travel Behaviour Research, Updating the State of Play*, J. Ortuzar, D. Hensher and S. Jara-Diaz (eds.), Elsevier, Amsterdam, pp.487-506, 1998.
Hensher, D., P. Barnard, N. Smith and F. Milthorpe : Modelling the dynamics of car ownership and use: a methodological and empirical synthesis, In *Travel Behaviour Research*, Avebury, England, pp.141-173, 1989.
Hensher, D. and F. Mannering : Hazard-based duration models and their application to transport

analysis, *Transport Review*, Vol.14, pp.63-82, 1994.

Hensher, D. and N. Smith : Estimating automobile utilization with panel data: an investigation of alternative assumptions for the initial conditions and error covariances, *Transportation Research A*, Vol.24A, pp.417-426, 1990.

Hocherman, I., J. Prashker and M. Ben-Akiva : Estimation and use of dynamic transaction models of automobile ownership, *Transportation Research Record* 944, pp.134-141, 1983.

Horton, F. and W. Wagner : A Markovian analysis of urban travel behavior: Pattern responses by socioeconomic-occupational groups, *Highway Research Record* 283, pp.19-29, 1969.

Hsiao, C. : *Analysis of Panel Data*, Cambridge University Press, Cambridge, 1986.

Jara-Diaz, S. : General micro-model of user's behaviour: the basic issues, Presented at the 7th International Conference on Travel Behaviour, Valle Nevado, Chile, 1994.

Jedidi, K., H. Jagpal and W. DeSarbo : Finite-mixture structural equation models for response-based segmentation and unobserved heterogeneity, *Marketing Science*, Vol.16, pp.39-59, 1997.

Johnson, N. and S. Kotz : *Distributions in Statistics: Continuous Multivariate Distributions*, John Wiley & Sons, New York, 1972.

Jones, P., M. Dix, M. Clarke and I. Haggie : *Understanding Travel Behavior*, Gower, Aldershot, 1983.

Jones, P. (ed.) : *Developments in Dynamic and Activity-based Approaches to Travel Analysis*, Avebury, England, 1990.

Jöreskog, K. : A general method for analysis of covariance structures, *Biometorika*, Vol. 57, pp.239-251, 1970.

Jöreskog, K. and D. Sörbom : *LISREL IV, Analysis of Linear Structural Relationships by the Method of Maximum Likelihood*, National Educational Resources, Chicago, 1978.

Jöreskog, K. and D. Sörbom : $PRELIS^{TM}$ *2 User's Reference Guide*, Scientific Software International Inc., Chicago, 1996.

Jöreskog, K. and D. Sörbom : *LISREL 8: User's Reference Guide*, Scientific Software International Inc., Chicago, 1996.

Jorgensen, N. : *Some Aspects of the Urban Traffic Assignment Problem*, SM Thesis, Institute of Transportation and Traffic Engineering, University of California, Berkeley, 1963.

Kahneman, D. and A. Tversky : Prospect theory: an analysis of decision under risk, *Econometrica*, Vol.47, pp.263-291, 1979.

Kahneman, D .and J. Knetsch : Valuing public goods: The purchase of moral satisfaction, *Journal of Environmental Eonomics and Management*, Vol.22, pp.57-70, 1992.

Kahneman, D., J. Knetsch and R. Thaler : Anomalies: the endowment effect, loss aversion and status quo bias, *Journal of Economic Perspectives*, Vol.5, pp.193-206, 1991.

Kalbfleisch, J. and R. Prentice : *The statistical analysis of failure time data*, John Wiley and Sons, New York, 1980.

Kalton, G., D. Kasprzyk and D. McMillen : Nonsampling errors in panel surveys, In *Panel Surveys*, D. Kasprzyk, G. Duncan, G. Kalton and M. Singh (eds.), John Wiley & Sons, New York, pp.249-270, 1989.

Kawakami, S. and L. Su : A micro-simulation of a disaggregate model system for the metropolitan travel demand forecasting, In *Proceedings of PTRC*, pp.289-300, 1991.

Kazimi, C. and D. Brownstone : Competing risk hazard models for demographic transactions, Working Paper, University of California, Irvine, 1995.

Keeney, R. and H. Raiffa : *Decision with Multiple Objectives: Preferences and Value Tradeoffs*, John Wiley, 1976.（高原康彦, 高橋亮一, 中野一夫（監訳）: 多目標問題解決の理論と実例, 構造計画研究所, 1980.）

Kim, S. and F. Mannering : Panel data and activity duration models: econometric alternatives and applications, In *Panels for Transportation Planning, Methods and Applications*, T. Golob, R. Kitamura and L. Long (eds.), Kluwer Academic Publishers, pp.349-374, 1997.

Kitamura, R. : A model of daily time allocation to discretionary out-of-home activities and trips, *Transportation Research B*, Vol.18B, pp.255-266, 1984a.

Kitamura, R. : Sequential history-dependent approach to trip-chaining behavior, *Transportation Research Record* 944, pp.13-22, 1984b.

Kitamura, R. : A panel analysis of household car ownership and mobility, 土木学会論文集, No.383/IV-7, pp.13-27, 1987.

Kitamura, R. : The asymmetry of the change in household car ownership and utilization: a panel analysis, In *Travel Behaviour Research*, Avebury, Aldershot, England, pp.186-196, 1989.

Kitamura, R.: Panel analysis in transportation planning: An overview. *Transportation Research A*, Vol.24A,, No.6 pp.401-415, 1990.

Kitamura, R. : A review of dynamic vehicle holdings models and a proposal for a vehicle transactions model, 土木学会論文集, No. 440/IV-16, pp.13-29, 1992.

Kitamura, R. : Time-of-day characteristics of travel: An analysis of 1990 NPTS data, In *Special Reports on Trip and Vehicle Attributes*, 1990 NPTS Report Series, U.S. Department of Transportation, Washington, D.C., 1995.

Kitamura, R., T. Akiyama, T. Yamamoto and T. Golob : Accessibility in a metropolis: Toward a better understanding of land use and travel, *Transportation Research Record*, 1780, pp.164-175, 2001.

Kitamura, R. and P. Bovy : Analysis of attrition biases and trip reporting errors for panel data, *Transportation Research A*, Vol.21A, No.4/5, pp.287-302, 1987.

Kitamura, R. and D. Bunch : Heterogeneity and state dependence in household car ownership: a panel analysis using ordered-response probit models with error components, In *Transportation and Traffic Theory*, M. Koshi (ed.), Elsevier, pp.477-496, 1990.

Kitamura, R., S. Fujii and E. Pas : Time-use data, analysis and modeling: Toward the next generation of transportation planning methodologies, *Transport Policy*, Vol.4, No.4, pp.225-235, 1997.

Kitamura, R., S. Fujii and T. Yamamoto : The effectiveness of panels in detecting changes. In *The Proceedings of the Fourth International Conference on Survey Methods in Transport*, Steeple Aston, Oxford, pp.117-132, 1996.

Kitamura, R. and M. Kermanshah : Identifying time and history dependencies of activity choice, *Transportation Research Record* 944, pp.22-30, 1983.

Kitamura, R. and M. Kermanshah : Sequential model of interdependent activity and destination choices, *Transportation Research Record* 987, pp.81-89, 1984.

Kitamura, R., L. Kostyniuk and K. Ting : Aggregation in spatial choice modeling, *Transportation Science*, Vol.13, pp.325-342, 1979.

Kitamura, R. and T. Lam : A time dependent Marcov renewal model of trip chinning, In *Transportation and Traffic Theory*, V. Hurdle, E. Hauer and G. Steuart (eds.), University of Toronto Press, Toronto, pp.376-402, 1983.

Kitamura, R., R. Pendyala and K. Goulias : Weighting methods for choice-based panels with correlated attrition and initial choice, In *Transportation and Traffic Theory*, C. Daganzo (ed.), Elsevier Science, Amsterdam, pp.275-294, 1993.

Kitamura, R., R. Pendyala and E. Pas : Application of AMOS: an activity-based TCM evaluation tool to the Washington, D.C. metropolitan area, *Proceedings of Seminar E, PTRC European Transport Forum*, pp.177-190, 1995.

Kitamura R., J. Robinson, T. Golob, M. Bradley, J. Leonard and T. Van der Hoorn : A comparative analysis of time use data in the Netherlands and California, In *Proceedings of Seminar E, PTRC 20th Summer Annual Meeting*, PTRC Education and Research Services,

London, pp.127-138, 1992.
Kitamura, R. and T. van der Hoorn : Regularity and irreversibility of weekly travel behavior, *Transportation*, Vol.14, pp.227-51, 1987.
Kitamura, R., T. Yamamoto and S. Fujii : The effectiveness of panels in detecting changes in discrete travel behavior, *Transportation Research B*, 2001 (forthcoming).
Kitamura, R., T. Yamamoto, S. Fujii and S. Sampath : A discrete-continuous analysis of time allocation to two types of discretionary activities which accounts for unobserved heterogeneity, In *Transportation and Traffic Theory*, J. Lesort (ed.), Elsevier, Oxford, pp.431-453, 1996.
Kitamura, R., T. Golob, T. Yamamoto and G. Wu : Accessibility and auto use in a motorized metropolis, Presented at the 79th Annual Meeting of the Transportation Research Board, Wahsington, D.C., January, 2000.
Klandermas, B. : Persuasive communication: measures to overcome real-life social dilemmas, In *Social Dilemmas: Theoretical Issues and Research Findings*, W. Liebrand, D. Messick and H. Wilke (eds.), Pergamon, pp.307-318, 1992.
Kleiter, G. : Estimating the planning horizon in a multistage decision task, *Psychological Research*, Vol.38, pp.37-64, 1975.
Kondo, K. : Estimation of person trip pattern and modal split, In *Transportation and Traffic Theory*, D. Buckley (ed.), Reed, Sydney, pp.715-742, 1974.
Koppelman, F. and P. Lyon : Attitudinal analysis of work/school travel, *Transportation Science*, Vol.15, No.3, pp.233-254, 1981.
Koppelman, F. and C. Wen : The paired combinatorial logit model: Properties, estimation and application, *Transportation Research B*, Vol.34B, pp.75-89, 2000.
Kraan, M. : Modelling activity patterns with respect to limited time and money budgets, In *World Transport Research*, *Vol.1*, *Travel Behavior*, D. Hensher, J. King and T. Oum (eds.), Elsevier, Oxford, pp.151-164, 1996.
Kuhfeld, W., R. Tobias and M. Garratt : Efficient experimental design with marketing research applications, *Journal of Marketing Research*, Vol.31, pp.545-557, 1994.
Kühberger, A. : The influence of framing on risky decisions: A meta-analysis, *Organizational Behavior and Human Decision Processes*, Vol.75, No.1, pp.23-55, 1998.
Lancaster, T. and G. Imbens : Choice-based sampling of dynamic populations, In *Panel Data and Labor Market Studies*, J. Hartog, G. Ridder and J. Theeuwes (eds.), North-Holland, Amsterdam, pp.21-43, 1990.
Lave, C. and J. Bradley : Market share of imported cars: A model of geographic and demographic determinants, *Transportation Research A*, Vol.14A, pp.379-387, 1980.
Lave, C. and K. Train : A disaggregate model of auto type choice behavior, *Transportation Research A*, Vol.13A, pp.1-9, 1979.
Lee, L. : Generalized econometric models with selectivity, *Econometrica*, Vol.51, No.2, pp.507-511, 1983.
Leibenstein, H. : Bandwagon, snob, and Veblen effects in the theory of consumers' demand, *Quarterly Journal of Economics*, Vol.64, pp.183-207, 1952.
Lerman, S. : *A Disaggregate Behavioral Model of Urban Mobility Decisions*, Ph.D. Dissertation, Department of Civil Engineering, MIT, 1975.
Lerman, S. : The use of disaggregate choice models in semi-Markov process models of trip chaining behavior, *Transportation Science*, Vol.13, No.4, pp.273-291, 1979.
Lerman, S. and M. Ben-Akiva : Disaggregate behavioral model of automobile ownership, *Transportation Research Record* 569, pp.34-51, 1976.
Loomes, G. and R. Sugden : Regret theory, *The Economic Journal*, Vol.92, pp.805-824, 1982.
Louviere, J. and D. Hensher : *Stated Choice Methods: Analysis and Application*, Cambridge University Press, Cambridge, UK, 2001.

■ 参考文献

Machina, M. : Expected utility analysis without the independence axiom, *Econometrica*, Vol.50, pp.277-323, 1982.
Maddala, G. : *Limited-dependent and Qualitative Variables in Econometrics*, Cambridge University Press, Cambridge, 1983.
Mahajan, V. and E. Muller : Innovation diffusion and new product growth models in marketing, *Journal of Marketing*, Vol.43, pp.55-68, 1979.
Mahajan, V. and R. Peterson : *Models for Innovation Diffusion*, Sage University Paper, 1985.
Mahmassani, H.: Dynamic Models of Commuter Behavior: Experimental Investigation and Application to the Analysis of Planned Disruption, Preprints of International Conference on Dynamic Travel Behavior Analysis, 1989.
Mangione, T. : *Mail Survey, Improving the Quality*, Sage Publications, Thousand Oaks, CA, 1995.
Mannering, F. : An econometric analysis of vehicle use in multivehicle households, *Transportation Research A*, Vol.17A, pp.183-189, 1983.
Mannering, F., E. Murakami and S. Kim : Temporal stability of travelers' activity choice and home-stay duration: Some empirical evidence, *Transportation*, Vol.21, pp.371-392, 1994.
Mannering, F. and C. Winston : A dynamic empirical analysis of household vehicle ownership and utilization, *Rand Journal of Economics*, Vol.16, No.2, pp.215-236, 1985.
Mannering, F. and C. Winston : Brand loyalty and the decline of American automobile firms, *Brookings Papers on Economic Activity*, Microeconomics, pp.67-114, 1991.
Manski, C. : The structure of random utility models, *Theory and Decision*, Vol.8, pp.229-254, 1977.
Manski, C. and E. Goldin : An econometric analysis of automobile scrappage, *Transportation Science*, Vol.17, No.4, pp.365-375, 1983.
Manski, C. and S. Lerman : The estimation of choice probabilities from choice-based samples, *Econometrica*, Vol.45, pp.1977-1988, 1977.
Manski, C. and S. Lerman : On the use of simulated frequencies to approximate choice probabilities, In *Structural Analysis of Discrete Data with Econometric Applications*, C. Manski and D. McFadden (eds.), MIT Press, pp.305-319, 1981.
Manski, C. and D. McFadden : Alternative estimators and sample designs for discrete choice analysis, In *Structural Analysis of Discrete Data*, C. Manski and D. McFadden (eds.), MIT Press, Cambridge, pp.2-50, 1981.
Manski, C. and L. Sherman : An empirical analysis of household choice among motor vehicles, *Transportation Research A*, Vol.14A, pp.349-366, 1980.
Marschak, J. : Binary choice constraints on random utility indicators, In *Stanford Symposium on Mathematical Methods in the Social Sciences*, K. Arrow (ed.), Stanford University Press, Stanford, 1960.
Maslow, A. : *Motivation and Personality*, Harper and Row, New York, 1970.
McClelland, G. and C. Judd : Statistical difficulties of detecting interactions and moderator effects, *Psychological Bulletin*, Vol.114, pp.376-390, 1993.
McCulloch, R. and P. Rossi : An exact likelihood analysis of the multinomial probit model, *Journal of Econometrics*, Vol.64, pp.207-240, 1977.
McFadden, D. : Conditional logit analysis of qualitative choice behavior, In *Frontiers in Econometrics*, P. Zarembke, (ed.), Academic Press, New York, pp.105-142, 1974.
McFadden, D. : The theory and practice of disaggregate demand forecasting for various modes of urban transportation, In *Emerging Transportation Planning Methods*, U.S. Department of Transportation DOT-RSPA-DPB-50-78-2, 1978a.
McFadden, D. : Modelling the choice of residential location, In *Spatial Interaction Theory and Residential Location*, A. Karlqvist et al. (eds.), North Holland, Amsterdam, pp.75-96, 1978b.
McFadden, D. : The choice theory approach to market research, *Marketing Science*, Vol.5,

pp.275-297, 1986.

McFadden, D. : A method of simulated moments for estimation of discrete response models without numerical integration, *Econometrica*, Vol.57, pp.995-1026, 1989.

McFadden, D. : Measuring willingness-to-pay for transportation improvement, In *Theoretical Foundations of Travel Choice Modelling*, T. Gärling, T. Laitila and K. Westin (eds.), Elsevier, New York, pp.251-279, 1998.

McFadden, D. : Rationality for economists, *Journal of Risk and Uncertainty*, Vol.19, pp.187-203, 1999.

McMillan, J., J. Abraham and J. Hunt : Collecting commuter attitude data using computer assisted stated preference surveys, Paper published in the Compendium of Papers for the 1997 Joint Conference of the Canadian Institute of Transportation Engineers and the Western Canada Traffic Association, Paper 2B-3, 1997.

Menashe, E. and J. Guttman : Uncertainty, continuous modal split, and the value of travel time in Israel, *Journal of Transport Economics and Policy*, Vol.20, No.3, pp.369-375, 1986.

Meurs, H. : A panel data switching regression model of mobility and car ownership, *Transportation Research A*, Vol.27A, pp.461-476, 1993.

Mogridge, M. : The effect of the oil crisis on the growth in the ownership and use of cars, *Transportation*, Vol.7, pp.45-67, 1978.

Morikawa, T. : *Incorporating Stated Preference Data in Travel Demand Analysis*, Ph.D. Dissertation, Department of Civil Engineering, MIT, 1989.

Morikawa, T. : Correcting state dependence and serial correlation in the RP/SP combined estimation method, *Transportation*, Vol.21, pp.153-165, 1994.

Morikawa, T., M. Ben-Akiva, and D. McFadden : Incorporating psychometric data in econometric travel demand models, Presented at the Banff Invitational Symposium on Consumer Decision Making and Choice Behavior, Banff, 1990.

Morikawa, T., K. Sasaki : Discrete choice models with latent variables using subjective data, In *Travel Behaviour Research: Updating the State of Play*, J. Ortuzar, D. Hensher and S. Jara-Diaz (eds.), Pergamon, pp.435-455, 1998.

Murakami, E. and D. Wagner : Can using global positioning system (GPS) improve trip reporting?, *Transportation Research Part C*, Vol.7, pp.149-165, 1999.

Murtaugh, M. and H. Gladwin : A hierarchical decision-process model for forecasting automobile type-choice, *Transportation Research A*, Vol.14A, pp.337-348, 1980.

Nelson, W. : *Applied Life Data Analysis*, John Wiley and Sons, Inc., New York, 1982（奥野忠一（監訳）：寿命データの解析，日科技連出版社，1988.）

Neumann, J. and O. Morgenstern : *The Theory of Games and Economic Behavior*, Princeton University Press, 1953.

Nicholson, W. : *Microeconomic Theory*, 3rd edition, Dryden, 1985.

Nunnally, J. : *Psychometric Theory*, 2nd edition, McGraw-Hill, New York, 1978.

Ordeshook, P. : *Game Theory and Political Theory*, Cambridge University Press, London, 1986.

Ortuzar, J. (ed.): *Stated Preference Modeling Techniques*, PTRC Education and Research Services Limited, London, UK, 1999.

Ortuzar, J. and G. Rodriguez : Valuing environmental nuisance: a stated preference approach, Presented Paper at IATBR 2000, Gold Coast, Australia, 2000

Ortuzar, J. and L. Willumsen : *Modelling Transport*, 2nd edition, Wiley, Chichester, 1994.

Oullette, J., and W. Wood : Habit and intention in everyday life: the multiple processes by which past behavior predicts future behavior, *Psychological Bulletin*, Vol.124, pp.54-74, 1998.

Pas, E. : Workshop report: workshop on activity analysis and trip changing, In *Behavioural Research for Transportation Policy, Proceedings of the 1985 International Conference on Travel Behaviour*, VNU Science Press, Utrecht, pp.445-450, 1986.

参考文献

Pas, E. : Is travel demand analysis and modeling in the doldrums? In *Developments in Dynamic and Activity-based Approaches to Travel Analysis*, P. M. Jones (ed.), Avebury, England, 1990.

Pas, E. and A. Harvey : Time use research and travel demand analysis and modeling, In *Understanding Travel Behaviour in an Era of Change*, P. Stopher and M. Lee-Gosselin (eds.), Pergamon, Oxford, pp.315-338, 1997.

Payne, J. : Task complexity and contingent processing in decision making: An information search and protocol analysis, *Organizational Behavior and Human Performance*, Vol.16, pp.366-387, 1976.

Payne, J., J. Bettman and E. Johnson : *The Adaptive Decision Maker*, Cambridge University Press, New York, 1993.

Pendyala, R. : Causal analysis in travel behaviour research: A cautionary note, In *Travel Behaviour Research: Updating the State of Play*, J. Ortuzar, D. Hensher and S. Jara-Diaz (eds.), Pergamon, pp.35-48, 1998.

Pendyala, R., L. Kostyniuk and K. Goulias : A repeated cross-sectional evaluation of car ownership, *Transportation*, Vol.22, pp.165-184, 1995.

Peter, J. and J. Olson (eds.): *Consumer Behavior*, McGraw-Hill, Boston, Mass, 1999.

Petty, R. and D. Wegner : Attitude change: multiple roles for persuasion variables, In *The Handbook of Social Psychology*, D. Gilbert, S. Fiske, and Lindsey (eds.), Mcgraw-Hill, Boston, pp.323-390, 1997.

Petty, R., D. Wegner and L. Fabrigar : Attitude and attitude change, *Annual Review of Psychology*, Vol.48, pp.609-647, 1997.

Poon, W. and S. Lee : Maximum likelihood estimation of multivariate polyserial and polychoric correlation coefficients, *Psychometrika*, Vol.52, pp.409-430, 1987.

Quandt, R. : *The demand for travel: theory and measurement*, Heath Lexington Books, pp.83-101, 1975.

Quiggin, J. : A theory of anticipated utility, *Journal of Economic Behavior and Organization*, Vol.3, pp.323-343, 1982.

Raimond, T. and D. Hensher : A review of empirical studies and applications, In *Panels for Transportation Planning: Methods and Applications*, T. Golob, R. Kitamura and L. Long (eds.), Kluwer Academic Publishers, Boston, pp.15-72, 1997.

Recker, W. and T. Golob : An attitudinal modal choice model, *Transportation Research*, Vol.10, pp.299-310, 1976.

Recker, W. and T. Golob : A non-compensatory model of transportation behavior based on sequential consideration of attributes, *Transportation Research B*, Vol.13B, pp.269-280, 1979.

Recker, W., M. McNally and G. Root : A model of complex travel behavior, part 1: theoretical development, *Transportation Research A*, Vol.20A, pp.307-318, 1986a.

Recker, W., M. McNally and G. Root : A model of complex travel behavior, part 2: an operational model, *Transportation Research A*, Vol.20A, pp.319-330, 1986b.

Revelt, D. and K. Train : Incentives for appliance efficiency in a competitive energy environment: random-parameters logit models of households' choices, *Review of Economics and Statistics*, Vol.80, pp.647-657, 1998.

Robinson, J. and G. Godbey : *Time for Life: The Surprising Ways Americans Use Their Time*, Pennsylvania State University Press, University Park, Pennsylvania, 1997.

Robinson, J., R. Kitamura and T. Golob : *Daily Travel in the Netherlands and California: A Time-Diary Perspective*, A report prepared for Rijkswaterstaat, the Dutch Ministry of Public Works, Hague Consulting Group, The Hague, 1992.

Ronis, D., J. Yates and J. Kirscht : Attitudes, decisions, and habits as determinants of repeated behavior, In *Attitude Structure and Function*, A. Pratkanis, S. Breckler and A. Greenwald (eds.), Erlbaum, Hillsdale, pp.213-239, 1989.

Rose, G. and E. Ampt : Travel blending: An Australian travel awareness initiative, *Transportation Research D*, Vol.6D, pp.95-110, 2001.

Roth, A. : Individual rationality as a useful approximation : Comments on Tversky's "Rational theory and constructive choice", In *The Rational Foundations of Economic Behavior*, K. Arrow, E. Olombatto, M. Perlman, and C. Schmidt (eds.), Macmillan, London, pp.198-202, 1996.

Rubin, D. : *Multiple Imputation for Nonresponse in Surveys*. John Wiley and Sons, New York, 1987.

Sasaki, T. : Estimation of person trip patterns through Markov chains, In *Proceedings of the 5th ISTTT*, pp.119-130, 1972.

Sasaki, K., T. Morikawa and S. Kawakami : A discrete choice model with taste heterogeneity using SP, RP and attribute importance ratings, In *Selected Proceedings of the 8th World Conference on Transport Research*, Vol.3, Elsevier, pp.39-49, 1999.

Schmidt, P. and A. Witte : Predicting criminal recidivism using split population survival time models, *Journal of Econometrics*, Vol.40, pp.141-159, 1989.

Schor, J.B.: *The Overworked American: The Unexpected Decline of Leisure*. BasicBooks, New York, 1992.

Schwarz, S. and R. Tessler : A test of a model for reducing measured attitude-behavior inconsistencies, *Journal of Personality and Social Psychology*, Vol.24, pp.225-236, 1972.

Sheppard, B., J. Hartwick and P. Warshaw : The theory of reasoned action: a meta-analysis of past research with recommendations for modifications and future research, *Journal of Consumer Research*, Vol.15, pp.325-343, 1988.

Schoemaker, P. : The expected utility model, *Journal of economic literature*, Vol.20, pp.529-563, 1982.

Sheffi, Y. and C. Daganzo : Hypernetworks and supply-demand equilibrium obtained with disaggregate demand models, *Transportation Research Record*, No.673, pp.113-121, 1979.

Simon, H. : Bounded rationality, In *The New Pargrave: Utility and Probability*, J. Eatewell et al. (eds.), W. W. Norton and Company, 1987.

Simon, H. : *The Models of Man*, John Wiley, New York, 1957.

Simon, H. : Invariants of human behavior, *Annual Review of Psychology*, Vol.41, No.1, pp.1-19, 1990.

Singer, B. : Estimation of nonstationary Markov chains from panel data, *Sociological Methodology*, Vol.XX, pp.319-337, 1981.

Singer, B. and J. Cohen : Estimating malaria incidence and recovery rates from panel data, *Mathematical Biosciences*, Vol.49, pp.273-305, 1980.

Singer, B. and S. Spilerman : Social mobility models for heterogeneous populations, *Sociological Methodology*, pp.356-401, 1974.

Slovic, P. : The construction of preferences, *American Psychologist*, Vol.50, pp.364-371, 1995.

Smith, N., D. Hensher and N. Wrigle : A discrete choice sequence model: method and an illustrative application to automobile transactions, *International Journal of Transport Economics*, Vol.XVIII, No.2, pp.123-150, 1991.

Supernak, J. : Temporal utility property of activities and travel: Uncertainty and decision making, *Transportation Research B*, Vol.26B, pp.61-76, 1992.

Swait, J. and M. Ben-Akiva : Empirical test of a constrained choice discrete model: Mode choice in Sao Paulo Brazil, *Transportation Research*, Vol.21B, No.2, pp.103-116, 1987.

Swait, J. and M. Ben-Akiva : Incorporating random constraints in discrete choice models of choice set generation, *Transportation Research B*, Vol.21B, pp.103-115, 1987.

Szalai, A. (ed.) : *The Use of Time*, Mouton, The Hague, 1972.

Takemura, K. and S. Fujii : Contingent focus model of decision framing under risk, Presented at

参考文献

17th Biennial Conference on Subjective Probability, Utility and Decision Making (SPUDM 17), Mannheim, German, 1999.
Tarone, R. : Tests for trend in life table analysis, *Biomerika*, Vol.62, pp.679-682, 1975.
Theil, H. : *Principle of Econometrics*, Wiley, 1971.
Thill, J. and J. Horowitz : Estimating a destination-choice model from a choice-based sample with limited information, *Geographical Analysis*, Vol.23, No.4, pp.298-315, 1991.
Thurstone, L. : A law of comparative judgment, *Psychological Review*, Vol.34, pp.273-286, 1927.
Train, K. : A validation test of disaggregate travel demand models, *Transportation Research*, Vol.12, pp.167-174, 1978.
Train, K. : A structured logit model of auto ownership and mode choice, *Review of Economic Studies*, Vol.XLVII, pp.357-370, 1980.
Train, K. : *Qualitative Choice Analysis: Theory, Econometrics, and an Application to Automobile Demand*, MIT Press, 1986.
Triandis, H. : *Interpersonal Behavior*, Books/Cole Publishing Company, Monterey, 1977.
Tversky, A. : Elimination by aspects: A theory of choice, *Psychological Review*, Vol.79, pp.281-299, 1972.
Tversky, A. : Rational theory and constructive choice, In *The Rational Foundations of Economic Behavior*, K. Arrow, E. Olombatto, M. Perlman, and C. Schmidt (eds.), Macmillan, London, pp.185-197, 1996.
Tversky, A., and D. Kahneman : The framing of decisions and the psychology of choice, *Science*, Vol.211, pp.453-458, 1981.
Tversky, A., P. Slovic and D. Kahneman : The causes of preference reversal, *American Economic Review*, Vol.80, pp.204-217, 1990.
Van Wissen, L. and T. Golob : A dynamic model of car fuel-type choice and mobility, *Transportation Research B*, Vol.26B, No.1, pp.77-96, 1992.
Verplanken, B., H. Aarts and A. Van Knippenberg : Habit, information acquisition, and the process of making travel mode choices, *European Journal of Social Psychology*, Vol.27, pp.539-560, 1997.
Verplanken, B., H. Aarts, A. Van Knippenberg and A. Moonen : Habit versus planned behaviour: a field experiment, *British Journal of Social Psychology*, Vol.37, pp.111-128, 1998.
Verplanken, B., and H. Aarts : Habit, attitude and planned behaviour: Is habit an empty construct or an interesting case of goal-directed automatic?, *European Review of Social Psychology*, Vol.10, pp.101-134, 1999.
Verplanken, B., and S. Faes : Good intentions, bad habits, and effects of forming implementation intentions on health eating, *European Journal of Social Psychology*, Vol.29, pp.591-604, 1999.
Von Neumann, J. and O. Morgenstern : *Theory of Games and Economic Behavior*, Princeton University Press, Princeton, (see also 2nd ed., 1947; 3rd ed., 1953), 1944.
Vovsha, P. : Application of cross-nested logit model to mode choice in the Tel-Aviv metropolitan area, *Transportation Research Record* 1607, pp.6-15, 1997.
Walley, P : *Statistical Reasoning with Imprecise Probability*, Chapman and Hall, London, 1991.
Wardrop, J. : Some theoretical aspects of road traffic research, *Proceedings of the Institution of Civil Engineers, Part II*, Vol.1, No.36, pp.325-362, 1952.
Weiner, E. : *Urban Transportation Planning in the United States: An Historical Overview*, Fifth Edition, DOT-T-97-24, Technology Sharing Program, U.S. Department of Transportation, Washington, D.C., 1997.
Wen, C. and F. Koppelman : The generalized nested logit model, Presented at the 79th Transportation Research Board Meeting, Washington D.C., 2000.
Widlert, S. : Stated preference studies: The design affects the results, In *Travel Behavior Research: Updating the State of Play*, J. Ortuzar, D. Hensher and S. Jara-Diaz. (eds.),

Pergamon, Oxford, UK, pp.105-121, 1998.

Williams, H. : On the formation of travel demand models and economic evaluation measures of user benefit, *Environment and Planning,* Vol.9, pp.285-344, 1977.

Wolfgang, S and B. Frey : Self-interest and collective action: The economics and psychology of public goods, *British Journal of Social Psychology*, Vol.21, No.2, pp.121-137, 1982.

Yamamoto, T. and R. Kitamura : An analysis of household vehicle holding durations considering intended holding durations, *Transportation Research A*, Vol.34A, No.5, pp.339-351, 2000.

Zadeh, L. : Fuzzy sets, *Information and Control*, Vol.8, pp.338-353, 1965.